MICROTENDÊNCIAS

MARK J. PENN
com E. Kinney Zalesne

MICROTENDÊNCIAS

as pequenas forças por trás das grandes mudanças de amanhã

Tradução
Adriana Rieche

BestSeller

CIP-BRASIL. CATALOGAÇÃO-NA-FONTE
SINDICATO NACIONAL DOS EDITORES DE LIVROS, RJ.

P458m Penn, Mark J.
Microtendências / Mark J. Penn; tradução de Adriana Rieche. – Rio de Janeiro: Best*Seller*, 2008.

Tradução de: Microtrends
ISBN 978-85-7684-135-7

1. Estados Unidos – População – Aspectos sociais. 2. Influência social. 3. Mudança social. I. Título.

08-3389. CDD: 303.49
CDU: 316.4

Título original norte-americano
MICROTRENDS: THE SMALL FORCES BEHIND TOMORROW'S BIG CHANGES

Publicado mediante acordo com o Grand Central Publishing

Capa: Studio Creamcrackers
Diagramação: ô de casa

Direitos exclusivos de publicação em língua portuguesa para o Brasil
adquiridos pela
EDITORA BEST SELLER LTDA.
Rua Argentina, 171, parte, São Cristóvão
Rio de Janeiro, RJ – 20921-380
que se reserva a propriedade literária desta tradução

Impresso no Brasil

ISBN 978-85-7684-135-7

PEDIDOS PELO REEMBOLSO POSTAL
Caixa Postal 23.052
Rio de Janeiro, RJ – 20922-970

Para Nancy, Jackie, Miles, Margot e Blair

Agradecimentos

A idéia para este livro surgiu há muitos anos e eu sempre adiava o projeto para o "ano que vem". Mas, com o encorajamento de Bob Barnett, este ano finalmente consegui escrevê-lo.

Gostaria de agradecer, acima de tudo, a Kinney Zalesne, minha colaboradora, cujo trabalho brilhante me ajudou a transformar idéias em realidade. Conheço Kinney por ter trabalhado com ela na campanha presidencial de 1996. Além de ser ótima escritora, na ocasião, ela aprendeu sobre pesquisas de opinião. Sua colaboração foi realmente muito apreciada.

Também quero agradecer a Bob Barnett, que defendeu o livro e cujo incentivo me mobilizou a escrevê-lo. Sua crença no projeto resultou na publicação. Ele é realmente incrível.

Amigos e colegas que sugeriram, revisaram, aguçaram e, em alguns casos, exemplificaram microtendências incluem Scott Siff, Don Baer, Sergio Bendixen, Mich Mathews, Jonathan Kessler, Billy Mann, Neera Tanden, David Ginsberg e J. B. Schramm. Gostaria de agradecer também a Bill Gates e Bill Clinton, por seu apoio.

Sou também muito grato a meu editor, Jonathan Karp, que acreditou no projeto desde o primeiro momento e me guiou ao longo do trabalho com grande habilidade e entusiasmo. Sua equipe, incluindo Nate Gray, Cary Goldstein, Fred Chase, Bob Castillo e Anne Twomey, é de primeira linha.

Também gostaria de agradecer a Melissa Wisner, a principal analista de pesquisa do livro. Durante um ano inteiro, Melissa se dedicou ao projeto com tremenda energia e devoção e estava à frente da coleta dos números que se transformaram em histórias. Ela fez um trabalho maravilhoso.

A estagiária Lora Seo dedicou muitos meses investigando alguns dos dados mais secretos do livro. Não há um censo antigo ou dado corporativo obscuro que Lora não consiga destrinchar.

Muitas pessoas na Penn, Schoen & Berland também dedicaram seu tempo e criatividade ao livro. Em particular, Josh Werman, Nick Danoff, Andrew Claster, Matt Lieppe e Emily Colligan contribuíram com um trabalho de altíssima qualidade. Outros enriqueceram o esforço com suas contribuições, como Alex Braun, Amy Cohen, Brad Dawgert, Jonathan Gardner, Amanda Keeter, Beth Lester, Amy Leveton, Jonathan Penn, Jay Ragsdale, Merrill Raman, Ian Ritchie, LaDon Roeder, Peter Roehrig, Rachel Schwartz, Payal Shah, Craig Smith, Jessica Trainor e Grant Zallis.

Finalmente, gostaria de agradecer a todos os identificadores de tendências por aí que estão encontrando novas diretrizes todos os dias. Muitos de vocês estão citados na seção de Fontes, que tentei documentar detalhadamente. Algumas das tendências deste livro são novíssimas; algumas já haviam sido identificadas e eu desenvolvi novas implicações no contexto das *Microtendências*, e algumas são um amálgama de trabalhos anteriores e novos. Espero que este livro reconheça sua capacidade e o grande valor da identificação de tendências por meio de estatísticas.

Sumário

Introdução 13

I. Amor, sexo e relacionamentos

Solteiras demais 29
Tigresas 35
Romances no trabalho 41
Casais a distância 47
Casados pela internet 53

II. Vida no trabalho

Aposentados na ativa 61
Deslocamentos radicais 69
Trabalhando em casa 77
Mulheres prolixas 83
Amazonas ardentes 87

III. Raça e religião

Rompendo barreiras 95
Pró-semitas 101
Famílias inter-raciais 107
Hispânicos protestantes 113
Muçulmanos moderados 119

IV. Saúde e bem-estar

Avessos ao sol 127
Notívagos 133
Canhotos à solta 139
Automedicação 145
Deficientes auditivos 151

V. Vida em família

Novos pais coroas 159
Pais de estimação 165
Pais tolerantes 171
Homossexuais assumidos 181
Filhos zelosos 187

VI. Política

Elites impressionáveis 195
Os indecisos no comando 203
Imigrantes ilegais militantes 209
Cristãos sionistas 215
Ex-presidiários recém-libertados 221

VII. Adolescentes

Ligeiramente desorientados 229
Jovens tricoteiras 235
Ídolos adolescentes negros 241
Jovens magnatas 247
Aspirantes a franco-atiradores 251

VIII. Comida, bebida e dieta

Crianças vegetarianas 259
Peso desproporcional 263
Famintos por vida 271
Loucos por cafeína 275

IX. Estilo de vida

Adeptos aos longos períodos de atenção 283
Pais negligenciados 289
Falantes nativos 293
Unissexuais 299

X. Dinheiro e classe

Compradores de segundas casas 307
Mary Poppins modernas 311
Milionários tímidos 317
Burgueses e falidos 323
Sem fins lucrativos 329

XI. Aparência e moda

Tatuado chique 337
Desleixados e atolados 343
Amantes das cirurgias 349
Pequenas notáveis 355

XII. Tecnologia

Geeks sociais 361
Novos "ludistas" 367
Tecfatais 373
Mães que compram carros e que gostam de futebol 379

XIII. Lazer e entretenimento

Mães arqueiras? 385
Impróprio para menores 391
Jogadores crescidinhos 397
Neoclássicos 403

XIV. Educação

Crianças espertas que ficam para trás 411
Estudantes que aprendem em casa 417

Estudantes que largaram a faculdade 425
Viciados em números 431

XV. Internacional
Novos religiosos 439
Compradores de casas internacionais 445
Casais solteiros (Reino Unido) 451
Mammonis (Itália) 457
Eurostars 461
Empresários vietnamitas 467
Abstêmios franceses 473
Picassos chineses 479
Vira-casacas russos 485
Mulheres indianas em ascensão 491
Terroristas educados 495

Conclusão 503
Fontes 517
Índice remissivo 565

Introdução

Em 1960, a Volkswagen abalou a indústria automobilística com um anúncio de apenas duas palavras que ocupava uma página inteira: "Think Small" ("Pense pequeno"). Foi uma idéia revolucionária – um chamado para uma redução da perspectiva, da ambição e da escala em uma era em que o sucesso estava no acúmulo e no ganho territorial, mesmo se tratando simplesmente de dirigir.

Ao mesmo tempo em que os Estados Unidos estavam se tornando a superpotência mundial, fazendo crescer a economia dominante e definindo os rumos para os mercados mundiais, o Fusca deslanchou como um fenômeno da contracultura – representando a individualidade em reação à conformidade da década de 1950.

Os Estados Unidos nunca aceitaram muito bem o tamanho pequeno quando o assunto é carro. Mas pergunte a dois terços dos norte-americanos e eles dirão que trabalham em uma pequena empresa. Os americanos só estão dispostos a fazer grandes mudanças quando percebem passos pequenos e concretos que levarão a essas mudanças. E anseiam pelo estilo de vida das pequenas cidades norte-americanas. Muitos dos maiores movimentos do país hoje são pequenos – em geral afastados de todos, a não ser dos olhos do cuidadoso observador.

Microtendências parte da idéia de que as mais poderosas forças da sociedade são as tendências emergentes e contra-intuitivas que estão moldando o futuro bem diante de nossos olhos. Com a atenção voltada para a criminalidade juvenil, é muito difícil identificar os jovens que hoje são mais bem-sucedidos do que nunca. Devido ao foco na pobreza como causadora do terrorismo, é difícil ver que são os terroristas ricos e bem instruídos que estão por trás de muitos dos ataques. Com tanta ênfase nas grandes religiões organizadas, é difícil ver que são as pequenas e novas seitas que crescem mais rapidamente.

O poder da escolha individual nunca foi tão notório, e os motivos e os padrões para essas escolhas nunca foram mais difíceis de entender e de analisar. A capacidade de direcionar nosso foco a partir do *microtargeting* – ou seja, identificar subgrupos pequenos e ativos, e estabelecer contato com eles para compreender suas necessidades e desejos individuais – nunca foi tão crítica em campanhas de marketing ou de política. O enfoque único e padronizado para todos está ultrapassado.

Trinta anos atrás, na Lamont Library de Harvard, eu li um livro que dizia: "A perversa e heterodoxa tese deste pequeno livro é que os eleitores não são bobos." O autor, V.O. Key Jr., defendia uma idéia que, desde então, vem guiando nossa maneira de pensar, não apenas sobre os eleitores, mas também sobre os consumidores, empresas, governos e o mundo como um todo. Se usarmos os instrumentos corretos e analisarmos os fatos, verificaremos que o cidadão comum é bem esperto e faz algumas escolhas bastante racionais.

Ainda assim, praticamente todos os dias, ouço especialistas dizerem que eleitores e consumidores são cabeças-de-vento sem qualquer orientação, que tomam decisões com base na cor de uma gravata. É por isso que os políticos pagam consultores para dizerem a eles que devem usar ternos cor de terra ou tirar as rugas do rosto. É este o motivo pelo qual muitos comerciais apresentam histórias sem pé nem cabeça, sem qualquer relação com os produtos anunciados. Com freqüência, os candidatos e os profissionais de marketing não acreditam nos fatos ou nas questões mais importantes. Muitas vezes, são eles os idiotas. Aposto que pelo menos dois terços de todas as comunicações são desperdiçados com mensagens e imagens que só seus criadores entendem.

A perspectiva deste livro é a de que, trinta anos mais tarde, a observação de V.O Key Jr. não só é válida, mas deve ser o princípio que norteará o entendimento das tendências vistas nos Estados Unidos e no mundo. As pessoas nunca foram tão sofisticadas, ou mais individualistas, ou mais conhecedoras das opções que fazem em sua vida diária. Ainda assim, como Key observou, são necessários estudos científicos intensivos para encontrar os padrões lógicos subjacentes a essas escolhas. Quando estamos diante de escolhas aparentemente contraditórias, pode ser muito mais fácil atribuí-las aos ternos marrons e ao botox.

E, de fato, as contradições atuais são impressionantes. Embora as pessoas estejam ingerindo mais alimentos saudáveis do que nunca, as vendas do Big Mac nunca foram tão altas. Enquanto a Fox News é a primeira em audiência nos Estados Unidos, o movimento antiguerra domina os principais noticiários norte-americanos. Embora a população norte-americana esteja envelhecendo, boa parte da publicidade e do entretenimento foi desenvolvida para jovens. Embora o número de namoros seja o mais alto de todos os tempos, as pessoas nunca estiveram tão interessadas em manter relacionamentos mais duradouros e profundos. Ainda que o número de pessoas que tomam água pura e natural seja o maior de todos os tempos, mais pessoas também estão tomando bebidas energéticas "monstruosas", impregnadas de produtos químicos e cafeína.

Na verdade, a própria idéia de que existem algumas grandes tendências que determinam como os Estados Unidos e o mundo funcionam está indo por água abaixo. Não existe mais um punhado de megaforças varrendo nossos destinos. Em vez disso, os Estados Unidos e o mundo estão sendo separados por um intricado labirinto de opções, que se acumulam em "microtendências" – pequenas forças imperceptíveis que podem envolver até 1% da população e que estão moldando nossa sociedade de forma irreversível. Isso não significa apenas que o pequeno tomou o lugar do grande. É que, para realmente entender o que está acontecendo, temos de dispor de instrumentos melhores do que apenas nossos olhos e uma língua eloqüente. Precisamos do equivalente a lentes de aumento e microscópios, que, em termos sociológicos, são as pesquisas de opinião, os levantamentos e as estatísticas. Eles pegam uma fatia do tópico em estudo e a aumentam – de maneira abrangente e clara – para exame. Essa análise permitirá que você veja a si mesmo, seus amigos, clientes, compradores e concorrentes de modo mais nítido do que imaginava ser possível.

Trabalhando para o presidente Clinton em 1996, identifiquei um grupo que não havia sido detectado que ficou conhecido como as *Soccer Moms*, literalmente "mães do futebol". (Gosto da idéia de que ajudei a incentivar a prática do futebol entre os jovens nos Estados Unidos, embora essa não tenha sido minha intenção. A expressão foi cunhada pensando em mulheres atribuladas que moram em subúrbios afluentes nos Estados Unidos, dedicadas ao trabalho e aos filhos, que estavam verdadeiramente preocupadas com as políticas presidenciais.) Até a campanha daquele ano, acreditava-se que a política era dominada por homens, que decidiam o voto da família. A verdade é que, em 1996, a maioria dos eleitores homens já se havia decidido em relação à campanha. As pessoas a serem influenciadas eram o novo grupo de mães independentes, dedicadas ao trabalho e aos filhos, que ainda não tinham decidido qual partido seria bom para suas famílias. Elas, e não seus maridos, eram os eleitores indecisos críticos. Para conquistar seu voto, o presidente Clinton iniciou uma campanha para ajudá-las a criar seus filhos – desenvolvimento de testes para detectar drogas nas escolas, medidas contra o fumo na adolescência, leis que limitam a violência na mídia e uniformes escolares. Essas mães não queriam uma maior presença do governo em sua vida, mas ficaram muito felizes em ver ações concretas do governo ajudando a vida de seus filhos, mantendo-os no caminho certo.

Em retrospecto, uma profunda mudança política foi gerada pela identificação dessa pequena tendência. Antes disso, quase todos os democratas haviam concentrado suas campanhas nos trabalhadores com baixa renda e com baixo nível de instrução, particularmente no setor industrial. Mas a associação sindical e os empregos na indústria estavam diminuindo, havia um número cada vez maior de americanos universitários e praticamente todo o eleitorado do país se auto-rotulava de classe média. Se os democratas não identificassem as principais tendências, perderiam o trem da história.

Hoje, os candidatos direcionam suas campanhas para as "mães do futebol" com entusiasmo – embora talvez seja bom eles saberem que as tendências avançam rapidamente e que essas "mães do futebol" também já não são as mesmas. Uma década mais tarde, seus filhos já estão prontos para a universidade, muitas delas já se divorciaram e a própria segurança financeira se tornou uma questão tão importante para elas quanto a educação dos filhos dez anos atrás.

Com todas as atenções voltadas para essas mães, os pais – pacatos residentes nos subúrbios, voltados para a família e trabalhadores – estão inteiramente negligenciados na política, na propaganda e na mídia. No século XXI, os pais passam mais tempo com seus filhos do que em qualquer outro período da História. A avenida Madison se ajustou a essa tendência? Os pais por acaso são tema de alguma campanha de volta às aulas?

Podemos estar prestes a ver uma mudança de marketing tão grande quanto a de 1996 na política do partido democrata nos Estados Unidos.

A arte de identificar tendências por meio de pesquisas consiste em encontrar grupos que estejam interessados nas mesmas atividades e que tenham os mesmos anseios, que já estão unidos de alguma maneira ou podem vir a se reunir por meio do apelo certo que cristalize suas necessidades. As "mães do futebol" já existiam há uma década ou mais, porém, só se tornaram uma classe política quando foram reconhecidas como um bloco de eleitores incrivelmente poderoso nos Estados Unidos.

Hoje em dia, as mudanças no estilo de vida, a internet, a balcanização das comunicações e a economia global estão se juntando para criar um novo senso de individualismo que está transformando nossa sociedade de modo intenso. O mundo atual está cada vez mais sem fronteiras em função da globalização, mas é ocupado por 6 bilhões de indivíduos que não precisam seguir o rebanho para serem ouvidos. Por mais excêntricas que sejam suas escolhas, hoje existem 100 mil pessoas ou mais que compartilham seu gosto por iaque tibetano no espeto.

Na verdade, quando determinada tendência atinge 1%, ela está pronta para criar um filme de sucesso, um best seller ou um novo movimento político. O poder da escolha individual está influenciando cada vez mais a política, a religião, o entretenimento e até mesmo a guerra. Nas atuais sociedades de massa, basta que apenas 1% dos indivíduos façam uma escolha – contrária à da maioria – para criar um movimento que pode mudar o mundo.

Veja o que aconteceu nos Estados Unidos com os imigrantes ilegais Há alguns anos, eles eram os americanos esquecidos, aqueles que se escondiam da luz do sol e das autoridades. Hoje, estão fazendo comícios políticos e, considerando onde eles e seus parentes em situação legal e com direito a voto vivem, eles podem acabar se tornando as novas "mães do futebol". Os imigrantes militantes, insatisfeitos com o sistema falido de imigração, podem ser o grupo mais importante de eleitores das próximas eleições presidenciais, distribuídos nos principais Estados do sudoeste norte-americano que estão se tornando as novas áreas de disputa eleitoral.

O mesmo vale para os negócios, já que a internet facilitou a ligação entre as pessoas. No passado, era praticamente impossível comercializar produtos para pequenos grupos dispersos pelo país. Hoje em dia, é muito fácil encontrar na rede 1 milhão de pessoas interessadas em provar seu suco dietético de toranja, ou com dificuldades para fazer seus filhos dormirem à noite.

O cálculo pode ser não só estratégico, mas também catastrófico. Se os terroristas islâmicos convencessem apenas *um décimo* de 1% da população dos Estados Unidos de que estão certos, haveria 300 mil soldados do terror, quantidade mais do que suficiente para desestabilizar nossa sociedade. Se Bin Laden conseguisse convencer apenas *1%* da população mundial de 1 bilhão de muçulmanos a praticarem atos violentos, haveria 10 milhões de terroristas, um grupo que poderia acabar até mesmo com os maiores exércitos ou forças policiais do planeta. Esse é o poder dos pequenos grupos que se unem hoje.

O poder da escolha é especialmente evidenciado pelo número cada vez maior de americanos que tomam decisões sobre sua vida. Por exemplo, o crescimento populacional nos Estados Unidos diminuiu para 0,9%, mas o número de unidades familiares explodiu. Considerando pessoas que se divorciam, as que levam mais tempo para casar, as que vivem mais e as que nunca se casam, estamos vivenciando uma explosão no número de pessoas que são chefes de família – quase 115 milhões em 2006, em comparação aos cerca de 80 milhões em 1980. O percentual de unidades familiares que consistem em uma pessoa vivendo sozinha aumentou de 17%, em 1970, para 26%, em 2003. A proporção de unidades familiares com filhos caiu para menos de 25%.

Todas essas pessoas com uma vida mais solitária e mais independente estão dividindo os Estados Unidos em pequenos nichos. Os solteiros e as pessoas sem filhos em casa têm mais tempo para seguir seus interesses, ter hobbies, navegar na internet, participar de um debate político ou ir ao cinema. Aliás, ninguém mais precisa ir ao cinema – podemos baixar os filmes da internet ou usar o sistema pay-per-view – mas, para quem tem o sábado à noite livre, o cinema é uma preferência tão arraigada que as salas de exibição estão aumentando seus preços, em vez de diminuí-los. Mais pessoas têm mais recursos disponíveis (incluindo dinheiro, tempo e energia) do que nunca. E, mais do que nunca, estão usando esses recursos para alcançar a satisfação pessoal. Como resultado, temos uma visão mais nítida de quem são esses indivíduos e o que eles querem. Nos negócios, na política e na solução de problemas sociais, ter essa informação disponível pode fazer toda a diferença.

Este livro trata da transformação dos Estados Unidos em nichos. Fala de como não existe mais um único país, ou dois, ou três ou oito. Na verdade, existem centenas de pequenos Estados Unidos, centenas de novos nichos formados por pessoas que se unem por interesses em comum.

Os nichos não se limitam apenas aos Estados Unidos. São um fenômeno global que está dificultando muito a união das pessoas no século XXI. Quando pensávamos que, graças à internet, o mundo estaria não só conectado, mas finalmente unido em torno de valores comuns favoráveis à democracia, à paz e à segurança, exatamente o oposto está acontecendo. Estamos nos dividindo em um ritmo recorde.

Recentemente, fui jogar boliche e, contrário à outra idéia popular mas errônea, ninguém estava lá sozinho. Na verdade, as pessoas que lançavam as bolas pelas pistas também não eram típicos jogadores de boliche barrigudos e consumidores vorazes de cerveja. Parecia não haver qualquer semelhança entre os grupos nas pistas. Em uma delas, estava uma família de imigrantes indianos, incluindo os avós. Na outra, havia uma mãe negra com dois filhos adolescentes. Na terceira pista, havia quatro adolescentes, alguns com tatuagens, outros com camiseta pólo. Duas pistas adiante, um casal falando espanhol claramente comemorava uma data romântica no boliche, pois se beijavam entre uma jogada e outra.

A maior liberdade de escolha representou um crescimento da individualidade. Com o aumento da individualidade, veio o aumento do poder de escolha. Quanto mais escolhas, mais as pessoas se dividem em nichos cada vez menores na sociedade.

A explosão da escolha

Na *Boston Tea Party* (Festa do Chá de Boston), de 1773, provavelmente só havia um tipo de chá jogado para fora do navio – o English Breakfast. Hoje em dia, se os americanos fizessem a mesma rebelião, haveria centenas de tipos de chás diferentes voando pelo porto, desde rosa-jasmim descafeinado a hortelã marroquina, passando por chá tailandês.

Nem sequer conseguimos mais comprar batata frita sem ter de escolher dentre as variedades assada, ondulada, com menos gordura, salgada, com sabor – com subcategorias de sabor, incluindo churrasco, batata-doce, cebola e cebolinha.

Vivemos em um mundo com grande abundância de opções. Em praticamente qualquer área da vida, os norte-americanos têm mais liberdade de escolha hoje do que em qualquer outro período histórico, incluindo novos tipos de trabalho, novos alimentos, novas religiões, novas tecnologias e novas formas de comunicação e interação.

Em certo sentido, é o triunfo da economia da Starbucks sobre a economia da Ford. No início da década de 1900, Henry Ford criou a linha de montagem para que o consumo de massa se tornasse realidade – de maneira uniforme. Milhares de trabalhadores produziam um carro preto, milhões e milhões de vezes.

Atualmente, existem poucos produtos assim. (Um deles, por ironia, é o computador, que está presente em todas as casas praticamente no mesmo formato. Há algum tipo de personalização superficial, mas, se entrarmos em uma loja para comprar um computador, teremos menos opções do que as disponíveis na hora de escolher alface no supermercado.)

Por outro lado, a Starbucks é regida pela idéia de que as pessoas fazem escolhas – relativas ao tipo de café, leite, adoçante que consomem – e que, quanto mais opções estiverem disponíveis, maior será a satisfação final. (Apenas nessas escolhas simples, é possível perceber a imprevisibilidade dos consumidores – alguns evitam cafeína, gordura ou açúcar, e outros estão felizes da vida pedindo todos juntos.) A Starbucks tem sucesso porque pode ser tudo isso para todas as pessoas – não aposta em um grupo de escolhas em detrimento de outro.

Enquanto na economia da Ford as massas eram atendidas por muitas pessoas trabalhando para fabricar um produto uniforme, na economia da Starbucks as massas são atendidas por poucos que trabalham para gerar milhares de produtos personalizados.

O modelo Starbucks parece estar ganhando. Os iPods são populares não porque podem transportar músicas – podíamos fazer o mesmo com o walkman na década de 1980. São populares porque permitem a escolha de nossas próprias músicas. A tecnologia pessoal tornou-se personalizada, e agora podemos ter exatamente o que queremos em praticamente qualquer área de consumo. Podemos até mesmo ter um carro sob encomenda entregue em menos de um mês – mais tempo do que para receber uma pizza, mas, ainda assim, uma tremenda façanha possibilitada pela tecnologia.

O triunfo da personalização e da escolha é um impulso para os apreciadores de café e os compradores de carro, mas é um pesadelo para quem identifica tendências. As escolhas tornam-se cada vez mais tênues, e é preciso fazer uma análise muito minuciosa para entender como elas mudam.

Lembre-se dos terroristas. Ou então pense no carro mais vendido nos Estados Unidos – ele é comprado apenas por 300 mil pessoas. Diferentemente de qualquer outra época na História, as pequenas tendências podem fazer grande diferença. Embora seja mais difícil do que nunca identificar tendências, esse também é um fenômeno que ganhou importância.

Os pequenos grupos, atraídos por necessidades, hábitos e preferências comuns, estão em alta. São poderosos e difíceis de encontrar. Este livro pretende identificar alguns deles.

O poder dos números

Nos últimos anos, alguns livros muito bons foram lançados afirmando que os Estados Unidos estão seguindo algumas direções grandiosas. Este livro defende exatamente o contrário. Os Estados Unidos estão seguindo centenas de pequenas direções. Ao mesmo tempo. Rapidamente. Faz parte da grande energia daquela nação e é parte de seu desafio vindouro.

Isso porque é muito difícil detectar as diferenças entre as pequenas tendências. Para cada grupo de jovens de elite e urbanos nos Estados Unidos, existe outro grupo de carolas conservadores de mais idade. Para cada grupo de aficcionados por *gadgets*, ou aparelhos eletrônicos, há um grupo que não curte tecnologia. Os americanos estão fazendo mais dietas do que nunca, mas as churrascarias nunca estiveram tão cheias. A política está dividida em extremos, com os "Estados vermelhos" e os "Estados azuis", mas nunca houve mais eleitores que se autodenominam "independentes".

Trinta anos depois de ter lido o texto de V. O. Key Jr., usei o recurso mais confiável que conheço para identificar tendências, ou as mudanças e evoluções nesses grupos: os números. Os americanos alegam ser uma nação "visceral" – uma espécie de metáfora corporal para o que geralmente chamamos de "valores". Quantas vezes não ouvimos dizer que o mais certo a fazer é seguir seus instintos?

Na maior parte das vezes, no entanto, esse conselho acaba sendo ruim. Se quiser usar a forma mais segura de transporte, ande de avião; nem passe perto de um carro. Se quiser perder peso, conte as calorias; esqueça o suco de amora e a semente de linhaça. Quase sempre, os números informam que caminho seguir; basta sabermos interpretá-los.

Em geral, os americanos gostam de números – hoje em dia, existe até um famoso programa de tevê nos Estados Unidos chamado *Numb3rs*. Mas também têm medo deles. Em parte, porque estão bem menos treinados em matemática e ciências do que em língua e literatura. Como nação, acham que não são bons com números. Eles assustam quase tanto quanto falar em público. Ao mesmo tempo, fascinam.

Muitos deles têm uma saudável desconfiança em relação aos números porque algumas pessoas, em um esforço para defender determinado ponto de vista, os utilizam mal. Você lembra o pânico gerado pelo bug do milênio (Y2K)? Todo usuário de computador do planeta tinha medo de que seus arquivos estivessem ameaçados com a virada do milênio. Na verdade, somente um terço dos computadores mundiais ficaram suscetíveis aos erros causados pelo bug – e, desses, foram pouquíssimos os casos de problemas concretos. Ou a gripe aviária. No final de 2005, o mundo inteiro dizia que, dos aproximadamente 140 casos de gripe aviária em humanos reportados no Sudeste Asiático, mais da metade resultou em óbito. Os repórteres melancolicamente concluíram que a taxa de mortalidade da gripe aviária era mais de 50%. Assustador! Mas, na verdade, esses números retratam apenas os casos dos doentes muito graves. As pessoas que contraíram gripe aviária e não foram ao hospital reportar a doença não entraram nos cálculos. Chamo esses números divulgados pela mídia de "assustatísticas".

Meu trabalho, em trinta anos como pesquisador de opinião pública, tem sido separar o joio do trigo, em se tratando de números. Ao trabalhar para diferentes tipos de clientes, incluindo Bill Clinton, Bill Gates e Tony Blair, aprendi a perscrutar a mais obstinada sabedoria convencional, encontrando tendências contra-intuitivas na sociedade que podem ajudar a resolver desafios substanciais. Imagine por um momento que você é um poderoso líder. Partidários eloqüentes o influenciam todos os dias, e a mídia publica suas opiniões. Os assessores dão palpite. Torna-se difícil tomar a decisão certa, a menos que você também tenha o ingrediente ausente: os números. Meu trabalho era filtrar todas as opiniões e oferecer uma visão sólida e quantitativa da realidade – com base nos números, para que os líderes tivessem uma idéia geral da situação na hora de tomar suas decisões. Na minha opinião, palavras sem números nada significam, assim como números sem palavras – é preciso chegar ao equilíbrio certo, para que argumentos eloqüentes sejam sustentados pela realidade tal qual representada pelos números. Mais adiante neste livro, vamos falar sobre a ascensão da criminalidade nos Estados Unidos – um assunto muito delicado que é o foco de vários estudos e teorias sobre temas variados, englobando de desemprego a pais permissivos. No entanto, quando verificamos que o número de delinqüentes soltos nos últimos tempos escalou para 650 mil pessoas por ano, instantaneamente temos o modelo de uma nova ameaça nas ruas e percebemos um novo conjunto de soluções.

Em minha função de pesquisador de opinião e estrategista, ajudei a gerar estratégias contra-intuitivas vencedoras que seguem os números conquistar as "mães do futebol" em 1996: ajudar a futura senadora Hillary Clinton a procurar eleitores no norte do Estado de Nova York, onde os democratas tradicionalmente não eram fortes em 2000; quebrar o paradigma das campanhas publicitárias das empresas, fazendo-as focar pessoas mais velhas, em vez dos jovens; assessorar os vencedores de 15 eleições presidenciais estrangeiras em idiomas que sequer sei pronunciar, muito menos entender, porque me fixei nos números, e não nas influências locais. Em geral, as pessoas estão perto demais da situação para enxergar os fatos concretos – e é preciso um olhar objetivo para dizer a elas o que realmente está acontecendo. Os líderes podem ficar ainda mais isolados, muitas vezes prisioneiros de seu gabinete, ouvindo apenas o que os jornalistas locais dizem que está acontecendo. Os números resolvem o problema em qualquer língua.

Lembro-me de um dia ter dito ao novo presidente da Colômbia que seu povo estava pronto para uma guerra total contra as drogas por uma percentagem esmagadora. Eles não queriam, como muita gente achava, fazer vista grossa, mas realmente modernizar o país. O presidente ficou em silêncio por alguns instantes, mas finalmente o Chefe do Estado-Maior disse: "Mark, você está certo, mas podemos ser todos mortos." Ele me ensinou os limites dos números naquele dia, mas no final das contas o presidente e o país efetivamente decidiram declarar guerra aos lordes do tráfico e arriscar sua vida nesse processo.

Este livro trata do poder dos números e de como eles dirigem os Estados Unidos e o mundo. Raramente as coisas são o que parecem na superfície e a sabedoria convencional e não-quantitativa, em geral, não é sequer sabedoria. Ocultas diante de nossos olhos estão poderosas forças contra-intuitivas que podem ser usadas para deslanchar uma nova empresa, criar uma campanha, dar início a um movimento ou nortear sua estratégia de investimento. Embora essas tendências sejam gritantes, muitas vezes não conseguimos vê-las.

Identificadores de tendências em contexto

Faço parte de uma orgulhosa linhagem de identificadores de tendências. Alvin Toffler, que escreveu *O choque do futuro*, e John Naisbitt, autor de *Megatendências*, são alguns dos pioneiros pensadores da era moderna que analisaram o enorme e variável mundo do comportamento humano e tentaram fazer algum sentido dele com fatos e dados. Acertaram em cheio quanto às transformações radicais trazidas pela era da informação.

Entretanto, um aspecto em particular mudou: a natureza da própria análise de tendências. Como veremos ao longo do livro, não podemos entender o mundo apenas em termos de "megatendências" ou de experiências universais. Em nossa atual sociedade dividida, se quisermos ter sucesso, precisamos entender os intensos grupos de identidade que estão crescendo e avançando, de modo rápido e furioso e nas mais variadas direções. Isso são microtendências.

É muito diferente, no entanto, do que a maioria das pessoas faz quando "identifica tendências" – o que, por si só, é uma tendência crescente. Ultimamente, uma espécie de indústria caseira de profissionais de marketing e de sociólogos se desenvolveu e passou a escrever sobre as dez ou 15 coisas que devemos saber para atravessar os próximos dois, cinco ou dez anos. Eles definem e refinam o mundo à sua volta com nomes cada vez mais elaborados e perspicazes para as mudanças de consumo, culturais e pessoais que a sociedade está enfrentando. Sim, também usei rótulos neste livro. Mas aqui uma tendência não é meramente um "desenvolvimento", como o uso cada vez menor de dinheiro vivo. Não é simplesmente uma "mudança" na maneira como as pessoas agem, como um número maior de mulheres que adotam o sobrenome de seus maridos. Não é apenas uma "preferência" em evolução por determinado produto ou atividade, como o uso crescente de sistemas GPS. Uma microtendência é um grupo de identidade intenso, que está crescendo, que tem desejos e anseios não-atendidos pelas atuais empresas, ou profissionais de marketing, ou legisladores e outros que influenciam o comportamento da sociedade.

Mergulhando de cabeça

Em *Microtendências*, vamos analisar 75 grupos que, em função de suas decisões diárias, estão construindo os Estados Unidos e o mundo hoje e amanhã. Embora alguns grupos sejam maiores do que outros, eles têm em comum o fato de que são relativamente pouco visíveis – porque os números concretos são pequenos ou porque a sabedoria convencional oculta seu potencial nas sombras, às vezes até enfatizando justamente o contrário.

Em alguns desses grupos, você encontrará a si mesmo ou seus amigos, clientes ou eleitores. Alguns grupos parecerão muito distantes de sua realidade. Outros, engraçados. Outros, ainda, trágicos. Algumas vezes, documento tendências diametralmente opostas. Interpretadas em conjunto, são uma espécie de pintura impressionista dos Estados Unidos e do mundo.

No fim, vamos dar um passo para trás e olhar o retrato. Não mais representando a soma de algumas hábeis pinceladas, os Estados Unidos e o mundo são agora uma coleção de finíssimos pontos a serem examinados um a um. Veremos que imagem emergirá no final e o que isso significa para o nosso futuro.

PARTE I

Amor, sexo e relacionamentos

Solteiras demais

Talvez não haja sensação pior do que ser deixado de fora. Todos sabemos como é não ser escolhido para formar um time, ou ser excluído de uma noitada com os amigos, ou ser o único a não ser convidado para um casamento. O que agrava o mal-estar, obviamente, é a injustiça – por que eu? Sou o melhor jogador, o amigo mais fiel, o convidado mais gregário – e, ainda assim, fui deixado de fora.

No mundo atual, um número cada vez maior de mulheres se encontra fora da instituição do casamento. Algumas optam deliberadamente por não se casar, enquanto outras preenchem cadastros em sites de relacionamentos, só para ver seus esforços frustrados. Muitas se culpam imaginando o que deu errado.

A verdade é que todos os problemas das mulheres solteiras poderiam ser resolvidos caso houvesse mais homens heterossexuais disponíveis. No velho oeste norte-americano, há 150 anos, havia poucas mulheres, por isso era preciso importá-las. Atualmente, ocorre justamente o contrário. Há homens heterossexuais de menos para todas as mulheres disponíveis, por isso elas, de repente, se viram em meio à dança das cadeiras – em que pelo menos 3% delas ficarão à espera.

Em 1994, um estudo do National Opinion Research Center sobre "A Organização Social da Sexualidade" revelou que 9% dos homens e 4% das mulheres afirmaram que haviam tido pelo menos algum tipo de comportamento homossexual desde a puberdade. Outro estudo realizado por uma equipe da Harvard School of Public Health registrou que 6,2% dos homens e 3,6% das mulheres informaram ter tido parceiros do mesmo sexo nos três anos anteriores. Um terceiro estudo informou que 9% dos homens e 5% das mulheres que haviam tido pelo menos uma experiência homossexual afirmaram que essas experiências poderiam ser descritas como "freqüentes" ou "contínuas".

O que esses estudos sugerem é que, qualquer que seja o número de homossexuais existente, o número de homens homossexuais supera o de mulheres homossexuais nos Estados Unidos.

Em termos numéricos, quando a música pára de tocar nos Estados Unidos heterossexual, há muitas mulheres sobrando.

Isso significa que, pela primeira vez na história daquele país, existem mais mulheres solteiras que provavelmente continuarão assim.

Mulheres solteiras nos EUA (1970-2005)

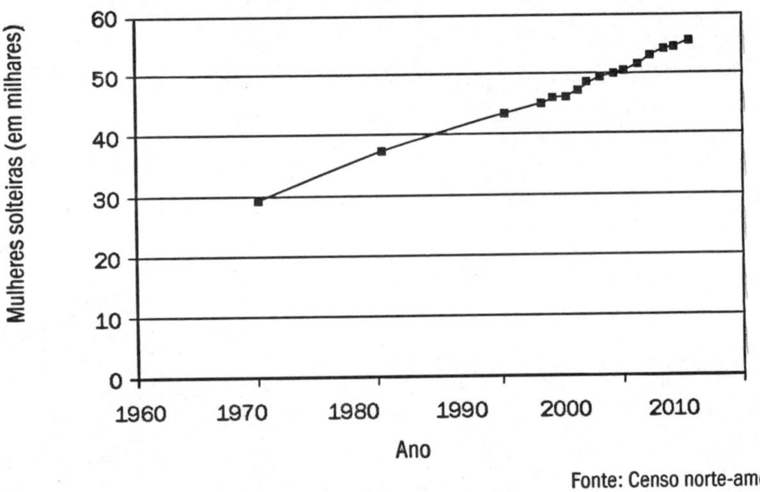

Fonte: Censo norte-americano, 2006.

Os números estão distribuídos nos Estados Unidos da seguinte forma:

Ao nascer, as meninas estão bem. Nascem 90 mil meninos a mais todos os anos do que meninas, configurando um cenário favorável para encontros românticos. Quando essas crianças chegam aos 18 anos, a razão entre os sexos já se alterou em outra direção, de 51 para 49, porque um número maior de meninos morre na puberdade. (Os pesquisadores o chamam de "explosão dos hormônios", que causa mais mortes entre meninos devido a acidentes de carros, homicídios, suicídios e afogamentos.)

Como se isso não bastasse – em termos sociais, para as mulheres heterossexuais –, o Fator Homossexualismo entra em cena. Supondo que aproximadamente 5% dos adultos norte-americanos sejam homossexuais (como alegam os especialistas, e as pesquisas provam), existem cerca de 7,5 milhões de homens heterossexuais e 3,5 milhões de mulheres homossexuais nos EUA. Se os subtrairmos dos já desequilibrados números de homens e mulheres, teremos, entre os heterossexuais, cerca de 109 milhões de mulheres para 98 milhões de homens, chegando a uma razão de 53 para 47.

A situação é ainda pior para as mulheres negras. Descontando o Fator Homossexualismo (que, na verdade, não altera a razão entre os sexos de adultos negros, uma vez que este é relativamente pequeno), a proporção da população por sexo na comunidade negra adulta já começa em 56 para 44, devido aos altos índices de morte entre os jovens adolescentes negros.

O índice relativamente alto de encarceramento de homens negros – 4.700 para cada 100 mil homens, em comparação com apenas 347 para cada 100 mil mulheres negras – altera em um ponto essa proporção, de 57 para 43. Levando ainda em consideração as diferenças entre os sexos na educação universitária, não é à toa que muitas mulheres negras, especialmente as mais bem-sucedidas, sejam solteiras.

É sempre possível que haja mais mulheres homossexuais do que o número que aparece nas pesquisas. Por outro lado, os estudos parecem sugerir que, mesmo quando as mulheres experimentam o homossexualismo, escolhem-no como seu estilo de vida permanente com menos freqüência.

Todos sabemos que, como os homens morrem cerca de quatro anos antes do que as mulheres, existem muito mais viúvas do que viúvos. Mas certamente o desequilíbrio entre os sexos aparece muito antes também – nos anos de namoro – mas, como esse fato nunca recebeu a devida atenção, as mulheres muitas vezes se culpam por eventos que estão estatisticamente fora de seu controle.

Alguns efeitos das "solteiras demais" já são evidentes. Em 2005, as mulheres solteiras eram o segundo maior grupo de compradores de residências, logo atrás dos casais casados. Compraram praticamente 1,5 milhão de casas naquele ano, duas vezes mais do que os homens solteiros. Embora esse seja um fenômeno que não existia há cinqüenta anos, as mulheres norte-americanas agora estão comprando casas regularmente e construindo seu patrimônio antes de pensar nos vestidos das daminhas de honra e constituir suas famílias.

Uma tendência relacionada, considerando a ascensão das mulheres solteiras, é o número de mulheres que têm filhos ou adotam crianças sem um parceiro – as chamadas mães solteiras por opção. Quando a personagem da tevê Murphy Brown* decidiu ter um filho sem marido no início da década de 1990, essa atitude ainda era radical o suficiente para que o vice-presidente Dan Quayle a censurasse em um discurso que talvez tenha sido o mais famoso de sua carreira (e talvez o único proferido por um vice-presidente sobre um personagem ficcional). Naquela época, havia apenas cerca de 50 mil mães solteiras nos EUA. Hoje em dia, estima-se que esse número tenha triplicado.

É possível que essa razão desfavorável para os heterossexuais, sendo tão desencorajadora para as mulheres em alguns aspectos, tenha contribuído para que as mulheres se superassem em outras áreas. Como veremos na tendência relativa a mulheres prolixas, as mulheres jovens são mais numerosas do que os homens em ramos como Direito, Relações Públicas e Jornalismo. As mulheres compareceram às eleições presidenciais de 2004 nos EUA mais do que os homens, a uma razão de 54 para 46%. O número de mulheres na universidade é maior do que o de homens em cerca de 57 para 43%.

Evidentemente, os maiores beneficiários das mulheres que são solteiras demais são os homens heterossexuais, que – francamente – nunca estiveram em situação melhor. Mulheres que não lhes davam bola na época da faculdade começam a perceber, oito ou dez anos depois, que existem muito menos homens na ativa do que no passado. De repente, aquele sujeito meio calvo com um emprego sólido e um potencial razoavelmente bom para ser pai começa a parecer atraente.

Também existem mais implicações comerciais e políticas. As empresas de manutenção, assistência técnica e seguro residencial têm um enorme

* Murphy Brown era uma série da tevê norte-americana, apresentada originalmente nos Estados Unidos pela rede CBS, de 1988 a 1998. (*N. do R.*)

novo mercado para atender: as mulheres solteiras. Quando é que a Merrill Lynch perceberá o poder dessas mulheres que investem e apostam sozinhas e mudará sua logomarca (o touro carregado de testosterona) para algo mais gracioso?

Se as mulheres realmente *quiserem* um marido tanto quanto uma casa própria, será que algum dia teremos maridos por encomenda postal – importando-os para Trenton e Tuscaloosa como antes acontecia no velho oeste americano?

Se as mulheres *não* quiserem tanto assim um marido – mas ainda desejarem ter filhos –, existe um mercado praticamente ilimitado de doação de esperma, e todos os regulamentos financeiros e éticos envolvidos no processo.

Os historiadores têm bem documentado o fato de que uma sociedade com um número muito grande de homens disponíveis é mais propensa à guerra. Será que uma sociedade com um número muito grande de mulheres disponíveis levará à paz?

Tigresas

Mulheres que namoram garotões

Todas as eras da cultura popular reinventam o titilante romance entre mulheres mais velhas e homens mais jovens. *A primeira noite de um homem,* em 1967, em que a experiente Anne Bancroft (a famosa "Mrs. Robinson" de Simon e Garfunkel) seduz o inocente Dustin Hoffman. Em *Como Stella recuperou o rebolado,* de 1996, o mais vendido romance de Terry McMillan sobre uma bem-sucedida corretora de ações que se apaixona por um jamaicano mais jovem em uma viagem de férias. *Alguém tem que ceder,* de 2003, em que Diane Keaton, com mais de 50 anos, namora Keanu Reeves, de 30 e poucos (antes de se acertar com Jack Nicholson).

Mas o que começou como um escândalo passou a ser intrigante, e hoje se tornou simplesmente comum.

Homens mais velhos que se casam com mulheres mais jovens são um fenômeno antigo. "Velho babão" é um clichê universal. Hoje em dia, nos Estados Unidos, a crescente independência financeira e sexual das mulheres também as tornou cada vez mais interessadas em homens mais jovens. De acordo com um estudo de 2003, realizado pela Associação Norte-americana dos Aposentados (AARP), uma em cada três mulheres entre 40 e 69 anos está namorando um homem mais jovem, e cerca de um quarto desses homens são dez ou mais anos mais jovens do que suas namoradas.

Embora o censo norte-americano tenha contabilizado essas uniões de modo diferente entre 1997 e 2003, o aumento é claro: em 1997, menos que 1 milhão de casais nos Estados Unidos eram formados por uma mulher e um homem pelo menos dez anos mais novo. Em 2003, quase 3 milhões de casais eram formados por uma mulher e um homem pelo menos seis anos mais jovem.

Entre 2002 e 2005, afirma o serviço de encontros românticos on-line Match.com, a percentagem de mulheres em seus bancos de dados que estão dispostas a sair com homens pelo menos dez anos mais novos duplicou.

Talvez seja porque o namoro entre mulheres maduras com homens mais jovens também é moda em Hollywood. A mulher que interpretou a primeira presidenta do país em *Commander in Chief*, Geena Davis, de 51 anos, é casada com Reza Jarrahym, de 25. A sexagenária Susan Sarandon tem filhos com o quarentão Tim Robbins. Madonna, beirando os 50 anos, casou-se com Guy Ritchie, de 39.

Casais com mulheres muito mais velhas do que os homens (1997-2003)

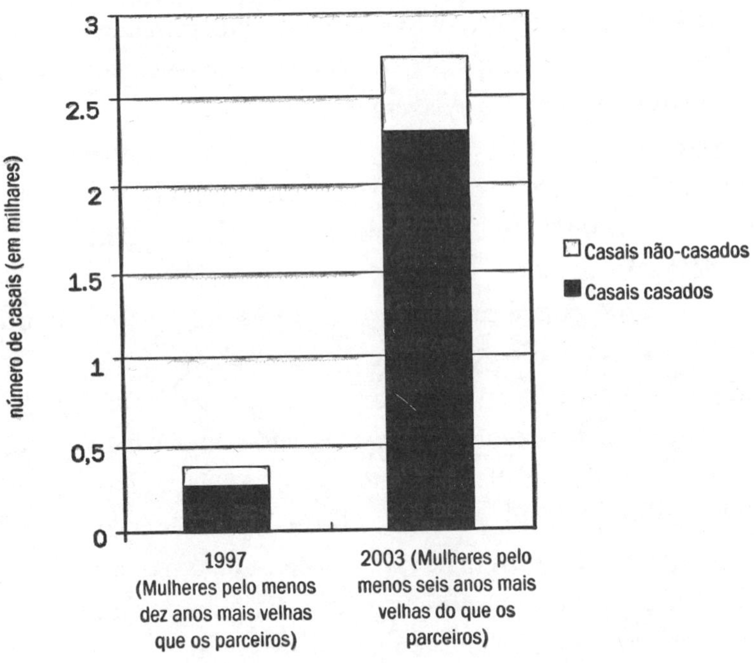

Fonte: *Pittsburgh Post-Gazette*, 2005, citando dados do censo norte-americano.

Como prova de uma tendência positiva, hoje as mulheres que namoram rapazes muito mais jovens são chamadas de *cougars* nos Estados Unidos, literalmente "tigresas". De acordo com Valerie Gibson, colunista sexual do *Toronto Sun* e autora de *Cougar: A Guide for Older Women Dating Younger Men*, o termo surgiu em Vancouver, no Estado canadense de British Columbia, como um apelido irônico para mulheres mais velhas que freqüentam bares e voltam para casa no fim da noite com quem quer que tenha sobrado. Nos últimos anos, entretanto, tornou-se mais positivo – fazendo referência a mulheres mais velhas que sabem o que querem, têm dinheiro e confiança para buscar seus sonhos e não estão limitadas pelo sonho americano de casar, ter filhos e morar em uma casa com cercas brancas.

Hoje em dia, existem pelo menos meia dúzia de sites dedicados a encontros com as "cougars", com brindes como canecas e camisetas. Oprah explorou o tema em um programa intitulado "Mulheres maduras apaixonadas por homens mais novos", em 2003. No seriado de grande sucesso *Sex and the city*, Samantha Jones, com mais de 40 anos, namora o *boy toy* Smith Jerrod durante mais tempo do que os outros nas seis temporadas da série. Em 2005, Fran Drescher, estrela do seriado de tevê da década de 1990 intitulado *The Nanny*, lançou um programa sobre uma mulher com dois filhos que se apaixona por um homem que tem a metade de sua idade, *Living with Fran* – aparentemente baseado em sua experiência real. O canal VH1 apresentou *Kept*, um reality show em que um grupo de rapazes de 20 e poucos anos competem pelo posto de acompanhante da ex-mulher de Mick Jagger, a cinqüentona Jerry Hall, no ano seguinte. Todas essas inovações no campo do entretenimento refletem uma tendência na vida real.

Vários fatores impulsionaram o crescimento das tigresas. Altos índices de divórcio e uma expectativa de vida maior representam uma probabilidade progressiva de as mulheres entrarem novamente no mercado romântico. Na verdade, de acordo com uma pesquisa conduzida em 2004 pela AARP, 66% dos "divórcios na maturidade" – aqueles que acontecem quando o casal está na faixa dos 40, 50 ou 60 anos – são deflagrados pelas mulheres, e não pelos homens. O sucesso das mulheres no trabalho significa que algumas delas querem um homem com uma carreira menos desenvolvida – para que ele possa se mudar, caso ela precise, e ser o principal responsável por seus filhos. (É claro que os homens já fazem isso há anos.)

No entanto, de acordo com Valerie Gibson, tudo se trata de sexo. O pico sexual de uma mulher está alinhado com o de rapazes mais jovens. A mulher mais velha que passou por um casamento difícil ou que nunca se casou está procurando algo mais superficial e frívolo. Entre os 40 e 50 anos, afirma Gibson, o sexo para as mulheres representa recreação, não procriação.

A menos, é claro, que ela queira ter filhos. Mais de 100 mil mulheres entre 40 e 44 anos deram à luz em 2004, um aumento de 63% em relação aos dez anos anteriores. O mesmo ocorreu com mais de 5 mil mulheres entre 45 e 49 anos – um aumento de 129% em dez anos. Assim, as tigresas surgem em qualquer configuração.

O que os homens devem esperar disso?

Aparentemente, eles gostam da confiança e da experiência sexual das mulheres mais velhas e as mulheres em geral não estão procurando compromisso. Diferentemente das décadas passadas, as mulheres mais velhas estão cada vez com a aparência mais jovem – graças às cirurgias plásticas variadas e às academias de ginástica que funcionam em ritmo 24/7.*

Como resultado, no site Match.com, os homens também estão interessados em mulheres mais velhas. Entre 2002 e 2005, o número de homens interessados em se relacionar com mulheres cinco anos mais velhas ou mais aumentou 44%. O número de interessados em mulheres com dez anos ou mais de diferença dobrou.

Aonde as tigresas norte-americanas nos levam? Por um lado, elas mostram que os homens mais jovens finalmente estão quites com os mais velhos, que desde sempre roubavam as pretendentes disponíveis. Talvez nesse sentido, os algoritmos dos encontros estejam se equilibrando.

Por outro lado, as mulheres solteiras – que já passam por maus bocados devido ao número crescente de homossexuais declarados – agora têm uma nova concorrência representada por suas irmãs mais velhas e suas mães. (A tensão entre mãe e filha pelo mesmo homem estava presente nos filmes *A primeira noite de um homem* e *Alguém tem que ceder*.)

---

*24 horas por dia, 7 dias na semana. (*N. do R.*)

Mas as tigresas de hoje são resultado do instinto natural das pessoas bem-sucedidas de trocar esse sucesso pela atração sexual. O que antes só podia ser realizado por homens mais velhos com dinheiro agora está ao alcance de mulheres com poder e conquistas (ou uma boa herança). Assim como os bilionários precisam ficar atentos às mulheres interesseiras – que só estão esperando para colocar as mãos em seu dinheiro –, as tigresas modernas precisam tomar cuidado com homens mais jovens que só querem se abrigar da tempestade. Elas também podem usar serviços de detetive para ver o que seus jovens namorados e maridos estão tramando; elas também precisam se preocupar se o parceiro mais jovem vai permanecer a seu lado quando envelhecerem ou se perderá a graça nos anos seguintes.

E as tigresas merecem uma comunidade. Buscam orientação em relação aos tipos de homem que devem aceitar e os que devem evitar. Precisam de novas regras para encontros abrangendo áreas como finanças, sexo e compromisso. E procuram conselhos sinceros para lidar com as reações dos pais, familiares, ex-maridos, amigos e, especialmente, dos filhos. Precisam de férias nos lugares certos. Precisam até mesmo de cartões de aniversário especiais. Talvez você não tenha uma tigresa na família, mas procure à sua volta ou observe as pessoas em uma esquina movimentada por alguns minutos e certamente vai identificá-las. Elas estão comprometidas com o próprio estilo de vida, que é um elemento essencial de sua personalidade e do que pensam. Estão se aproximando daquele número mágico de 1% que as tornará uma microtendência e um mercado interessante para políticos, cineastas, pastores e profissionais de marketing.

Mrs. Robinson ficaria orgulhosa.

Romances no trabalho

Se houvesse uma única advertência que sua mãe pudesse lhe fazer – ou seu mentor, ou seu melhor amigo que estragou sua vida amorosa e sua carreira ao mesmo tempo – seria "não namore no trabalho". Vai piorar a dor de cotovelo; comprometerá seu profissionalismo; vai expor você a um processo por abuso sexual. Você se distrairá do trabalho e direcionará mal seu afeto. O aforismo gentil para essa situação é: "não misture amor e negócios."

De acordo com uma pesquisa realizada com empregados, em 2006, pela Vault ("o nome mais confiável em termos de informação profissional"), *praticamente 60% dos empregados* nos Estados Unidos já se envolveram em romances no trabalho, correspondendo a um número ligeiramente superior aos 47% de 2003. Dos 42% que não tiveram um romance no trabalho, 9% afirmam que gostariam de ter.

Embora muitos tentem esconder seus romances no trabalho, quase todos sabem que está rolando: 43% dos empregados afirmam que há algum romance acontecendo em seu local de trabalho, e outros 38% afirmam que pode haver algum romance em andamento. (Para muitos, a descoberta não é tão sutil: em outra pesquisa, feita pela Hotjobs, surpreendentes 44% dos entrevistados afirmaram que efetivamente pegaram seus colegas de trabalho "no flagra" durante o expediente.) O importante é o seguinte: ninguém se importa. Até 75% dos trabalhadores consideram que relacionamentos amorosos e sexuais entre colegas de trabalho – pelo menos se tiverem idades próximas – são absolutamente normais.

Por que esse aumento? A longo prazo, evidentemente isso se deve à crescente igualdade entre homens e mulheres na força de trabalho. A diferença vem lentamente sendo apagada nas últimas décadas.

A curto prazo, está relacionado com o crescimento do número de solteiros no trabalho. Existem mais solteiros do que nunca no mercado de trabalho (esse número subiu 22% desde 1995), e os solteiros com idades entre 25 e 34 anos estão trabalhando mais horas por semana do que no passado – subiu quase 8% desde 1970. (Realmente, em que outro lugar encontrarão o amor?)

A diferença diminui: número de homens e mulheres empregados nos Estados Unidos (1960-2007)

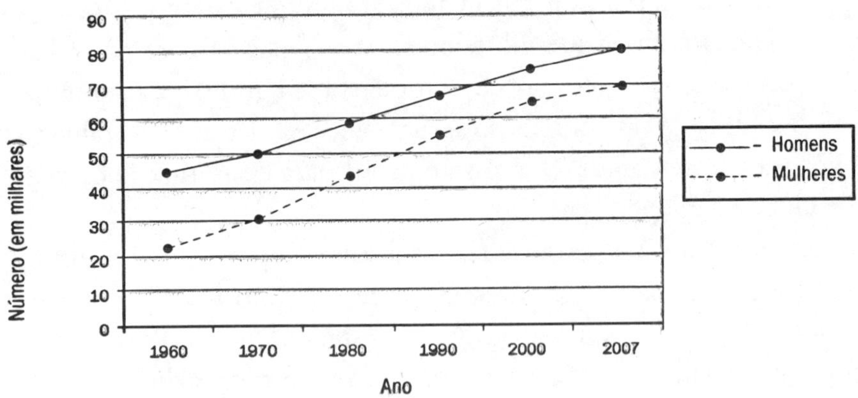

Fonte: U.S. Bureau of Labor Statistics, 2007.

Evidentemente, alguns casais casados estão na ativa também. A pesquisa da Vault descobriu que 50% dos trabalhadores conhecem um(a) colega de trabalho que já teve um caso extraconjugal com alguém na empresa.

Não é surpresa que os homens sejam mais paqueradores no trabalho (66% *vs.* 52%, de acordo com a pesquisa); um número significativamente maior de homens (45%) afirma ter tido um romance com uma colega de trabalho do que as mulheres (35%). Essa última discrepância significa que as mulheres são adeptas em série aos romances no trabalho; que os homens se orgulham dessas façanhas; que as mulheres em geral saem do emprego depois de ter o caso; ou que alguns desses romances descritos pelos homens são homossexuais. Acho que o que importa é que a empresa tornou-se o bar de solteiros do século XXI. A água é o novo gim-tônica e a música ambiente é o novo embalo das boates.

Claro que alguns ambientes são mais propícios ao romance no trabalho do que outros. Os pesquisadores da Vault verificaram que os principais setores em que esses romances acontecem são os de mídia e entretenimento, seguidos pelos de propaganda/marketing e consultoria. (Finanças e tecnologia, áreas muito mais dominadas por homens, são os setores com menor probabilidade de gerar romances.) Sou diretor executivo de uma empresa de relações públicas e presidente de uma empresa de consultoria. Tenho orgulho em dizer que tivemos vários casamentos na empresa que começaram como romances no trabalho, por isso esse movimento pode trazer bons resultados – agora que homens e mulheres estão no mercado com maior igualdade e podem encontrar pessoas no trabalho com habilidades e interesses semelhantes.

Não estamos sozinhos em transformar romances no trabalho em amor duradouro. Em um estudo de 2006 realizado pela Society for Human Resource Management, mais de 60% dos profissionais de recursos humanos afirmaram que os romances em seus escritórios resultaram em casamento. Posso afirmar pela minha experiência pessoal que ter casais formados na empresa pode ser uma vantagem – eles compartilham uma paixão pelo trabalho; são companheiros nos momentos de crise em casa; e são produtivos para a empresa mesmo em momentos de inatividade, já que (assim me dizem) discutem os desafios do trabalho até quando dão banho em seus filhos.

A fusão entre trabalho e amor não é novidade. Marido e mulher trabalham juntos desde o início da agricultura e desde os primórdios do comércio. Na verdade, os casais formam a maior parte dos proprietários de empresas nos Estados Unidos, com mais de 1,2 milhão de equipes formadas por marido e mulher à frente das empresas. Os norte-americanos sempre tiveram um lugar especial em seus corações para casais que trabalham juntos (de George Burns e Gracie Allen a Sonny e Cher) e colegas de trabalho que se unem (de Spencer Tracy e Katharine Hepburn a Brad Pitt e Angelina Jolie). O que seria da música sem os famosos casais românicos – de Johnny Cash e June Carter a Beyonce Knowles e Jay-Z? (O que seria do crime sem Bonnie e Clyde?)

Evidentemente, os romances no trabalho não são novidade. "O chefe e a secretária" é um dos mais antigos clichês do século XX.

A diferença é que hoje esses colegas de trabalho que se unem e esses casais que trabalham juntos não estão em maior número na vida real fora das telas de Hollywood ou nas lojas familiares tradicionais – embora também nesses setores estejam crescendo em ritmo recorde –, mas em empresas de grande e médio porte, que, como resultado, precisam de algumas novas regras. De acordo com a pesquisa da Vault, somente cerca de uma em cinco empresas tem políticas relacionadas a romances no trabalho. Considerando as preocupações sobre invasão de privacidade na vida dos empregados, a maior parte das empresas desistiu de impor restrições muito rigorosas, talvez arriscando apenas proibir relacionamentos entre supervisores e subordinados, ou reforçando seus avisos contra assédio sexual. (As políticas da Wal Mart são bastante agressivas, como foi divulgado em 2007 nos Estados Unidos. Depois que os investigadores internos descobriram provas de que dois altos executivos de marketing de nível sênior e júnior estavam tendo um caso, a empresa demitiu os dois – deflagrando uma crise de relações públicas que terminou com os e-mails íntimos do casal sendo divulgados nas manchetes.)

Mas será que essas políticas são suficientes? Será que colegas com o mesmo nível hierárquico que se apaixonam deveriam ser subordinados ao mesmo supervisor? Compartilhar o mesmo projeto ou sala? Se tudo der certo, talvez seja ótimo, mas, se o romance acabar, um deles pode se tornar vingativo.

E quanto a romances com clientes ou fornecedores? E com empregados da concorrência – especialmente se seu funcionário tiver nível júnior e o da concorrência, sênior? Será que essa é alguma espécie deplorável de vantagem competitiva?

Além disso, à medida que aumenta o número de relacionamentos no trabalho e quanto maior o número de enlaces, certamente é hora de revisitar as regras, os hábitos e os sistemas de apoio da força de trabalho relacionados ao emprego de familiares. Hoje em dia, nos Estados Unidos, não existem leis uniformes que proíbam a contratação de parentes, mas estima-se que até 40% das empresas ainda tenham regras em seus códigos de conduta condenando o "nepotismo" – um conjunto de normas da década de 1950 criado para impedir que empregados brancos contratassem seus parentes desqualificados. ("Nepotismo" é derivado da palavra "sobrinho".) Claro que sempre é bom impedir que sobrinhos desqualificados desperdicem os recursos da empresa. Mas será que pretendemos também colocar em risco o emprego de colegas que se casam – e que de repente podem violar a política da empresa relativa ao emprego de cônjuges? Será que queremos desencorajar o casamento entre colegas que, de outra forma, seria perfeito? Quando o Congresso norte-americano tentou aprovar um projeto de lei proibindo que os cônjuges dos legisladores fizessem lobby no Capitólio como parte de sua limpeza ética em 2006, algumas pessoas reclamaram desse mesmo problema e instaurou-se a confusão – será que o senso de ética dos norte-americanos hoje é conflitante com seu senso de família? Talvez um novo sentido tenha sido atribuído à velha expressão de que a política cria estranhos companheiros de cama.

Claramente, há toda uma gama de necessidades de recursos humanos que não são atendidas em todos os níveis. Casais que trabalham juntos querem ser avaliados e remunerados de modo independente – mas, por outro lado, *também* gostariam de que, se um dos dois fosse despedido, a empresa fizesse de tudo para manter o outro. Do lado dos empregadores, os chefes precisam de algum tipo de garantia de que, se os casais se separarem, manterão a empresa longe de suas brigas e, especialmente, não ocuparão o tempo dos colegas pedindo que tomem um partido ou outro. E, por falar em colegas de trabalho, eles também precisam de algum tipo de garantia de que, na hora de decidir promoções, prêmios ou outras formas de remuneração, os colegas que por acaso são casados com os responsáveis pelas decisões não receberão tratamento diferenciado. Talvez as novas políticas de trabalho, centradas menos nos sobrinhos e mais nos casais, possam ser chamadas "nupcialismo".

Além das políticas formais, os adeptos ao romance no trabalho e os casais que trabalham juntos precisam de uma comunidade, companheiros de viagem com quem possam compartilhar experiências. Qual é a melhor maneira de lidar com a divulgação dos relacionamentos e dos rompimentos? Desentendimentos no trabalho ou competições que se estendem para a vida doméstica? E quanto às opções de assistência médica e licença-maternidade? Ou a dupla humilhação da descoberta de que seu marido ou sua esposa tem um caso dentro da própria empresa?

Em todas as frentes, podemos analisar a situação das universidades. À medida que o número de mulheres com doutorado disparou – de cerca de 8 mil em 1966 para mais de 20 mil em 2002 –, houve um grande crescimento no número de casais acadêmicos. Como resultado, as universidades trabalham há décadas de modo a não só permitir, mas estimular, cargos para candidatos com dupla renda. Como essa pode ser uma onda do futuro local de trabalho, outros empregadores talvez devessem considerá-la.

Finalmente, os próprios casais precisam avaliar o que significa colocar todos os ovos em uma só cesta. Com o ritmo de trabalho cada vez mais intenso da vida moderna, um casal que trabalha na mesma empresa pode literalmente ficar junto 24 horas por dia, sete dias da semana, durante cinqüenta ou sessenta anos. Maravilhoso para alguns, eu sei. Para outros, talvez perto demais.

O mercado de trabalho está mudando e, no que antes era um ambiente dominado por homens, em que o maior problema era o assédio sexual, a distribuição de poder está se transformando, assim como a estrutura social. O assédio sexual continua sendo um problema grave. No entanto, hoje podemos pensar em uma época em que o coleguismo entre homens e mulheres verdadeiramente com a mesma condição hierárquica em cargos executivos será a mola propulsora de nossa nova vida no trabalho e na sociedade.

Enquanto isso, à medida que a força de trabalho passa por essas transições, teremos mais oportunidades do que nunca de encontrar colegas se beijando (ou mais) na hora do almoço. Pode ser motivo de uma fofoca quente para a hora do intervalo. Ou podem ser apenas "papai e mamãe" procurando passar um tempo sossegado juntos antes da apresentação da tarde.

Casais a distância

Em maio de 2006, o *The New York Times* publicou na primeira página uma foto colorida de Bill e Hillary Clinton sob a seguinte manchete: "Para os Clinton, a delicada dança da vida pública e a dois." Aí tem, pensaram os leitores. Novos e escandalosos detalhes sobre o casal mais dissecado do país.

A história era emocionante, não do ponto de vista da fofoca ou da política, mas pela maneira como vivem o ex-presidente Bill Clinton e a senadora Hillary Rodham Clinton – duas carreiras, duas casas, encontrando-se duas vezes por mês, com intervalos de 14 dias, viajando para estarem juntos em dois de cada três fins de semana –, esta é uma forma de vida para um número cada vez maior de norte-americanos. São os chamados casais a distância, e os Clinton estão longe de ser os únicos – mais de 3,5 milhões de pessoas estão vivendo assim.

Em 1990, um número estimado de 1,7 milhão de casais nos Estados Unidos estava vivendo em locais separados por outros motivos que não a separação. Quinze anos mais tarde, esse número mais do que duplicou.

Será que todo mundo começou a levar a sério demais aquela história de ter um "quarto só seu"?

O fato é que os casamentos a distância sempre foram importantes na cultura norte-americana. Ben Franklin teve um casamento assim quando foi primeiro embaixador dos Estados Unidos na França – embora ele raramente voltasse para casa. Alguns dos cargos mais importantes dos Estados Unidos basicamente exigem esse tipo de casamento. Soldados na ativa

Casais a distância nos Estados Unidos (1990–2005)

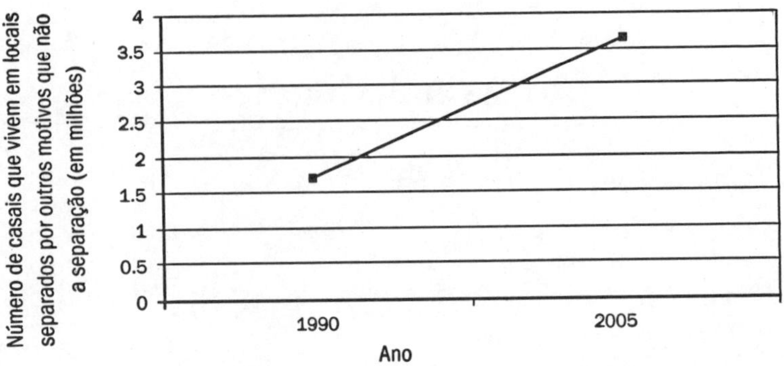

Fonte: Censo norte-americano, 2006.

deixam em casa a esposa e os filhos por longos períodos durante o tempo em que estão servindo. Os membros do Congresso ou do Senado, como Hillary Clinton, e deputados estaduais de lugares grandes o suficiente para ter uma capital distante, muitas vezes dormem em apartamentos próximos ao trabalho e viajam para casa nos fins de semana. (Muitos congressistas norte-americanos vivem como universitários em acomodações compartilhadas no Capitólio.)

Porém, cada vez mais, pessoas comuns – e não apenas os soldados e os funcionários públicos – estão vivendo longe de suas famílias. A maioria dessas famílias é formada por casais com dupla renda que não podem, ou não querem, acabar com sua vida profissional só porque o outro precisa ou pode aceitar um trabalho ou fazer um curso em algum outro lugar. Há quarenta anos, essa decisão não seria sequer cogitada. As mulheres ganhavam tão pouco, as que viviam sozinhas eram tão estigmatizadas e viajar era tão caro que, se fosse necessário que o marido se mudasse para outra cidade em função do trabalho, a mulher quase sempre ia junto. Agora que as mulheres estão ganhando mais, que praticamente 30% das unidades familiares nos Estados Unidos são formadas por pessoas que moram sozinhas e a viagem aérea é relativamente barata, casais separados geograficamente são apenas uma das muitas maneiras em que as famílias de dupla renda estão conciliando sua vida laboral. Aliás, não é apenas para os jovens e iniciantes. De acordo com especialistas da AARP, o número de pessoas casadas acima dos 50 anos que vivem separadas triplicou entre 2001 e 2005.

Embora muitas pessoas nos Estados Unidos viajem para passar mais tempo junto com as famílias, os casais a distância estão fazendo o oposto. Estão fisicamente onde o trabalho está, mas usam a tecnologia para se conectar à família. Embora muito tenha sido escrito e anunciado sobre o novo trabalho móvel, pouco foi dito sobre o novo cônjuge móvel – distante, mas constantemente conectado via tecnologia. Logo, os casados poderão acompanhar seus parceiros por chips GPS em seus celulares, então sempre conseguirão encontrá-los.

Será que a separação geográfica é ruim para o casamento? De acordo com o Center for the Study of Long Distance Relationships (LDRs), não existe maior probabilidade de esses casais separados geograficamente romperem seus relacionamentos em comparação com os demais. Da mesma forma, afirma o dr. Gregory Guldner, diretor desta instituição, é pouco provável que os casais a distância fiquem menos satisfeitos em seus relacionamentos ou que haja mais traição, em comparação com os casamentos tradicionais. Segundo o dr. Guldner, desde que encontrem um meio de compartilhar os acontecimentos do dia-a-dia, ou maneiras de conversar sobre as grandes questões e, com certeza, que "aprendam a arte do sexo a distância", os casais geograficamente separados têm as mesmas chances de sucesso que os demais.

O que esses casais significam para os Estados Unidos? No que diz respeito à política, de repente existe um maior número de pessoas que "pertencem" a dois estados, o que poderia complicar as regras sobre votação, tributação e matrícula escolar, todas baseadas no local de residência. Há também significativas oportunidades de marketing, incluindo planejamento financeiro, comunicações, viagens e planejamento de eventos especiais. Quando estar separado é a norma, estar junto pode ter um sentido especial. Talvez um motivo pelo qual esses casamentos parecem funcionar é que as pessoas realmente precisam se gostar para agüentar a distância, e o sentimento especial de estarem juntas – algo que facilmente se perde nos demais casais – é constantemente renovado. Além disso, permite um grau de espaço e privacidade que os casamentos convencionais não têm – esse espaço pode ser a válvula de escape que permite que esses casamentos tenham uma chance igual ou melhor de sucesso em um mundo em que o divórcio é a regra.

Os casais a distância também afetam a força de trabalho. Você talvez considere que eles sejam os empregados menos fiéis, os primeiros a sair na sexta-feira à tarde para reencontrar seus amados no fim de semana. Ou talvez os mais ranzinzas no escritório, porque estão muito sozinhos sem sua família por perto.

A verdade é que, embora estejam na cidade de seus empregadores, os viajantes provavelmente têm muito menos distrações do que os colegas com famílias por perto ou solteiros. Podem até ser mais capazes de dar a seus empregadores uma semana de trabalho de horário integral, e até mesmo sete dias por semana quando não tiverem de voltar para casa. Em uma era de alta rotatividade de empregos, talvez os empregados mais interessantes sejam aqueles que parecem andarilhos – desapegados e desenraizados –, exceto em alguns fins de semana por mês e nos feriados.

No final das contas, um parceiro ou o outro em geral acaba se mudando, por isso a maioria dos casais a distância deixa de viver separada geograficamente. Como as pessoas mudam de emprego a cada dois ou quatro anos, provavelmente é assim que a maior parte dos casais a distância permanecerá antes de se reencontrar. Entretanto, com tantas mudanças de emprego e tantos casais com carreiras próprias, as chances de que as pessoas – pelo menos durante parte de sua vida – tenham um relacionamento a distância pelo menos durante alguns anos são enormes. Prepare-se então para a próxima nova condição da vida moderna.

O CENÁRIO INTERNACIONAL

Os 3,5 milhões de norte-americanos casados a distância não estão sozinhos. Em todo o mundo industrializado, cargos no estrangeiro – e casais com carreiras independentes – estão em alta. Como resultado, contudo, um número cada vez maior de casais de todas as nacionalidades está passando pelo menos uma parte de sua vida conjugal em cidades separadas. Em todos os idiomas, aparentemente, o princípio de que "aonde você for, eu irei" agora é menos convincente do que nosso passado.

Embora muitos casais a distância o sejam por opção, especialmente dentro dos Estados Unidos, outros o são por necessidade – especialmente se o marido ou a mulher é transferido para países estrangeiros. De acordo com uma pesquisa da Global Relocation Trends de 1999, dos quase 50% que tinham emprego antes que seu parceiro fosse transferido, somente 11% conseguiram encontrar trabalho no país estrangeiro. Os empregadores não foram muito compreensivos: apenas 19% ajudaram os parceiros a encontrar trabalho, enquanto um terço não ofereceu suporte algum. (Os demais ofereceram aconselhamento simbólico ou pagaram serviços de realocação.) Para agravar a situação, somente alguns países concedem licenças de trabalho aos cônjuges. Mesmo quando os casais querem viver juntos, eles podem acabar ficando separados.

Na verdade, é bem justo afirmar que a maioria dos casamentos a distância no mundo não se encontra entre os casais de mais alta renda, com carreiras independentes, mas entre os de menor renda, que são forçados a se separar por condições econômicas. Dentro dos Estados Unidos, existem milhões de trabalhadores temporários (e imigrantes ilegais) cujos cônjuges estão bem longe, em seu país natal. No Oriente Médio, esse fenômeno é predominante:

▲ No Kuwait, 63% da população nasceu no exterior – principalmente trabalhadores do setor de serviços e operários do Egito, Filipinas, Paquistão, Índia e Sri Lanka. (Estima-se que 4% dos egípcios saiam de seu país para trabalhar, 70% deles partindo para países do Golfo Árabe.)

▲ Em Dubai, somente 17% da população nasceu na região.

▲ Na Arábia Saudita, dois terços de todos os empregos estão nas mãos de estrangeiros. Em 2006, esses trabalhadores enviaram 14 bilhões de dólares de volta a suas famílias.

Felizmente para muitos desses casais, a viagem internacional é mais rápida e mais barata do que antes. O mesmo vale para as ligações internacionais e as comunicações por e-mail. Esperamos que os reencontros de casais ocorram com a freqüência necessária para manter o casamento – e que, enquanto isso, maridos e mulheres possam se contentar com constantes beijos virtuais de boa-noite.

Casados pela internet

Costumava ser constrangedor precisar da internet para namorar. Havia um aspecto anti-social – pessoas que não conseguiam nada no mundo "real". Indivíduos que tinham algo a esconder, ou tão desesperados por um encontro que procuravam estranhos nas horas mais bizarras, de suas tocas solitárias e quem sabe até assustadoras. No mínimo, o romance on-line lembrava solteiros mais velhos e infelizes cujos anos de ouro haviam passado e cujo relógio biológico estava avançando. Procurar parceiros on-line era o último esforço desesperado para encontrar o amor antes que fosse tarde demais. (E todos os homens achavam que as mulheres on-line eram fáceis. Afinal, elas não estavam praticamente anunciando que queriam parceiros?)

No entanto, nos últimos anos, o romance on-line mudou, tornando-se um destino mais certo e um passo inicial, em vez de último recurso. Não se trata mais de um refúgio para as pessoas que não conseguem lidar com romances "normais"; o namoro pela internet é crescentemente considerado uma forma divertida de encontrar *mais* potenciais parceiros e, ao mesmo tempo, eliminar os totalmente indesejáveis. De acordo com um estudo de 2006 sobre namoros on-line, o Pew Internet and American Life Project, 61% dos americanos na rede não consideram esse tipo de encontro "desesperado". Praticamente metade dos norte-americanos on-line pensa que o namoro pela internet é uma ótima forma de conhecer pessoas.

Como resultado, quase um em cada quatro solteiros nos Estados Unidos que estão procurando parceiros – ou cerca de 16 milhões de pessoas – utiliza os mais de mil sites de encontros existentes. Isso inclui um em cada cinco norte-americanos em torno dos 20 anos, e um em dez entre 30 e 40 anos. Em 2004, os sites de encontros estavam arrecadando quase 470 milhões de dólares por ano, acima dos meros 40 milhões, em 2001. A rede social não foi inventada para a política, mas para a socialização.

As antigas formas de encontrar pares românticos – instituições religiosas, por intermédio de pessoas carismáticas ou casamenteiras – estão sendo substituídas pelos locais em que a nova geração se encontra: no trabalho e na internet.

Com certeza, o namoro pela internet tem seus riscos. Em www.onlinedatingmagazine.com, um site dedicado à cobertura detalhada da indústria de serviços de encontros virtuais e dicas de namoro para quem namora on-line, três dos seis artigos mais importantes são chamados "Perigos do namoro on-line", "Dicas de segurança para namoros on-line" e "Cuidado com os homens casados". Em meio aos milhões que estão tentando encontrar seu par pela internet, há poucos eleitos para quem o encontro virtual se transforma em noivado. De acordo com o estudo da Pew, 17% dos casais on-line – ou praticamente 3 milhões de adultos norte-americanos – transformaram encontros on-line em relacionamentos ou casamentos duradouros. Esse é exatamente o mesmo número de casais nos Estados Unidos que dizem ter se conhecido na igreja.

Embora não existam dados concretos sobre o crescimento do número de casados pela internet, a linha de tendência está claramente subindo. O site pioneiro dos encontros virtuais, Match.com, nem existia em 1995; eHarmony, que afirma ter o maior número de casamentos entre seus clientes, só foi lançado em 2000. As centenas e centenas de outros sites de encontros, incluindo os nichos especiais, como o DateAGolfer, Animal Attraction (para amantes dos bichos) ou Positive Singles (solteiros com doenças sexualmente transmissíveis), só fazem proliferar. Agora que está se tornando mais fácil copiar fotos e até mesmo vídeos de pretendentes virtuais, a possibilidade de encontrar um par perfeito cada vez é maior e mais real.

Em meados de 2007, fizemos uma pequena enquete com pessoas que se conheceram e se casaram pela internet. Embora existam casados pela internet de todo tipo, parece que os mais típicos são afluentes e democratas urbanos que dedicaram algum esforço para encontrar seu par pela internet e hoje estão muitíssimo satisfeitos.

– *Afluentes.* Setenta e seis por cento dos casados pela internet estão empregados, e outros 12% têm filhos e trabalham em casa em horário integral. Setenta por cento dos empregados em horário integral estão em posições profissionais ou gerenciais. Sessenta e nove por cento dos casados pela internet têm casa própria. Sessenta e um por cento terminaram a faculdade, incluindo 20% com pós-graduação. Surpreendentes 51% têm renda familiar anual de 75 mil dólares ou mais.

– *Urbanos.* Quase metade dos casados pela internet mora nas cidades. Talvez as pessoas nas áreas rurais já conheçam o povo local, mas em ambientes urbanos existem centenas de milhares de pares românticos potenciais no próprio bairro que são desconhecidos.

– *Democratas.* Nos Estados Unidos, 72% dos casados pela internet afirmam que são liberais ou moderados, com 43% deles se identificando como democratas. (Em uma amostragem média nacional, os democratas representariam apenas um terço da população.) Curiosamente, no entanto, este grupo é um pouco mais religioso do que os democratas típicos. Em comparação com apenas 31% que "nunca ou quase nunca" participam (em uma amostragem típica de democratas, aqueles que freqüentam a igreja ficariam abaixo de um terço), 51% afirmam que freqüentam a missa pelo menos algumas vezes por mês.

Os casados pela internet tiveram de dedicar algum esforço ao processo. Quase seis em dez disseram que usaram os sites de encontros durante um ano ou mais antes de encontrar seu/sua parceiro(a), e um número equivalente de casais teve de trocar pelo menos seis vezes de par antes de encontrar o par perfeito. (Quase um quarto namorou mais de dez pessoas diferentes.) Embora os casados pela internet não tenham iniciado o processo sentindo-se desesperados, também não estavam contentes ou confiantes.

"Quando considerou pela primeira vez ter um encontro pela internet, quais eram suas atitudes em relação a esse tipo de serviço?"
(Várias respostas são aceitas)

	Percentual
Nervoso	65
Cético	55
Envergonhado	27
Neutro	22
Deslumbrado	20
Confiante	10
Foi seu último recurso	10

Fonte: PSB, 2007.

Mas as coisas deram certo para eles: 92% dizem que seus casamentos são felizes, incluindo 80% que dizem estar "muito felizes". 57% acreditam que seus casamentos são mais sólidos porque se conheceram on-line. Em comparação com apenas 6% que acham o contrário. Enquanto 73% acreditam que têm vantagens específicas por causa da maneira como se conheceram, apenas 24% acham que têm desvantagens.

Os casados pela internet gostam de falar sobre o feito: 84% aconselharam seus amigos ou parentes solteiros a procurar encontros on-line. Caso seus filhos (um dia) quisessem namorar pela internet, 80% afirmam que apoiariam. E, finalmente, 92% dizem que apoiariam seus filhos que quisessem se casar com alguém que conhecessem pela internet.

Além disso, em termos de idade, o casamento pela internet pode acontecer com qualquer um. Entre os entrevistados, 55% têm menos de 35 anos (cerca de um terço está na faixa dos 30), mas 46% têm mais de 35, incluindo quase dois terços acima de 45 anos. Funciona também para quem está tentando de novo: 31% dos casados pela internet estão em seu segundo casamento.

O casamento pela internet pode ser a nova onda do futuro. Com os índices de casamento em uma baixa histórica, as pessoas que querem encontrar um par precisam de meios eficazes e eficientes de não perder tempo e ir direto à ação. Em nossa pesquisa, quando a pergunta era o que os entrevistados mais gostavam sobre o namoro on-line, as duas principais respostas foram "Possibilidade de limitar a busca por pessoas de determinado tipo" e "Possibilidade de procurar muitas pessoas em pouco tempo". Hoje em dia, o casamento não é mais tido como certo. Se você quer conhecer a pessoa perfeita, precisa se mostrar.

Na verdade, em um mundo que cada vez mais enfatiza a autodeterminação, deixar a busca por sua alma gêmea limitada a bares de solteiros, romances no trabalho e amigos dos amigos não é só passivo, mas simplesmente negligente. Existem 6 bilhões de pessoas no mundo e somente um número relativamente pequeno delas em sua órbita diária. Se você realmente quer encontrar o amor, entre na ativa. Faça pesquisas direcionadas e acerte em cheio a flechada do cupido.

À medida que o número de casados pela internet aumentar, podemos esperar de tudo. Em primeiro lugar, mais casais a distância. O número de norte-americanos que escolhem esse estilo de vida já subiu para cerca de 3,5 milhões, mas como os casados pela internet tendem naturalmente a começar a vida em cidades diferentes – e já estão mais à vontade com a comunicação e com a intimidade on-line –, o número de casais a distância tende a aumentar.

Em segundo lugar, espere encontrar pares mais diversificados entre raças, etnias e nacionalidades diferentes. A diversidade conjugal também está em alta – mas, assim que o mercado romântico abrir completamente, sem as restrições impostas pelas comunidades tradicionais ou os elos locais, as almas gêmeas de qualquer formação terão muito mais liberdade de se encontrar. (É claro que as minorias étnicas ou religiosas que desejam encontrar pessoas terão maior facilidade também. Basta visitar www.eligiblegreeks.com, www.ethiopianpersornals.com, www.muslima.com, ou qualquer um dos inúmeros sites de encontros para os nichos étnicos que são facilmente acessíveis com apenas dois cliques do mouse.)

Em terceiro lugar, procure e-terapeutas. Embora os casados pela internet tenham a vantagem de limitar suas buscas, provavelmente também abrem mão do que costumava ser a base do mundo do namoro: um cúmplice, como o primo, o colega de quarto ou o amigo que conhece suas intenções. Agora, com o crescente número de relacionamentos em alta velocidade, mas fora de casa, pode haver algumas surpresas que requerem aconselhamento inovador. Em nossa pesquisa, os casados pela internet (lembre-se: a maioria havia passado pelo menos um ano nesses sites) afirmaram que, de longe, a pior parte do namoro pela internet era que as pessoas que você conhece podem se fazer passar por outras. Entre os casados pela internet que afirmaram que o fato de se conhecerem pela internet foi uma *desvantagem*, a principal delas foi não terem tido tempo suficiente para conhecer o passado e/ou a família de seus cônjuges.

Em quarto lugar, espere encontrar menor vigilância on-line quando se trata de famílias de casados pela internet. Os filhos desses casais crescerão ouvindo tudo a respeito de como o papai e a mamãe se apaixonaram por e-mail e salas de bate-papo. Até que ponto esses pais terão autoridade para pedir aos filhos que desliguem o computador? Mais preocupante ainda: será que essas crianças terão o cuidado suficiente e necessário para conversar com estranhos em salas de bate-papo on-line?

Como os romances no trabalho, os casados pela internet precisam de uma comunidade própria para trocar experiências semelhantes, compartilhar lições, desafios e piadinhas próprias do grupo. Ao longo deste livro, vamos especular sobre a necessidade de essas comunidades existirem dentre os muitos grupos de microtendências. Nesse caso, tenho provas concretas: embora apenas 37% dos casados pela internet afirmem que conhecem vários casais formados on-line, 82% afirmam que gostariam de conhecer.

Os céticos podem imaginar até que ponto os relacionamentos baseados na internet são profundos e verdadeiros, suspeitando que as pessoas encontradas on-line voltem a ficar on-line. Mas o que aprendemos com a pesquisa é justamente o oposto – elas escolhem seus parceiros depois de passar por várias opções, e estão começando muito bem.

Estamos muito longe ainda da época em que os filhos dos casados pela internet chegarão ao cenário dos encontros em larga escala, e será interessante verificar se essa tendência continuará crescendo como uma forma de namorar e constituir família. Mas comece a procurar este padrão – será que os casados pela internet vão emoldurar os anúncios que os reuniram? Se o fizerem, então o estigma da década de 1990 em relação aos encontros on-line terá chegado ao fim, substituído por um orgulho em procurar por todo o planeta e pela internet a pessoa perfeita.

PARTE II

Vida no trabalho

Aposentados na ativa

Existem somente alguns poucos números mágicos na vida cívica norte-americana. Os cidadãos podem votar (e ser convocados) aos 18 anos; beber, aos 21; virar presidente, aos 35; e se aposentar aos 65.

Será que esse último quesito é realmente desejado? Hoje em dia, existem americanos vivendo com saúde até 85 anos, e o número de pessoas que se aposenta com 65 é cada vez menor. Existem 5 milhões de pessoas com 65 anos ou mais na força de trabalho dos Estados Unidos, quase o dobro do que havia no início da década de 1980. Esse número está prestes a explodir.

Participação de homens e mulheres acima de 65 anos na força de trabalho norte-americana (1984-2005)

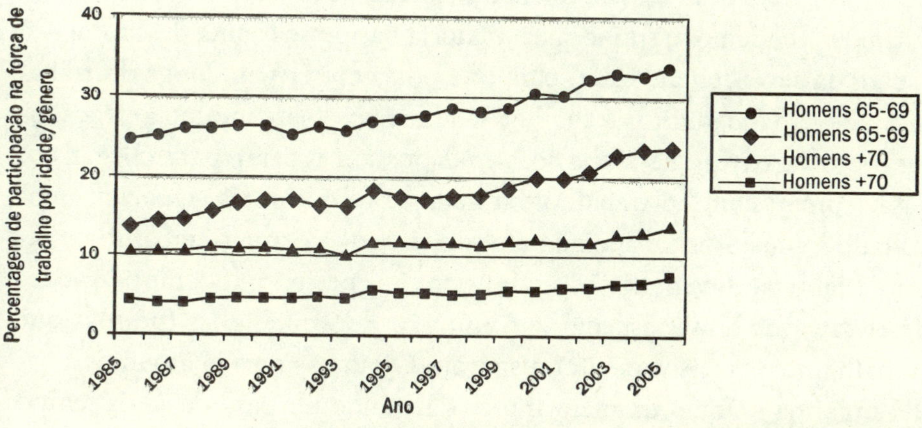

Fonte: Current Population Survey (CPS), Bureau of Labor Statistics, 2006.

Algumas pessoas estão trabalhando depois dos 65 anos porque precisam: os custos dos planos de saúde estão subindo e os pagamentos da Previdência Social – em média, cerca de mil dólares por mês – não cobrem mais o que costumavam cobrir. No entanto, a maior tendência no trabalho na terceira idade é o fato de que os americanos adoram trabalhar – e agora que estão vivendo mais, querem trabalhar mais também. Nunca ficam satisfeitos. Meu amigo e mentor, Harold Burson, co-fundador da empresa global de Relações Públicas Burson Marsteller, onde atuou como diretor financeiro, acaba de completar 86 anos e comparece ao trabalho todos os dias, cheio de idéias.

Em média, os norte-americanos trabalham mais de 1.800 horas por ano, substancialmente mais do que a maioria dos trabalhadores em todo o mundo. Embora tenham menos dias de férias por ano do que outros países do Ocidente (13 dias, em comparação com 28 no Reino Unido e 37 na França), muitas vezes elas não são tiradas. Na verdade, o que são férias hoje em dia sem seus dispositivos BlackBerry? Em 2006, quase um quarto dos norte-americanos (23%) consultou seus e-mails e mensagens na secretária eletrônica do trabalho durante as férias – um número ligeiramente acima dos 16% no ano de 2005. Muitos gostam de trabalhar.

De fato, o impulso para trabalhar é tão básico que o Quarto Mandamento (o terceiro para os católicos) é guardar um dia da semana para descansar. Não trabalhar um dia na semana está junto com outros importantes mandamentos: não matarás, não cometerás adultério e não furtarás. Tendemos a supor que a maioria das pessoas quer descansar – à espera da sexta-feira à tarde, para que possa correr para longe do trabalho. Na verdade, muitos trabalhos são horríveis – até mesmo ameaçadores – e é razoável que as pessoas mal possam esperar para chegar em casa. Porém, como o trabalho em geral se tornou mais gerencial, mais voltado à consultoria e apoiado em softwares – e como o trabalho no setor de fabricação vem diminuindo –, muitas pessoas mudaram de atitude em relação a esse aspecto, e o número de workaholics (pessoas que trabalham compulsivamente) disparou. Quantas vezes já ouvimos a velha máxima de que ninguém morre desejando ter passado mais tempo no escritório? Ainda assim, muitas pessoas estão fazendo justamente isso. A geração sanduíche certamente entrará em choque quando ligarem para seus pais de 70 anos no trabalho e descobrirem que eles estão ocupados demais para cuidar de seus netinhos.

Acrescente a essa obsessão geral norte-americana com o trabalho o fato de que é a geração dos baby boomers que agora está chegando aos 65, e está claro que a idéia tradicional de "aposentadoria" – relógio de ouro, cadeira de balanço e quadra de golfe – é que está pronta para se aposentar.

Essa geração reinventou a juventude na década de 1960 e o sucesso econômico na década de 1980; eles não vão passar seus últimos anos de vida seguindo uma fórmula. De acordo com uma pesquisa de 2005 realizada pela Merrill Lynch, mais de três em cada quatro boomers afirmam que não almejam ter uma aposentadoria tradicional. Em vez disso, estão entusiasmados com mais de vinte anos pela frente (quando a Previdência Social foi criada nos Estados Unidos, em 1935, uma pessoa de 65 anos poderia esperar viver apenas mais 13 anos) – e não têm medo de dizer isso claramente. Alguns querem manter seu plano de saúde ou ter recursos suficientes para os anos extras, mas um número maior de entrevistados afirmou que queria continuar trabalhando para permanecer mental e fisicamente ativo, e em contato com as pessoas.

Mudanças modernas no ambiente de trabalho tornaram esses desejos possíveis. Quando havia mais necessidade de trabalho físico, as pessoas com mais idade que sofriam com lesões ou dor talvez estivessem em desvantagem. Mas, na Era da Informação, a terceira idade tem mais informação do que qualquer outra. Além disso, medicamentos como os antiinflamatórios permitiram que milhões de americanos continuassem a trabalhar apesar da dor. Se os trabalhadores mais velhos tiverem qualquer incapacidade física, a lei americana de proteção ao idoso e aos incapacitados ajudará a tornar seus locais de trabalho muito mais agradáveis.

Os aposentados na ativa significam muito para os Estados Unidos. Como uma questão puramente numérica, significam uma força de trabalho muito maior do que qualquer outra já projetada. Todos os anos, pouco mais de 2 milhões de norte-americanos completam 65 anos. Se apenas metade decidir continuar trabalhando, seria mais de 1 milhão de participantes novos na força de trabalho ou quase mais 1% dos trabalhadores atuais.

Isso tem implicações tremendas. Em primeiro lugar, pressiona os empregados mais jovens, que estão esperando sua vez para assumir as rédeas. Se de repente as pessoas passarem a ser gerentes e vice-presidentes aos 40, em vez de 35, será que realmente terão paciência de esperar? Se tiverem, será que isso gerará um tipo de líder mais passivo, já que os mais agressivos terão partido para iniciar seus próprios negócios?

Isso tem ainda maiores implicações em determinados setores. Trabalhadores mais velhos de menor renda tendem a trabalhar no varejo, em geral, meio expediente; os de renda mais alta tendem a se tornar consultores e profissionais liberais independentes no ramo que antes dominavam ou em um hobby de que gostam. Eles tendem a ser donos do próprio negócio: os trabalhadores mais velhos constituem 7% dos fornecedores independentes, em comparação com apenas 2,5% com esquemas de trabalho tradicionais. De qualquer modo, os departamentos de recursos humanos de lojas como a Home Depot e a CVS, nos Estados Unidos, e em muitos ramos técnicos tenderão a ter menos trabalho.

Em todos os setores, entretanto, os empregadores precisam se ajustar. O estudo da Merrill Lynch verificou que poucas empresas estão voltadas aos trabalhadores da terceira idade, pois estão preocupadas com a contratação de empregados mais jovens e saudáveis, a fim de cortar os custos com benefícios. Entretanto, quando se trata de pacotes de benefícios, as prioridades dos empregados atuais, como licença-maternidade e creches, talvez tenham de competir com opções de "folgas no inverno" e cobertura para medicamentos. Assim como o movimento feminista forçou a criação de novas opções para trabalho em meio expediente e feito de casa, novas opções de local de trabalho para trabalhadores cíclicos e outros tipos de funções não-tradicionais deverão surgir.

Não invejo os fabricantes de tacos de golfe ou os construtores de campos de golfe – as projeções de aposentados circulando por esses campos tendem a cair e a criar excesso de oferta. Ao mesmo tempo, o centro empresarial pode se tornar o local mais badalado das "comunidades de aposentados". O mercado de computadores, celulares e dispositivos móveis adaptados para a terceira idade deve aumentar, assim como o uso de óculos para leitura.

Os aposentados na ativa também afetarão o cenário político. Os idosos votam e quem ainda está na ativa continua interessado na economia. Os mais velhos tornaram-se os eleitores dos valores – especialmente os homens rabugentos. Mantê-los na ativa poderá fazer com que continuem a votar a favor do que é bom para o emprego e a economia em geral, e menos em questões culturais.

Novas leis serão aprovadas e haverá mais litígios, especialmente novas leis ligadas à discriminação contra idosos. Desde 1978, é ilegal nos Estados Unidos forçar a aposentadoria antes dos 70 anos e, desde 1986, não há qualquer tipo de aposentadoria compulsória. No entanto, hoje em dia, não existem vantagens adicionais para retardar os pagamentos da Previdência Social para depois dos 70. Por que não 73?

E quanto à discriminação velada por causa da idade? Será que os trabalhadores mais velhos serão perdoados pelo tempinho extra que levam para realizar as mesmas tarefas? Será que o ambiente se tornará hostil quando as competições no trabalho envolverem concursos pelo YouTube, em vez de jogos de basquete?

As implicações comerciais dos aposentados na ativa não foram sequer imaginadas. Os comerciantes de produtos para a terceira idade ainda estão muito centrados em tacos de golfe e andadores. Por que não cadeiras de escritório "octogenômicas" para acomodar artrite, dor nas costas e cirurgias no joelho? Mais instalações para a soneca dos idosos que começam a trabalhar às 7 horas, mas precisam descansar das 14 horas às 14h30? Desfibriladores no corredor dos escritórios? Alimentos sem sal nas lanchonetes ou restaurantes dos prédios comerciais?

Os aposentados na ativa também terão um grande impacto na vida familiar. Ainda não está certo como as esposas vão reagir quando de repente os maridos escolherem continuar trabalhando, em vez de passar com elas seus anos dourados. (Será um insulto? Ou um grande alívio?) E quanto aos filhos crescidos? Eles não podem mais contar com seus pais para cuidar de seus filhos, já que os pais estão trabalhando quase tanto quanto eles – o que sugere que a indústria de creches e babás crescerá ainda mais.

Existem também implicações para a saúde pública. Com mais de 1 milhão de trabalhadores extras por ano, há um número muito maior de pessoas que estão se deslocando pelas estradas. Isso significa também mais acidentes causados por idosos com 65 anos ou mais: eles representam 7% de todos os acidentes de trânsito e 10% de todos os acidentes fatais.

No entanto, a grande e significativa importância dos aposentados na ativa é que, basicamente, tudo que foi previsto para a última década com relação ao colapso da Previdência Social estava errado. Na verdade, não haverá dez aposentados para cada trabalhador, porque os aposentados também estarão trabalhando. O enorme ônus da Previdência Social que vem sendo anunciado há tempos nos Estados Unidos será mitigado, até certo ponto, por essa tendência – principalmente da parte daqueles que desejam continuar trabalhando. De acordo com Eugene Steuerle, um economista que trabalha no Urban Institute, se todos os americanos trabalhassem apenas um ano além da data de aposentadoria esperada, a defasagem prevista entre benefícios e impostos na pensão paga pela Previdência seria completamente compensada. Se todos trabalhassem mais cinco anos, os impostos adicionais em geral direcionados ao governo seriam superiores à defasagem prevista.

Pode haver uma implicação muito maior do que essa?

Talvez; talvez os aposentados na ativa acabem prolongando seu tempo de vida. Muitos estudos indicaram que corpo e mente ativos são fundamentais para prolongar uma vida saudável. Será que estamos na ponta do iceberg de uma expectativa de vida maior? Talvez um número cada vez maior de pessoas viva até os 100 anos – não por causa de novas dietas ou planos de exercícios radicais, mas por causa do trabalho diário após os 65.

Talvez os aposentados na ativa possam ainda salvar a família – por mais difícil que pareça para os cônjuges desprezados e filhos indignados. Se alguém puder realmente continuar trabalhando até os 90 anos, será que isso significa uma válvula de escape inteiramente nova no dilema trabalho-família? Será que as mães (ou os pais) poderiam criar seus filhos basicamente dos 23 aos 43 anos e depois dedicar cinqüenta anos ao trabalho? Pesquisas feitas com calouros em universidades revelam que suas maiores prioridades na vida são ganhar muito dinheiro e constituir família. Será que eles – finalmente – conseguirão fazer as duas coisas se seus "anos de trabalho ativo" tiverem vinte anos a mais do que no passado?

O que antes eram os anos dourados hoje representa, na mente dos norte-americanos na terceira idade, os anos das oportunidades de ouro. Sim, esse crescimento pode causar mais acidentes de trânsito e pode fazer com que os mais jovens corram para abrir as próprias empresas – mas também pode evitar a crise previdenciária que se assoma nos Estados Unidos, aumentar a expectativa de vida e salvar a família.

Deslocamentos radicais

Talvez não haja experiência mais comum nos Estados Unidos do que o ritual diário de ir e vir do trabalho. Cerca de 150 milhões de pessoas trabalham e apenas 3% delas o faz em casa. Assim, praticamente 145 milhões saem de casa todas as manhãs, deslocam-se para o local de trabalho e voltam à noite.

Anos atrás, havia estudos que afirmavam que não seria possível tolerar viagens diárias superiores a 45 minutos entre a casa e o trabalho. Bem, estamos quase lá: a média atual nos Estados Unidos é de 25 minutos, uma alta de quase 20% desde 1980. De acordo com um relatório da revista *BusinessWeek* de 2005, em 1990, somente 24% de todos os trabalhadores saíam de seu país natal para trabalhar. Hoje, 50% de novos trabalhadores o fazem.

A maior distância entre a residência e o trabalho se deve ao fato de que os empregos saíram das cidades e foram para os subúrbios, e os trabalhadores saíram dos subúrbios e buscaram as "periferias urbanas". É como uma grande corrida pelas áreas na periferia das cidades, com um número cada vez maior de pessoas pagando o preço nesse deslocamento. Como resultado, em 2000, quase 10 milhões de norte-americanos se deslocam mais de uma hora por dia para chegar ao trabalho – subindo em relação aos 7 milhões da década passada.

No extremo dessa tendência estão aqueles corretamente chamados pelo censo norte-americano de "radicais", pessoas que levam pelo menos noventa minutos para chegar ao trabalho. Em 2000, esse grupo representava 3,4 milhões nos Estados Unidos, quase o dobro do número existente há dez anos.

O deslocamento radical é um evento por si só: em meados de 2006, Midas Muffler patrocinou um concurso para recompensar o mais longo deslocamento casa-trabalho dos Estados Unidos. Atraindo milhares de inscrições, Midas concedeu o prêmio a David Givens, de Mariposa, no estado da Califórnia, que dirige 600km ida-e-volta todos os dias até o trabalho na Cisco Systems, em San Jose. (Ele sai de casa todo dia às 4h30 da manhã, faz uma parada para o café-da-manhã e chega a seu cubículo na Cisco às 7h45. Às 17h, ele faz o caminho inverso, chegando em casa por volta das 20h30.)

Deslocamentos radicais nos EUA (1990-2000)

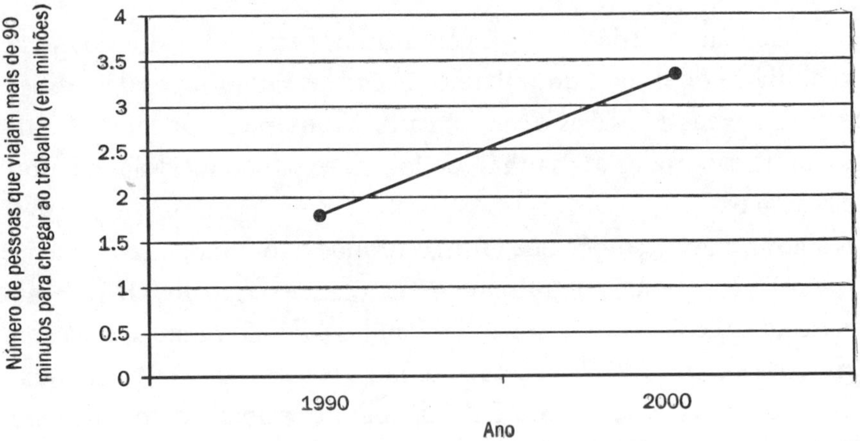

Fonte: Censo norte-americano, *Journey to Work*, 2000.

Quem são essas 3,4 milhões de pessoas que fazem deslocamentos radicais todos os dias, e por que estão trabalhando tão longe de casa?

Na maior parte dos casos, as pessoas que moram longe do trabalho não têm condições de pagar pela moradia mais perto. O preço de casas novas praticamente triplicou desde meados da década de 1980, e hoje está em média, em 300 mil dólares. Simplesmente não é possível comprar casas nas principais áreas metropolitanas onde trabalham. De acordo com dados do censo, nos Estados Unidos, o Estado que sofreu o maior aumento no tempo de deslocamento entre casa e trabalho entre 2002 e 2003 foi o de West Virginia – em que a habitação ainda é viável, mas o trabalho mais lucrativo em Washington, D.C., Pensilvânia e Ohio atrai trabalhadores e os faz sair do Estado das 9 horas às 17 horas (ou, contando com o deslocamento, de 4h30 às 20h30).

Outras pessoas o fazem por uma questão de qualidade de vida. Como o preço dos terrenos cai em função da distância em relação às cidades, as pessoas estão preferindo agüentar os longos tempos de deslocamento em troca de uma casa maior, com mais gramado, menos engarrafamento e menos criminalidade. Sem contar com a natureza. Cerca de 25 mil pessoas da região de Pocono Mountains, na Pensilvânia, levam horas até chegar ao trabalho, em Nova York, todos os dias úteis – mas, nos fins de semana, praticam ciclismo, esqui e aproveitam o ar puro da montanha.

Alguns casais com dupla renda estão fazendo esses deslocamentos radicais não tanto por motivos econômicos ou por uma questão de estilo de vida, mas por questões logísticas. À medida que aumenta o número de famílias com dupla renda, aumentam também as chances de que um ou ambos precisem se deslocar para o trabalho. Princeton, em Nova Jersey, famoso por causa da universidade, também se tornou um subúrbio popular para casais que precisam ir para Nova York e Filadélfia.

Na verdade, os piores trajetos no país estão entre as áreas metropolitanas de Nova York e Washington, D.C., em uma média de 34 a 33 minutos, respectivamente. A situação é tão grave que esses trajetos, e os altos preços da gasolina, estão fazendo com que as pessoas procurem mais os transportes de massa.

Ainda assim, mais de 3 milhões de pessoas – o 1% mágico para definir uma microtendência – estão acordando de madrugada, cruzando fronteiras estaduais e até mesmo regiões climáticas diferentes para chegar ao trabalho, e os legisladores, as autoridades de saúde pública e o mundo dos negócios talvez devessem prestar atenção nisso.

Em primeiro lugar, esse grupo presta muita atenção aos preços da gasolina. Um número alarmante de 76% de todas as pessoas que fazem deslocamentos desse tipo dirige para o trabalho, e esse número talvez seja ainda maior entre o grupo dos deslocamentos radicais. (É realmente difícil encontrar um grupo interessado em participar do transporte solidário às

4h30 da manhã ou em uma distância de 200km.) O preço da gasolina pode fazer ou acabar com a carreira desse grupo. Givens, o vencedor do prêmio concedido por Midas Muffler, afirmou que, quando ele venceu, gastava cerca de 800 dólares por mês com gasolina. Uma adepta dos deslocamentos radicais no Estado da Carolina do Norte ficou indignada quando o presidente George W. Bush afirmou, em seu discurso de posse em 2006, que os norte-americanos são "viciados em petróleo". Será que é verdade, ela perguntou, ou será que estamos apenas querendo chegar ao trabalho? As pessoas nas cidades talvez não se importem com o imposto pago pela gasolina, mas esses 3 milhões de pessoas não votarão novamente em um candidato que defenda taxação nos combustíveis.

Os deslocamentos radicais também causam maior risco de comportamento perigoso nas estradas, assim como problemas de saúde. O dr. John H. Casada, especialista em estresse nas estradas, afirmou que, quanto maiores forem as distâncias a serem vencidas, mais as pessoas tenderão a sofrer de irritação – que poderá levar não só à violência, mas também a ataques cardíacos, derrames e úlceras.

Maiores distâncias também estão vinculadas à obesidade. Os pesquisadores da Georg Tech descobriram que cada trinta minutos gastos na direção aumentam o risco de obesidade em 3%. Em uma pesquisa de 2005 feita pela *ABC & Washington Post* sobre o tráfego, verificou-se que quatro em cada dez motoristas afirmaram que comem nos engarrafamentos.

O livro de Robert Putnam, *Bowling Alone,* de 2000, identificou que, para cada dez minutos extras gastos no deslocamento de casa para o trabalho, há 10% menos tempo para sua família e sua comunidade (a menos que seja possível levar os filhos para uma creche no próprio local de trabalho). Como muitos adeptos dos deslocamentos radicais apostam na vida das pequenas cidades, esse aspecto parece fazer parte do auto-sacrifício. Muitos o fazem em nome da família – para oferecer uma vida melhor com escolas melhores. Outros esperam pelos fins de semana para aproveitar os benefícios que os levam a dirigir por longas horas durante a semana.

O grupo dos adeptos dos deslocamentos radicais também tem importantes implicações comerciais. De acordo com um relatório da *Newsweek* de 2006, os restaurantes fast-food estão preparando refeições completas que cabem em suportes para copos, e alguns carros já são equipados com mais suportes para copos do que assentos. Os postos de gasolina estão colocando menus com telas de toque nas bombas, para que as pessoas possam encomendar sanduíches enquanto estão enchendo o tanque ou para que estejam prontas para viajar quando terminarem de abastecer. Os sistemas de navegação por satélite são equipados com opções de tráfego em tempo real para ajudar os motoristas a evitar engarrafamentos. O próximo campo de batalha, segundo observadores, serão os assentos. Quem gasta mais de três horas por dia atrás do volante tende a estar muito interessado em recursos extras de conforto, como massagens para as costas. (Até hoje, ninguém desenvolveu um banheiro portátil para o carro que seja sanitário e socialmente aceitável.)

Finalmente, quem enfrenta deslocamentos radicais também tem muito tempo disponível. Algumas empresas de áudio afirmam que são necessárias apenas 16 horas de estudo de suas fitas de idiomas para sair do nível zero de espanhol e completar o curso. Nesse ritmo, os adeptos dos deslocamentos radicais que ouvirem essas fitas em seus carros poderão *hablar español* em uma semana sem abrir mão de qualquer outra atividade. E, após alguns meses, poderiam ser tradutores da ONU, se seus empregos atuais não dessem certo.

Ou livros gravados. Os adeptos dos deslocamentos radicais equivalem aos leitores dinâmicos nos transportes. Podem ler *Guerra e paz* em 12 dias ou *O código Da Vinci* em cinco.

Lyndon Johnson dizia que estava declarando guerra contra a pobreza e começando um plano maciço de renovação urbana, porque, segundo suas previsões, 95% dos norte-americanos viveriam nas cidades. Na verdade, as pessoas se espalharam pelo país pelos subúrbios e periferias de modo mais rápido do que o inicialmente previsto. (Isso só comprova como é difícil fazer suposições sobre como serão os Estados Unidos daqui a cinqüenta anos –, enquanto nos concentramos em poucas grandes tendências, outras microtendências entram em cena e destroem nossas expectativas.) Os empregadores que se mudaram para os subúrbios ficaram mais perto de parte de seus empregados. Contudo, para um grupo inteiro de trabalhadores, tudo que a mudança dos empregadores fez foi estimulá-los a mudar para ainda mais longe – sugerindo que, para muitas pessoas, o valor mais importante é ter uma casa, um quintal e uma vida mais tranqüila, independentemente do custo ou do tempo envolvido.

O fato é que um número cada vez maior de norte-americanos está na estrada, não tanto como Jack Kerouac, tentando se encontrar. Estão procurando por uma boa xícara de café e bolinhos para viagem, na expectativa de que o engarrafamento seja suportável e sabendo que pegarão exatamente a mesma estrada no dia seguinte.

O CENÁRIO INTERNACIONAL

Quando a Comunidade Econômica Européia (CEE) foi fundada, em 1957, sua missão era acabar com as barreiras comerciais e garantir que todos os europeus pudessem viajar livremente entre os países membros. Seu fundador, Jean Monnet, mal podia imaginar que essa "livre circulação" daria origem aos deslocamentos radicais europeus, inclusive aos megadeslocamentos.

Na Europa, os britânicos ficam com o prêmio do maior deslocamento médio entre casa e trabalho, com 45 minutos - vinte minutos a mais do que o tempo médio nos Estados Unidos. A média geral na União Européia (sucessora da CEE) é 38 minutos, estando a Itália com 23 e a Alemanha com 44 minutos.

A história interessante não está apenas no entediante tempo de deslocamento, mas no número de quilômetros que muitos desses motoristas enfrentam voluntariamente. Metade dos passageiros do trem de alta velocidade que cruza o Canal da Mancha, o Eurostar, que percorre os 322km entre a França e a Inglaterra, são pessoas que moram na França e trabalham em Londres. (Em 2007, pela primeira vez na história, um candidato francês fez um comício fora da França - tentando atrair os quase 500 mil cidadãos franceses que vivem e/ou trabalham em Londres.)

Ainda mais dramática é a situação dos megadeslocamentos, pois esses não são vencidos de carro ou de trem, mas de avião. Uma empresa aérea européia prevê que, em 2016, o número de pessoas que trabalham no Reino Unido e vivem em outros países - não apenas no norte da França, mas em Barcelona, Palma, Dubrovnik e Verona - chegará a 1,5 milhão. As empresas aéreas de baixo custo tornam possível essa realidade. Em 1994, não havia empresas de baixo custo no setor aéreo; em 2005, havia sessenta delas. Empresas como a Ryanair, EasyJet e SkyEurope transportaram 200 milhões de passageiros só em 2003.

Enquanto a tendência dos megadeslocamentos está crescendo na Europa, o fenômeno está apenas começando na Ásia. Algumas empresas aéreas baratas emergentes como a Jetstar, a Oasis e a AirAsiaX oferecem tarifas baixas, mas ainda precisam competir com as empresas aéreas estatais dominantes. Podemos esperar que os asiáticos também aproveitem essa tendência assim que possível. Os chineses já passam uma hora ou mais dirigindo para o trabalho em média – comparado com isso, o que são dois vôos por dia?

Trabalhando em casa

Enquanto 3,4 milhões de americanos levam noventa minutos ou mais todos os dias para ir trabalhar, 4,2 milhões colocam seus chinelos e partem para seu home office. Que, aliás, pode ser um pequeno gabinete de trabalho longe do alcance das crianças e com uma entrada separada. Talvez seja na própria cama na qual o trabalhador passou a noite e onde – assim que os travesseiros estiverem arrumados, a tigela de cereal colocada na mesinha-de-cabeceira e o laptop devidamente pousado no colo – o usuário poderá começar sua participação produtiva na força de trabalho norte-americana.

Qualquer que seja a maneira de trabalhar, esses 4,2 milhões de americanos que trabalham em casa representam um aumento de 23% em relação aos números de 1990, e um aumento de quase 100% em relação a 1980.

Número de trabalhadores norte-americanos que trabalham em casa (1980-2000)

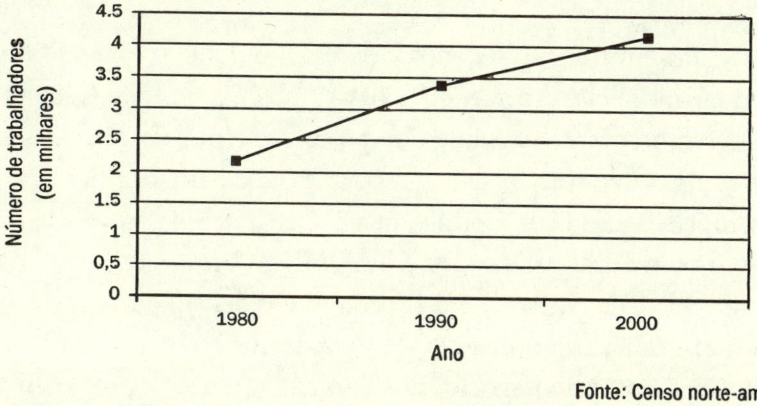

Fonte: Censo norte-americano, 2000.

Esses números não incluem aqueles que trabalham em casa "de vez em quando", que já chegam a 20 milhões. Não, o dia de trabalho normal para essas pessoas acontece a apenas alguns segundos de distância de sua escova de dente.

Por que as pessoas trabalham em casa? Ter horror aos deslocamentos radicais que descrevemos no capítulo passado já é motivo suficiente – pode ser incrivelmente libertador não enfrentar a hora do rush, livrar-se das despesas com gasolina e pagar menos para fazer a manutenção do carro. O prazer só é completado pela possibilidade de ficar de pijama, com banho opcional.

O maior prazer de equilibrar o trabalho e a família também favorece quem trabalha em casa. Embora seja pouco provável que alguém consiga se concentrar plenamente no trabalho enquanto está tomando conta de crianças (acordadas), muitas pessoas que trabalham em casa afirmam que são tão ou mais produtivas trabalhando em casa nas horas em que as crianças estão na creche ou na escola.

No entanto, o motivo mais importante pelo qual o trabalho em casa está em alta é o fato de que, agora, ele é mais do que possível: laptops, acesso à internet de alta velocidade, BlackBerrys, celulares e até videofones tornaram os escritórios domésticos praticamente indistinguíveis dos escritórios comerciais e ficaram disponíveis com uma capacidade e a preços totalmente inimagináveis em 1980. Assim, se você estiver trabalhando por conta própria ou com alguém, praticamente não há diferença para seus colegas ou seus clientes se você está em um cubículo no escritório ou no quartinho de empregada.

Quem trabalha em casa nos Estados Unidos? Em 2000, 53% eram mulheres, em comparação com apenas 46% delas trabalhando fora. Oitenta e oito por cento são brancas. Sessenta e oito por cento têm pelo menos nível superior, em comparação com 59% daquelas que trabalham fora. A maioria trabalha em funções gerenciais e profissionais. Cerca de duas em cada três trabalham em horário integral. Muitas delas ganham bem.

Esta é uma classe de pessoas bem-sucedidas e independentes.

De fato, um número significativo de pessoas que trabalham em casa (58%) administra o próprio negócio, formalmente ou não. Trinta e cinco por cento trabalham em casa usando um computador conectado a empresas privadas ou sem fins lucrativos em outra cidade. Insignificantes 4% trabalham em casa para o governo, o que provavelmente é bom, considerando dados recentes sobre o número de laptops do governo com informações confidenciais sobre os cidadãos que foram roubados.

Os homens que trabalham em casa são um grupo ainda mais bem-sucedido. São proprietários da maioria dos negócios estabelecidos em casa e não é só sua formação acadêmica que é melhor, mas são também mais velhos e mais ricos em média do que a população em geral. Esses homens acabaram fazendo com que a categoria fosse exageradamente incluída no topo da cadeia salarial.

Mas não pense que somente os homens estão transformando sua casa em escritório pessoal. O movimento das "mãempresárias" – mulheres que param de trabalhar para cuidar dos filhos, mas que tocam empresas em meio expediente por causa da receita, da satisfação ou de ambos – também está ganhando força. De acordo com o censo norte-americano de 2000, mais da metade de todos os negócios que funcionam em casa – que constituem cerca de metade das empresas nos Estados Unidos em geral – são de propriedade de mulheres. Esses negócios vão de Avon Ladies – 5 milhões em todo o mundo – a empresas de consultoria, que normalmente são fundadas por mulheres de alto desempenho que constroem a clientela com base em sua especialidade anterior. Somente entre 2002 e 2006, a receita média anual para empresas de consultoria de propriedade de mulheres (baseadas em casa e outras) cresceu 45%, para mais de 150 mil dólares.

Em qualquer nível, as pessoas realmente gostam de trabalhar em casa. Além do controle e da flexibilidade que os empresários possuem, os 35% dos trabalhadores domésticos que não administram o próprio negócio, mas estão empregados por outras empresas ou organizações, também apreciam muito sua condição. De acordo com um estudo realizado pela American Business Collaboration, 76% dos trabalhadores móveis reportam altos índices de satisfação com o trabalho, em comparação com apenas 56% dos trabalhadores que se deslocam diariamente para o trabalho. Isso não é porque eles não trabalham. Quem trabalha em casa em horário integral tem uma semana média de 44,6 horas em comparação com apenas 42,2 horas dos trabalhadores normais.

Os empregadores estão satisfeitos não só com relação ao trabalho extra, mas também quanto aos créditos tributários obtidos por reduzir a poluição causada pelos empregados e a maior economia no espaço do escritório. Em minha própria empresa de pesquisa de opinião, eliminamos a central telefônica da costa leste que abrigava nossos telefonistas e optamos pelos trabalhadores móveis. Não só é mais fácil para eles, mas consigo mais pessoas dispostas a ligar para os consumidores no Japão às 3 horas, horário de Nova York – se puderem fazer a chamada de seus apartamentos, em vez do call center da empresa. Um dia, todas as pesquisas de opinião serão feitas assim.

Embora essa categoria não tenha transformado todo o setor – como já foi previsto –, esse grupo crescente de pessoas que trabalham de chinelos tem repercussões importantes para os negócios e a política.

Em primeiro lugar, quem trabalha em casa precisa de uma maneira de constituir uma comunidade. É irônico que, embora não estejamos jogando boliche sozinhos, cada vez mais estamos trabalhando sozinhos. Muitas pessoas que trabalham em casa estão cansadas de almoçar sozinhas no mesmo lugar onde tomaram café-da-manhã e jantaram. Precisamos de um escape virtual que mantenha as pessoas ligadas aos colegas – não só trocando mensagens instantâneas, mas em um espaço colaborativo e compartilhado, com verdadeiro coleguismo. Existe claramente um mercado para ensinar as pessoas a administrar e a participar de reuniões virtuais.

Em segundo lugar, à medida que mais funções de trabalho passam a ser realizadas em casa, surgem questões de segurança, conforto e design no trabalho doméstico. Aparentemente, a incidência crescente de incêndios, lesões e outras perdas resultantes de copiadoras mal conectadas, equipamentos empilhados sobre acessórios descartados pelas crianças e fios de impressora massacrados pelos sapatos da família levou o secretário do Trabalho dos Estados Unidos a convocar, em 2000, um "debate nacional" sobre a segurança dos escritórios domésticos. É possível receber alguma indenização se você escorregar no leite que sua filha derramou no chão de seu escritório doméstico? Se seu laptop explodir e queimar o sofá de sua sala de estar, seu chefe tem de pagar o prejuízo?

Com o número crescente de pessoas que trabalham por conta própria em casa – especialmente indivíduos bem-sucedidos e assertivos –, talvez finalmente consigamos encontrar um sistema melhor para planos de assistência médica e aposentadoria do que os atuais, que são baseados no empregador.

Talvez vejamos um aumento dos *lunch clubs*, que costumavam ser território dos homens com martínis, separados das mulheres, que tomavam chá em outro salão. Homens e mulheres executivos e profissionais precisam de um lugar para encontrar seus clientes e estabelecer redes quando o quartinho dos fundos não funcionar. Assim como o índice maior de divórcios criou o mercado para estadas mais longas em hotéis, como os apart-hotéis, o aumento do número de pessoas que trabalham em casa gera um mercado para locais ou salas de negócios voltados para reuniões curtas ou pequenas apresentações.

No mínimo, precisamos garantir que, se a videoconferência se tornar padrão nos escritórios caseiros, as pessoas estejam plenamente preparadas para tomar banho, se vestir e se aprontar antes das reuniões. Uma coisa é ter retratos da família orgulhosamente expostos na prateleira do escritório. Outra coisa bem diferente é ouvir o Júnior e o cão da família berrando no fundo quando você está tentando fazer uma chamada estratégica.

Mulheres prolixas

▲

O ex-reitor da Harvard University, Larry Summers, teve muitos problemas em 2005 porque sugeriu que as mulheres eram naturalmente inferiores aos homens nas ciências. Mas o que ele não disse – e que poderia ter aliviado seu lado junto às docentes que ajudaram a despedi-lo – foi que as mulheres estavam prestes a tomar conta das profissões ligadas às palavras, como Jornalismo, Direito, Marketing e Comunicação.

Para não enfrentar o mesmo tipo de problema que Summers, deixe-me esclarecer que não sei por que os homens seguem mais as carreiras científicas e as mulheres, as carreiras ligadas às "palavras". Não tenho a menor idéia sobre que papel desempenham a biologia, a cultura ou a socialização nessas opções. No entanto, posso dizer que essas opções estão mudando radicalmente a cara de certas profissões e que isso pode significar grandes mudanças para os Estados Unidos.

Vejamos o caso do Jornalismo. De acordo com o Bureau of Labor Statistics, em 2005, 57% dos analistas de notícias, repórteres e correspondentes eram mulheres. Até 57% dos âncoras dos noticiários de tevê – essa respeitável figura reservada no passado a tipos como Walter Cronkitem nos Estados Unidos – são mulheres. Claro, Katie Couric ganhou fama aparecendo em um dos mais cobiçados noticiários noturnos em cadeia nacional nos Estados Unidos em 2006. Mas em âmbito local, as Mary Richards do mundo já haviam substituído os Ted Baxters há muito tempo, ambos personagens do famoso seriado norte-americano de tevê da década de 1970, *Mary Tyler Moore.*

Na área de Relações Públicas – a arte de ajudar as pessoas a se expressar da forma certa –, as mulheres constituem cerca de 70%, subindo em relação aos 30% na década de 1970. (A Burson Marsteller, empresa em que trabalho como diretor executivo, tem 70% de mulheres na folha de pagamento.) O *USA Today* observou recentemente que a área de Relações Públicas talvez seja a primeira profissão tradicionalmente masculina a ser redefinida por mulheres.

Vejamos o caso do Direito, essa grande província dos argumentos orais e escritos. Desde 1970, o número de mulheres advogadas nos Estados Unidos cresceu 2.900%.

As mulheres representam mais da metade dos formandos em Direito e quase metade dos associados em escritórios de advocacia. Nas faculdades de Direito, dois terços dos cargos de vice-reitor são ocupados por mulheres.

Compare esses dados ao número de mulheres nas ciências e nos negócios. Elas representam apenas 14% dos arquitetos e engenheiros dos Estados Unidos. Constituem apenas 15% do corpo docente das principais universidades técnicas do país, incluindo Caltech e Georgia Tech. Representam apenas 16% dos principais cargos executivos em empresas listadas na *Fortune 500*. São apenas 3% dos executivos mais bem pagos das grandes empresas de tecnologia.

Com certeza, o fato de as mulheres dominarem as profissões ligadas às palavras não significa que sempre estão à frente da tomada das decisões. No Jornalismo e no Direito, particularmente, as mulheres saem de cena em algum ponto entre as escolas profissionalizantes (onde representam a maioria) e os corredores do poder. As mulheres representam apenas 17% dos sócios dos escritórios de advocacia. Constituem somente um terço dos jornalistas em tempo integral trabalhando para os mais importantes meios de comunicação. No entanto, essa tendência é nova, por isso pode levar muito tempo até avançar.

Nas décadas em que as mulheres se juntaram às redes de notícias da televisão, o número de matérias sobre aborto, puericultura e discriminação racial no local de trabalho aumentou muito. De acordo com um analista do *Washington Post*, durante o tempo em que Elizabeth Vargas foi a principal âncora do noticiário *ABC's World News Tonight*, a ABC dedicou mais tempo a matérias sobre "sexo e família" – controle da natalidade, aborto, autismo, desenvolvimento pré-natal, nascimento, depressão pós-parto e pornografia infantil – do que os noticiários noturnos das redes CBS e NBC combinados.

Nas faculdades de Direito, o direito de família era matéria eletiva até a década de 1970. Hoje, existem dezenas de publicações sobre o tema e este é um dos cursos mais populares da faculdade.

O mesmo se aplica às carreiras de Relações Públicas e Propaganda. O número de comerciais na tevê para produtos como absorventes higiênicos, cremes vaginais e remédios para cólica menstrual costumava ser pequeno e esporádico. Hoje, o horário nobre exibe um comercial desses a cada meia hora.

O outro efeito da entrada das mulheres nas profissões da palavra é o fato de que os homens começaram a sair delas. Em 1971, mais de um terço dos professores nas escolas públicas dos Estados Unidos eram homens. À medida que as mulheres foram entrando na profissão, o número de homens caiu para menos de um quarto. Já nas carreiras de Relações Públicas e Jornalismo, os executivos estão começando a se preocupar com a debandada dos homens. Alguns afirmam que os "melhores" profissionais simplesmente venceram, mas outros fazem a objeção inversa à de Larry Summers: com metade da raça humana não-representada, será que realmente podemos alcançar nosso pleno potencial?

A verdade é que as mulheres estão seguindo de muitas maneiras o caminho que os novos imigrantes encontraram para o sucesso. As mulheres entraram na força de trabalho com menos capital do que os homens, e é um caminho comprovado de mobilidade social seguir essas profissões. As profissões ligadas à palavra requerem capital humano e resultam de estudo e de trabalho árduos, em vez de força e resistência. Embora as mulheres tenham dominado primeiro as áreas de educação e enfermagem, sua mobilidade social as levou a um novo patamar de sucesso profissional que extrapola essas carreiras.

As profissões ligadas à palavra eram uma escolha lógica – em que as mulheres poderiam vencer por mérito próprio e poderiam contribuir com novas perspectivas. Assim, as mulheres passaram a se sentir cada vez mais confortáveis com o fato de que essas profissões seriam aquelas em que elas se destacariam. Deixaram o combate físico principalmente para os homens e aceitaram o combate verbal, que é tão decisivo em democracias pacíficas.

Podemos esperar que essa tendência assuma nível global. Como as mulheres do mundo inteiro passaram a trabalhar e melhoraram seu nível de instrução, várias novas profissões estão surgindo.

J. K. Rowling, de *Harry Potter*, uma mulher, figura entre os escritores mais bem-sucedidos de todos os tempos.

A política talvez seja a próxima fronteira para as mulheres. Por ter trabalhado com Hillary Clinton, vejo que o que antes era preconceito contra as mulheres na vida pública está lentamente se transformando em aceitação e até mesmo preferência. Uma geração inteira de jovens mulheres agora está observando se os Estados Unidos também terão sua primeira mulher no comando da nação, como já aconteceu no Reino Unido, na Alemanha, em Israel e no Chile. Se milhões de jovens mulheres estão ganhando espaço em áreas como Jornalismo, Relações Públicas e Direito, a política é um passo lógico – as primeiras requerem muitas das mesmas habilidades necessárias na última. Muitos dos mais respeitados legisladores em Washington são mulheres, moldando as políticas produzidas na Casa Branca e no Congresso norte-americano e dirigindo o país. Hoje, existem 16 senadoras – bem longe de cinqüenta, mas bem melhor do que apenas uma, como há 25 anos.

Larry Summers enfocou o lado errado da questão. Em vez de imaginar por que as mulheres não são igualmente representadas na matemática e nas ciências, ele poderia ter observado como é bom o desempenho das mulheres nas profissões ligadas à palavra e como esse sucesso pode acabar conduzindo a um cenário político inteiramente novo. A campanha verbal que elas fizeram contra ele certamente teve impacto.

Amazonas ardentes

As mulheres prolixas não seriam uma microtendência perfeita se não houvesse *também* um grupo igualmente intenso avançando rapidamente na direção oposta. Agora vamos falar sobre as mulheres nos Estados Unidos que estão cada vez mais escolhendo profissões que exigem muita força física.

Englobam desde atletas, atendentes em serviços de emergência e operárias da construção civil a soldados. Primeiro, as atletas. Embora a primeira competição de fisiculturismo feminino tenha sido essencialmente um concurso de beleza de biquíni, hoje existem tantas seguidoras do fisiculturismo e halterofilismo que, em 2000, o halterofilismo feminino tornou-se um esporte olímpico oficial. A luta livre feminina passou a integrar o rol dos esportes olímpicos em 2004. Em abril de 2007, Ria Cortesio foi a primeira mulher a atuar como árbitro em um jogo amistoso de beisebol da Liga Profissional.

Futebol americano ainda nos faz lembrar de homens grandalhões se amontoando em cima de uma bola, mas, em 2007, havia três ligas profissionais de futebol americano para mulheres nos EUA, com noventa times – um número significativamente maior do que os poucos times existentes em 2000. Mulheres jogando rúgbi – esporte praticamente desconhecido algumas décadas atrás – representam cerca de 10 mil nas faculdades e outras 3 mil no ensino médio.

Tudo bem, elas estão jogando entre si – este não é um embate filmado especialmente para a tevê dos anos 1970 entre os tenistas Billie Jean King e Bobby Riggs –, mas pergunte à sua avó se ela teria previsto que, em

2007, haveria quase cem profissionais jogando em times femininos de futebol americano nos Estados Unidos.

Na frente da assistência a emergências, os bombeiros profissionais nos Estados Unidos contam com 5%, ou mais de 6 mil mulheres (outras 35 mil são voluntárias). Dentre os profissionais ligados à repressão ao crime, em cada quatro uma é mulher, um número significativamente maior em relação ao de algumas décadas atrás. Dentre os policiais, há pouco mais de uma mulher em cada dez oficiais.

Em 1953, a National Association of Women in Construction começou com 16 membros. Hoje tem quase 6 mil mulheres e 180 representações em todo o país.

As Forças Armadas também assistiram a um crescimento acentuado na participação das mulheres. Em 1960, havia apenas 31,7 mil mulheres servindo, ou um pouco mais do que 1%. Em 2005, existiam mais de 200 mil mulheres militares, ou quase 15% das Forças Armadas dos Estados Unidos (Jessica Lynch, heroicamente resgatada no Iraque em 2003, foi apenas uma das mais de 150 mil mulheres norte-americanas que serviram no Iraque e no Afeganistão, desde o final de 2006.) No total, há 1,7 milhão de veteranas nos Estados Unidos – quase o mesmo número de professoras no ensino fundamental. Embora poucas mulheres entrem em combate, o trabalho certamente atrai e recompensa o lado musculoso do sexo mais frágil.

Em meados de 2007, fizemos uma rápida pesquisa para descobrir mais sobre essas mulheres que escolhem seguir carreira em profissões ligadas a esportes, polícia, bombeiros, Forças Armadas ou construção civil. Em geral, são mulheres grandes, conservadoras, felizes e heterossexuais – prontas para a briga e em plena ascensão econômica.

Em primeiro lugar, são fisicamente grandes. Quase uma em cada quatro tem mais de 1,75m ou estão no 90º percentil para mulheres brancas. (Cerca de 90% da amostragem geral era branca.) Também são mais pesadas, sendo 58% acima da média de 70kg e quase uma em cada três registrando mais de 77kg. Talvez não seja surpresa que oito em cada dez eram atléticas quando crianças e muitas delas tinham irmãos, em vez de irmãs. (Quase a metade da amostra tinha pelo menos dois irmãos.)

As amazonas ardentes também têm inclinações para a direita – 76% se consideram conservadoras ou moderadas, e apenas uma em cada quatro se identifica como democrata. São do tipo mais rural e menos urbano do que uma amostragem típica nacional.

Essas mulheres adoram seu trabalho. Na maior parte do tempo, 44% delas adoram o que fazem e outras 52% gostam do trabalho. Praticamente todas recomendariam seu trabalho para meninas ou jovens que estivessem querendo seguir esse tipo de carreira – mais da metade recomenda enfaticamente seu trabalho.

Você recomendaria seu trabalho para meninas ou jovens considerando sua atividade?

Sim, enfaticamente	56
Sim, relutantemente	30
Não, provavelmente não	8
Não, com certeza não	2
Não sei	4

Seu entusiasmo pelo trabalho é alto apesar do fato de não ser fácil. Seis em cada dez afirmam que foram discriminadas no trabalho por serem mulheres, e quase quatro em dez dizem que, em sua linha de trabalho, as perspectivas das mulheres são ignoradas. Mas o pioneirismo da atividade parece fazer parte da diversão. Em comparação com apenas 10% que disseram o contrário, 64% afirmam que o fato de esse tipo de trabalho ter sido tradicionalmente território masculino despertou seu interesse. Essa tradição masculina é uma questão de orgulho em conversas sociais:

Quando fala sobre seu tipo de trabalho, você se sente:

	%
Orgulhosa, porque é uma profissão geralmente masculina	76
Hesitante, porque é uma profissão geralmente masculina	4
Não sei	20

Finalmente, as amazonas ardentes ganham bem. Embora menos de uma em cada quatro tenha terminado a universidade, sua renda é boa – 42% têm renda anual acima de 75 mil dólares, incluindo 14% que ganham mais de 100 mil dólares. Dinheiro e benefícios estão entre os principais fatores pelos quais as mulheres desse grupo afirmam gostar de seu trabalho, só perdendo para os desafios mentais exigidos pela função.

Em relação a estado civil, 76% delas estão casadas, e outros 18% já foram casadas. Embora a maioria das entrevistadas tenha afirmado conhecer alguém homossexual, somente 13%, o menor grupo, disseram que essas pessoas eram seus colegas de trabalho.

Mas parece que trabalhar em profissões dominadas por homens traz o risco de assédio sexual ou tem por motivação algum tipo de agressão anterior. Quase quatro em cada dez entrevistadas afirmaram que foram vítimas de agressão sexual em algum ponto de sua vida, o que representa um índice relativamente alto comparado com o das mulheres em geral. Talvez a experiência de ter sido agredida tenha levado algumas dessas mulheres a buscar profissões em que a força física é valorizada, e não a vulnerabilidade.

A valorização de mulheres musculosas tem implicações concretas para a sociedade. Em primeiro lugar, elas adoram seu trabalho e estão sendo reconhecidas. Embora alguns grupos feministas tenham reclamado que o número de mulheres em funções tradicionalmente masculinas não tenha aumentado com a rapidez esperada, não devemos esperar que essas funções continuem a ser apenas domínio masculino. Essas mulheres são as mais competitivas e dedicadas oponentes do mundo.

Em segundo lugar, até certo ponto, as mulheres vão mudar essas profissões. No início, o posicionamento é de que elas podem e vão ter o mesmo desempenho dos homens – mas, assim que atingirem massa crítica (como aconteceu no Direito e no Jornalismo, e talvez na Medicina), sua perspectiva mudará a atividade em si. Em 2002, o National Center for Women and Policing revelou, com base em um estudo sobre os sete principais departamentos de polícia nos Estados Unidos, que as mulheres policiais são substancialmente menos inclinadas do que sua contrapartida masculina a usar ou ser acusada de usar excesso de força. Como resultado, o custo do policial médio para seu distrito é entre duas vezes e meia e cinco vezes superior ao custo da policial média em indenizações pagas por abuso de força. Será que as policiais femininas concentram-se mais em dispersar a tensão do que em combatê-la com a força física? Embora essa não seja uma estratégia vitoriosa sempre, será que não teria utilidade para equilibrar o uso excessivo da força?

Metade de todas as chamadas violentas para a polícia está relacionada com a violência doméstica. Será que uma mulher policial tem uma idéia melhor de como reagir?

Não quero fazer generalizações quanto aos pontos fortes e fracos das mulheres. Com certeza, foi sob o comando da primeira procuradora-geral da República dos Estados Unidos, Janet Reno, que as forças policiais do país passaram a se concentrar no "policiamento comunitário" e a evitar o crime antes que acontecesse. Por outro lado, a primeira consultora de Segurança Nacional (e mais tarde, secretária de Estado), Condoleezza Rice, contribuiu para a guerra no Iraque. A primeira mulher a exercer o cargo de primeira-ministra, Margaret Thatcher, acionou a força militar britânica de maneira mais agressiva do que qualquer outro antecessor recente. Ainda não temos um número suficiente de mulheres no poder para que possamos fazer generalizações sobre se ou como poderão liderar de modo diferente dos homens, mas, com base no que vimos acontecer no Direito e no Jornalismo, acredito que haverá mudanças nas profissões das amazonas também.

Outro aspecto fascinante sobre as amazonas ardentes é que, à medida que mais mulheres escolhem carreiras que exigem força física, a força média da mulher tende a aumentar. Desde o final da década de 1960, os homens melhoraram seu tempo de recorde de maratonas em três minutos, mas as mulheres melhoraram seu tempo em 31 minutos. Por terem sido excluídas durante tanto tempo do treinamento físico intensivo, as mulheres (e os homens) passaram a aceitar como inquestionável o fato de que elas são menores, mais fracas e mais lentas do que os homens. Mas quem sabe? Mais mulheres estão se exercitando e se tornando mais fortes. Durante algum tempo, os homens conseguiram se destacar com base na força física. Essa oportunidade está apenas começando para as mulheres, e milhões de mulheres que nunca teriam como participar de uma corrida ou testar suas habilidades físicas hoje estão começando a ter essa chance. Isso continuará a estreitar as diferenças entre os sexos.

Assim como muitas mulheres descobriram o poder das palavras, outras estão descobrindo a própria força física e sua capacidade de competir em igualdade de condições com os homens nas profissões mais fisicamente extenuantes. As mulheres que escolhem esses novos caminhos adoram e estão criando o próprio grupo característico – fortes, orgulhosas, intensas e abrindo caminho para que outras mulheres as sigam. Vinte e cinco anos trás, tivemos um debate nacional nos Estados Unidos sobre a proposta de emenda à Constituição pela igualdade de direitos entre homens e mulheres, a *Equal Rights Amendment* (ERA), e um dos grandes argumentos contra a proposta era a possibilidade de as mulheres servirem nas Forças Armadas ou trabalharem na polícia. As amazonas ardentes de hoje nos mostram como aquele debate era infundado.

PARTE III
Raça e religião

Rompendo barreiras

Uma tendência final sobre a presença das mulheres no mercado de trabalho: elas podem estar destinadas a dominar as profissões ligadas às palavras nos Estados Unidos, como Jornalismo, Relações Públicas e Direito, mas a proeminência das mulheres fica mais complicada quando tratamos de profissões relacionadas à palavra.

Nas últimas duas décadas, a quantidade de sacerdotes do sexo feminino mais do que triplicou nos Estados Unidos. O número de alunas nas escolas de teologia superou 51%. Nos últimos dez anos, o número de mulheres se formando em Religião ou Teologia mais do que dobrou, enquanto entre os homens esse número cresceu apenas pela metade. Estamos assistindo ao crescimento dramático de um novo sacerdócio, com um conjunto diferente de prioridades pessoais que levam as mulheres a procurar o monastério. Embora estejam estudando em escolas de Teologia, ainda estão procurando seu lugar ao sol na vida religiosa dos Estados Unidos.

As mulheres que assumem o sacerdócio parecem motivadas por um profundo senso de que o mundo precisa de conserto. Mulheres sacerdotes, com mais freqüência do que seus colegas homens, são muito ativas nos cenários político e cívico. De acordo com uma pesquisa realizada com sacerdotisas, seu principal problema é de longe o bem-estar social, incluindo a distância cada vez maior entre ricos e pobres. Em seguida, vêm a tolerância e os direitos, incluindo o racismo, seguidos da ordem pública e da civilidade e depois dos direitos dos homossexuais. No final de sua lista estão a defesa e a política exterior e, particularmente em contraste com muitos clérigos nos Estados Unidos, a última das prioridades das mulheres sacerdotes são os "valores da família" ou "a preocupação espiritual e moral de que a nação está se afastando de Deus".

Talvez não seja à toa, considerando essa lista, que as sacerdotisas sejam também liberais, às vezes até demais, e geralmente apóiem candidatos democratas. Uma geração atrás, muitas dessas mulheres teriam sido professoras, assistentes sociais e voluntárias cívicas, mas hoje estão combinando seu compromisso com a justiça social, a sua fé pessoal e buscando púlpitos e monastérios como forma de atuação.

A ascensão das mulheres no clero promete algumas mudanças na religião dos Estados Unidos. Sacerdotes de ambos os sexos informam aos entrevistadores que as mulheres são mais cuidadosas sobre a vida pessoal de seus congregados, mais atenciosas, tendendo mais a usar suas experiências pessoais na hora de pregar, ensinar e aconselhar os fiéis. As mulheres também estão menos interessadas em política congregacional, em exercer poder e em ter prestígio no trabalho. Dizem também que elas tendem a ser mais receptivas aos novos membros que estavam alienados da congregação.

No entanto, apesar de todas essas contribuições e do crescimento no número de mulheres no clero, elas ainda enfrentam muitos desafios. Em primeiro lugar, com a tensão pessoal, supostamente muito maior do que a dos sacerdotes homens. Em um estudo conduzido com 190 sacerdotisas da Igreja Metodista em todo o país, 60% afirmaram que tinham um sono inquieto, 56% disseram que se sentiam chorosas e mais de um terço (35%) afirmou que "não conseguia se livrar da melancolia, mesmo com a ajuda da família ou de amigos". Com certeza, o maior desafio enfrentado pelas mulheres sacerdotes foi equilibrar o trabalho e a família. Uma intensa atividade pastoral e as obrigações com os filhos em casa podem ser muito onerosas. Embora a maioria dos sacerdotes tenham esposas que assumem papéis de liderança na congregação, as mulheres sacerdotes acabam realizando suas tarefas domésticas e clericais também. Finalmente, para as solteiras, namorar é um grande desafio. Sacerdotisas solteiras afirmam que muitos homens ficam intimidados por elas, e aqueles que não o são – como colegas sacerdotes – estão ocupados demais para ser parceiros ideais. (Imagine tentar mandar seu colega de quarto para um encontro às cegas com uma sacerdotisa.)

Em termos mais genéricos, mesmo aquelas religiões que admitem mulheres sacerdotes parecem resistir a que elas desempenhem um papel importante demais. Há um fenômeno amplamente observado dentre as sacerdotisas: embora elas terminem seu treinamento em números iguais ou superiores aos dos homens, sua participação no trabalho congregacional é muito mais lenta. Até hoje, não há praticamente notícia de uma grande congregação – em qualquer religião – que seja liderada unicamente por mulheres. Existe uma barreira à ascensão das mulheres no sacerdócio.

Alguns afirmam que é apenas uma questão de tempo até que as sacerdotisas consigam romper o tabu. As mulheres avançaram a passos largos em outras profissões, especialmente naquelas ligadas às palavras – e este campo pode estar demorando um pouco mais, em parte porque a Primeira Emenda à Constituição dos Estados Unidos impede recurso às leis antidiscriminação. (Aliás, é por isso que os pastores podem barrar impunemente as mulheres de sua profissão simplesmente dizendo: "Quando Adão seguiu a liderança de sua esposa e comeu o fruto proibido, vimos no que resultou.")

No entanto, uma análise mais profunda das lutas das mulheres sacerdotes sugere que o caminho à frente talvez seja bem difícil.

Nos últimos cinqüenta anos, praticamente todo grupo religioso importante nos Estados Unidos que permitiu o sacerdócio feminino sofreu uma acentuada queda no número de fiéis. Todos os principais grupos religiosos importantes que excluíram a possibilidade do sacerdócio feminino tiveram um aumento tremendo. A maior parte dos grupos protestantes importantes que permitem o sacerdócio feminino passa por uma queda no número de fiéis. A maioria das outras religiões que as excluíram teve aumentado seu número de fiéis.

Crescimento/Queda nas principais religiões nos EUA (1960-2002)

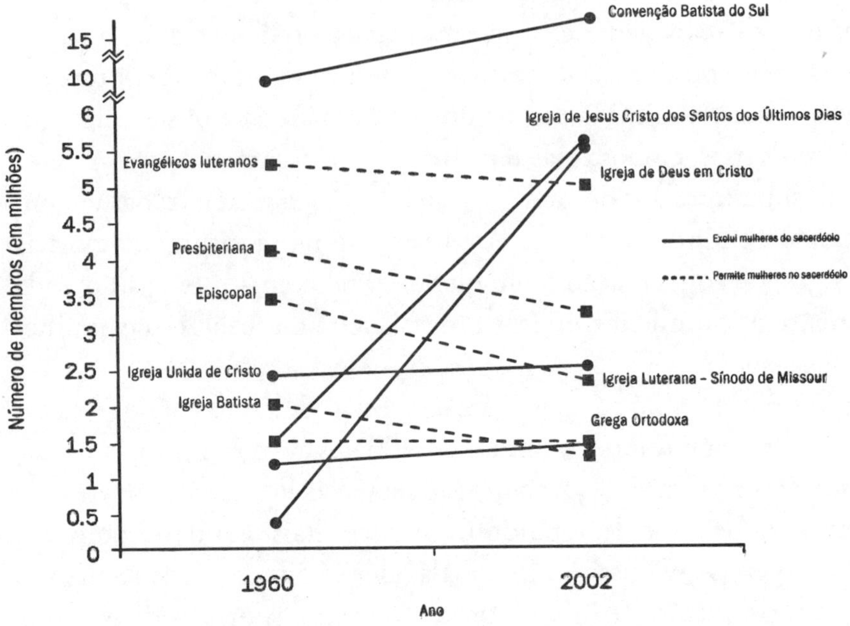

Fonte: Demographica, Christian Church Membership in the United States: 1960-2002.

Os católicos nos Estados Unidos, cujos números são grandes demais para caber nesse gráfico, excluem o sacerdócio feminino e nos últimos cinqüenta anos tiveram um aumento no número de fiéis de 42 milhões para 67 milhões. Os muçulmanos norte-americanos, um grupo ainda muito pequeno para caber no gráfico, também não admitem o sacerdócio feminino e viram o número de fiéis crescer de 527 mil em 1990 para 1,1 milhão em 2001, de acordo com a American Religions Identification Survey. (Seus números podem ser ainda maiores hoje em dia.) Claro que a imigração também desempenha um papel importante, mas o padrão se mantém.

Alguns podem achar tentador dizer que a presença das mulheres em certas religiões causou a debandada dos fiéis. Quem precisa das palavras de São Paulo: "Não permito que as mulheres ensinem ou tenham autoridade sobre os homens" – se podemos usar apenas as tendências empíricas para provar que, se alguém quer fazer sua religião crescer, deve proibir o sacerdócio feminino.

Mais provavelmente, o elo é que a admissão de mulheres é parte de uma tendência maior de liberalização que, por si só, está se tornando pouco popular entre os religiosos. As mulheres sacerdotes, crescendo como cresceram com o movimento feminista, representam a integração da sociedade civil progressista com a religião. No entanto, cada vez mais, não é isso que as pessoas estão querendo encontrar aos domingos de manhã. Cerca de 77% das pessoas que freqüentam regularmente a igreja afirmam que o fazem por causa da forma como a religião conquista seus corações; somente 23% afirmam que o envolvimento é intelectual. Para defender seus pontos de vista políticos, de suas irmandades e valores éticos, as pessoas procuram a organização ambientalista Sierra Club. Se freqüentarem a igreja, querem encontrar inspiração, medo e convicção. Assim, as mulheres sacerdotes estão trabalhando para encontrar um estilo que confira mais emoção à religião e isso é algo bem novo para esses velhos congregados.

Evidentemente, a associação congregacional não deve ser confundida com a verdade. Todas as grandes religiões do mundo começaram pequenas. Embora a queda no número de fiéis de determinada religião possa explicar o que as pessoas querem, muitos argumentariam que nada diz sobre o que Deus quer ou sobre o que os congregados vão querer ao longo do tempo. As frias estatísticas demonstram hoje que essa nova classe de sacerdotisas está enfrentando dificuldades, à medida que as religiões mais conservadoras estão crescendo e as mais liberais estão diminuindo. Mas esse pêndulo oscilou muitas vezes antes e o papel da religião, hoje em tantos conflitos mundiais, pode causar uma reação contra a polarização religiosa, e as mulheres que rompem barreiras poderão ser prisioneiras de um novo movimento fadado a se tornar o principal da religião moderna. Consenso e compaixão podem estar fora de moda hoje, mas com certeza voltarão à ativa. Assim como os Estados Unidos estiveram prestes a eleger a primeira mulher para a Casa Branca, também estamos prontos para a primeira sacerdotisa a conquistar a imaginação do país pelo poder da tevê e até mesmo da internet.

Pró-semitas

Em uma das cenas mais engraçadas do sucesso de Woody Allen de 1997, *Noivo neurótico, noiva nervosa*, Alvy Singer vai para a casa de sua namorada não-judia em Chippewa Falls, no Estado de Wisconsin, para conhecer seus pais. Embora Annie e a família sejam gentis, sem fazer menção a suas diferenças religiosas, Allen mostra como Alvy imagina que a avó de Annie o veja, um fanático barbudo do velho mundo, completo com solidéu e cachos laterais usados pelos homens judeus praticantes. O público judeu dava boas gargalhadas da paranóia de Allen. Mas há bem pouco tempo a percepção de Alvy – de que os não-judeus automaticamente consideravam os judeus estrangeiros indesejados – ainda reinava.

Hoje em dia, aquela cena do filme poderia ser refeita. Atualmente, Alvy pode de fato usar o solidéu e os cachos, e os pais de Annie o receberiam esperando secretamente que Alvy se casasse com Annie.

Isso porque hoje, nos Estados Unidos, gostar de judeus é uma espécie de mania. Os judeus estão em alta, em toda parte. O que no passado parecia causar inveja ou rejeição em relação aos judeus, hoje parece estar despertando admiração e fascínio. Costumava ser o judeu a buscar relacionamentos fora de sua religião, ocultando sua origem nesse processo. Mas hoje em dia existem indícios crescentes de que uma tendência contrária está em movimento: os não-judeus estão procurando judeus.

As mulheres judias, há muito estereotipadas como mulheres independentes, hoje são muito cobiçadas e admiradas por uma nova geração. Talvez seja verdade que algumas não saibam cozinhar e isso pode estar relacionado ao fato de que as mulheres judias estão à frente da revolução profissional das últimas várias décadas, com números sem precedentes de formandas em cursos universitários de graduação e pós-graduação, e assumindo funções de alto poder. (Das mulheres judias entre 25 e 44 anos, 68% têm curso universitário, de longe o mais alto percentual de qualquer grupo religioso nos EUA.)

Na economia atual baseada em educação e sustentada por serviços, os estilos de vida que antes eram reservados à elite hoje são altamente populares. Assim, judeus (de ambos os sexos) são o alvo daqueles que procuram parceiros bem-sucedidos e com boa formação.

Nem sempre foi assim. Os Estados Unidos tiveram sua parcela de antisemitismo; em 1939, uma pesquisa da Roper descobriu que apenas 39% dos americanos achavam que os judeus deviam ser tratados como as outras pessoas. Cinqüenta e três por cento acreditavam que "os judeus são diferentes e devem ser controlados". Dez por cento efetivamente acreditavam que os judeus deveriam ser deportados. Na década de 1940, várias pesquisas nacionais revelaram que os judeus eram considerados uma ameaça ao bem-estar dos Estados Unidos, um risco maior do que o de qualquer outro grupo religioso, nacional ou racial.

Compare esses dados aos de uma pesquisa Gallup realizada em agosto de 2006. Quando perguntados sobre como se sentiam em relação a pessoas de religiões ou grupos espirituais diferentes nos Estados Unidos, os norte-americanos classificaram os judeus como o mais alto de qualquer grupo no país, com um resultado positivo de 54%. Nenhum outro grupo religioso – nem os metodistas, nem os batistas, nem os católicos ou cristãos evangélicos, cristãos fundamentalistas, mórmons, muçulmanos, ateus ou cientólogos – teve um resultado mais elevado da perspectiva dos entrevistados.

Esse "pró-semitismo" tornou-se, para algumas pessoas, uma preferência bastante pessoal. De acordo com J-Date, o mais popular site de encontros on-line para judeus no mundo, no início de 2007, praticamente 11% dos membros não eram judeus. Isso significa que cerca de 67 mil não-judeus no mundo inteiro e quase 40 mil não-judeus norte-americanos estão pagando tarifas mensais pelo privilégio de buscar ativamente judeus disponíveis para casar. Em uma de nossas pesquisas, em setembro de 2006, praticamente quatro em cada dez não-judeus disseram que estariam "muito" ou "bem" interessados em namorar ou em casar com um judeu.

Os mais interessados eram homens católicos liberais a moderados, de classe média. (Menos Annie Hall, e mais do tipo Joey Tribiani do seriado *Friends*.) É essa afinidade com os católicos que está impulsionando o pró-semitismo, pois ambos os grupos em geral enfatizam valores como ter famílias grandes e uma forte orientação culinária – uma fusão entre pão ázimo e almôndegas. Os dois grupos sentiram-se desprezados ou discriminados em determinados períodos nos Estados Unidos e ambos conquistaram ganhos significativos recentemente. Em determinado momento da história, parecia improvável os Estados Unidos terem um presidente católico. Mas, com resultados das pesquisas como a do Gallup, será que podemos pensar que estamos preparando o terreno para um presidente judeu?

Em 2006, havia 11 senadores judeus nos Estados Unidos – incluindo um de Oregon, um Estado cuja população tem menos de 1% de judeus.

Outra parte importante do pró-semitismo nos Estados Unidos é a ascensão do forte apoio a Israel de fontes inesperadas. Hoje em dia, existem mais cristãos evangélicos do que judeus apoiando Israel nos Estados Unidos. O senador Bob Bennett, cujos eleitores judeus no Estado de Utah somam 0,2%, recentemente foi o principal orador em um comício pró-Israel. O presidente George W. Bush – cuja família já foi considerada com grande reserva pela comunidade judaica – tem altos índices de popularidade somente em um país do mundo: Israel.

Quando fizemos a pesquisa sobre os pró-semitas, o principal motivo mencionado para desejarem um parceiro judeu foi a sensação de valores fortes, com quase um terço também admitindo que é atraído pelo dinheiro, aparência ou impressão de que os judeus "tratam melhor seus companheiros". Em 2004, trabalhei com o senador Joseph L. Lieberman, um judeu ortodoxo, em sua tentativa de ser presidente. Embora ele não tenha conseguido ser nomeado pelo partido, sua ênfase nos valores definiu um exemplo nacional que aumentou a conscientização sobre a vida dos judeus nos Estados Unidos. Durante a campanha, um número muito maior de judeus disse ao senador que um judeu não deveria se candidatar. No entanto, seu forte senso de princípio foi muito bom para ele em 2006, quando republicanos e independentes – aliados pouco prováveis de um candidato judeu – vieram em seu auxílio depois que os democratas de Connecticut não o nomearam para reeleição ao senado norte-americano.

A cultura pop também parece ter descoberto o pró-semitismo. Quando Madonna dedicou-se à Cabala, um movimento espiritual com raízes no misticismo judeu, um lado inteiramente novo do país foi apresentado à vida judaica. Não apenas do tipo *Seinfeld* – em que a cultura judaica aparece como pano de fundo nos episódios do seriado –, mas o tipo religioso e único. É verdade que alguns acharam que Madonna foi longe demais: durante sua turnê Reinvention de 2004, aparentemente, ela recusava-se a beber qualquer coisa que não fosse "água da Cabala" e não tocava às sextas-feiras à noite por respeito ao sabá judaico.

Assim que os não-judeus começaram a se interessar pelo judaísmo, os judeus também aumentaram seu interesse. Em 2005, o artista reggae judeu Matisyahu (que significa Mateus em iídiche, ou "dádiva de Deus") usando seu solidéu e os cachos nos cabelos, fez um rap sobre o poder de Deus de nos animar, e viu seu segundo CD estrear como o segundo maior sucesso na lista da *Billboard*. A novidade aqui não é que um judeu pode vencer no rock 'n' roll. Muitos conseguiram sucesso, como Robert Zimmerman, que trocou de nome para Bob Dylan, vestiu calça jeans e camiseta, cantou a vida americana e embalou uma geração. A novidade é que Matisyahu parece ter saído de um vilarejo polonês do século XIII, canta em iídiche e em hebraico e está atraindo fãs no Oklahoma.

À medida que o pró-semitismo se espalha, os costumes judaicos também são disseminados – mesmo quando não há judeus presentes. Os não-judeus estão começando a comemorar o *bar mitzvah*, a cerimônia judaica que marca o momento em que um jovem entra na puberdade, aos 13 anos. Um blog inteiro é dedicado à propriedade e à sensibilidade de usar um dossel especial (*chuppah*) em casamentos não-judaicos. O pão ázimo (*matzoh*), o "pão da aflição" que os judeus devem comer durante a Páscoa para comemorar a fuga do Egito, é consumido com alegria o ano inteiro por não-judeus.

Talvez tudo isso tenha começado com pão de centeio e cachorros-quentes, e a crença profunda de que se fossem *kosher* seriam melhores.

Meu pai trabalhou no ramo de aves *kosher* na década de 1950, e enfrentou um mercado cada vez menor porque os judeus abandonaram a comida *kosher*. Hoje em dia, com o marketing certo, ele teria gostado de ver a crescente demanda de judeus e não-judeus por esse tipo de comida. Com base nessa tendência, é possível dizer que o judaísmo está sendo pouco explorado comercialmente.

De acordo com a tradição judaica, um não-judeu deve estudar e pedir três vezes para poder se converter. Talvez na era moderna, esse requisito caia, agora que os não-judeus estão absorvendo os preceitos judaicos de forma tão casual e ávida. Enquanto isso, os judeus solteiros (como produtos nacionais hebraicos) parecem ter uma aura de que "estão respondendo a um chamado superior".

Famílias inter-raciais

Talvez nenhum assunto na história norte-americana tenha sido mais importante, mais discutido ou mais absorvente do que as relações raciais. Talvez por isso seja tão incrível que esses casais realmente sem preconceitos de raça e cor tenham cruzado o significativo limiar de 1% nos Estados Unidos.

Hoje em dia, mais de 3 milhões de casamentos no país são inter-raciais. Com 83% dos norte-americanos afirmando que aprovam casamentos entre raças, essa tendência representa uma mudança radical na atitude e no nível de tolerância do povo norte-americano.

Minha primeira pesquisa de opinião (quando tinha 13 anos) foi sobre as relações raciais nos Estados Unidos. Pedi aos docentes da Horace Mann School em Nova York para fazer uma enquete com eles, que havia sido feita em todo o país pela CBS, sobre o comportamento entre pretos e brancos. Descobri que, em se tratando de raça, meus professores estavam muito mais informados e eram muito mais liberais do que o público em geral (e, provavelmente, essa foi a raiz de minha fascinação pela maneira diferente com que os grupos apresentam posições opostas sobre os mesmos temas). Mesmo entre os professores, não havia o tipo de aceitação e intenso intercâmbio que vemos hoje entre pessoas da geração mais nova.

Em 1970, havia cerca de 300 mil casais de raças diferentes nos Estados Unidos, ou 0,3% da população de pessoas casadas. Em 2000, havia mais de dez vezes esse número, 3.1 milhões ou 5,4% de todos os casamentos.

A tendência do casamento inter-racial e de seus filhos multirraciais é significativa o suficiente no sentido de que, em 2000, pela primeira vez, o censo norte-americano permitiu que os americanos escolhessem várias opções para o quesito "raça" – criando 63 possíveis combinações raciais que sequer incluem a opção "outra".

Quem tende a se misturar em termos de raças?

De acordo com dados do Pew Research Center de 2006, embora a maioria dos casais inter-raciais inclua um hispânico, o tipo mais comum de casal inter-racial (14%) consiste em homens brancos casados com mulheres asiáticas.

Casais inter-raciais nos EUA (1970-2000)

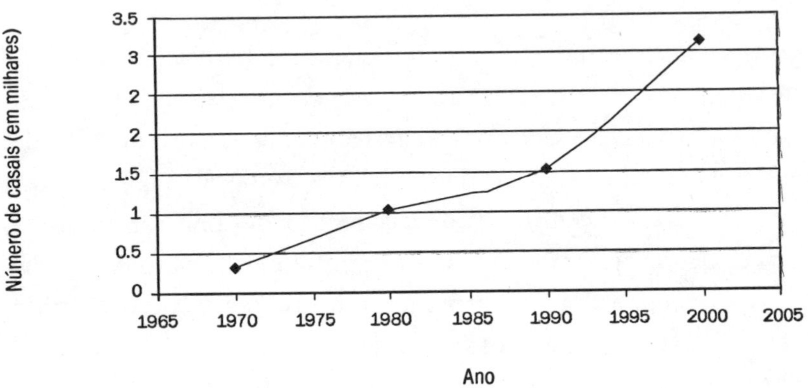

Fonte: Population Reference Bureau, 2005.

Em segundo lugar, com 8%, estão homens negros casados com mulheres brancas. (Interessantemente, os pares entre brancos-asiáticos têm três vezes mais chances de ocorrer entre homens brancos e mulheres asiáticas do que o contrário; e os pares negros-brancos têm três vezes mais chances de ocorrer entre homens negros e mulheres brancas. Os observadores já comentaram sobre as parcas perspectivas para mulheres negras e homens asiáticos como resultado dessa mistura – embora pareça que esses grupos não se casam entre si, como seria esperado, como uma questão meramente matemática.)

Além do mais, o casamento inter-racial ocorre mais no lado oeste do que nas regiões sul, nordeste ou centro-oeste dos Estados Unidos. Entretanto, uma pesquisa Gallup recente afirma que são americanos da costa leste que dizem aprovar casamentos entre negros e brancos. Essa é a famosa lacuna existente entre aqueles que só falam e não agem e aqueles que realmente põem em prática o que dizem – nesse caso, caminhando até o altar.

O amor entre raças não está limitado ao romance – também se estende à criação dos filhos. Entre 1998 e 2004, o percentual de crianças de diferentes raças adotadas nos Estados Unidos (que geralmente significa crianças negras adotadas por pais brancos) saltou de 14% para 26%. Entre 1990 e 2005, o número de crianças de outras nacionalidades adotadas por pais norte-americanos, incluindo países como China, Guatemala e Coréia do Sul, triplicou, subindo para quase 18% de todas as adoções, ou 20 mil famílias a cada ano.

Mesmo consideradas juntas, o número de famílias inter-raciais é apenas uma parcela pequena das unidades familiares nos Estados Unidos. Mas o número está crescendo aos poucos e certamente continuará assim. O principal motivo é que a aceitação das relações inter-raciais aumentou muito. Em 1987, menos da metade dos norte-americanos achava que "era legal negros e brancos namorarem"; em 2003, mais de três quartos tinham essa opinião.

Os jovens de hoje são ainda mais favoráveis a essa união. Não só foram criados e educados com base na "diversidade" e no "multiculturalismo", mas quem tem menos de 30 anos hoje representa a geração mais diversificada da história. Talvez como resultado, mais de 90% dos jovens aceitem relações inter-raciais em comparação com apenas 50% dos mais velhos.

E não se trata apenas de aceitação; eles colocam em prática. Em 2002, 20% dos jovens entre 18 e 19 anos disseram que estavam namorando alguém de raça diferente, subindo 10% em relação à década anterior. Dos membros do Match.com, 70% afirmam que estão dispostos a namorar alguém de raça diferente.

No futuro, parece que a raça será menos problemática do que no passado. O presidente Clinton gostava de dizer que os seres humanos se atraem por terem 99,9% de semelhança genética – e apenas 0,1% de diferença. Parece que mesmo o poder divisor desse 0,1% está diminuindo.

Com esse aumento acentuado de casais inter-raciais, as famílias na fronteira da vida inter-racial poderiam receber alguma ajuda. Quase metade dos casais formados por negros e brancos afirma que a diferença de raça torna o casamento mais difícil. Dois terços dos casais negros-brancos afirmam que pelo menos um dos pais rejeitou a união no início. Amigos e filhos dos casais inter-raciais parecem pender para um lado ou outro, como os grupos que cercavam Wesley Snipes e Annabella Sciorra no filme de Spike Lee, *Febre da selva*, ora compreensivos, ora furiosos, chateados e ciumentos.

Pais brancos que desejam adotar crianças negras nos Estados Unidos ainda estão sujeitos a um treinamento em "competência cultural", em decorrência da época (da década de 1970 até o início da de 1990) em que as adoções inter-raciais eram denunciadas como "genocídio cultural".

Além de precisarem do nosso respeito e apoio, as famílias inter-raciais de todos os tipos merecem nossa atenção, porque muito silenciosamente elas estão erodindo as bases que nortearam as políticas, os costumes e os hábitos relacionados às questões raciais no país durante décadas.

Por exemplo, o que significa ação afirmativa em uma era em que os ancestrais das pessoas eram ao mesmo tempo vítimas e opressores? Essas pessoas recebem tratamento preferencial, ou não?

Até quando vamos continuar adotando a regra da "gota de sangue única" para identificar a raça das pessoas? O senador pelo Estado de Illinois Barack Obama é filho de mãe branca e foi criado exclusivamente por ela, mas será que alguém (incluindo o próprio senador) conta sua história sem refletir sobre sua condição de negro? Halle Berry também tem uma mãe branca, que a criou sozinha. Mas a primeira linha de sua biografia (e o tema de seu longo discurso de agradecimento por receber um Oscar) afirma sua condição de primeira mulher afro-americana a ganhar a estatueta de melhor atriz. Os estudiosos raciais sustentam que a raça é uma experiência, não um fato; assim, se alguém é tratado como negro, essa pessoa será negra independentemente da quantidade de "gotas de sangue" envolvidas.

Entre estrelas como essas em todos os campos – de Obama na política, Berry em Hollywood e Tiger Woods (meio-negro, meio-asiático) nos esportes –, não há dúvida de que o estigma que cerca as famílias inter-raciais está sumindo e, de fato, sua aceitação está crescendo. Os Estados Unidos avançaram muito desde a época dos pais chocados do filme, *Adivinhe quem vem para jantar?*, de 1967, em que sua filha trouxe Sidney Poitier para casa.

Agora que Madonna adotou uma criança de Maláui, e Angelina Jolie adotou crianças da Etiópia, Camboja e Vietnã, construir uma família bem diversificada não poderia estar mais na moda.

Alguns argumentam que, com a crescente aceitação dos relacionamentos inter-raciais, também existe a perda da peculiaridade de cada grupo que muitos batalham para preservar. Os índios americanos, que têm o maior índice de casamentos inter-raciais do que qualquer grupo racial nos Estados Unidos, lamentam a perda dos costumes, do idioma e da identidade de seu povo; recentemente, abriram um museu em Washington em homenagem a sua cultura.

Um tema importante deste livro é que os Estados Unidos não são mais um país de mistura racial – em vez disso, pequenos grupos estão se definindo de maneira muito mais clara e nítida do que no passado. Até certo ponto, as famílias inter-raciais são exceção. Durante centenas de anos, os Estados Unidos sofreram significativas divisões raciais, e hoje essas divisões parecem estar diminuindo de maneira muito significativa. Ao mesmo tempo, as pessoas hoje podem expressar e escolher sua individualidade sem predeterminação por raça, credo ou data de nascimento, mas como verdadeira expressão de sua experiência de vida e de crenças. Os norte-americanos estão aprendendo a ser diferentes e a aceitar as diferenças de novas maneiras. Talvez o que torna os casamentos inter-raciais um sinal tão bom é que eles demonstram como até mesmo antigas divisões podem se tornar forças unificadoras com o tempo. Os Estados Unidos não querem repetir os conflitos que tiveram por causa de questões raciais na religião, na política, nas artes ou na cultura. À medida que as microtendências levam o país em centenas de novas direções, essa idéia central pode servir para moderar o impacto social da evolução da sociedade – a capacidade de enterrar antigas diferenças sem deixar que as novas atinjam o estado febril de tensão do passado.

O CENÁRIO INTERNACIONAL

Com certeza, os casamentos inter-raciais não são apenas um fenômeno norte-americano. Parece que pessoas no mundo inteiro estão se casando entre grupos étnicos diferentes, cruzando fronteiras e continentes – embora seus motivos possam ser diferentes daqueles que impulsionam a microtendência nos Estados Unidos.

A prática dos casamentos internacionais atingiu um novo nível de popularidade na Ásia:

▲ Em 2005, os casamentos com estrangeiros chegaram a 14% de todos os casamentos na Coréia do Sul, subindo em relação aos 4% de 2000.

▲ No Japão, em 2003, um em cada vinte novos casamentos tinham um cônjuge não-japonês. A maior parte desses casamentos era entre homens japoneses que procuravam noivas estrangeiras.

▲ Devido a maiores oportunidades no mercado de trabalho para as mulheres em países como Japão, Coréia do Sul, Coréia, Malásia e Taiwan - e ao número desproporcionalmente maior de homens -, para se casar, esses homens precisam viajar. E as mulheres de outros países asiáticos estão felizes em colaborar. O Vietnã só perde para a China como o maior fornecedor asiático de esposas: mais de 87 mil mulheres vietnamitas se casaram com homens estrangeiros nos últimos oito anos. Outros países em que as mulheres estão aceitando de bom grado essa chance incluem Tailândia e Indonésia.

A Rússia tornou-se conhecida durante a década de 1990 como a fonte de noivas por encomenda para norte-americanos; mas, com o tempo, isso também mudou. A Turquia substituiu hoje os Estados Unidos como a principal fonte de maridos para as mulheres russas. Em 2006, a maioria dos casamentos inter-raciais em Moscou ocorria entre maridos turcos, seguidos por alemães, americanos, britânicos e cidadãos da antiga Iugoslávia.

Entretanto, há um lado complicado em todos esses casamentos inter-raciais. Embora alguns se baseiem em amor e no romance, a maioria decorre da necessidade. Alguns homens que procuram esposas no estrangeiro o fazem por questões de desvantagem econômica; a maioria não consegue competir economicamente por uma esposa da própria nacionalidade. Outros casamentos são arranjados com o único propósito de conferir cidadania e são logo seguidos pelo divórcio. Muitos também terminam em isolamento e abuso.

Mas os casais inter-raciais, inter-étnicos e internacionais estão em alta, assim como seus filhos. Talvez a Benetton tivesse tudo planejado.

Hispânicos protestantes

Adivinhe que país manda o maior contingente de imigrantes católicos para os Estados Unidos? Certo, o México.

Agora, adivinhe que país manda o maior contingente de imigrantes protestantes para os Estados Unidos? Isso mesmo, o México de novo.

Mexicanos protestantes? Latinos protestantes? Em números significativos?

Todos sabemos que a influência latina nos Estados Unidos está aumentando rapidamente. Em 2006, havia mais de 43 milhões de latinos no país, subindo em relação aos cerca de 22 milhões em 1990. Se contarmos com Porto Rico, com uma população de 4 milhões, e ajustarmos alguns números que certamente ficam fora das estatísticas, a população de latinos nos Estados Unidos chega a algo em torno de 50 milhões de pessoas.

Em 2003, os latinos superaram em número os afro-americanos como o maior grupo minoritário nos Estados Unidos. Hoje em dia, eles constituem cerca de 14% da população norte-americana e cerca de 8% do eleitorado, tendo aumentado desde os 2% em 1976.

Em geral, contudo, os imigrantes latinos são considerados católicos. Com certeza, 70% dos imigrantes latinos são católicos, e com as atuais altas taxas de imigração para o país, os católicos latinos nos Estados Unidos chegaram a um número máximo de 29 milhões. O próprio catolicismo atingiu números recordes de fiéis americanos (cerca de 70 milhões) e estima-se que, em 2015, mais de 50% deles serão de origem hispânica.

Um subgrupo incrivelmente importante de latinos nos Estados Unidos é formado por protestantes. De acordo com o livro de 2005 *Latino Reli-*

gions and Civic Activism in the United States, cerca de um quarto dos latinos norte-americanos se identifica como protestante ou cristão, incluindo testemunhas de Jeová e mórmons. Isso representa cerca de 10 milhões de pessoas nos Estados Unidos – mais do que o número de judeus ou muçulmanos ou membros da igreja anglicana ou presbiteriana neste país. Desses 10 milhões de latinos protestantes, cerca de 90% se descreve não como protestante liberal ou da "principal corrente", mas como protestante pentecostal, evangélico ou "evangélico recém-convertido".

Até certo ponto, isso tudo é parte da explosão mundial dos pentecostais, que passaram de pouco menos de 50 milhões para mais de 400 milhões de pessoas no mundo todo nas últimas décadas. Claramente, parte da identidade protestante dos imigrantes latinos ocorreu em sua terra natal. Mas boa parte ocorreu nos Estados Unidos. De acordo com um estudo de 2003 sobre as igrejas hispânicas na vida pública norte-americana, a afiliação católica caiu quase 15 pontos percentuais entre a primeira geração de latino-americanos e seus netos. Certo, descartar as tradições étnicas do país de origem é uma história que se repete no processo de mistura racial – só que agora ocorre o oposto. As novas gerações não estão mais se "misturando" aos costumes norte-americanos, mas estão escolhendo uma nova identidade de nicho.

Os observadores dos latinos recém-convertidos afirmam que o apelo do pentecostalismo acontece em vários níveis. As igrejas pentecostais rezam missas nos idiomas nativos dos imigrantes e concentram-se muito no lado individual. Valorizam bastante a mobilidade social e financeira, que atrai as aspirações pessoais de tantos imigrantes. Seu foco na imposição das mãos e na cura física tem forte apelo entre os imigrantes de baixa renda, muitos dos quais não têm plano de saúde. De acordo com um especialista em cultura latina nos Estados Unidos, os ministros pentecostais nas comunidades latinas são como os velhos capitães nas cidades do nordeste americano. Fornecem emprego, assistência médica, empréstimos e apoio social. Para os latinos de baixa renda, a comunidade pentecostal é como uma família.

Além disso, dizem que os latinos católicos são atraídos pelas maiores oportunidades de liderança no movimento pentecostal. Embora os latinos constituam cerca de 40% de todos os católicos norte-americanos, menos de 8% dos padres católicos são de origem hispânica, e muitos deles são da Colômbia e da Espanha. Assim, para os latino-americanos, o movimento pentecostal oferece oportunidades maiores e mais rápidas de alcançar a liderança.

Talvez o mais importante seja que os pentecostais estão conquistando seus fiéis de modo agressivo. Em alguns lugares, estão equipados com táticas corporativas completas, desde mala direta e endereços latinos a mensagens muito bem elaboradas, passando por "amenidades" santas que atraem a todos os congregados.

Por que isso é importante? Porque os hispânicos protestantes, que muitos políticos sequer sabem que existem, são uma tremenda força política. Nas duas últimas eleições presidenciais, os dois principais grupos que fizeram diferença entre a perda do voto popular do presidente George W. Bush em 2000 (com a eleição vitoriosa auxiliada pela Suprema Corte americana) e sua vitória decisiva nas duas contagens em 2004 foram as mulheres brancas e os hispânicos. Em 2000, o apoio dos hispânicos a Bush era de apenas 35%. Em 2004, aumentaram seu apoio para 40%, com as pesquisas de boca-de-urna indicando um percentual de até 44%. Essa foi uma mudança drástica e fundamental para o presidente. Mas eis o que é incrível. Toda a mudança ocorreu entre os protestantes hispânicos. O percentual de eleitores de Bush dentre os católicos hispânicos em 2000 e 2004 foi exatamente o mesmo: 33%. Somente os latinos protestantes aumentaram seu apoio a Bush, de 44% para 56%. Os hispânicos pentecostais, desconhecidos para a maioria dos norte-americanos, foram uma das molas propulsoras que mudaram o resultado das eleições de 2004.

Agora, depois dessa eleição, é razoável afirmar que o presidente Bush e o partido republicano destruíram boa parte dessa boa vontade latina por meio de uma série de propostas de imigração que os latinos de todas as religiões consideraram ofensivas. Nas eleições estaduais de 2006, os latinos voltaram a manifestar sua preferência histórica, pelo menos em nível nacional, de 2 para 1 pelos democratas. Até mesmo os hispânicos pentecostais sentiam-se mais firmes sobre a imigração do que em relação às questões em que tinham mais em comum com os republicanos. Entretanto, de acordo com o Pew Hispanic Center, os candidatos ao senado e a governador de meia dúzia de Estados receberam forte apoio dos latinos. Para um candidato republicano diferente, ou em um ano não-dominado por debates emocionais relativos à imigração, pode-se esperar o apoio dos latinos em geral e especialmente dos protestantes aos republicanos.

Os políticos agrupam os eleitores latinos por sua própria conta e risco. A verdade é que a maioria dos latinos são católicos praticantes, e estão fazendo mais do que lhes cabe para revitalizar a Igreja Católica nos Estados Unidos. Mas um grupo crescente de latinos são protestantes e pentecostais e, exceto quanto à questão da imigração, eles concordam com os irmãos católicos em pouquíssimos aspectos. Por exemplo:

- ▲ De acordo com uma pesquisa realizada por minha empresa em 2006, vários latinos católicos (42%) consideram que a economia é a questão mais importante em uma eleição presidencial. Em contraste, vários latinos protestantes (44%) votam nos valores. Os valores, para os latinos católicos, são uma preocupação menor em uma eleição presidencial, e apenas 23% dos latinos católicos afirmam que eles são mais importantes.
- ▲ Os católicos latinos têm três vezes mais chances que os protestantes de pertencer a um sindicato ou de ter um parente sindicalizado.
- ▲ Os católicos latinos são ligeiramente mais bem-sucedidos na vida do que os protestantes. Dentre os católicos latinos, 23% têm renda de 75 mil dólares ou superior, em comparação com apenas 12% dos protestantes latinos.

Diferenças de prioridade entre hispânicos católicos e protestantes (2006)

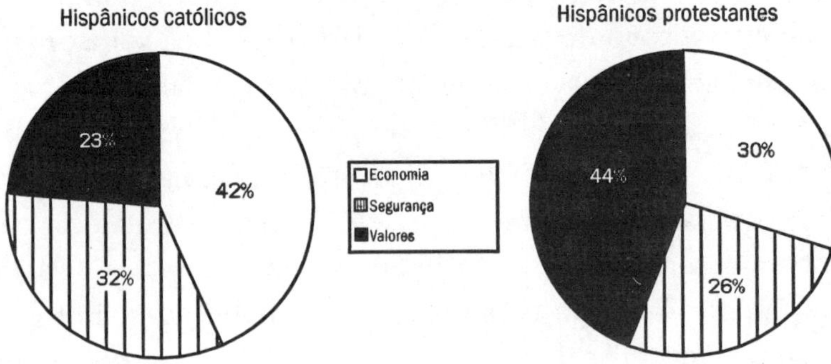

Fonte: PSB, 2006.

- Mais da metade dos protestantes latinos fala apenas inglês, ou a maioria fala inglês com um pouco de espanhol. Isso só ocorre com 28% dos latinos católicos. É verdade que os latinos protestantes em geral representam gerações mais novas de americanos, mas isso é consistente com uma tendência maior de que, na mente de muitos latinos, tornar-se verdadeiramente "americano" significa converter-se para o inglês e o pentecostalismo.
- Talvez o mais surpreendente seja a diferença entre latinos católicos e protestantes diante da questão do aborto. Enquanto os latinos protestantes são fortemente a favor da vida (58% a 26%) – mais uma vez, lembre-se da aliança com o presidente George W. Bush em 2004 –, os latinos católicos são a favor da escolha, com uma margem pequena, de 41% a 37%.

Até o colapso da imigração em 2006, os partidários republicanos haviam feito sérios avanços na comunidade latina. Incrivelmente, o grupo religioso que mais cresce dentro do grupo étnico que mais aumenta nos Estados Unidos era exatamente como eles: eleitores voltados para os valores, não-sindicalizados, pró-vida e pró-inglês. Só que, em 2006, este grupo voltou para os democratas.

As implicações dessas mudanças não são apenas políticas. Um número cada vez maior de igrejas protestantes precisa aprender a língua e a cultura espanholas e cada vez mais as igrejas católicas precisam entender por que o pentecostalismo atrai tanto sua "base" de fiéis. Redes sociais inteiramente novas, inclusive para jovens, são necessárias. As pessoas rezam de maneira surpreendente e as orações de todas as tradições estão vindo em novos idiomas.

Muçulmanos moderados

Desde o ataque terrorista de 11 de setembro, não tem sido fácil ser muçulmano nos Estados Unidos.

Quase metade dos norte-americanos tem uma visão negativa do Islã. Quando solicitados a classificar suas opiniões sobre todas as principais religiões, só a cientologia perde para a religião muçulmana.

Se alguém conhece pessoalmente um muçulmano, sua opinião sobre os muçulmanos passa a ser moderada, mas apenas um pouco mais de um terço dos norte-americanos conhece um muçulmano pessoalmente. Quase a metade (46%) deles acredita que o Islã encoraja a violência mais do que as outras religiões – subindo dos 35% que consideravam isso seis meses depois dos ataques em 2001. Mais da metade dos norte-americanos afirma que os muçulmanos não respeitam as mulheres. Quarenta e quatro por cento dizem que os muçulmanos são extremistas em suas crenças religiosas. Vinte e dois por cento afirmam que não gostariam de ter um vizinho muçulmano.

No entanto, se analisarmos o quadro demográfico dos muçulmanos nos Estados Unidos, a situação é bem diferente.

Os norte-americanos acham que os muçulmanos são violentos? Uma maioria arrasadora de 81% dos norte-americanos muçulmanos apóia o controle das armas, em comparação com quase metade dos norte-americanos. Os muçulmanos são extremistas religiosos? Vinte e cinco por cento dos muçulmanos afirmam que freqüentam serviços religiosos semanalmente – um percentual praticamente idêntico aos 26% dos norte-americanos em geral.

Quarenta por cento dos muçulmanos afirmam ser moderados – um percentual idêntico ao da população americana em geral.

Na verdade, se alguém descrevesse um grupo de norte-americanos com as seguintes características: 70% são casados; 82% votam; 59% têm grau universitário e renda anual acima de 550 mil dólares – a qual grupo você acha que eles pertenceriam?

Estas são as características do muçulmano médio nos Estados Unidos: jovem, voltado para a família, com boa formação, próspero e politicamente atuante.

E em números crescentes. Desde a década de 1960, quando as cotas de imigração que favoreciam os imigrantes europeus acabaram, os muçulmanos passaram a entrar nos Estados Unidos em números cada vez maiores, principalmente nos Estados de Michigan, Califórnia, Nova York e Nova Jersey.

Comportamento dos muçulmanos nos Estados Unidos em comparação às atitudes da população norte-americana em geral

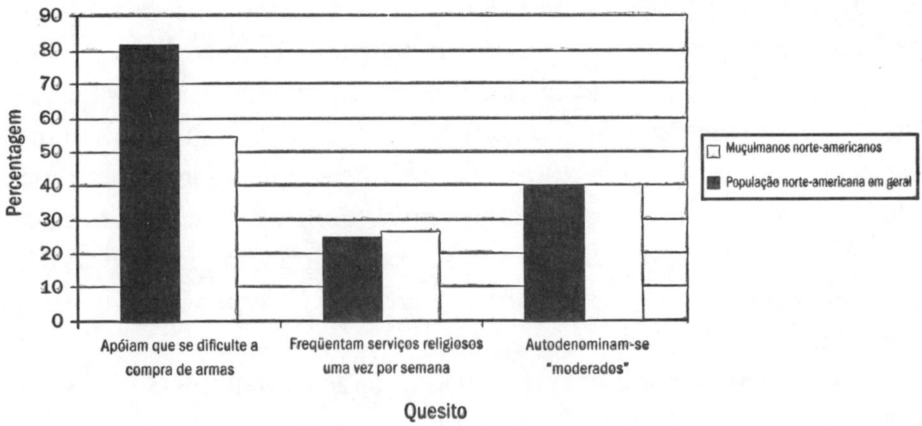

Fontes: Project MAPS/Zoby Poll, 2004; Harris Interactive, 2005, 2006; Gallup, 2004.

Existem mais de 1.200 mesquitas nos Estados Unidos hoje em dia, bem acima das 450 existentes em 1980. Desde 1994, o número de mesquitas cresceu 25%. Embora a imigração muçulmana tenha diminuído acentuadamente após os ataques terroristas de 2001, não há dúvidas de que voltou: em 2005, quase 100 mil pessoas de países muçulmanos tornaram-se residentes permanentes e legalizados nos EUA – mais do que qualquer outro ano desde 1985.

Os especialistas discordam sobre o número de muçulmanos que efetivamente moram nos Estados Unidos – levando em conta os imigrantes muçulmanos, seus filhos e americanos convertidos ao Islã; as estimativas variam de 2 a 7 milhões. Mas ninguém discute que os muçulmanos estão crescendo não só em número, mas também em força política. Na década de 1990, um grupo chamado American Muslim Alliance tinha como objetivo colocar 2 mil muçulmanos em cargos eletivos nos Estados Unidos até 2000. Conseguiram cerca de setecentos antes da queda em 2001, mas, em 2006, Keith Ellison de Minnesota tornou-se o primeiro muçulmano a ser eleito para o Congresso norte-americano.

O verdadeiro significado da emergente comunidade muçulmana não é tanto a mudança no número de fiéis, mas o potencial de mudança dentro da própria comunidade muçulmana, que pode seguir inúmeros caminhos. À medida que a comunidade muçulmana nos Estados Unidos se expande, as escolhas internas que ela fizer determinarão como o Islã se posicionará no país, o que poderia, de alguma maneira, afetar sua posição no mundo.

Os norte-americanos muçulmanos já mudaram de posição em 180 graus na política presidencial. Em 2000, vários apoiaram a candidatura do republicano George W. Bush contra o democrata Al Gore; na eleição seguinte, em 2004, mais de 75% votaram no democrata John Kerry contra George W. Bush. Evidentemente, nos anos que se seguiram aos ataques de 11 de setembro, Bush liderou as invasões do Afeganistão e do Iraque que muitos muçulmanos interpretaram como ataques, não ao terrorismo em si, mas ao Islã – daí a mudança que, embora dramática, é perfeitamente compreensível.

Mas prestem atenção: os eleitores muçulmanos costumam oscilar muito em sua própria comunidade também.

Em 2004, o Institute for Social Policy and Understanding de Michigan fez uma pesquisa com freqüentadores de mesquitas na área metropolitana de Detroit, uma das comunidades muçulmanas mais concentradas dos Estados Unidos. Descobriu que, dos 65 mil praticantes, 38% "preferem um enfoque flexível" em sua prática religiosa. Aproximadamente o mesmo número – 36% – mostrou-se "conservador" (incluindo os 8% que se identificaram como Salafi, o grupo mais reacionário, que pratica discriminação de gênero como uma questão de lei divina e acredita que todos os não-muçulmanos irão para o inferno).

O significado disso é que o restante dos freqüentadores das mesquitas está aberto à persuasão – podendo escolher o enfoque "flexível" ou "conservador". M. A. Mugtedar Khan, um cientista político que publicou o estudo e é o principal defensor de um Islã moderado, os chama de *freelancers*. Como pesquisador de opinião política, eu os chamo de "indecisos".

O futuro do Islã nos Estados Unidos depende deles. Se esse grupo decidir ser conservador, os muçulmanos no país poderão realmente se enquadrar no estereótipo – segregados pelo sexo e hostis às outras religiões. Mas, se os muçulmanos indecisos seguirem o caminho "flexível", podem ser a semente de uma autêntica reforma islâmica no país, que poderia funcionar para fazer a ponte entre muçulmanos e não-muçulmanos não só nos Estados Unidos, mas em todo o mundo.

E eles provavelmente são um grupo muito maior do que o sugerido pela pesquisa, já que esta só entrevistou quem freqüentava mesquitas. Provavelmente os dois terços que não freqüentam regularmente a mesquita estão ainda mais abertos à moderação. Assim, se somarmos os não-freqüentadores de mesquitas, os freqüentadores moderados e os indecisos, e se considerarmos que existem 4 ou 5 milhões de muçulmanos (entre as estimativas dos especialistas), podemos chegar a mais de 3 milhões de muçulmanos moderados.

Algumas instituições estão tentando reuni-los. O American Islamic Congress foi formado após o 11 de setembro para denunciar o terrorismo islâmico e promover uma maior presença dos muçulmanos moderados nos EUA. Um estiloso "Martin Luther para os muçulmanos" chamado Kamal Nawash iniciou a *Free Muslims Coalition*, com o objetivo de denunciar a violência religiosa e o terrorismo com mais fervor do que considerava que havia por parte das organizações muçulmanas após os ataques de 2001.

O próprio Pentágono deu início a um esforço concentrado para recrutar americanos muçulmanos para as forças armadas dos Estados Unidos, contratando imames como capelães, comemorando feriados muçulmanos e garantindo que haja salas de oração para os muçulmanos em West Point e em outras academias militares.

Não sei quem conquistará os corações dos muçulmanos moderados nos Estados Unidos. Quem quer que o faça pode mudar o Islã americano, alterando potencialmente as percepções dos norte-americanos sobre a comunidade muçulmana e talvez até criando futuros líderes internacionais para ajudar a unir o Ocidente e o Oriente. Talvez os muçulmanos que vivem nos Estados Unidos tenham se adaptado de modo a se tornarem mais amigáveis à cultura ocidental do que na Europa (veja o quadro a seguir). Ou talvez os americanos muçulmanos lembrem-se, agradecidos, de como os Estados Unidos assumiram posições militares anti-sérvias e pró-muçulmanas na Bósnia e em Kosovo. Qualquer que seja o motivo, a diferença entre as comunidades muçulmanas nos Estados Unidos e na Europa é gritante. Mas o futuro do Islã americano não está absolutamente determinado e o modo como os muçulmanos moderados encaram a integração doméstica e a política externa será fundamental para a paz em casa e no exterior.

O CENÁRIO INTERNACIONAL

Embora muitos muçulmanos nos Estados Unidos possam ser caracterizados como moderados, a situação é diferente na Europa.

Os muçulmanos constituem cerca de 5% da população da União Européia, ou de 15 a 18 milhões de pessoas – várias vezes o número estimado de muçulmanos que vivem nos EUA. Mas esse número está crescendo rapidamente, devido aos altos índices de imigração e ao fato de que a taxa de natalidade entre os muçulmanos é três vezes a dos europeus não-muçulmanos. Em 2015, projeta-se que a população muçulmana européia praticamente dobre e que os muçulmanos logo se tornem maioria em várias importantes cidades européias.

Infelizmente, o crescimento da população muçulmana poderá dividir a Europa, mais do que enriquecê-la. De acordo com um estudo da Pew Global Attitudes Project sobre os muçulmanos na Europa, embora eles expressem visões muito mais positivas do Ocidente do que aqueles que vivem em países muçulmanos, existem grupos consideráveis que vivem na França, Espanha e Alemanha e que descrevem os ocidentais como "egoístas", "arrogantes", "violentos", "ambiciosos", "imorais" e "fanáticos". E o sentimento é mútuo: cerca de 83% dos espanhóis e

78% dos alemães consideram os muçulmanos "fanáticos". (O Reino Unido e a França concordam em números menores, de cerca de 50%.)

As raízes da tensão são econômicas e culturais. A comunidade turca na Alemanha tem índices de desemprego de 24% - de duas vezes e meia a taxa nacional. Os norte-africanos na França sofrem com uma taxa de desemprego de 30% - três vezes a taxa nacional da França.

E a ameaça de terrorismo paira no ar. Mais uma vez de acordo com o estudo da Pew, as maiorias muçulmanas da França, Alemanha e Espanha estão igualmente divididas em relação a culpar ou não os árabes pelos ataques ao World Trade Center de 11 de setembro de 2001 - e 56% dos muçulmanos na Inglaterra afirmam que eles não devem ser culpados. Talvez o fator mais preocupante seja que mais de um em cada sete muçulmanos na França, no Reino Unido e na Espanha acredite que ataques suicidas se justificam em defesa do Islã.

Faz sentido que os muçulmanos nos Estados Unidos sejam mais moderados - quem consegue chegar ao país começa a ter maior afinidade pelos valores norte-americanos do que aqueles que percorrem as curtas distâncias geográficas e culturais que separam os países na Europa Ocidental. Mas isso pode fazer com que os americanos se interessem ainda mais em buscar se integrar de modo mais afirmativo com os muçulmanos que estão no país, especialmente os moderados.

PARTE IV

Saúde e bem-estar

Avessos ao sol

Durante milênios, os humanos adoraram o sol. Costumávamos adorá-lo como a um deus, mas hoje é mais uma obsessão cultural, especialmente nas praias do Havaí, em Nova Jersey, na Flórida e na Califórnia. Os norte-americanos vivem correndo atrás do sol nas férias, viram o rosto para ele na hora do almoço e, se o trabalho ou a escola os impedem de pegar uma corzinha, fingem que foram à praia fazendo bronzeamento artificial ou passando cremes bronzeadores. Hoje nos Estados Unidos, existem três vezes mais salões de bronzeamento artificial do que lojas Starbucks.

Tudo isso apesar de saber como o sol faz mal. De acordo com uma pesquisa de 2002, 93% dos americanos sabem que muita exposição ao sol não é saudável; ainda assim, 81% ainda consideram que ficam com boa aparência depois de se expor ao sol. Uma em cada dez viagens de férias nos Estados Unidos é para uma praia, sendo o Havaí o principal destino de férias. A indústria de bronzeamento artificial movimenta 5 bilhões de dólares por ano, com cerca de 30 milhões de norte-americanos já tendo experimentado, incluindo mais de 2 milhões de adolescentes. De acordo com outro estudo, uma em cada dez crianças com idade entre 12 e 18 anos usa lâmpadas de luz ultravioleta, e somente um em três usa protetor solar.

Diferentemente do cigarro, que também vicia quando somos jovens, somos pressionados a dizer que a adoração ao sol envolve dependência física (embora, surpreendentemente, algumas pessoas estejam tentando). Parece que conscientemente danificar nossa pele em nome de uma boa aparência a curto prazo é puro vício – a escolha deliberada da gratificação imediata, em vez de pensar no futuro.

Em meio às brigadas gerais de adoradores do sol, há um grupo crescente de dissidentes que estão em missão para mudar tudo isso. São os avessos ao sol. São pessoas que saúdam o sol de verão com um boné tipo gorro que mais parece o traje de piloto da Primeira Guerra Mundial do Snoopy (completo, com abas para proteger as orelhas), aparecem de mau humor nas festas ao ar livre na piscina com maiôs enormes e espalham generosas camadas de bloqueador solar fator 50 para ir trabalhar – em um escritório fechado.

Não que estejam erradas. O câncer mais comum nos Estados Unidos hoje em dia é o de pele, com mais de 1 milhão de novos casos diagnosticados todos os anos. A taxa de mortalidade por câncer de pele aumentou em 50% desde a década de 1970. Entre 1980 e 1987, o número de melanomas (o câncer de pele realmente perigoso) aumentou 83%. Os casos de câncer de pele em adolescentes, desconhecidos uma geração atrás, estão subindo.

Embora esse tipo de câncer seja muito mais comum em pessoas de pele clara, ele tende a ser mais letal quando ocorre em hispânicos ou afro-americanos. (Uma das pessoas mais famosas que morreu de melanoma foi Bob Marley.)

Pelo menos 25% – embora haja relatos de que o percentual é maior – do dano causado na pele ocorre antes que a pessoa complete 18 anos. Isso sim é vício – é praticamente um caso de maus-tratos infantis levar seu filho à praia.

Assim, os avessos ao sol estão em missão para proteger os Estados Unidos, não apenas com o número do fator de proteção solar estampado ao lado do frasco. Como os antitabagistas na década de 1970 e os fornecedores de alimentos orgânicos na década de 1980, são os primeiros a adotar o que eles esperam que logo se transforme em uma paixão nacional.

Até o momento, eles mobilizaram a indústria de roupas que protegem contra o sol, o que significa camisas de manga comprida e calças com tramas mais tecidas do que as roupas normais. (Uma camiseta branca, normalmente usada no verão, tem um fator de proteção solar, ou FPS, de apenas 5.) Algumas das roupas são reforçadas com os produtos na forma de bloqueador solar ou produtos químicos como dióxido de titânio, que defletem os raios do sol. De uma indústria praticamente inexistente em

2000, roupas que protegem contra o sol valem hoje 180 milhões de dólares em transações realizadas por ano. Com certeza, não representa um problema, mas o setor está pronto para crescer, especialmente se os fabricantes de produtos que protegem contra o sol descobrirem uma forma de fazer com que as abas sobre as orelhas pareçam menos com uniformes de pilotos de aviões de bombardeio da Primeira Guerra Mundial.

Os avessos ao sol também estão impulsionando inovações que incorporam a proteção contra o sol em nossa vida diária. O produto Sun-Guard está prestes a ser lançado no mercado norte-americano. Trata-se de um agente de lavagem que incorpora a proteção solar diretamente nas roupas, aumentando seu FPS de 5 para 30. No setor de cosméticos, ninguém nunca tinha ouvido falar de protetor solar incorporado à maquiagem até a década de 1990. Hoje em dia, a maioria dos cremes de base e dos cremes para pele contêm FPS de pelo menos 15.

O produto de maior crescimento ligado ao sol são os autobronzeadores, que funcionam na pele para alterar sua cor. Aparentemente, essa é a única verdadeira maneira de se bronzear sem correr o risco da exposição aos raios ultravioleta. As vendas desses produtos aumentaram cerca de 80% entre 1997 e 2005. As vendas de produtos para bronzeamento instantâneo subiram 67% no início dos anos 2000.

Talvez alguém desenvolva um filtro solar permanente, assim como desenvolveram a maquiagem definitiva.

Qual o tamanho do grupo dos avessos ao sol? Se contarmos todos os dermatologistas nos Estados Unidos (cerca de 14 mil), mais suas famílias; as famílias das pessoas que recentemente morreram de câncer de pele (cerca de 80 mil mortes entre 1997 e 2006); as atuais vítimas de câncer de pele (cerca de 500 mil), mais suas famílias; e os geralmente prudentes cidadãos norte-americanos (pessoas que ouvem os avisos dos dermatologistas na primeira vez, só consomem alimentos saudáveis e dirigem carros seguros) – teremos pelo menos 2 milhões de pessoas avessas ao sol, do tipo que usa chapéu de feltro em pleno verão.

Será que elas podem influenciar as políticas públicas?

Até agora, o governo norte-americano não foi agressivo quanto à regulamentação da exposição ao sol. (Considerando a constante associação do bronzeamento à *idolatria*, o governo talvez tema alguma violação da Primeira Emenda à Constituição dos Estados Unidos.) Mas a Austrália fez, já que suas taxas de câncer de pele atingiram níveis astronômicos, e a Academia Americana de Dermatologia afirmou que, se as tendências atuais continuarem, os tipos de câncer relacionados ao sol podem superar o câncer de pulmão como a principal causa de morte dos norte-americanos.

Os Estados de Nova York e Nova Jersey acabaram de aprovar leis que proíbem crianças com menos de 14 anos de fazer bronzeamento artificial. No entanto, essas iniciativas podem parecer realmente muito fracas. Certamente, os órgãos federais e os procuradores de Estado começarão a pressionar os salões de bronzeamento artificial da mesma forma que perseguiram as grandes companhias de cigarro. Se os avessos ao sol realmente conseguirem se fazer ouvir, procure sinais de aviso nas praias e processos judiciais contra donos de resortes de praia que não disponibilizam avisos suficientes a seus freqüentadores. Onde isso vai acabar? Será que precisaremos de avisos estampados em piscinas particulares? Nos acessórios do terraço ao ar livre? Em todos os sistemas de parques nacionais?

Será que haverá processos judiciais alegando que existe "sol indireto" – ao qual as crianças estão expostas sem saber na escola?

No curto prazo, devemos esperar mais clareza nas definições e regulamentos relativos aos fatores de proteção solar. No momento, esses números dos fatores de proteção nos frascos dos filtros e protetores solares que levamos muito a sério referem-se apenas ao tempo necessário para produzir uma queimadura leve causada pelo sol. (Se normalmente levaria dez minutos para você se queimar, com o filtro solar com FPS 15, você poderá ficar duas horas e meia exposto ao sol até se queimar. Mas você continuará se queimando, caso não aplique o protetor novamente, e o dano causado à pele será exatamente igual.)

Os litígios já começaram. Em 2006, os californianos instauraram uma ação coletiva contra os fabricantes de filtros solares, alegando que as garantias de proteção estavam substancialmente exageradas. Aliás, o que significa uso "seguro e eficaz" de proteção contra um causador de câncer conhecido?

O foco no risco do sol pode coincidir com a crescente preocupação com o aquecimento global – que, aliás, alguns dizem, exacerbou o problema do câncer de pele por destruir a camada de ozônio. Infelizmente, nas próximas décadas, provavelmente sentiremos mais calor, sem o conforto correspondente de que pelo menos estaremos mais bronzeados.

As mães costumavam dizer aos filhos: "Vai pegar um pouco de ar puro." Hoje em dia, elas dizem: "Não esqueça de passar o protetor." Um bom dia de sol não é mais o que costumava ser.

Notívagos

Todos sabemos que devemos ter oito horas de sono. Enquanto os especialistas em nutrição não chegam a um consenso quanto à quantidade de carboidratos que devemos ingerir e os especialistas em álcool não chegam a um acordo sobre se devemos beber vinho tinto ou não, os especialistas em sono vêm batendo mesma tecla há 150 anos: as pessoas precisam de sete e meia a oito horas de sono por noite.

Bem, não estamos conseguindo. Hoje, o norte-americano médio dorme menos do que sete horas por noite, o que representa uma queda de 35% desde o início dos anos 1900. Graças aos recursos eletrônicos e às expectativas 24 horas por dia, passamos mais tempo acordados do que nossos antepassados.

Na verdade, o número de pessoas que dormem menos de seis horas por noite está aumentando rapidamente – de 1,2% de adultos em 1998 para 16% em 2005.

Isso representa cerca de 34 milhões de pessoas que estão estudando ou trabalhando até tarde da noite. Ou lavando roupa à meia-noite. Ou navegando pela internet em madrugadas solitárias. Ou simplesmente têm insônia.

É tentador imaginar que os notívagos são mais durões do que o restante dos mortais, e alguns deles com certeza cultivam essa impressão. Dizem que Margaret Thatcher dormia apenas cinco horas por noite. Madonna afirma dormir apenas quatro horas. Thomas Edison lutou contra o comodismo de dormir mais de cinco horas por noite e recomendou que seus assessores fizessem o mesmo. (Eles, aliás, afirmaram que Edison dormia muito mais do que admitia.) Um bom amigo meu da faculdade, o mago

População adulta de norte-americanos que dormem menos de seis horas por noite (1998-2005)

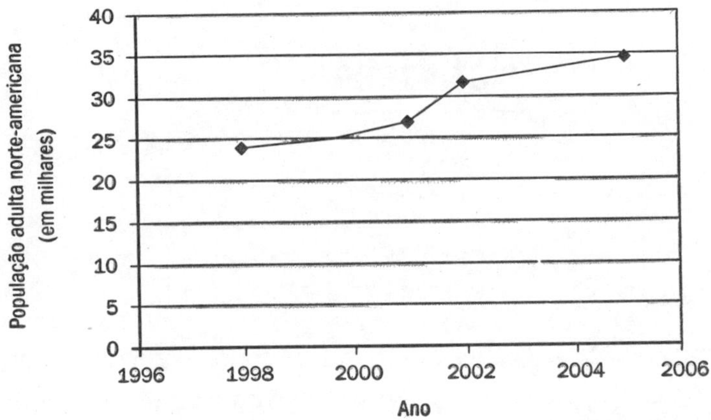

Fonte: National Sleep Foundation, 2005.

do dinheiro Jim Cramer, nunca dormia mais do que quatro horas por noite, o que lhe conferia uma vantagem entre seus colegas extremamente competitivos em Harvard.

Sinceramente, há alguma outra atividade *além* da privação do sono que funcione ao mesmo tempo como uma forma de tortura para prisioneiros inimigos e uma medalha de honra para os que conseguem resistir? Você já invejou pessoas que dizem que dormem pouco. Se não por outro motivo, na corrida desenfreada para ter mais de tudo, essas pessoas conquistaram mais tempo. Noventa minutos extras por dia representam 10% mais tempo acordado por dia ou 8,2 anos para alguém com expectativa de vida de 82 anos, por exemplo. Com menos sono, podemos ter a experiência de vida de alguém com 91 anos. Não é tentador?

O fato é que a maioria dos notívagos não é tão orgulhosa nem tão dura na queda. Embora alguns sejam jovens e brilhantes cirurgiões ou ambiciosos negociadores de Wall Street que ficam disponíveis durante o dia nos Estados Unidos e na Ásia, a maioria dos que dormem pouco trabalham no turno da noite como socorristas, paramédicos ou funcionários que instalam serviços de utilidade pública, e estão expostos a alto risco de lesões, acidentes e problemas de saúde, sem a promessa de ganhos lucrativos.

Em termos mais genéricos, a maioria das pessoas que ficam acordadas no meio da noite o faz porque não consegue dormir, e não porque não quer. Pouco sono está estatisticamente relacionado à saúde fraca, a preocupações, ao estresse e à baixa renda. Os homens dormem menos do que as mulheres – embora as mulheres, especialmente as mais jovens, tendam a dizer que não dormem o suficiente. (Um total de 76% de mulheres entre 18 e 34 anos afirma que sente sono durante o dia pelo menos uma vez por semana.) No único grande estudo sobre o sono que incluiu números significativos de afro-americanos, descobriu-se que os homens negros dormem uma hora a menos do que a média e com uma qualidade de sono significativamente menor do que mulheres brancas ou negras.

Os notívagos em alta provavelmente terão desfechos trágicos. Na pesquisa sobre o sono nos Estados Unidos de 2005, 60% dos participantes afirmaram que dirigiram com sono no ano anterior, e 37% afirmaram que já cochilaram ou adormeceram ao volante. A National Highway Traffic Safety Administration afirma que dirigir com sono causa mais de 50 mil acidentes de trânsito por ano, incluindo mais de 1.500 fatalidades. Desastres famosos, como o do petroleiro Exxon Valdez e o acidente com o Staten Island Ferry, aparentemente foram causados porque os condutores dormiram no comando.

Menos sono também significa menos produtividade. Dois em cada dez americanos adultos afirmam que a sonolência fez com que cometessem erros no trabalho. Os custos de produtividade estão estimados em 50 bilhões de dólares.

Poucas horas de sono também ameaçam a harmonia doméstica. Dos adultos sexualmente ativos nos Estados Unidos, 39% – incluindo 64% de mulheres entre 34 e 44 anos – afirmam que trocariam sexo por sono. Um em cada quatro adultos admite que os problemas de sono do cônjuge ou parceiro também os mantêm acordados. E, com um número maior de homens acordados do que de mulheres, só podemos esperar maiores problemas em termos de pornografia infantil, jogos on-line e desarmonia em geral quando o marido quer companhia e a esposa quer descansar.

Talvez a implicação mais surpreendente seja o círculo vicioso entre a falta de sono e a obesidade. Estar acima do peso pode causar problemas de sono, inclusive vias aéreas entupidas, dificultando a respiração. Como a falta de sono efetivamente impulsiona os hormônios que controlam a fome e o apetite, dormir pouco pode aumentar também suas chances de engordar. De acordo com o National Center on Sleep Disorders Research do National Institutes of Health, dormir apenas seis horas por noite aumenta os riscos de desenvolver obesidade em 23%. Dormir apenas quatro horas por noite aumenta esse risco para 73%.

É uma pena que os norte-americanos não tratem sua insônia com uma corrida de 8km. Isso resolveria os dois problemas.

Alguns legisladores norte-americanos estão começando a tratar a insônia com seriedade. O Estado de Nova Jersey criminalizou a sonolência ao volante em 2003, equiparando-a à embriaguez, embora outros Estados não tenham seguido o exemplo.

O setor privado está aproveitando o interesse pelo assunto para ajudar as pessoas a dormirem à noite e, ao mesmo tempo, ficarem acordadas durante o dia. A indústria da pílula de dormir está no auge: o novo Ambient, que não causa dependência, atingiu um recorde mundial de vendas de 2 bilhões de dólares, com o número de usuários entre 20 e 44 anos dobrando entre 2000 e 2004. No outro extremo do espectro – para quem precisa ficar acordado –, energéticos com cafeína são um dos setores de maior crescimento da indústria de bebidas domésticas de quase 100 bilhões de dólares entre 2005 e 2008, estima-se que essas bebidas gerem mais receita do que todos os refrigerantes regulares e esportivos combinados. Evidentemente, a Starbucks, cuja marca própria de café tem cerca do dobro de cafeína que a marca líder nos supermercados norte-americanos, Folgers, permeou tão profundamente a cultura americana que hoje em dia é praticamente impossível não encontrar uma loja Starbucks em cada quarteirão do país.

Se você não consegue dormir à noite e fica sonolento durante o dia, uma empresa chamada Metronaps está oferecendo espaços para dormir em aeroportos, prédios comerciais e outros ambientes públicos. É bem estranho visitar a terra dos sonhos entre estranhos em plena luz do dia, afinal de contas, dormir deveria ser um hábito muito particular. Porém, a falta de sono é um problema muito público.

Embora seja difícil imaginar uma campanha de saúde pública para que as pessoas durmam mais – seria fácil fazer piada do assunto e difícil encontrar porta-vozes simpáticos o suficiente –, hora de pensarmos na sesta americana. Sim, parece ir contra a ética de trabalho pesado, mas essa ética foi concebida antes de haver e-mail e compras on-line 24 horas por dia. Atualmente, se a questão for considerada de segurança pública e de produtividade, há fortes argumentos a favor de um intervalo no meio do dia. A história registra famosos adeptos aos cochilos da tarde. Winston Churchill trabalhava até bem tarde da noite, mas tirava um cochilo longo de pijama e tudo durante a tarde. Ronald Reagan e Bill Clinton também eram fãs do cochilo depois do almoço. Será que os Estados Unidos estão preparados para trocar o famoso ditado "Deus ajuda quem cedo madruga" por "Se estiver cansado, tire um cochilo"?

Os norte-americanos têm uma grande escolha a fazer no futuro – aproveitar o tempo extra acordado e encontrar atividades novas e mais produtivas para passar esse tempo; ou decidir que não consegue ficar sem oito horas de sono e descobrir como alcançá-las. De qualquer forma, este é um problema sério. Nossa saúde e nossa vida podem depender disso.

O CENÁRIO INTERNACIONAL

Por mais cansados que os norte-americanos estejam, o restante do mundo não está melhor.

De acordo com uma pesquisa sobre o sono, conduzida pela ACNielsen em 2005, sete das dez nações de corujas são asiáticas. Os Estados Unidos não estão nem entre os dez mais.

- ▲ **Uma considerável parcela da população de Taiwan (69%), Coréia (68%), Hong Kong (66%), Japão (60%), Cingapura (54%), Malásia (54%) e Tailândia (43%) vai dormir regularmente depois da meia-noite.**
- ▲ **A população de Portugal (75%), Espanha (65%) e Itália (39%) também tem o costume de dormir depois da meia-noite. Todas as três nações adotam a prática da sesta em sua rotina diária, o que talvez explique esses hábitos noturnos. Ironicamente, a cultura da sesta tornou-se um desafio tão grande para a produtividade na Espanha que, em 2006, o governo lan-**

çou uma campanha nacional exigindo que todos os funcionários federais tirassem no máximo 45 minutos de almoço.

Além de serem corujas, as nações asiáticas constituem metade das ações madrugadoras, as que acordam antes das 7 horas da manhã. Os Estados Unidos não têm a mesma reputação.

- ▲ A maioria dos indonésios (91%), vietnamitas (88%), filipinos (69%), indianos (64%) e japoneses (64%) acorda antes das 7 horas.
- ▲ Os outros povos que figuram na lista dos dez mais são Dinamarca (66%), Alemanha (64%), Áustria (64%), Finlândia (63%) e Noruega (62%).

Qual é a causa dessa privação de sono? Embora as pessoas no mundo todo afirmem que o "hábito" e o "horário de trabalho" são os fatores que controlam seu comportamento, um terço dos norte-americanos também mencionou "família/filhos" em comparação com apenas 17% dos europeus e 16% dos asiáticos. Mais da metade dos europeus disse que o trabalho era o principal fator, enquanto os asiáticos citaram o hábito.

Em relação ao número total de horas de sono, os americanos estão cada vez mais cansados, mas não podem dizer que são os mais fatigados. Essa distinção cabe aos japoneses – quatro em dez japoneses dormem menos de seis horas por noite. Quem dorme mais? Os neozelandeses e os australianos, em que 28% e 31%, respectivamente, dormem mais de nove horas por noite.

Canhotos à solta

Os Estados Unidos tendem para a esquerda. A usar a mão esquerda, quero dizer. Embora nossos políticos de direita e esquerda tenham permanecido sem grandes mudanças, houve um aumento enorme no número de canhotos. A menos que esteja havendo uma transformação genética oculta, é muito provável que esse aumento se deva às mudanças que estamos vivendo no âmago das microtendências da sociedade.

Duzentos mil anos atrás, quando o *Homo sapiens* criava as primeiras lanças e agulhas de osso da humanidade, alguns deles já usavam a mão esquerda. Os dentes fossilizados dos neandertalenses – com marcas mostrando que lado da boca seus donos preferiam – sugerem que muitos deles eram canhotos. Dentre os pintores primitivos das cavernas, cerca de 50 mil anos atrás, quase um em cada quatro era canhoto – praticamente a mesma proporção de pintores canhotos de hoje em dia.

Porém, apesar de alguns milhares de anos que tivemos para analisar a questão, ainda não conseguimos identificar as causas ou os efeitos da capacidade de usar a mão direita ou esquerda.

Alguns cientistas afirmam que essa condição é genética, indicando que ocorre nas famílias. (A rainha Elizabeth II, o príncipe Charles e o príncipe William são canhotos, assim como era a rainha-mãe.) Outros afirmam que o uso da mão esquerda é causado por um trauma e por estresse no útero, realçando o fato de que gêmeos – assim como pessoas com alta exposição pré-natal a hormônios sexuais como a testosterona – têm maiores taxas de canhotos.

Existem também estudos conflitantes sobre os efeitos da mão esquerda. Alguns afirmam que ser canhoto encurta a vida; outros dizem que não. Algumas pesquisas dizem que ser canhoto aumenta o risco de câncer de mama e/ou reduz o risco de Alzheimer; outros afirmam o contrário. Pelo menos um estudo verificou que os canhotos aprendem mais do que os destros, especialmente entre os universitários; outros estudos demonstram que os salários de destros e canhotos são iguais.

Os cientistas não conseguem chegar a um consenso sobre se a "lateralização do cérebro" é exclusivamente humana. Os achados mais recentes sugerem que os chimpanzés favorecem o uso das mãos direitas e que existem peixes "minoritários" que nadam em direção contrária à do resto do cardume quando um predador aparece.

Contudo, em meio à confusão do impacto da esquerda *vs.* direita, existe um elemento que é certamente verdadeiro: o número de canhotos no mundo está aumentando e a tendência é continuar assim. Estima-se que atualmente uma em cada dez pessoas seja canhota. Essa taxa tende a dobrar e acho que isso se deve a um novo enfoque dado à criação dos filhos.

Durante séculos, ser canhoto significava não ser aceito. Na era vitoriana e no início do século XX, era praticamente impossível encontrar canhotos, porque suprimir a emoção, a diferença e a individualidade era a ordem do dia. Na verdade, na maioria das culturas do mundo, o lado esquerdo das coisas geralmente é associado ao mal, ao pecado e à inferioridade. Veja como falamos sobre o assunto. O termo "sinistro" vem do latim e significa "esquerdo". A palavra francesa para "esquerdo(a)", "*gauche*", significa "desajeitado", até mesmo em outras línguas. Em chinês, o adjetivo "esquerdo" significa "inadequado" e, em norueguês, a expressão *venstrehandsarheid* (trabalho feito com a mão esquerda) significa "algo malfeito ou feito de maneira insatisfatória". (O oposto é verdadeiro também. "Direito" significa "justo". *Droit* é "lei" em francês. *Recht* significa "autoridade" em alemão e holandês. *Diestro* significa "habilidoso" em espanhol.)

Esse preconceito contra os canhotos advém ou resulta do fato de que, no Novo Testamento, o demônio senta-se à esquerda de Deus, enquanto os abençoados sentam-se à Sua direita. No Islã, os canhotos também são amaldiçoados – logo antes da Revolução Islâmica no Irã, em 1979, o aiatolá Khomeini "provou" que o xá estava amaldiçoado indicando que seu filho primogênito era canhoto.

Assim, a capacidade de usar a mão esquerda vem sendo desencorajada ou tirada das pessoas. A China e a Holanda foram particularmente agressivas em sua política de "reorientação da capacidade manual" até o século XX, e até a década de 1960 nos Estados Unidos, as professoras do ensino fundamental – principalmente nas escolas católicas – batiam nas mãos de crianças canhotas por tentarem escrever com a mão esquerda. Ronald Reagan, Babe Ruth e Lou Gehrig eram canhotos na infância e foram forçados pelas professoras a aprender a usar a mão direita.

Nas gerações recentes, tudo isso mudou. A troca forçada passou a ser encarada como dolorosa e desnecessária e agora o que costumava ser detestado nas crianças de repente é respeitado. Vejamos a mudança que ocorreu nos Estados Unidos entre as pessoas que ainda estão vivas até hoje. De acordo com um estudo da UCLA realizado em 1993, a percentagem de canhotos nascidos na década de 1960 foi o dobro do que para a geração com 60 anos ou mais.

Percentagem de canhotos na população norte-americana, por ano de nascimento

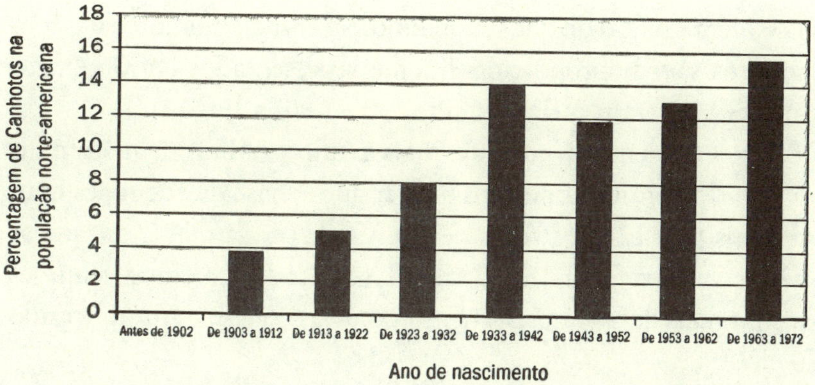

Fonte: Hugdahl, K., Satz, P., Mitrushina, M., Miller, E. N. (1993) "Left-handedness and Old Age: Do Left-Handers Die Earlier?" *Neuropsychologia*, v. 4, pp. 325-33.

Isso significa que o estado "natural" de ser canhoto ocorre em cerca de 16% ou mais da população – não 10%, como se acreditava.

Acho que o aumento no número de canhotos representa uma mudança na forma como estamos criando nossos filhos e como deixamos aflorar sua individualidade para ajudá-los a alcançar o verdadeiro potencial. Em determinado momento, um dia desses, um pai percebe que seu filho ou filha está preferindo usar a mão esquerda. O pai entra em pânico. Será que vão rir da criança? Será que a criança terá dificuldades para escrever? Será que sofrerá discriminação? No passado, o pai teria feito de tudo para exorcizar essa tendência. Mas e agora? Hoje, um número cada vez maior de pais está aceitando essa condição, considerando-a inclusive especial. Ou suas tentativas de desencorajamento são mais brandas e, portanto, falham. Essa não é uma reação isolada. Faz parte da tendência maior de celebrar, em vez de suprimir, a individualidade nas crianças. Desde mais tempo para se desenvolver no jardim-de-infância até acomodar seu apetite vegetariano, os pais modernos estão aprendendo com os filhos, e não o contrário. Isso está também relacionado com a maior liberdade que os jovens têm hoje de expressar sua identidade sexual e/ou de gênero. Ser canhoto é apenas a ponta do iceberg – no mundo moderno, ser pai é deixar o filho desenvolver a própria personalidade, sem tentar enquadrá-lo em um molde de conformidade.

Tudo isso além do fato de que tenderemos a ver mais canhotos nascendo. Os canhotos são desproporcionalmente representados entre gêmeos – esses números cresceram quase metade entre 1980 e 1997.

Além disso, a tendência é que haja mais canhotos filhos de mães mais velhas – de acordo com uma pesquisa, as crianças nascidas de mães com 40 anos ou mais têm 128% a mais de chance de ser canhotas do que as que têm mães jovens na faixa dos 20 anos. Como todos sabemos, o número de mães com mais de 40 anos aumentou muito – quase quintuplicando entre 1980 e 2004.

Acredito que o boom dos canhotos trará uma onda promotora da energia criativa, impulsionada pela idéia que está no cerne deste livro – que pequenos grupos de pessoas que compartilham experiências comuns podem se sentir cada vez mais atraídos para lutar por seus interesses. Os canhotos em particular representam a inovação e a auto-expressão. Einstein era canhoto, assim como Ben Franklin e Isaac Newton.

Mais canhotos também pode significar mais auto-expressão. Talvez não seja surpresa que as pessoas que têm direito de continuar sendo canhotas também tendem a seguir outros instintos: em um estudo, os participantes homossexuais tinham 39% a mais de chance de ser canhotos do que os heterossexuais.

Mais canhotos pode significar mais inovação militar: líderes militares famosos, de Carlos Magno a Alexandre, o Grande, de Júlio César a Napoleão – assim como Colin Powell e Norman Schwarzkopf –, eram canhotos.

Famosos também eram os criminosos Billy, the Kid, Jack, o estripador e o Estrangulador de Boston.

Também pode significar mais arte e música – Leonardo da Vinci, Michelangelo, Pablo Picasso, Ludwig van Beethoven, e, sim, Jimi Hendrix e Paul McCartney, todos eram canhotos.

Quase certamente significará melhores jogadores de tênis e beisebol. Os grandes nomes do tênis, de Rod Laver a Jimmy Connors, de John MacEnroe a Martina Navratilova, todos usaram táticas certeiras para derrubar a defesa dos oponentes.

O beisebol certamente se beneficiará. Os jogadores canhotos não conseguem jogar em quatro das nove posições da equipe – como receptor, segunda base, interbases ou *shortstop*, ou terceira base, eles precisam dar muitos passos para interceptar a bola e lançá-la para a primeira base –, mas, pelo mesmo motivo, eles têm uma vantagem significativa sobre as demais cinco posições. De Babe Ruth a Ted Williams e Barry Bonds, batedores canhotos estão por cima: não só conseguem rebater as bolas de efeito lançadas pelos arremessadores, mas seu posicionamento e a força de seus movimentos os deixam mais próximos da primeira base.

Mais canhotos também pode significar mais humor: Jay Leno, Jerry Seinfeld, Jon Stewart, Bernie Mac, Ben Stiller e Matt Groening (e sua criação, Bart Simpson) são todos canhotos.

Pode significar mais genialidade executiva. Titãs corporativos como Steve Forbes, Ross Perot e Lou Gerstner são canhotos. Assim como todos os presidentes norte-americanos desde Gerald Ford, com exceção de

Jimmy Carter e George W. Bush. (Em 1992, os Estados Unidos tiveram sua primeira e única campanha presidencial protagonizada por candidatos canhotos: George H. W. Bush *vs.* Bill Clinton *vs.* Ross Perot.)

Da perspectiva dos canhotos, o alívio é esperado há anos no setor de consumo. Se você é canhoto ou convive com um, sabe como é difícil para os canhotos tentarem usar tesouras, abridores de latas, pastas com três orifícios, canivetes, saca-rolhas ou outros itens básicos projetados para destros. O principal co-executivo canhoto da Research in Motion, fabricante do BlackBerry, admitiu que, com seu botão de rolagem e controle deslizante do lado direito, o BlackBerry foi criado pensando apenas no usuário destro. Até agora, não tem compensado projetar objetos exclusivos para canhotos.

Mas hoje em dia os canhotos estão avançando, crescendo em número – e logo os profissionais de marketing se lembrarão deles e tentarão conquistar o mercado dos canhotos, com acessórios facilmente intercambiáveis em seus produtos e mais versões alternativas somente para canhotos.

O importante é que o aumento dos canhotos significa não só que teremos mais deles nas escolas e no trabalho, mas também que a sociedade está se tornando mais aberta, mais tolerante e mais capaz de trabalhar a auto-expressão em vez de suprimi-la. O percentual de crianças canhotas pode parecer um detalhe insignificante mas, na verdade, uma sociedade que tolera pessoas que trabalham com mãos diferentes, e estimula os pais a deixarem seus filhos se desenvolverem conforme for mais natural, também tenderá a tolerar outros tipos de liberdade. O percentual de canhotos em determinada sociedade poderá ser um dos melhores indicadores existentes para provar se a sociedade é aberta e flexível ou fechada e autoritária. Eu, pelo menos, não gostaria de viver em uma sociedade que não estimulasse essa habilidade.

Automedicação

Nos últimos vinte anos, o número de médicos atuantes nos Estados Unidos praticamente dobrou. Assim, seria esperado que, com todos esses médicos disponíveis, os norte-americanos os consultassem com freqüência.

Não é isso que acontece. Na verdade, a maior tendência no cenário médico norte-americano é o fenômeno da automedicação. São pessoas que investigam os próprios sintomas, diagnosticam suas doenças e auto-administram os remédios. Quando chegam a ligar para um médico, só o fazem para pedir receitas para problemas que "sabem" que precisam ou aparecem no consultório com descrições detalhadíssimas de suas condições, autodiagnosticadas pelo WebMD, um site que fornece informações médicas on-line.

Se tiverem condições, compram o próprio aparelho de ultra-som para poder ver seus bebês todas as noites. Participam de conselhos e comparam tamanhos e formatos de manchas na pele, trocando a sabedoria adquirida sobre as chances de câncer e as melhores práticas para remover as manchas. Antigamente, cuidado médico doméstico era sinônimo de canja de galinha e descanso. Hoje em dia, os pacientes estão tomando as rédeas de sua vida e a velha relação médico-paciente está tão abalada quanto a de fornecedor-cliente, pelo menos para um grupo crescente de pacientes que acham que sabem tudo de que precisam.

Uma prova dessa tendência à automedicação é o aumento do número de medicamentos vendidos sem receita médica. Nos últimos quarenta anos, as vendas no varejo de medicamentos aumentaram cerca de dez vezes – de menos de 2 bilhões de dólares para mais de 15 bilhões de dólares por ano. Não estamos falando do ocasional efervescente. São 15 bilhões de dólares em analgésicos, anti-histamínicos, antiácidos, laxantes e loções. Hoje em dia, até mesmo tratamentos como Xenical, uma pílula dietética que absorve gordura, são vendidos nas farmácias do país. No passado, um tratamento desse tipo não estaria disponível sem prescrição médica, por mais seguro que fosse. Teria sido deixado para os médicos. Atualmente, os pacientes querem assumir o controle.

Outra indicação da prática da automedicação nos Estados Unidos é que os americanos estão cada vez mais adeptos das medicina alternativa e complementar, como quiroprática, acupuntura e massagens, não realizadas por médicos. Em 1997, os americanos gastaram mais com médicos alternativos do que com todas as internações no país. Em 2002, mais de um em três adultos norte-americanos (36%) afirmou que fez uso de remédios alternativos.

Evidentemente, é a internet que está possibilitando que um número tão grande de americanos brinque de médico. Enquanto 117 milhões de pessoas utilizaram a internet em 2005 para buscar informações relacionadas à saúde, esse número aumentou para 136 milhões em 2006, o que corresponde a 16% em um único ano. As informações sobre saúde são as mais procuradas on-line. Por que não? Enquanto no passado ter uma dúvida médica pessoal podia significar uma consulta demorada, cara e potencialmente embaraçosa ao médico, hoje em dia basta entrar em seu mecanismo de busca favorito e procurar qualquer coisa, de "disfunção bipolar" a "infecção por fungos" e, em poucos minutos, ter toda a informação disponível, como se você tivesse feito faculdade de Medicina.

Os médicos talvez não gostem dessa tendência, mas eles são parte do motivo pelo qual as pessoas estão recorrendo à automedicação. Entre 2000 e 2004, os valores dos planos de saúde e os preços das consultas médicas mais do que dobraram. Três em cada cinco norte-americanos afirmam que se preocupam com erros de medicação nos hospitais. (E com razão, pois, de acordo com o Institute of Medicine, os erros cometidos em hospitais matam mais pessoas por ano do que acidentes de trânsito ou câncer de mama. Todos os anos, infecções hospitalares matam cinco vezes mais norte-americanos do que a AIDS.)

Vendas de remédios sem receita médica (1964-2005)

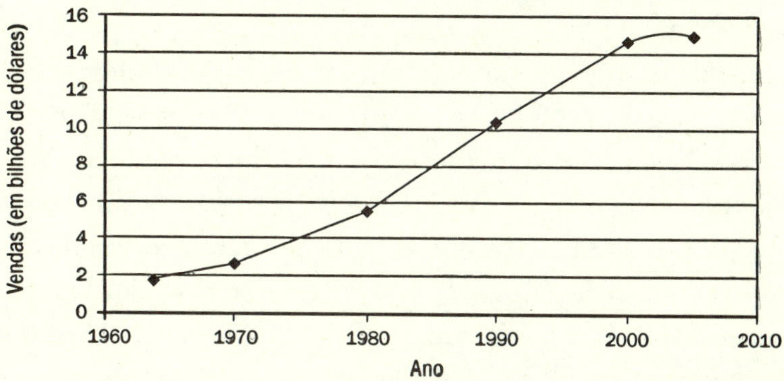

Fonte: ACNielsen, 2005.

A verdade é que a confiança pública nas pessoas que administram instituições médicas caiu de maneira mais rápida e mais significativa do que em qualquer outra instituição da sociedade norte-americana.

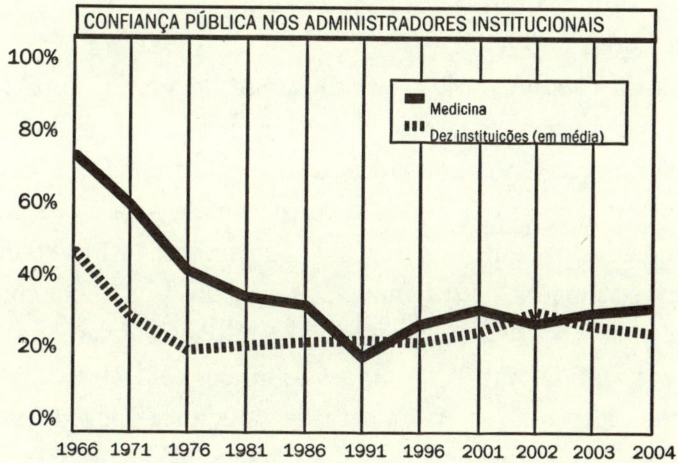

Desde 1966, a confiança pública nos líderes de instituições de saúde caiu mais do que para qualquer outra grande instituição. No gráfico apresentado, a linha mais escura representa a média de classificações para dez instituições, incluindo os militares, a Suprema Corte dos Estados Unidos, faculdades e universidades, religião organizada (exceto em 1991), principais empresas, o poder executivo do governo federal, a imprensa, o Congresso norte-americano e os sindicatos (exceto para 1991 ou 1996).

Fonte: Cortesia de Robert Blendon, da Harris 1966-2001, *Harvard Public Health Review.*

Assim, com medicamentos e informações médicas prontamente disponíveis e com a reputação ruim dos médicos, por que não tentar a automedicação?

À frente desse movimento estão as mulheres, o que talvez não seja surpreendente, já que as mulheres tomam as decisões médicas em mais de 70% das residências norte-americanas. As mulheres também têm um histórico de independência médica – antes da ascensão dos médicos profissionais, as donas de casa e os que preparavam remédios caseiros eram os principais responsáveis pela assistência médica nos Estados Unidos.

Os adeptos da automedicação também são jovens. Não só porque os mais jovens são mais habilidosos nas consultas à internet, mas também porque quem está na faixa dos 20 e 30 anos hoje em dia – tendo crescido com acesso fácil a remédios sem receita médica e recebido mais medicamentos psiquiátricos para depressão, ansiedade e distúrbios de atenção do que qualquer outra geração da história – considera os diagnósticos e os remédios uma parte rotineira de sua vida. Um número perturbador deles chega até a comprar remédios de prescrição sem a ajuda de seus médicos. Para eles, assumir o controle da própria saúde é tão natural quanto colocar sua música favorita no iPod.

A tendência à automedicação está causando um grande impacto nos Estados Unidos. As empresas farmacêuticas viram o poder dos anúncios diretos ao consumidor, como os comerciais de tevê que todas as noites anunciam Viagra, Cialis e "Pergunte a seu médico se a pílula roxa é boa para você". Embora ainda gastem a maior parte de seu orçamento de marketing com os médicos, o crescimento desses anúncios tem sido dramático: em 1997, as empresas farmacêuticas gastaram cerca de 1 bilhão de dólares em anúncios diretos ao consumidor; em 2004, foram 4 bilhões de dólares.

A automedicação também indica uma mudança irreversível no papel dos médicos norte-americanos. Em 1970, *Marcus Welby, M.D.* era assistido em uma de cada quatro unidades familiares nos Estados Unidos. Ele era adorado por causa de seu estilo educado e paternalista diante de suas pacientes (a maioria eram mulheres). Mas esse tempo passou. Criados na internet, cada vez mais desconfiados dos médicos e dos hospitais, um número crescente de norte-americanos – especialmente as mulheres – se considera parceiro de seus médicos, na melhor das hipóteses, e seus supervisores, na pior. Especialmente em se tratando de crianças. Minha mãe acreditava piamente na palavra do pediatra. Minha esposa, por outro lado, consulta três ou quatro médicos (e duas dúzias de amigos) antes de decidir se deve dar ou não a vacina contra gripe para nossa filha de 4 anos. Os médicos costumavam responder a perguntas somente quando as coisas davam errado e os advogados entravam em cena. Hoje em dia, respondem a vinte perguntas somente para administrar uma vacina de rotina.

No futuro, as relações entre médicos e pacientes serão mais igualitárias, incluindo maior troca de correspondência por e-mail. Em 2005, somente 8% dos adultos afirmaram usar e-mail com seus médicos, mas 81% disseram que gostariam. Os médicos terão de encontrar um meio de cobrar por consultas por e-mail primeiro – certamente, eles gostariam de poder atender seus pacientes assim, especialmente os já existentes, mas talvez sem abrir mão das consultas. Se o sistema de pagamento funcionar, entretanto, certamente o caminho estará aberto para as consultas virtuais.

Também poderemos esperar mais pressão sobre a FDA, a agência norte-americana que regula e fiscaliza a fabricação de alimentos e medicamentos, para aumentar o número de remédios vendidos sem prescrição médica. Hoje em dia, é possível obter sem prescrição cerca de setecentos remédios a mais do que há trinta anos, mas esse número talvez não seja suficiente para os verdadeiros adeptos da automedicação.

Será que essa é uma boa tendência? Como as pessoas não podem se autoprocessar por negligência médica, nunca saberemos. É claro que o número de processos contra as empresas farmacêuticas pode aumentar pela má divulgação de informações, o que ainda é mais crítico no caso de automedicação. (Mas até que ponto é viável aumentar ou detalhar mais as atuais bulas dos remédios?)

A automedicação certamente poupará tempo do médico, caso os adeptos deixem de comparecer à consulta. Como para cada pessoa que investiga religiosamente a própria condição médica existem pelo menos algumas outras que não seguem as recomendações médicas, os profissionais de medicina talvez consigam passar mais tempo sendo proativos com quem realmente precisa deles.

Mas o aumento da automedicação certamente também significará um crescimento de diagnósticos errados e de medicamentos usados incorretamente, e um aumento no número de casos críticos que poderiam ter sido detectados precocemente por um médico profissional. Embora caiba ao paciente pesar esses riscos em relação às chances de haver erro médico, e contrário à sua crescente suspeita de que sabem tanto quanto seus médicos, são estes últimos que talvez tenham de enfrentar ações judiciais que os acusam de negligência de qualquer modo. Uma coisa é praticar automedicação em casos de perda de peso, calvície e disfunção erétil – e as empresas farmacêuticas estão muito satisfeitas em ter essas pessoas como seus consumidores diretos. Porém, quando os pacientes estão assessorando os médicos em seus tratamentos contra o câncer, a automedicação representa um desafio inteiramente novo.

Ainda assim, essa é uma tendência que veio para ficar. Embora os sites estejam se tornando cada vez melhores no fornecimento de informações médicas, este ainda não é um sistema bem administrado. Os pacientes não sabem *realmente* quando podem assumir o controle ou quando devem ir imediatamente ao médico. Eles realmente não sabem quando estão certos e o sistema está errado. E como todos os casos de "faça você mesmo", as pessoas realmente não sabem o que não sabem. Anos atrás, aulas de primeiros socorros eram obrigatórias nas escolas e nos acampamentos militares – talvez seja hora de um curso sobre medicina na Web, para que os jovens possam adquirir um guia prático para autotratamento e aprender a navegar no labirinto da saúde. Talvez o adepto à automedicação – como o estudante de enfermagem, mas em escala menor – possa até se tornar certificado em automedicação. Certamente isso não permitiria que sua mãe se gabasse de ter um filho médico, mas poderia fazer com que se sentisse melhor com o fato de ele nunca consultar um médico.

Deficientes auditivos

Uma pesquisa de 2006 descobriu que os presidentes Ronald Reagan e Bill Clinton tiveram os maiores índices de aprovação da história dos presidentes norte-americanos nos últimos quarenta anos. Eis outro elemento que eles têm em comum: também são os únicos dois presidentes que admitiram ter dificuldades auditivas.

Quando o anunciaram, as pessoas prestaram atenção, porque estava acontecendo com elas também. Em 2000, o número de americanos com perda auditiva chegou a quase 30 milhões, mais do que o dobro da década de 1970. Isso representa um em cada dez americanos com dificuldades para escutar ou que estão perdendo por completo sua capacidade auditiva.

Perda auditiva entre os norte-americanos, com 3 anos ou mais (1971-2000)

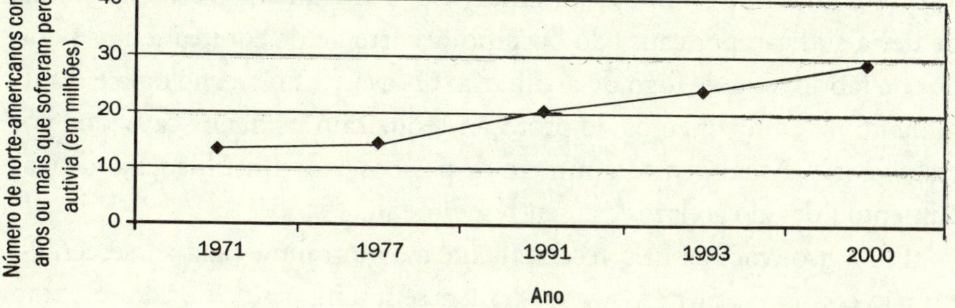

Fonte: American Speech-Hearing-Language Association, 2007.

Há uma geração, o problema sensório mais comum nos Estados Unidos era com a visão. Em primeiro lugar, as lentes de contato tornaram os óculos praticamente obsoletos, e agora a cirurgia a laser (Lasik) está tornando as lentes de contato praticamente obsoletas. Talvez você já tenha ouvido falar das dificuldades da Marinha norte-americana, que não consegue mais tripulantes para seus submarinos, porque os postos nos submarinos eram ocupados por marinheiros que haviam sido desqualificados no exame para piloto por causa dos problemas de visão. Hoje, como a cirurgia corretiva não só é rotina, mas totalmente grátis, na Academia Naval norte-americana todos querem ser pilotos.

O que a miopia era para todas essas gerações anteriores hoje é representado pela perda auditiva. Atualmente, os aparelhos de surdez são tão pequenos que as crianças que precisam deles não são mais amoladas com gritos de "quatro ouvidos" – mas a surdez certamente é a nova disfunção sensória nos Estados Unidos.

A maior parte dos casos de perda auditiva nos Estados Unidos é sensório-neural, o que significa que é causada por danos no ouvido interno ou nas vias entre o ouvido interno e o cérebro. Como boa parte ocorre com a idade, há um aumento natural na incidência de perda auditiva. Hoje, os Estados Unidos têm cerca de 35 milhões de idosos acima de 65 anos e um terço das pessoas nessa faixa etária tem dificuldades de audição. Cerca da metade dos idosos com 75 anos ou mais também sofre desse problema.

No entanto, de acordo com a Deafness Research Foundation, uma fundação de pesquisa sobre surdez, cerca de um em três casos de perda auditiva nos Estados Unidos não envolve idade, mas apenas o nível de ruído. Nós mesmos estamos causando isso. Antigamente, costumávamos perder a audição por causa do barulho decorrente de equipamentos pesados de fábricas ou de fogo de artilharia. Os avanços na tecnologia e o surgimento de equipamentos de proteção reduziram os danos causados por esses fatores. Atualmente, o número de pessoas com dificuldades auditivas aumentou devido ao lazer e ao entretenimento.

Por acaso, você assistiu recentemente a algum filme para adolescentes? Eu não consigo sequer assistir aos trailers sem tampões de ouvido. É como se um país com inflação desenfreada resolvesse revitalizar sua moeda e, de repente, 10 mil rúpias valessem 1 rúpia. Sentado na sala de cinema junto com os jovens que ruidosamente mastigam sua pipoca aparentando não perceber o alto volume, eu me sinto como se alguém subitamente tivesse mudado a referência para o que é considerado um nível de ruído "normal".

Eis o nível de toxicidade auricular de nossa vida diária. O ruído atinge o potencial de dano permanente em cerca de 85 decibéis. Vejamos nossa vida diária. Os secadores de cabelo, que algumas pessoas usam todos os dias durante vários minutos – sem ouvir o telefone tocar, as crianças chorando e os maridos eloqüentes –, chegam a 90. Um veículo para locomoção na neve chega a 100 decibéis. O ruído em uma plataforma de metrô é de 105 decibéis. Em uma cabine de avião, chega a 110. Um show de rock atinge 120 decibéis. Aparentemente, nove segundos em um show desses é suficiente para causar perda auditiva.

E não há veredicto ainda sobre os iPods. Com 100 milhões desses dispositivos portáteis pelo mundo ligados diretamente nos ouvidos das pessoas, estão surgindo processos judiciais e comissões de inquérito para identificar seus efeitos na perda auditiva. Recentemente, o governo francês proibiu a venda de aparelhos MP3 que tocam acima de 100 decibéis. A Apple, a fabricante do iPod, atualizou seu software para permitir que os consumidores (ou seus pais) acoplem uma tampa para diminuir o volume de aparelhos individuais.

Mas seja música, filmes, secadores de cabelo ou viagens, nossa vida diária está acabando com nossos nervos auditivos. Demograficamente, é pior para os homens do que para as mulheres, com cerca de 12% dos homens entre 65 e 74 anos de idade com problemas de zumbido nos ouvidos. Os negros têm melhor audição do que os brancos ou os hispânicos. Existem diferenças geográficas também. O sul dos Estados Unidos sofre quase duas vezes mais com o zumbido do que o nordeste do país. Será que isso está relacionado com o fato de que eles têm uma vida mais ao ar livre?

Os empresários estão se empenhando para atrair o crescente mercado dos que têm dificuldade auditiva. Quando o presidente Clinton revelou seu problema auditivo, ele já estava usando um dispositivo digital implantado em seu canal auditivo. Representou um longo caminho desde as "Orelhas de Mickey Mouse," que costumavam ficar penduradas nas orelhas das pessoas como um telefone, literalmente levando o som para dentro. Mas até mesmo na última década os dispositivos auditivos se tornaram ainda menores e mais eficazes. Também houve enormes avanços na cirurgia que permite que pessoas com perda auditiva profunda ouçam sons que nunca teriam condições de ouvir no passado.

Entretanto, à medida que a surdez avança entre os boomers e entre os jovens extrovertidos, os números tendem a aumentar. Poderemos esperar no futuro processadores auditivos biônicos, implantes de chip único que podem ser colocados no corpo e operados sem troca de bateria durante 15 anos. Medicamentos antioxidantes poderão ser desenvolvidos para reduzir a presença de moléculas de oxigênio de radicais livres que matam as delicadas células capilares do ouvido interno. Talvez as pesquisas com células-tronco possam investigar meios de regenerar as células danificadas do ouvido interno.

Além disso, podemos esperar campanhas de saúde pública contra o barulho. Assim como o vício do cigarro e os danos causados pelo excesso de exposição ao sol, se você for atingido quando jovem, provavelmente nunca conseguirá se recuperar. Essa é uma questão oportuna para o ativismo público – exceto, é claro, pelo desafio de ser ouvido em Washington sem gritar.

A comunidade de deficientes auditivos e de portadores de dificuldades auditivas avançou muito. A primeira miss Estados Unidos surda, Heather Whitestone, foi coroada em 1995. A Liga Nacional de Futebol Americano e a Liga de Beisebol já escalaram jogadores surdos – Kenny Walker, do Denver Broncos, e William "Dummy" Hoy, do antigo Washington Senators. Em 2001, Rush Limbaugh anunciou que estava sofrendo de uma súbita perda auditiva, causada por uma doença auto-imune no ouvido interno. A atriz surda Marlee Matlin, que, aos 21 anos, foi a pessoa mais jovem a ganhar o Oscar de melhor atriz (pelo filme cujo tema é a surdez, *Filhos do silêncio*), desde então representou vários personagens, desde a embriologista deficiente auditiva em *Law and Order: SVU*, à árbitra de tênis surda em *Seinfeld*, e – minha favorita – a perita em pesquisas de opinião com problemas auditivos em *The West Wing*.

E a linguagem de sinais tornou-se muito popular. Praticamente todas as professoras da pré-escola nos Estados Unidos usam suas mãos para representar as palavras que estão dizendo. O fenômeno de ensinar as crianças a usar os sinais antes de aprender a falar atingiu níveis que beiram ao fanatismo.

O lado bom do maior número de casos de surdez é que talvez surjam mais inovações como resultado desse aumento. Duas das maiores invenções nas comunicações dos últimos 150 anos, o telefone e a internet, foram motivadas por pessoas que sofriam de perda auditiva. Alexander Graham Bell, cujas mãe e esposa eram surdas, inventou o telefone em parte para ajudar a ampliar o som para os portadores de deficiência auditiva. Dizem que Vinton Cerf, amplamente reconhecido como o pai da internet, criou a comunicação eletrônica – que se tornou o e-mail – por conta da frustração de não poder conversar direito com os demais pesquisadores (devido à sua surdez parcial) ou com sua esposa surda.

De qualquer forma, é bom fazer um exame de ouvido. Hoje em dia, as crianças ouvem tons altos que muitos adultos acima de 40 ou 50 não conseguem (daí o toque "Mosquitotone", que os estudantes estão usando para levar seus celulares escondidos para a sala de aula). É um problema, a menos que você esteja preparado para colocar a tecnologia contra eles – como o dono de uma loja que tentou afastar jovens baderneiros emitindo ruídos irritantes em uma freqüência que só eles conseguiam ouvir. Se você faz parte do grupo de pessoas com problemas auditivos, é hora de fazer um exame – você provavelmente está perdendo a audição.

PARTE V

Vida em família

Novos pais coroas

O que têm em comum Strom Thurmond, Mick Jagger, Luciano Pavarotti, Charlie Chaplin e Rupert Murdoch? Todos se tornaram pais depois dos 55 anos.

Na verdade, à exceção de Mick Jagger, que foi pai com apenas 55, os demais tiveram seus filhos aos 65 ou mais. Thurmond, Chaplin e Murdoch, na verdade, tinham mais de 70 anos.

Entretanto, novos pais coroas não são uma tendência apenas entre os ricos e famosos. Hoje em dia, nos Estados Unidos, há um novo e crescente grupo de homens que tomam analgésico para jogar bola no quintal, não com seus netos, mas com seus filhos pequenos.

Nos últimos anos, muito se discutiu sobre as novas mães e como as carreiras das mulheres e os avanços nos tratamentos de fertilidade estão empurrando a gestação para mais tarde, em alguns casos até depois dos 40 anos.

Mas falta atenção aos pais, que estão cada vez mais velhos e que não enfrentam as mesmas limitações biológicas que atingem a maioria das mulheres em torno dos 40 anos.

Em 1980, nos Estados Unidos, somente 1 em cada 23 partos era de crianças com pais com 50 anos ou mais. Em 2002, essa parcela cresceu para cerca de 1 em 18. Ao mesmo tempo, a taxa de natalidade entre pais na faixa etária dos 40 aos 44 anos aumentou 32% e, entre pais na faixa dos 45 aos 49, aumentou 21%. Subiu quase 10% para pais entre 50 e 54 anos. Uma tendência semelhante pode ser vista em muitos países ocidentais, incluindo Israel, Holanda, Reino Unido e Nova Zelândia.

Hoje é comum vermos pais com 62 anos na formatura da faculdade de seus filhos.

Embora a maior parte ainda tenha filhos entre 20 e 34 anos, a proporção de pais acima dos 40 está crescendo muito.

Parte do motivo, é claro, são as novas mães maduras.

Número de crianças nascidas nos Estados Unidos, por idade do pai (1975-2001)

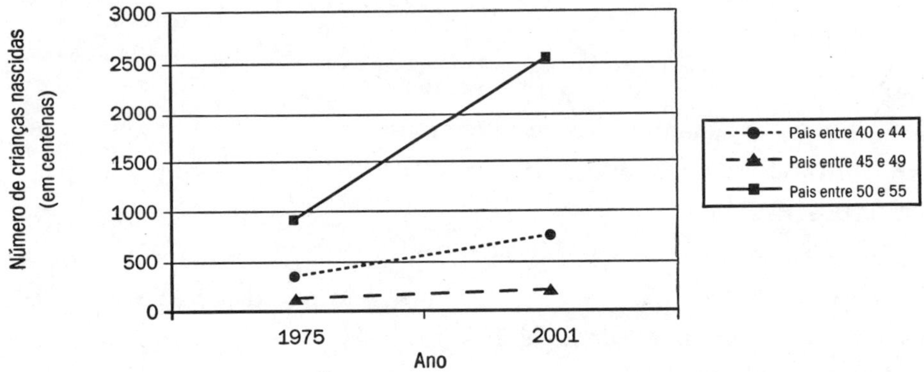

Fonte: National Center for Health Statistics, 2002.

Com as mães adiando o momento de ter filhos em nome da carreira, seus parceiros – que, em geral, são alguns anos mais velhos – tendem a ser aqueles folheando as páginas da revista *Fortune*, em vez da *Maxim*, por exemplo, nas salas de espera do ginecologista/obstetra.

Outro motivo é o divórcio. Sabemos que metade dos casamentos termina em divórcio, mas também é verdade que os homens casam novamente mais rápido do que as mulheres e com maior freqüência. Às vezes chamados de "Do-Over Dads" ("pais de novo"), um número cada vez maior de homens mais velhos está tentando ser pai pela segunda vez com uma esposa mais jovem. (Como reflexo dessa tendência, a reversão de vasectomias vem aumentando em cerca de 40% desde 1999. E os urologistas afirmam que os homens que procuram o procedimento estão sempre com 45 anos ou mais, casados com mulheres pelo menos oito anos mais jovens.)

O terceiro motivo é a combinação da biologia com o sucesso. Os novos pais coroas têm condições físicas para ter filhos; têm mais acesso a mulheres mais jovens e tendem a ter recursos para sustentar seus filhos nos anos vindouros.

Serão os pais coroas melhores pais? São criticados por estarem velhos demais para cuidar de criança e pelo fato de que os mais velhos talvez não presenciem momentos significativos na vida de seus filhos. Mas muitos pais coroas afirmam que se sentem "renovados" e que estão mais relaxados e mais interessados na vida em família do que eram (ou poderiam ter sido) durante os anos em que lutavam para construir sua carreira. Longos dias de trabalho são menos atraentes hoje em dia. Muitos também afirmam que se sentem mais sábios e mais reflexivos sobre o relacionamento com os filhos e que, quando começam a tomar consciência de sua mortalidade, concentram-se mais em seus filhos.

Eu mesmo me enquadro nessa categoria, pois minha filha mais nova nasceu quando eu tinha 48 anos; meus filhos têm entre 19 e 4 anos de idade. Ser um novo pai coroa me faz pensar sobre o que pode acontecer se eu não estiver por perto quando precisarem de mim. Mas também significa que as alegrias da vida em família continuarão até bem depois dos 60 anos. As fases de aposentadoria e do "ninho vazio", quando os filhos crescem e saem de casa, são praticamente eliminadas. De vez em quando, em uma aula de balé ou reunião de pais na escola, vejo pais jovens em um lado da sala, que ainda têm tanto a aprender, e os mais velhos do outro lado, muito mais relaxados. A diferença de idade é maior nas escolas públicas – nas particulares, os novos pais coroas se misturam e se entrosam bem –, mas nas reuniões das escolas públicas ainda somos minoria.

A diferença entre escolas públicas e particulares nos Estados Unidos é apenas um aspecto das implicações comerciais e sociais dessa tendência. Os novos pais coroas tendem a ser mais ricos. Assim, para um número maior de crianças, isso significa acesso à riqueza e a privilégios que aquelas que nascem de pais mais jovens talvez nunca tenham.

Ao mesmo tempo, essas crianças também fazem parte de um experimento social não registrado. Durante anos, estudamos tanto os problemas da gravidez na adolescência que negligenciamos a outra extremidade do espectro – embora em 2001 o número de crianças com pais com mais de

40 anos fosse praticamente igual ao número de crianças nascidas de mães com menos de 19.

Embora as novas mães maduras contem com muitos grupos de apoio, os novos pais coroas são esquecidos, com pouca ou nenhuma orientação, livros ou organizações que atendam a suas necessidades. Podemos estar entrando para a terceira idade, mas um número crescente de homens acima dos 50 ainda têm filhos no ensino fundamental.

Tudo isso tem importantes implicações para nossa sociedade e seus sistemas de assistência. Os novos pais coroas precisam trabalhar mais tempo e se aposentar mais tarde para pagar pela educação universitária e outras despesas de seus filhos temporãos.

Precisam de uma nova série de atividades menos físicas e mais mentais que podem praticar com filhos de todas as idades.

Os novos pais coroas tendem a ser grandes consumidores de bebidas energéticas e de livros de orientação para pais, já que estarão muito mais ativos, participando de rodízios para levar seus filhos à escola e praticando muito menos golfe do que seus colegas cujos filhos já saíram de casa.

Os filhos, que tendem a ser apenas crianças ou simplesmente bagunceiros, precisarão de outras pessoas que possam realizar as mesmas atividades de pais mais jovens, como esportes e jogos vigorosos. Por outro lado, as crianças terão modelos mais velhos nos quais se espelhar – o que poderá torná-las menos interessadas em cerveja e mais em vinho, ou menos interessadas em velocidade e mais em segurança na hora de dirigir, e menos rebeldes e mais conservadoras em sua aparência.

Talvez precisemos também repensar nosso ultrapassado sistema de assistência aos pais, já que muitos pais mais velhos agora precisarão de ajuda antes que seus filhos tenham condições de ajudar.

Os novos pais coroas também se tornam uma nova força política. No Reino Unido, pais divorciados se tornaram militantes em busca de seus direitos de paternidade, sendo noticiados no mundo todo por terem invadido o Palácio de Buckingham.

Finalmente, em geral, acredita-se que os eleitores na faixa de 20 anos estejam voltados para oportunidades pessoais. Já os eleitores na faixa dos 30 e 40 anos estão mais voltados a questões relacionadas à família, e os eleitores com 50 e 60 anos concentram-se nas questões ligadas ao pagamento do ensino superior e aposentadoria. Por sua vez, os eleitores acima de 65 estão mais interessados na Previdência Social e na assistência médica. Mas os novos pais coroas abalam por completo essa progressão. Aos 40 e 50, estariam mais interessados nos filhos, aos 60 e 70, preocupados com a universidade e...

Pais de estimação

Os americanos adoram animais de estimação. Nenhum presidente desde Chester A. Arthur ousou se mudar para a Casa Branca sem levar pelo menos um cachorro ou um gato, e alguns dos presidentes do século XIX levaram bodes, vacas e galos também. Com certeza, os animais de estimação são carinhosos e companheiros. São nossos melhores amigos. Vários estudos demonstram que eles diminuem a pressão arterial, reduzem o estresse, previnem doenças cardíacas e afastam a depressão.

Então, qual é a novidade sobre cães e gatos? Há uma nova raça de animais de estimação e eles desempenham uma nova função em nossa sociedade. Estão substituindo as crianças como o companheiro número 1 nos Estados Unidos. Literalmente, como os novos meninos do pedaço, alguns animais estão sendo elevados a uma nova vida de luxo, praticamente dispondo de um cartão de crédito, de um acesso vip e serviço permanente de empregada e mordomo. Eles alcançaram o que poucos conseguiram antes deles – a chance de ter problemas e uma vida de alta classe. Atualmente nos Estados Unidos, 1% desses animais de estimação vive melhor do que 99% da população mundial.

Eis o motivo. Entre as unidades familiares dos Estados Unidos, 63% têm animais de estimação, subindo em relação aos 56% em 1988. São 44 milhões de famílias com pelo menos um cachorro e 38 milhões com pelo menos um gato (interessantemente, no entanto, o número de gatos no país é maior do que o de cachorros, com uma diferença de até 17 milhões, já que os proprietários de gatos costumam ter mais do que um em casa).

Some a essas famílias outras tantas que criam peixes, pássaros, cobras e outros pequenos animais, e você terá um percentual de lares com animais de estimação que representa mais do que o dobro do percentual das famílias com crianças. Na verdade, nos últimos 15 anos, a queda no percentual de famílias com crianças e o aumento do número de famílias com animais de estimação têm sido praticamente iguais.

Famílias norte-americanas com animais de estimação ou filhos (1990-2005)

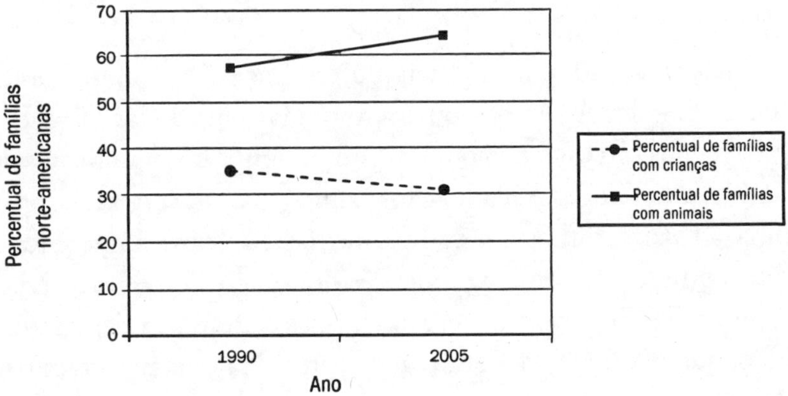

Fonte: American Pet Products Manufacturers, 1990, 2005-06; Censo norte-americano, 2006..

Cada vez mais, as mulheres vivem sozinhas ou como chefes de família. Essas são mudanças demográficas profundas que tiveram grande influência nos Estados Unidos e em alguns países menores.

Não é coincidência verificar que, à medida que o número de casais sem crianças aumentou, também cresceu o número de animais de estimação paparicados. De acordo com um executivo de uma megaloja para animais, o comprador médio de produtos para animais de estimação é mulher, entre 24 e 45 anos, sem filhos. Os novos estilos de vida no país trouxeram consigo menos crianças e mais animais. Era comum que as crianças fossem as impulsionadoras no negócio dos animais de estimação: as crianças viam os filhotinhos e perturbavam os pais até conseguirem o que queriam. E, quaisquer que fossem os recursos gastos com os animais, eles eram tirados das despesas que seriam destinadas às crianças. Elas compartilhavam os recursos com os animais.

Hoje em dia, os animais de estimação super-ricos estão herdando tudo. Não só existem mais pessoas de meia-idade sem filhos, mas também os casais cujos filhos saíram de casa estão vivendo mais tempo juntos. O aumento da expectativa de vida quintuplicou o número de anos em que as famílias ficam sem os filhos, que saem de casa para a universidade. Por isso, sejam adultos que nunca tiveram filhos, ou adultos que sentem falta dos filhos que já criaram, existem cada vez mais pessoas nos Estados Unidos que preferem adotar mais animais de estimação e tratá-los como crianças a ficarem sozinhas.

Claramente, esses animais têm muita sorte. Em 2006, os norte-americanos gastaram quase 40 bilhões de dólares com seus animais de estimação – subindo em relação a cerca de 17 bilhões de dólares no início da década de 1990 –, o que tornou os gastos com animais domésticos um dos dez principais segmentos de varejo nos Estados Unidos. Hoje, os produtos para animais são uma indústria maior do que a de brinquedos, doces ou ferramentas. Mas não é só o mercado de massa que é novo: é o tamanho do mercado de luxo para animais de estimação. Provavelmente, 1% dos animais recebe 40% de todos os produtos.

Quem precisa de filhos quando podemos ter animais de estimação? Oito em cada dez donos de cachorro e dois em cada três donos de gato compram presentes para seus animais para comemorar o dia de seu aniversário ou nos feriados. Planos de saúde para animais estão aumentando vertiginosamente. Setenta por cento dos proprietários de seguros para animais e outros proprietários de animais que estão interessados nisso afirmam que pagariam "qualquer valor" para salvar a vida de seu animalzinho. Em 2004, os americanos compraram 14 bilhões de dólares em ração, incluindo quantidades recordes desse produto com "qualidade humana", gourmet, vegetariana, com baixas calorias ou orgânica.

Em 2006, gastaram mais de 9 bilhões de dólares em tratamentos e suprimentos médicos para os animais de estimação – e não foram apenas coleiras antipulga e arranhadores. Compraram branqueadores de dentes, enxágües para manter o hálito refrescante, produtos para deixar o pêlo brilhante, casaquinhos com design, jóias para cães e, sim, cadeirinhas especiais para andar de carro; compraram remédio contra acne felina; "doggles" para proteger os olhos dos cães contra o sol quando andam de conversível; protetor solar para filhotinhos de cachorro; esmalte de unha para os gatinhos; cremes antienvelhecimento para animais; "pawfume" (o K#9 foi durante algum tempo exclusividade da Barneys). Sim, compraram lentes de contato para os animais de estimação.

Alguns pais de estimação pagaram milhares ou até mesmo dezenas de milhares de dólares por casas de cachorro personalizadas. Os canis foram atualizados para se transformar em hotéis de luxo que oferecem serviço caminhadas, natação, tevê, refeições gourmet e pedicures. O Nashville Loews Hotel (para seres humanos) recentemente lançou o pacote "The Hound of Music", em que, por 1,6 mil dólares seu cão pode andar de limusine até um estúdio de gravação e gravar seu latido com digitalização masterizada em um CD de férias. A massagem está incluída. Para o cão.

E, como todo pai cuidadoso sabe, existem serviços para os diferentes ciclos de vida do animal: grupos de brincadeiras com animais estimulam a socialização; escola de pesca para felinos; serviços de encontros e casamentos entre cães; retiros para animais, onde aqueles com temperamentos semelhantes são agrupados para brincar entre as sessões de terapia. Evidentemente, funerais de animais, lápides comemorativas e rituais para lembrar o animal de estimação. Sabia que você pode transformar os restos de seu adorado animalzinho em diamante? É claro que 20% de todos os diamantes criados têm essa composição.

Não é à toa que *Marley e eu: vida e amor ao lado do pior cão do mundo*, passou boa parte de 2005 e 2006 na lista dos livros mais vendidos. E o relançamento de *Lassie* em 2006 foi um dos filmes mais bem recebidos pela crítica.

O que significam os pais de estimação?

Claramente, o mercado para produtos e serviços voltados a animais domésticos continuará a crescer.

Não é apenas um nicho para pet shops sofisticadas; agora, as megalojas de produtos para animais estão abrindo "petiques" para atender às demandas dos pais de estimação. Até mesmo "empresas humanas" querem participar. O salão Paul Mitchell tem uma linha de produtos especiais somente para pêlo de animais. A Omaha Steaks vende "bolsas de filé para agradar os animais" (certamente não às vacas). Empresas de artigos de vestuário, brinquedos e colchões estão entrando na onda de produtos para animais domésticos como cãezinhos que dançam para ganhar Kibbles 'n Bits.

Isso também é uma ótima notícia para a medicina veterinária. Com todos esses alimentos e tratamentos de alta qualidade, os animais estão vivendo três a quatro vezes mais do que há trinta anos, por isso, enquanto os veterinários costumavam tratar de raiva e de doenças infecciosas, hoje em dia tratam problemas como obesidade, insuficiência renal e aterosclerose. Os centros veterinários no país inteiro estão oferecendo novas subespecialidades em cardiologia, neurologia e dermatologia.

Talvez não seja tão ruim assim ter uma "vida de cão".

Além dos produtos e serviços exclusivos para animais, os inovadores devem estar atentos aos espaços compartilhados por animais e pessoas. Em 2005, a Honda lançou o Wow, um carro conceitual para pessoas que transportam cães regularmente. O meio dos três assentos se converte em uma casinha. O piso é de fácil limpeza. A porta traseira tem compartimentos para guias, escovas e pazinhas para catar a sujeira dos bichinhos. E um número cada vez maior de pessoas está trabalhando para eles, e não o contrário. Profissionais pagos para caminhar com os cães podem ganhar até 200 dólares por hora e um estilista pode ganhar até 100 dólares por hora se estiver trabalhando para o Totó certo.

Há também os espaços públicos. Os parques nacionais ainda relutam em aceitar a entrada de animais de estimação (tenha um cão e atraia um leão da montanha), mas cada vez mais os hotéis não só estão permitindo animais, mas oferecendo caminhadas e robes de banho especiais. Um número crescente de restaurantes oferece sacolas especiais para animais para consumo no local. As lojas estão colocando tigelas de água à disposição para o cãozinho, enquanto "papai e mamãe" fazem as compras.

Os animais também vão trabalhar. O número de empresas que participam do Dia Internacional para "Levar seu cão para o trabalho" dobrou entre 2003 e 2005. Ainda não conseguimos resolver a questão da creche nas empresas, mas será que com cães seria mais fácil?

Os pais de estimação estão liderando uma tendência para acabar com a discriminação na lei entre animais de estimação e pessoas. Em 2004, um júri na Califórnia concedeu a um dono de animal uma indenização recorde de 39 mil dólares por negligência médica do veterinário, reconhecendo que, se o cão fosse considerado apenas "propriedade", ele teria um valor de mercado de apenas 10 dólares. Em 2007, o escândalo da ração envenenada levou advogados a instaurar ações contra o que era praticamente equivalente à matança de animais de estimação. Essa tendência parece ser uma grande vitória para os amantes dos bichos, mas cuidado com os ativistas dos direitos dos animais na outra extremidade que pensam que ser dono de animal é desumano. Se os animais de estimação não são propriedades, aos olhos dos tribunais, por que as pessoas podem ser donas deles, afinal de contas?

Outro elemento novo é que, durante muito tempo, os cientistas defenderam a teoria de que todas aquelas poses fofas dos cachorrinhos nada mais eram do que instinto e que os animais não tinham sentimentos ou emoções de verdade. Agora, parece que o mundo científico mudou de opinião e admitiu o óbvio – os animais pensam, agem e amam, assim como crianças de verdade. Talvez de modo muito mais limitado, mas o elo emocional entre um animal e seu dono, especialmente em uma casa sem crianças, é real e não deve ser subestimado. Quando se trata dos nossos filhos, sempre damos um jeito para dar o que eles querem, mesmo quando eles são cães e gatos.

Pais tolerantes

Existem poucos assuntos que despertam tanta paixão entre os norte-americanos quanto como criar seus filhos. O dr. Benjamin Spock ainda é literalmente um nome de família – cinqüenta anos (e 50 milhões de exemplares) depois do lançamento de seu livro *Meu filho, meu tesouro,* os americanos continuam lendo obras de seus sucessores aos milhões.

Em 1975, as principais editoras norte-americanas publicaram 57 livros de orientação aos pais; em 2003, publicaram 12 vezes mais livros. Existem literalmente centenas de revistas e milhares de sites com dicas sobre como cuidar de bebês, crianças de todas as idades, gêmeos e adolescentes. Hoje, o negócio de produtos para bebês – que patrocina todas essas publicações – é uma indústria de 7 bilhões de dólares.

O campo não é só grande; é disputado. Enquanto parte do gênio do dr. Spock era seu apelo a praticamente todos os pais dos Estados Unidos, hoje o campo está dividido e em disputa, como irmãos adolescentes que se batem pelo novo DVD portátil do pai. Antes considerado a voz da razão para orientar os pais, o dr. Spock hoje pode ser criticado tanto por pessoas como James Dobson, por ter sido tão permissivo ("os pais precisam manter as rédeas!"), quanto por tipos como o dr. Sears, por ter sido tão rígido ("as crianças precisam de elos, e não de independência!").

Você percebe essa grande divisão quando tem um filho hoje em dia. Lá está você, certo de que entrou para o grupo dos abençoados – ou dos atormentados, ou como quer que considere sua vida de pai ou mãe –, e, de repente, se vê diante do fogo cruzado de especialistas infantis e seus discípulos. Não planeja amamentar? Quanto egoísmo. Amamentar em público? Que barbaridade! Seu filho dorme com você na sua cama? Quanta dependência! Você abandona seu filho no berço? Que brutalidade, que atitude pateticamente norte-americana!

Em meio a essas intensas facções, é difícil encontrar algo atualmente com que os pais concordem. Acho que encontrei duas coisas. A primeira é que a maioria dos pais nos Estados Unidos acredita ser rigorosa demais. Em segundo lugar, estão seguros de que são os únicos assim.

Em 2006, entrevistamos pais com filhos menores de 18 anos que moram na mesma casa, fazendo perguntas a diferentes grupos em uma escala de permissividade/rigor. Alguns elementos não foram surpresa – os pais mais rigorosos freqüentam a igreja uma vez por semana ou mais, identificam-se como conservadores, moram no sul dos Estados Unidos e são mais velhos. Os menos rigorosos são mais jovens, liberais, moram no nordeste do país e também foram criados por pais permissivos. Os homens são um pouco mais rigorosos do que as mulheres. Os protestantes são um pouco mais rigorosos do que os católicos.

No entanto, ao analisar o grupo de pais entrevistados como um todo, percebe-se que um princípio que os une é que quase todos se acham rigorosos. Em comparação com apenas 37% que se dizem permissivo, 55% dos pais se consideram rigorosos. Noventa e dois por cento dos pais (e 58% dos mais velhos) afirmam que é melhor criar os filhos com "disciplina e estrutura" do que com "amor e estímulo". A uma razão de mais de 2 para 1, os pais norte-americanos afirmam que é mais importante tornar seus filhos bons cidadãos do que fazê-los felizes.

O fato interessante é que os pais americanos também afirmam que os *outros* pais não estão fazendo sua parte. Um número assustador de 91% dos entrevistados afirma que a maior parte dos pais atualmente é muito liberal com seus filhos, em comparação com apenas 3% que consideram que os pais são rigorosos demais.

Então, temos muitos pais achando que são rigorosos, mas que ninguém mais é. A verdade é que eles só estão meio certos – sobre os outros. Hoje em dia, nos Estados Unidos, quase todos os pais são mais permissivos com seus filhos do que nas gerações passadas, apesar de sua autopercepção como pais e mães rigorosos. Em termos de permissividade, os pais estão em estado de negação.

Começa com as noites das crianças. Na primeira metade do século XX, os pais eram orientados a manter seus filhos em rígidos esquemas de sono, mesmo que isso significasse deixá-los berrando no meio da noite. Na década de 1950, o dr. Spock foi tachado de "permissivo" por sugerir que, às vezes, não fazia mal algum ceder e reconfortar a criança – embora nas versões posteriores de seu livro ele também tenha dito que, em geral, era melhor deixar os bebês se esgoelarem. Na década de 1980, dr. Richard Ferber, de Harvard, aconselhou os pais em seu best seller *Bom sono* a deixar seus filhos chorando para que aprendessem a ser independentes, uma prática hoje chamada de "ferberização".

O que os pais americanos pensam sobre a ferberização? Como de costume, alguns a seguem à risca, mas muitos pensam que é como condenar a criança à forca. Em nossa entrevista, 60% dos pais declararam que os "bebês devem ser confortados sempre que choram" – em comparação com apenas 35% que afirmaram que os bebês devem chorar até que aprendam a dormir sozinhos. Entre as mães, que supostamente são mais responsáveis por essas decisões, a divisão foi 66 *vs.* 30 – ou seja, mais do que de 2 para 1 – a favor de confortar os bebês sempre que chorarem. (Os pais gostam de conversar fiado, mas de algum modo eles conseguem dormir em meio aos berros.)

Qual é a visão mais próxima da sua?

	Todos	Pais	Mães
Os bebês devem ser confortados sempre que chorarem	60	48	66
Os bebês devem chorar até aprenderem a dormir sozinhos	35	44	30
Não sei	5	8	4

Quando se trata de crianças e sono, todo nosso centro de gravidade societário mudou para a esquerda até mesmo do dr. Spock, que foi chamado de permissivo em seus dias. O próprio dr. Ferber passou por um aperto na edição de 2006 de seu livro para explicar que nunca usou a expressão "deixe chorar" e o que ele defende é a "espera progressiva".

Talvez o ponto mais debatido sobre a criação de filhos seja bater ou não nas crianças. Em 1968, havia uma aprovação praticamente universal da punição corporal, com 94% dos americanos afirmando que bater nos filhos era algo normal. Em 1994, a aprovação caíra para 68%, e, desde então, manteve-se estável em cerca de 65%. Embora este número ainda represente a maioria, é difícil encontrar outra tendência social que tenha caído tanto assim e tão rapidamente no gosto popular. Até mesmo a pena de morte, agora também com cerca de 65% de aprovação, caiu apenas de 80%.

Como se as atitudes em relação ao sono e aos castigos corporais não fossem suficientes para ilustrar a crescente permissividade dos americanos, o que realmente me surpreende é a forma como os pais afirmam lidar com seus filhos gêmeos e adolescentes. Nossa pesquisa perguntou aos pais o que fariam se seu filho de 9 anos os xingasse e dissesse que os odiava. As principais respostas, independentemente da idade ou do sexo dos pais, foram: "Sentar com ele e perguntar por que se sente assim" e "Dizer a ele que lamentamos que ele se sinta assim, mas que o amamos de qualquer modo". (Se fosse com uma filha, os números nessas duas opções ainda eram maiores.) Somente 14% dos pais disseram que bateriam no filho e, entre os pais com menos de 35 anos, os que partiriam para a violência eram menos do que a metade. Quase dois em cada dez pais disseram que tirariam os privilégios dos filhos por pelo menos uma semana.

Vamos supor que seu(sua) filho(a) de 9 anos xingasse você e dissesse que o odeia. Qual seria sua resposta?

Várias respostas

Os números duplos representam filho/filha	Todos	Pais	Mães	Pais com menos de 35 anos	Pais com mais de 35 anos
Sentaria para conversar e perguntaria o motivo	58/64	60/59	57/66	53/63	61/64
Diria que lamenta que ele/ela se sinta assim, mas que o/a ama de qualquer modo	56/57	44/51	63/60	63/67	51/57

Vamos supor que seu(sua) filho(a) de 9 anos xingasse você e dissesse que o odeia. Qual seria sua resposta?

Várias respostas

Os números duplos representam filho/filha	Todos	Pais	Mães	Pais com menos de 35 anos	Pais com mais de 35 anos
Mandaria a criança para o quarto de castigo	44/46	37/38	49/50	51/53	40/41
Tiraria os privilégios dele(a) por uma semana	34/33	39/27	31/35	41/39	30/28
Tiraria os privilégios dele(a) por uma semana ou mais	21/25	22/24	21/25	15/26	25/24
Bateria nele(a)	14/14	18/2	11/20	8/20	17/10
Não faria nada	0/2	0/4	0/1	0/1	0/2
Não sei	**3/1**	**1/3**	**4/0**	**7/1**	**1/1**

Ok, você responde – mas a criança só tinha 9 anos e estava apenas testando seus limites de independência. Nós também perguntamos aos pais qual seria a primeira resposta se descobrissem que seu filho(a) de 15 anos estava fazendo uso de drogas ilegais. Dessa vez, três em cada quatro pais disseram que sentariam e conversariam com ele – com quase um em cada dez dizendo que contaria aos filhos sobre o próprio uso de drogas ilegais. Somente 15% dos pais atuais tirariam privilégios (menos de um em cada dez mães tiraria privilégios de seus filhos) e praticamente ninguém respondeu que bateria no filho(a).

Vamos supor que você descubra que seu(sua) filho(a) de 15 anos está usando drogas ilegais. Qual seria sua primeira resposta?

Os números duplos representam filho/filha	Todos	Pais	Mães	Pais com menos de 35 anos	Pais com mais de 35 anos
Sentaria para conversar e perguntaria o motivo	68/66	55/70	75/63	73/68	65/63
Tiraria os privilégios dele(a) por um mês ou mais	10/6	16/7	6/5	4/4	13/7

Vamos supor que você descubra que seu(sua) filho(a) de 15 anos está usando drogas ilegais. Qual seria sua primeira resposta?					
Os números duplos representam filho/filha	**Todos**	**Pais**	**Mães**	**Pais com menos de 35 anos**	**Pais com mais de 35 anos**
Falaria sobre a própria experiência com drogas ilegais	7/8	11/9	5/7	8/8	6/7
Tiraria os privilégios dele(a) por até um mês	6/8	13/6	3/9	6/9	7/6
Chamaria a polícia	4/4	3/3	4/4	1/3	5/4
Obteria ajuda/Mandaria ele(a) para reabilitação ou para um programa de tratamento	1/2	0/0	1/4	1/1	0/3
Falaria sobre a pressão dos colegas/os riscos e conseqüências do uso de drogas	1/1	1/3	2/0	1/0	1/2
Bateria nele(a)	0/0	0/0	0/0	0/0	0/1
Outros	0/3	0/0	0/4	0/1	0/4
Não sei	3/3	1/2	4/4	4/5	2/2

"Passar a mão na cabeça" dos filhos foi um comportamento substituído por uma boa conversa. Não vou julgar uma ou outra abordagem, apenas observar como foi drástica esta mudança. Enquanto um número cada vez maior de crianças estão obtendo passe livre, mais adultos estão indo para cadeia – os juízes, impulsionados pelas mudanças nas leis, passaram para o lado contrário dos pais. Será que os pais estão causando problemas para o sistema? Talvez.

Sim, os dados da pesquisa foram obtidos dos próprios pais – talvez eles digam que sentam e conversam com os filhos, quando, na verdade, gritam e batem neles. No entanto, esse é o mesmo grupo que se considerou rigoroso na criação dos filhos. Eles acham que essa atitude é rigorosa.

O que toda essa recém-descoberta permissividade representa para os Estados Unidos?

É uma pergunta capciosa, pois cada abordagem desperta paixões não só da perspectiva do amor pelos filhos, mas também pelo senso de que o futuro do mundo depende de eles vencerem. Os conservadores sociais afirmam que a maior permissividade, conforme descrita, significa que as crianças crescerão mais autocentradas, criminosas e com menos respeito pelas autoridades. Apontam até mesmo para os líderes negros liberais em todo o país, que afirmaram publicamente que a surra ocasional da mãe e da avó foi o que os manteve na linha. Em nossa pesquisa, destaca-se o fato de que, na lista de pais rigorosos nos Estados Unidos, em ordem decrescente, estão os liberais, o pessoal do nordeste, as pessoas criadas por pais permissivos e, talvez de modo surpreendente, os pais *rurais*. Durante a grande queda da criminalidade da década de 1990, o crime rural caiu muito mais lentamente do que em qualquer centro urbano ou subúrbio nos Estados Unidos.

Os liberais, por outro lado, destacam as décadas de estudo que indicam que bater nos filhos gera obediência de curto prazo, mas problemas mais graves a longo prazo, incluindo, ironicamente, a desobediência. Assim, a maior permissividade no país resultará, no final das contas, em uma sociedade mais saudável.

De qualquer maneira, o ponto-chave é que se tornou socialmente inaceitável disciplinar as crianças. Recentemente, estava em um vôo em que um pai irritado ameaçava suspender a viagem de férias da família se os filhos não se comportassem. Os outros passageiros pareciam tão alarmados com a reação do pai que achei que teríamos uma intervenção bem ali para detê-lo. Suspender as férias da família – isso foi considerado exagero. Mais uma vez, não estou emitindo juízos de valor – mas é preciso estar consciente de que, se você disciplinar seus filhos em público, a maioria das pessoas tomará partido das crianças.

Os pais permissivos atuais têm reais implicações comerciais. Na década de 1990, acreditava-se basicamente que o que os pais ocupados mais precisavam era de tecnologia – como os V-chips e o software de bloqueio à internet – para filtrar as más influências antes que elas entrassem em casa e gerassem todo tipo de briga em família. Só que ninguém os usa. Em 2001, mais de dois anos depois que o V-chip se tornou padrão nos novos televisores, menos de um em cada dez pais o utilizava. Nossa pesquisa revelou que, embora até 85% dos pais com filhos que usam computadores os monitorem, menos de um em três o faz por meio de filtros ou software. Os pais permissivos de hoje afirmam que querem ferramentas tecnológicas menos ostensivas, mas o que eles realmente precisam é de orientação para ter "a conversa".

Antigamente, as crianças eram simplesmente punidas. Hoje em dia, ouvem sermões, ficam sem os privilégios e precisam negociar muito mais com os pais. Ainda não temos o veredicto: será que teremos uma sociedade menos violenta ou mais pessoas com menos disposição para ouvir a voz da autoridade?

Pais que mimam seus filhos podem ser mais do que uma microtendência – essa tendência afeta milhões de pais e tem enormes implicações sociais. Mas o que é tão contra-intuitivo é a maneira como os pais estão achando que estão sendo rigorosos, quando, na verdade, eles redefiniram o conceito de rigor e o transformaram completamente – do cinto no traseiro a uma conversa cara a cara.

O CENÁRIO INTERNACIONAL

Assim, os Estados Unidos estão se tornando mais "centrados nas crianças", com todo esse movimento para confortar os bebês que choram no meio da noite e rapidamente acabando com os castigos corporais. Mas uma análise das tendências em outros países mostra que os norte-americanos talvez sejam mais rigorosos do que o restante do mundo quando se trata de bater nos filhos, mas talvez não tão rigorosos assim na hora da disciplina acadêmica.

Embora os norte-americanos desaprovem os castigos corporais em maior número do que no passado, a taxa de aprovação ainda está perto de uma supermaioria de 65%. Vinte e dois estados norte-americanos ainda permitem castigos corporais nas escolas. Isso os situa na minoria.

- ▲ **Na Europa: Na Islândia, Polônia, Holanda, Luxemburgo, Itália, Bélgica, Áustria, França, Finlândia, Rússia, Noruega, Portugal, Suécia, Dinamarca, Chipre, Alemanha, Suíça, Irlanda, Grécia e no Reino Unido, o castigo corporal está formalmente banido nas escolas e, em muitos desses países, também está banido no seio familiar. Mesmo o Reino Unido, que recentemente, em 2004, aprovou uma lei que garante aos pais o direito de bater no(a) filho(a), está se preparando para reverter essa tendência. Uma pesquisa conduzida pela Children Are Unbeatable Alliance verificou que 71% dos adultos britânicos hoje favorecem dar às crianças a mesma proteção contra a violência conferida aos adultos.**
- ▲ **Na África: os castigos corporais nas escolas são proibidos na Namíbia, África do Sul, Zimbábue, Zâmbia e Quênia.**

▲ Na Ásia: os governos do Japão, China, Tailândia e Formosa orientaram os professores a buscar algum outro tipo de punição que não a física. (Em 1994, Cingapura estava disposta a bater publicamente em um jovem norte-americano de 18 anos por vandalizar alguns carros.)

Desse modo, conclui-se que os Estados Unidos são realmente rigorosos em termos globais quando se trata de bater nos filhos, mas, quando o assunto são tarefas escolares, são relativamente - talvez prejudicialmente - frouxos. De acordo com uma pesquisa conduzida pela Pew em 2006, 56% dos norte-americanos pensam que os pais pressionam muito pouco seus filhos para que tenham bom desempenho na escola. Por outro lado, na China, na Índia e no Japão - países conhecidos por seus ambientes educacionais competitivos -, uma sólida maioria de pais afirma que a pressão exercida sobre as crianças é excessiva.

Como resultado, os estudantes asiáticos têm melhor desempenho em alguns exames internacionais do que os norte-americanos. Os Estados Unidos ficaram em 24° lugar dentre 29 países-membros da OCDE em um teste de conhecimentos matemáticos realizado em 2003, bem atrás do Japão e da China. Será que isso pode estar ligado ao fato de que, conforme verificaram a RAND Corporation e a Brookings Institution, o estudante americano típico gasta menos de uma hora por dia fazendo seus deveres de casa?

Talvez a solução seja menos castigos e mais incentivos para que as crianças sentem e façam seu dever de casa.

Homossexuais assumidos

▲

Em agosto de 2004, o governador James McGreevey, de Nova Jersey, renunciou diante dos repórteres locais, representantes da imprensa nacional e 300 milhões de telespectadores, porque confessou ter um caso com um homem que o havia deixado vulnerável a "falsas alegações e ameaças de revelação".

Houve muita fofoca e histórias paralelas. Será que houve má apropriação de fundos públicos para contratar o amante como "especialista em segurança", quando, na verdade, o sujeito não tinha treinamento algum? Será que o relacionamento representa abuso de poder, já que ele havia trabalhado para o Estado? Seria possível confiar em um político em ascensão que mentiu sobre a sua sexualidade?

Mas uma questão menos discutida foi a história da esposa do governador: Dina Mates McGreevey, que ficou a seu lado durante o anúncio feito pelo marido. "A verdade é que sou um norte-americano homossexual", disse McGreevey, ao lado da esposa com quem estava casado há quatro anos e mãe de sua filha de 2 anos, que observava com um sorriso plástico.

McGreevey e Mates se conheceram em 1996, após a separação de McGreevey de sua primeira esposa. Caminharam juntos até o carro dela e se beijaram naquela mesma noite. Depois de quatro anos de namoro, casaram-se em uma discreta cerimônia em Woodbridge, na Virgínia, seguida por uma recepção no elegante Hay Adams Hotel com vista para a Casa Branca (onde, talvez, o futuro governador McGreevey, sonhasse chegar). Dois anos mais tarde, comemoraram o nascimento da pequena Jaqueline.

E então, quase quatro anos após o casamento, em cadeia nacional de tevê, Jim McGreevey, com 47 anos, dizia ao mundo que era homossexual.

Esse tipo de homossexual, que assume sua condição tardiamente na vida, representa uma força crescente nos Estados Unidos. Embora o número exato ainda seja difícil de calcular, os especialistas afirmam que existem pelo menos 2 milhões de homossexuais que já foram ou ainda são casados com pessoas do sexo oposto. De acordo com uma pesquisa de 2002 realizada pela National Survey of Family Growth do Departamento de Saúde e Serviços Humanos dos EUA, 3,4% dos homens que estão atualmente casados entre 15 e 44 anos de idade – ou praticamente 900 mil pessoas – afirmam que tiveram relações sexuais com outros homens (deve-se observar, contudo, que esse número é maior do que o número de homens que se declaram homossexuais). Quando somamos os números de homens que já foram casados, chegamos a 1,2 milhão de homens nos Estados Unidos que estão ou já foram casados e que afirmam ter tido sexo com outros homens.

A maioria desses indivíduos aparentemente não inicia o casamento com a intenção de enganar suas parceiras. Alguns só constatam sua condição bem mais tarde; pelo menos um estudo descobriu que um em cada cinco homossexuais casados tinha mais de 40 anos quando teve a primeira experiência com outro homem. Outros suspeitavam, mas só saíram do armário depois de anos de luta contra si mesmos. Ainda outro grupo que assume sua condição mais tarde na vida o faz contra a vontade, em geral, por causa das esposas que descobrem pornografia homossexual ou e-mails com sexo explícito no computador. Ou, como no caso do governador McGreevey, por ter sido revelado pelo próprio amante. É notório o caso do pastor do Estado de Colorado, Ted Haggard, cujo amante pago durante anos finalmente decidiu que estava farto das condenações públicas de Haggard ao homossexualismo. Quando o prostituto Mike Jones citou Haggard em 2006, o pastor tinha 50 anos, fora casado durante 28 anos e tinha cinco filhos.

Considero que o tema tornou-se "oficialmente" um fenômeno nacional quando Oprah Winfrey fez um programa com o tema "Meu marido é homossexual" em 2004.

Por que o aumento do número de homossexuais do sexo masculino assumidos tardiamente? A ascensão parece estar diretamente associada ao aumento da aceitação da homossexualidade. Quando a maioria desses homens estava na escola, bem menos de 30% dos norte-americanos consideravam a homossexualidade um "estilo de vida alternativo aceitável". Em 2006, a tendência se reverteu e uma sólida maioria de norte-americanos afirma que aceita bem a questão. 88% dos americanos afirmam que os homossexuais devem ter os mesmos direitos no local de trabalho, percentual que subiu dos parcos 56% em 1977. E o apoio aos homossexuais proliferou em praticamente todos os cantos do país.

Assim, o que parecia impensável alguns anos atrás – quando as pessoas limitavam seu ímpeto homossexual a uma única experiência ou a fantasias particulares, e casavam com um homem ou uma mulher com quem realmente se importavam – hoje se tornou possível. E factível. Por isso, cada vez mais pessoas estão aderindo.

Aparentemente, mais homens que mulheres. Isso porque existem mais homossexuais do sexo masculino do que do feminino, e porque, de acordo com especialistas, as esposas em geral são mais lentas em fazer a passagem entre a autoconsciência homossexual e o divórcio. É certo que a esposa de Ross em *Friends* o deixou por uma bonitona da academia, e a mãe (retratada por Annette Bening nos cinemas em 2006) na biografia best seller de Augusten Burroughs *Correndo com tesouras*, de 2002, teve casos lésbicos já na meia-idade. Mas, na vida real, a situação mais comum é a de Dennis Quaid no filme *Longe do paraíso*, de 2002. Homem casado morando no subúrbio, pai de dois filhos, com uma vida cívica exemplar, sente atração por homossexuais e resolve assumir sua condição aos 40 anos.

Os homossexuais assumidos têm necessidades, especialmente na própria comunidade gay. Embora possa ser mais fácil do que nunca para os adolescentes e jovens na faixa de 20 e poucos anos de idade assumirem a homossexualidade, os debutantes de meia-idade ainda se sentem desconfortáveis – sem falar da novidade de sua presença no cenário gay. O autor de www.comingoutat48.blogspot.com conta que, quando começou sua nova vida como homossexual, não tinha idéia do que vestir nos bares e chegava aos lugares antes de todo mundo. O seriado *Will & Grace* concentrou pelo menos alguns episódios mostrando Will ou Jack ajudando um homossexual tardio a se adaptar à sua comunidade.

Independentemente dos próprios desejos, é importante ressaltar como esses homossexuais tardios transformam a vida de seus cônjuges e filhos. De acordo com um estudo de 1990 sobre a Organização Social da Sexualidade (consubstanciado pelos dados sobre crescimento familiar citados anteriormente), existem cerca de 3 milhões de mulheres que foram ou são casadas com homens que hoje dormem com outros homens. Além disso, existem cerca de 3,5 milhões de crianças cujos pais assumem sua condição de homossexuais mais tarde na vida. Isso sim é ter uma conversa estranha sobre sexo com papai e mamãe.

As esposas heterossexuais abandonadas têm um recurso na International Straight Spouse Network, que coordena até oitenta grupos de apoio nos Estados Unidos e em outros países. O site www.straightspouse.org recebe trezentas visitas por dia. O apoio é necessário. De acordo com os especialistas, as esposas de homossexuais tardios passam por todos os estágios vivenciados com a morte do ser amado – raiva, tristeza, negação, ódio. Às vezes, existe alívio, do tipo "não fui eu, foi ele". Às vezes, medo, especialmente com relação a doenças sexualmente transmissíveis e AIDS. Contudo, quase sempre, para as esposas abandonadas, há rejeição, humilhação e traição e, às vezes, o reexame radical, a força dos próprios valores e a consciência da verdade.

Tudo isso, embora seja em nível prático, também envolve questões de separação, a chance de tentar ficar junto mesmo assim (o que ocorre com cerca de um terço dos casais) e/ou a confusão emocional de buscar novos relacionamentos.

Muitas esposas heterossexuais se vêem no próprio armário até tudo ser esclarecido – momento em que têm de encarar algumas perguntas difíceis dos amigos, pais, colegas e filhos.

É certo que, juntamente com as esposas, estão no grupo sofredores como Oscar Wilde, Rock Hudson e Elton John, mas isso não cura a dor.

Existem 2 milhões de homossexuais assumidos tardiamente – mas eles também afetam as perspectivas de casamento para todo o restante da população. O casamento nos Estados Unidos está sofrendo atualmente, pois apenas 7,5 em cada mil pessoas se casam, caindo de 10,6 em 1980. Mas hoje, mesmo quando as pessoas que aspiram se casar encontram um par compatível e efetivamente celebram a união, um novo problema surge. Daqui a 15 anos, será que meu marido vai resolver assumir a homossexualidade? Será que ele diz que me ama – na verdade, sem nunca ter desejado outra mulher – e, mesmo assim, me deixará por uma paixão maior quando tiver 45 anos? Como ativar o *Gaydar** aqui e agora, quando ainda estamos namorando?

Talvez os sites de encontros e os serviços de aconselhamento pré-nupcial devam acrescentar algumas perguntas sobre preferências sexuais. Hoje, casais esperançosos fazem todo tipo de teste de personalidade para entender quem combina com eles, como prever (e afastar) conflitos de relacionamento e como maximizar as chances de felicidade matrimonial. Será que não é uma boa idéia garantir que as pessoas estejam até mesmo na pista de dança certa antes que comecem a procurar um(a) parceiro(a)?

Com certeza, se a tolerância pela homossexualidade nos Estados Unidos continuar crescendo, o número de homossexuais tardios cairá, teoricamente porque eles serão simplesmente homossexuais desde o início, sem precisar fazer o desvio do casamento heterossexual. Particularmente, se o casamento gay e a adoção de filhos conquistarem apoio popular, os homossexuais não perderão nada escolhendo parceiros do mesmo sexo, e as esposas abandonadas não precisarão sofrer com essa agonia. (Como disse o comediante Jason Stuart, "Eu queria que vocês, heterossexuais, deixassem os homossexuais se casarem entre si. Se vocês deixassem, a gente parava de casar com vocês!")

Mas esse dia ainda vai demorar nos Estados Unidos. Cerca de 51% dos norte-americanos ainda consideram a homossexualidade "moralmente errada", e cerca de 60% são contra o casamento entre pessoas do mesmo sexo. Muitos americanos (36%) pensam que os homossexuais devem ser menos aceitos ou não aceitos igualmente. Enquanto os homossexuais forem considerados inferiores nos Estados Unidos, um bom número de pessoas com sentimentos nesse sentido esconderá essas emoções a favor de um casamento heterossexual, uma casa de cercas brancas e filhos biológicos. Se, anos mais tarde, esses sentimentos voltarem, ou surgirem de maneira inteiramente nova, haverá mudanças em sua orientação sexual e uma reorientação geral para todos os que os cercam.

---

*Radar interno que detecta comportamento homossexual do companheiro.

Filhos zelosos

Cuidadores nos EUA

Hoje em dia, sabemos bem que os norte-americanos estão vivendo mais – uma pessoa pode esperar viver bem mais do que setenta anos, em comparação com a expectativa de vida de 47 anos para quem nasceu em 1900. Cada vez mais, é comum chegar aos 80 ou 90 anos.

Sabemos também que o processo de envelhecimento é mais lento – as pessoas sofrem de condições crônicas como doenças cardíacas e doença de Alzheimer, em vez das doenças fulminantes do passado.

Como resultado, um número maior de idosos acaba precisando de algum tipo de cuidado no final da vida e, ao contrário da crença popular, poucos deles são internados em asilos ou casas de repouso com assistência médica. Na verdade, somente 4% das pessoas com 65 anos ou mais efetivamente vivem nessas instituições. A maioria dos idosos que precisam de assistência é atendida por parentes ou se muda para a casa de familiares. Isso ocorre em média durante quatro ou cinco anos. Esta é uma obrigação séria para quem fica encarregado de cuidar do idoso.

Claramente, a maior parte do ônus do cuidado com os idosos recai sobre as mulheres nos Estados Unidos. Existe até um termo cunhado para designar mulheres profissionais que colocam a carreira em segundo plano para cuidar de seus pais idosos: "*Daughter Track*" – um reflexo da opção pela maternidade, ou "*Mommy Track*", que muitas escolheram vinte anos antes, quando deixaram a carreira para trás para ter seus filhos.

Embora as mulheres cuidem mais dos idosos, muitos dos quais exigem atenção integral, um grupo potencialmente poderoso está crescendo silenciosamente – os cuidadores. De acordo com um estudo de 2004, realizado pela National Alliance for Caregiving e a AARP, quase 40% dos 44 milhões de pessoas nos Estados Unidos que cuidam gratuitamente de adultos doentes são homens. São cerca de 17 milhões de filhos, genros, sobrinhos, irmãos e maridos que cuidam de seus entes queridos no horário de "folga". Durante a década de 1990, o grupo de cuidadores que mais cresceu foram os filhos, que prestam ajudam a pais cronicamente incapacitados.

Não é só o fim de semana ocasional para ajudar o pai a mover o velho sofá de lugar, já que ele não consegue por conta própria. Os cuidadores americanos passam cerca de 19 horas por semana cuidando dos entes queridos que estão enfermos. Para alguns, é ainda muito mais tempo: quase um terço dos cuidadores de doentes mais graves são homens.

Existem algumas características dos filhos zelosos que os distinguem de suas irmãs, e isso pode ter algum significado político. Os cuidadores tendem a não suspender ou diminuir suas horas de trabalho e tendem a trabalhar em horário integral (60% *vs.* 41%), com todos os recursos e influências adicionais que isso envolve. Os cuidadores ajudam com mais freqüência outros homens – 35% em comparação com apenas 28% das mulheres. Em terceiro lugar, mais do que as mulheres, os cuidadores homens escolhem sua situação: quase dois terços afirmam que tinham escolha em comparação com menos do que três em cada cinco mulheres.

Outro aspecto interessante é que os filhos zelosos são desproporcionalmente de descendência asiática. Embora apenas poucos cuidadores sejam americanos-asiáticos, 54% dos americanos-asiáticos que são cuidadores são do sexo masculino – em comparação com apenas 41% de hispânicos, 38% de brancos e 33% de afro-americanos. Na verdade, os americanos-asiáticos são o único subgrupo em que a maioria dos cuidadores é do sexo masculino. Isso, sem dúvida, vem do enorme valor conferido pelos asiáticos ao respeito filial, que data de Confúcio e que, na cultura asiática tradicional, está no âmago do desenvolvimento moral de qualquer pessoa. O resultado é que, nas famílias asiáticas, o filho primogênito em geral deve cuidar de seus pais.

Finalmente, muitos dos cuidadores são homossexuais. Em dezembro de 2006, o *New York Times* publicou uma história comovente de Peter Napolitano, um homossexual solteiro de 48 anos que voltou para casa para cuidar de sua mãe de 81 anos, porque seu irmão heterossexual e a esposa não conseguiram inserir a mãe em sua já atribulada vida doméstica.

Talvez os homens estejam levando a pior, mas muitos deles estão realmente preocupados em atender suas mães, pais, esposas e companheiros. Claramente, os americanos-asiáticos têm muito a ensinar ao restante de nós, mas esse crescimento do número de filhos zelosos representa potencialmente mudanças ainda maiores. Embora seja um dos mandamentos zen honrar pai e mãe, os norte-americanos realmente não consideram esse um valor importante. Os Estados Unidos estão basicamente voltados para cuidar de crianças; estamos sempre falando das próximas gerações, não da anterior. É positivo o país estar voltado para o futuro – mas às vezes isso acontece à custa de nossos pais.

Como vimos com o movimento dos novos pais coroas, os aposentados na ativa e outros grupos retratados neste livro, a geração mais velha vai fazer muito mais do que apenas jogar golfe – ela viverá mais, participará mais da vida de seus filhos e, com o tempo, desenvolverá elos muito mais profundos com eles. Assim, estatisticamente, a questão do cuidado com os pais será muito maior em nossa vida e na deles. Isso significa que, embora os filhos zelosos estejam aumentando, precisamos realmente evitar a calamidade intergeracional para que as próximas gerações vejam suas responsabilidades de modo mais amplo do que apenas "pagar as contas". Retribuir tudo que recebemos ainda é um conceito muito real que cada vez mais precisamos transmitir à sociedade e manter em nossa vida.

Os filhos zelosos precisam de mais ajuda do que estão recebendo. Como as cuidadoras, eles precisam de assistência para lidar com as complicações dos planos Medicaid e Medicare;* cuidado extra, caso o trabalho exija que eles viajem, e o tipo de treinamento quase técnico necessário para cuidar de um ente querido que acaba de receber alta de um hospital ou de uma clínica de repouso. Um número irrisório de locais de trabalho

* Tipos de planos de saúde norte-americanos. (*N. da E.*)

oferece benefícios reais para assistência aos idosos e, embora nos Estados Unidos esse cuidado esteja tecnicamente coberto pela Lei de Licença Médica e Familiar, a licença para cuidar dos pais não tem a mesma penetração na cultura popular norte-americana como a licença-maternidade. Da mesma forma, o modelo de licença-maternidade não serve para cuidar de idosos. É possível traçar as necessidades de desenvolvimento de crianças entre 0 e 3 anos e planejar uma transição da creche ou escola. Além disso, eles saem de casa com você. Os pais idosos podem estar bem longe disso, erráticos, em suas necessidades de saúde e inteiramente imprevisíveis em função do tempo ou da intensidade de cuidados de que precisarão.

Mas os filhos zelosos também deviam receber apoio desenvolvido especialmente para eles. Como a probabilidade de não terem cuidado de crianças é alta, eles podem achar exasperador cuidar de seres humanos vulneráveis, frustrados e às vezes amargos – mesmo aqueles que amam – mais do que as mulheres. Tendo menos companheiros no trabalho, provavelmente encontrarão menos simpatia quando as obrigações com o pai ou mãe os fizerem chegar tarde, sair cedo, ou faltar ao trabalho.

Talvez especialmente os pais sejam mais ríspidos com os filhos com o avanço da idade do que seriam com as filhas. Os homossexuais, em particular, podem enfrentar todo tipo de problema ao cuidar de pais que, até certo ponto, talvez nunca os tenham aceitado verdadeiramente.

Há uma luz no fim do túnel. No final de 2006, o Congresso norte-americano aprovou o Lifespan Respite Care Act, autorizando 300 milhões de dólares em doações de agências estaduais e municipais para ajudar a oferecer conforto a pessoas envolvidas em cuidados de longo prazo de parentes, uma tarefa emocionalmente pesada.

Evidentemente, ainda há muito a fazer. A quantia de 300 milhões de dólares é um bom começo, mas se estima que o cuidado dispensado a parentes chegue perto de 300 bilhões de dólares. Estamos aos poucos reconhecendo um problema que está crescendo e apenas começamos a avaliar onde vamos conseguir os assistentes e atendentes de que precisamos.

Especificamente, enquanto a população norte-americana envelhece e o número de especialistas geriátricos diminui, precisamos de um maior reconhecimento de que cada vez mais cidadãos com 50 ou mais anos de idade nos Estados Unidos estão cuidando de parentes com 70 e 80 anos ou mais – e eles precisam de acomodação adequada no local de trabalho. Os filhos zelosos têm o poder e a capacidade de transformar o que sempre foi considerado "coisa de mulher" em uma questão mais ampla para toda a sociedade que pode finalmente gerar o debate político necessário, a fim de que entre na pauta de discussão juntamente com o Medicare e a Previdência Social.

Cuidado é necessário. Em 1997, as empresas perderam entre 11 e 29 bilhões de dólares com a ausência, o abandono e as interrupções no trabalho de empregados que tinham de cuidar de parentes doentes. Os legisladores devem considerar o valor da contribuição de 300 bilhões de dólares, que esses cuidadores estão fazendo "gratuitamente".

Se filhos e filhas adultos não fizerem esse trabalho, quem vai cuidar dos idosos no país? O sistema norte-americano de Previdência Social, que já está sentindo o peso dos boomers?

Dizem que o candidato democrático à presidência Joe Lieberman ligava para sua mãe todos os dias de sua vida adulta, até ela morrer em 2005, aos 90 anos. Teddy Roosevelt estava ao lado da mãe em seu leito de morte. À medida que um número cada vez maior de filhos zelosos atenderem à chamada para honrar seus pais e mães, eles acrescentarão outra dimensão moral à vida nos Estados Unidos – uma dimensão que talvez esteja esquecida.

PARTE VI
Política

Elites impressionáveis

▲

Todos os dias neste período de eleições em 2008, ouço dois tipos de comentários. Primeiro, ouço: "Se o(a) candidato(a) X ou Y fosse mais caloroso(a) e simpático(a), eu votaria nele(a)."

Depois, ouço: "Gosto dos candidatos que falam sobre os problemas. Essa é uma eleição séria, e precisamos de um presidente que realmente entenda nossos problemas e ajude a resolvê-los."

Quais dessas atitudes, na sua opinião, é a dos Ph.D. dos Estados Unidos? Aquela centrada na personalidade ou a que foca os problemas?

Os Ph.D., acredite se quiser, só querem saber da personalidade dos candidatos. Porque algo interessante aconteceu com o eleitorado americano; ele virou de cabeça para baixo. A elite do país – os mais ricos e mais bem instruídos da sociedade norte-americana – se tornou menos interessada nos desafios econômicos e estratégicos do país e está mais focada na personalidade dos candidatos. Basta freqüentar qualquer festa da alta sociedade e ouvir o que eles acham mais importante na eleição presidencial. Posso garantir que eles vão começar dissecando as características pessoais de qualquer candidato. Existe um bom motivo para isso – as elites atuais estão totalmente distantes das principais preocupações do país, como assistência médica, recursos para pagar universidade, desemprego e educação infantil, que a maioria dos americanos enfrenta. Talvez as elites sempre tenham preocupações diferentes das massas, mas, na meritocracia norte-americana do século XX, as elites eram uma raça especial que ascenderam ao topo apreciando genuinamente aqueles que batalham para chegar lá também. Eram indivíduos de respeito que sobreviveram à Segunda Guerra Mundial e apreciavam a seriedade da vida e da política. As elites atuais estão mais estragadas e mais afastadas das lutas de seus pais e avós.

Enquanto as elites norte-americanas hoje estão lendo *O mundo é plano*, de Tom Friedman, o restante dos Estados Unidos está vivendo essa situação. As elites estão experimentando sucesso econômico sem precedentes, enquanto os mais desfavorecidos não chegam a lugar algum. Os dados sobre a renda da população de março de 2007 mostram que os 10% de privilegiados recebe aumentos todos os anos, sendo que os maiores aumentos (cerca de 14%) destinam-se ao 1% principal. Os 90% restantes sofreram com reduções salariais. Uma onda que definitivamente não atinge a todos.

Isso é o que torna particularmente irônico o fato de que, se você perguntar às elites o motivo pelo qual estão centradas na personalidade, elas dirão que "os eleitores" – ou seja, cidadãos norte-americanos de baixa renda e menos instrução – não entendem os problemas e por isso votam com base nas características pessoais. Mas nada pode estar mais longe da verdade. As chamadas massas estão mais bem informadas e mais interessadas nos problemas do que nunca. Basta visitar qualquer câmara municipal com seus eleitores regulares e constatar que aspectos de personalidade nunca são mencionados. Os eleitores estão interessados em questões ligadas à assistência médica, educação e amigos que estão servindo no Iraque. Têm conhecimentos tão bons sobre os planos Medicare, Medicaid, o sistema escolar e a economia global que deixariam alguns Ph.D. envergonhados. Quando Hillary Clinton realizou um debate on-line no início de 2007, ela recebeu 11 mil perguntas. Dez delas eram sobre sua comida e filmes preferidos. As demais 10,990 mil eram sobre desafios concretos e como ela pretendia resolvê-los. As elites hoje muitas vezes menosprezam o público em geral, mas observo que elas são facilmente cativadas sem muitos fatos concretos, enquanto grupos maiores estão muito mais embasados em fatos, valores e experiências. Como estudantes universitários, cuja visão sobre o mundo se transforma quando eles saem da faculdade e vivem experiências concretas, as elites atuais estão distantes das experiências e das lutas que moldam a vida diária do cidadão norte-americano. Por isso é muito mais fácil influenciar as elites do que os eleitores de modo geral.

Outro dia, eu falava ao telefone com um repórter de um jornal de elite que só discutia a importância da personalidade presidencial. Ele disse: "Tenho aqui um e-mail de um professor universitário sobre esse assunto." Eu respondi: "Um professor universitário – esta é sua idéia de norte-americano típico?" Os professores universitários nos Estados Unidos estão tendo atitudes de eleitores sem formação universitária e os eleitores sem formação universitária estão agindo como professores universitários. E quando desafiei o repórter sobre algumas de suas observações, ele disse que havia verificado e que "outros repórteres" pensavam da mesma maneira. As elites buscam outras elites para reforçar seu ponto de vista e se convencem de que a maneira como enxergam a vida é a mesma para os 90% restantes do país.

Isso não são apenas conjecturas de minha parte. Vamos analisar os dados.

Uma pergunta padrão em todas as pesquisas feitas em campanhas políticas é o que as pessoas consideram mais importante na hora de votar em um candidato: (1) problemas que vão resolver (2) caráter ou (3) experiência. Pergunto isso porque sei que todos os três aspectos são importantes em um líder, e pode ser difícil classificá-los.

De acordo com uma pesquisa recente que conduzimos, um grupo grande de eleitores – 48% – acredita que a posição de determinado candidato sobre os problemas é o mais importante, ficando seu caráter em um distante segundo lugar, com 32%. Essa preferência pelos problemas mantém-se estável quer os eleitores tenham ou não formação universitária, sejam ou não religiosos, mostrando-se também independente de raça. Só não fica igual entre as diferentes faixas de renda. Assim que os eleitores atingem a linha mágica de 100 mil dólares por ano, sua prioridade muda para o *caráter* do candidato, em uma margem significativa. Como indica a tabela a seguir, as pessoas que ganham menos de 100 mil dólares priorizam os problemas em relação ao caráter, com uma diferença de 51 a 30%. Mas assim que chegam aos 100 mil dólares, eles mudam, preferindo o caráter à resolução de problemas, por uma diferença de 45 a 37%.

Essa é uma mudança de 29 pontos. Uma mudança quase nunca é identificada claramente nas pesquisas.

Quais dos seguintes aspectos é mais importante para você na hora de votar para presidente?									
		Educação		Renda					
	Todos	Ensino médio	Ensino superior	<50 mil	+50 mil	<75 mil	+75 mil	<100 mil	+100 mil
Foco nos problemas	48	48	48	50	50	51	46	51	37
Caráter	32	22	35	28	34	31	33	30	45
Experiência	19	29	15	22	15	18	19	18	18
Não sei	1	1	2	1	1	0	1	1	0

Embora "caráter" às vezes possa significar algo importante sobre o indivíduo, como confiabilidade ou decência, em geral significa algo efêmero ou superficial, tipo alguém com quem você gostaria de tomar um chope. Certamente, simpatia e potencial de companheirismo são importantes na hora de escolher um presidente. Mas seriam aspectos mais essenciais do que assistência médica ou criação de novos empregos? A maioria dos norte-americanos diz que não. Francamente, as únicas pessoas que dizem sim são os muito abastados. E os intelectuais na mídia. Publicações como *The New York Times*, acreditando terem sido sérias demais e que perderam a tendência de valorização do lado pessoal, agora contam com Maureen Dowd assinando perfis psicológicos no editorial e repórteres como Mark Leibovich, que redigem matérias de capa com impressões pessoais sobre a personalidade dos candidatos. O *Times* está apenas se igualando ao *Washington Post*, cujos repórteres, como Lois Romano, há anos analisam o lado pessoal dos candidatos. Em março de 2007, até o *Wall Street Journal* publicou um artigo sobre os ternos de Barack Obama, a aparência juvenil de John Edwards e as gravatas de Rudy Giuliani. De repente, temos fofocas no *Times*, no *Post* e no *Journal*, e análises mais aprofundadas no *Cleveland Plain Dealer* e no *Kansas City Star*. Woodrow Wilson seria considerado sério demais pelas elites atuais; ele estaria na medida certa para um movimento de paz populista.

De muitas formas, os intelectuais se tornaram bobos e os bobos viraram intelectuais. E os efeitos dessa mudança podem ser vistos na mídia. Quantos convidados nos programas de entrevistas ganham menos de 100 mil dólares por ano? Quantos repórteres falam com pessoas que ganham menos de 100 mil dólares por ano? O círculo de informações da elite é dominado por pessoas que vivem em um mundo dos principais 10% e, embora no passado isso tenha ajudado a elevar a discussão a patamares mais substanciais, agora faz exatamente o contrário. Hoje em dia, as elites estão mais fascinadas com a fofoca e estão afastando os debates das questões significativas e levando-os para o lado superficial.

Tudo isso não seria nada além de uma estranha observação sobre os "tablóides" e "jornalecos" de plantão – se não fosse pelo fato de que as diferentes maneiras como a elite e as massas encaram a liderança têm o potencial crescente de distorcer as eleições presidenciais. Devido às mudanças nas leis de financiamento das campanhas que objetivavam *separar* o dinheiro da política, uma nova classe de doadores muito importantes surgiu com mais influência sobre a escolha do candidato e suas campanhas do que nunca. Em vez de poucos doadores contribuindo com grandes somas, hoje em dia temos muitos doadores fazendo contribuições na faixa de 10 mil dólares. Todos ganham mais de 100 mil dólares por ano (quem mais pode doar 2,3 mil dólares, líquidos, uma vez nas primárias e depois nas eleições gerais para um político?). Isso sugere que quase todos estão, como já foi dito, fora das massas de eleitores.

Foi assim que os novos doadores políticos se tornaram tão importantes. Depois de Watergate, em 1974, um Congresso abalado pelo escândalo aprovou uma série de leis reformando o financiamento de campanhas eleitorais para limitar as doações e oferecer mais transparência nas informações. O que eles não regularam, no entanto, foram as contribuições a partidos políticos que podiam ser usadas para "atividades gerais do partido". Em poucas décadas, houve abuso dessas reservas. Em 2002, o Congresso norte-americano aprovou uma série de reformas abolindo esse tipo de contribuição, mas dobrou o montante de doações que os indivíduos podiam fazer para os políticos. (Em 2007, os limites eram 2,3 mil dólares por pessoa, por candidato, nas primárias e nas eleições gerais, e 28,5 mil dólares por pessoa, por partido, com um limite federal geral de dois anos por pessoa de 108,2 mil dólares.) Mas dessa vez o Congresso não regulou as doações a grupos de defesa sem fins lucrativos, conhecidos como os

"527" por causa da seção da lei tributária que os criou. Agora os 527 (como os "Swift Boat Veterans for Truth and Progress for America", à direita, e MoveOn.org e Service Employees International Union, à esquerda) captam recursos ilimitados de partidários abastados e usam esses fundos para fazer o que o partido costumava fazer – defender seus interesses, promover comerciais de tevê centrados em questões importantes e conseguir eleitores.

Para mim, as reformas de 2002 nos Estados Unidos geraram dois pequenos grupos de extrema e crescente importância. Primeiro, os megadoadores – pessoas muito ricas e comprometidas que, em vez de doar recursos para *profissionais* do partido, agora apóiam organizações de defesa "527" e tomam conta do pedaço. Nas eleições para o Congresso de 2006, os 527 captaram cerca de 380 milhões de dólares, pelo menos um terço a mais do que conseguiram em 2002. Em 2004, cinco pessoas, incluindo um casal, doaram 78 milhões de dólares a organizações 527 democratas, o que representou cerca de um quarto de todas as receitas dos democratas.

O segundo grupo são os doadores de elite – casais que ganham 300 mil dólares ou mais ao ano, que podem doar 10 mil dólares ou mais aos candidatos sem sentir. São profissionais com sólida formação e estão bem distantes da realidade enfrentada pelo grande eleitorado. Eles têm assistência médica, escolas e casas. Quase todos fazem parte dos 5% mais abastados dos Estados Unidos – a maioria pertence ao 1% mais abastado. Os candidatos políticos nos Estados Unidos provavelmente passam metade de seu tempo em jantares com essas pessoas e metade do tempo com o restante dos 95%.

Então, entre os megadoadores que apóiam os 527 e os cada vez mais poderosos doadores da elite, temos uma nova classe de doadores que desempenham um papel crescente na política – e provas estatísticas de que suas idéias estão muito distantes daquelas da maioria dos eleitores. Não só distantes, mas direcionando o debate para questões mais superficiais. As elites podem ter criado a PBS*, mas não é isso que os intelectuais de hoje estão vendo.

*Uma grande emissora Pública não-comercial de tevê nos Estados Unidos.

Ainda não estamos no estágio crítico de Nero dedilhando sua lira enquanto Roma queima – o retrato clássico da alienação total das lideranças. E o lado bom de tudo isso é que a massa de eleitores nunca fez mais jus ao princípio de que os eleitores não são tolos. Estão mais alertas, mais informados, mais bem instruídos e mais embasados do que nunca. Assim, se você conseguir superar toda a balbúrdia criada pelos intelectuais e os jornalistas de elite, talvez consiga conversar com pessoas bem interessantes por aí.

Os indecisos no comando

O mito do eleitorado polarizado

Ouvimos isso todos os dias: os Estados Unidos estão divididos em dois – vermelhos e azuis – e a chave para as eleições é apenas energizar a base. Livros foram escritos sobre o tema, carreiras foram consolidadas desse modo e movimentos fundados com base nisso. Mas isso simplesmente não é verdade.

A realidade é que, nas pesquisas, os indecisos mandam – o que significa que não são as ideologias, mas os eleitores pragmáticos, que têm pouca fidelidade a qualquer um dos movimentos, que determinam quem vai para a Casa Branca e quem domina o Congresso (na Inglaterra, quem ocupa o número 10 da Downing Street). Esses eleitores são independentes, sem filiação partidária. Cada vez mais, as eleições estão mostrando as preferências de eleitores de meia-idade, não dos idosos ou jovens.

Basta analisarmos os números relativos ao estímulo para o comparecimento de eleitores da base *vs.* conquista dos eleitores indecisos. A votação baseia-se em dados históricos – os eleitores mais prováveis são os que votaram da última vez. Assim, vencer as eleições contando apenas com a base é desanimador. Vamos supor que existam dez eleitores que votaram nas últimas eleições, dividindo suas preferências 50/50. Se um eleitor indeciso mudar de idéia, o voto torna-se 60/40. Se um novo eleitor for acrescentado ao grupo, graças a seus esforços para que ele compareça ao pleito, a votação ainda seria 55 *vs.* 45 contra você (você tem 6 dos 11 votos). Se um segundo eleitor que não votou na última eleição for convencido a votar, chegaremos novamente a 50/50, pois são 6 de 12 a seu favor. Ou seja, são necessários dois novos eleitores para contrabalançar o eleitor que mudou de idéia e três novos eleitores para superar sua deserção. Em quase todos os casos, portanto, é mais estratégico conseguir fazer com que um eleitor indeciso mude de opinião do que fazer com que dois ou três novos eleitores compareçam às urnas. É teoricamente possível que o comparecimento adicional da base seja um fator, mas, em 95% das eleições, são os eleitores indecisos que fazem a diferença.

Na campanha de reeleição de Hillary Clinton, em 2006, previ que não conseguiríamos conquistar um novo eleitor sequer e fazê-lo comparecer ao pleito, porque eram eleições para o Congresso, de menor interesse. Assim, trabalhamos intensamente para ganhar os votos dos indecisos dos subúrbios com um longo histórico de participação nas eleições. Ao identificar seus interesses, atividades e estilos de vida, nós os dividimos em seis grupos distintos e lembramos a eles o histórico de Clinton em questões importantes da vida diária, como imposto predial, violência nos jogos eletrônicos e problemas locais. Partimos de uma perda líquida de cerca de 150 mil votos nessas comunidades suburbanas importantes para quase 150 mil votos de vantagem – um aumento de 18 pontos no resultado da eleição a seu favor nas regiões mais difíceis.

O mito de que os Estados Unidos estão perdidamente "polarizados" é perpetuado porque em Washington, D.C. – de onde a maioria dos gurus escreve – todos têm de escolher seu lado para sobreviver. Mas não é assim na maior parte do país, ou na Inglaterra, na França ou na Tailândia. Na verdade, por causa do maior fluxo de informação, os eleitores são menos rígidos e cada vez mais abertos e flexíveis. Vamos analisar as tendências.

Nos últimos cinqüenta anos, o número de norte-americanos que se consideram independentes, em vez de democratas ou republicanos, cresceu de menos de um quarto para mais de um terço do público votante. Somente na Califórnia, a proporção de eleitores independentes mais do que dobrou entre 1991 e 2005. O partido político de maior crescimento nos Estados Unidos não é um partido.

De acordo com o American National Election Studies da Universidade de Michigan, o percentual de eleitores que votam em um democrata para presidente e em um republicano para o Congresso ou vice-versa aumentou 42% desde 1952. Essa é uma atitude inteiramente nova dos eleitores americanos, que passaram a prestar atenção aos candidatos individuais, não apenas nas chapas eleitorais. É sinal de um eleitorado que pensa, que não é partidário.

Quando entrevistados, os norte-americanos às vezes mostram-se arrogantes e dizem que definitivamente não votarão em certos candidatos ou partidos. Mas isso acaba sendo apenas bravata. Em 1995, 65% dos eleitores disseram que nunca votariam em Bill Clinton. Um ano mais tarde, ele foi reeleito por uma maioria esmagadora.

Veja o que aconteceu nas eleições para o Congresso norte-americano em 2006: os democratas ganharam trinta novos congressistas em setores que os republicanos acreditavam estar polarizados demais para mudar. Os republicanos haviam dividido desigualmente os distritos eleitorais para evitar mudanças, mas, ainda assim, foram derrotados pelo simples motivo de que, quando se consegue uma pequena fatia dos pragmatistas independentes, o resultado é uma potencial virada no cenário político.

Ou vejamos o que os pesquisadores de opinião chamam de pergunta clássica das eleições para o Congresso: "Se as eleições fossem hoje, você votaria no candidato de que partido?" Entre o final de 2004 e o início de 2006, havia uma variação na preferência dos eleitores que ia de cinco pontos de vantagem para os republicanos até 15 pontos de vantagem para os democratas. Ao final das eleições, uma maré democrata acabou com 12 anos de domínio republicano. O comparecimento dos jovens caiu para 12% dos 17% do eleitorado que compareceu às urnas nas eleições presidenciais de 2004, por isso os democratas tiveram um desempenho melhor com menos eleitores inclinados a votar nos democratas. A resposta é que, ao contrário da sabedoria popular, há um grande número de eleitores indecisos, que recebem mais informação de mais fontes do que em qualquer outra época da história, e faz alguma coisa a respeito.

De acordo com pesquisas de boca-de-urna realizadas pela CNN, nas eleições presidenciais de 1996, 2000 e 2004, entre um quinto e um terço dos eleitores decidiu em quem votar no último mês antes da eleição. Isso se confirma pelo fato de que, no verão de 2004, houve uma mudança de tendência do eleitorado: Kerry perdeu os 8 pontos de vantagem e Bush passou a liderar com 13 pontos; no final, o presidente Bush ganhou com uma margem de apenas 3 pontos.

Na verdade, nas eleições de 2004, embora o comparecimento geral fosse maior, isso se deu nos dois lados, anulando o impacto dos apelos às duas bases eleitorais. Foram as mulheres de meia-idade e os hispânicos indecisos que fizeram a diferença para George W. Bush. O impacto das mulheres deve ser enfatizado. Em 2004, as mulheres representavam 54% do eleitorado norte-americano, o maior percentual da história. Seu interesse e participação na política vem crescendo constantemente.

Talvez você lembre que, em 1996, as mães do futebol foram as eleitoras críticas que decidiram a eleição. Atualmente, essas mães permanecem no centro dos eleitores indecisos, mas já estão dez anos mais velhas e seus filhos estão indo para a universidade. Hoje, obtêm informações pela internet, assim como pela tevê e pelo rádio, tornando-as as mais bem informadas eleitoras da história. Embora tivessem pouco tempo disponível quando seus filhos tinham 6 e 8 anos, muitas dessas mulheres estão tendo tempo extra para pensar sobre o que está acontecendo nos Estados Unidos e no mundo.

O poder dos eleitores indecisos *vs.* a base não se limita aos Estados Unidos. No Reino Unido, verifica-se o mesmo tipo de mudança que faz a diferença entre os governos trabalhista e conservador. Novamente, os eleitores livres dos domínios partidários decidem conforme o candidato, muitas vezes com base em quem eles acreditam ser o melhor líder, e não que partido eles consideram que tenha a melhor plataforma. Trabalhando em 24 eleições bem-sucedidas em todo o mundo, passei a ver um número cada vez maior de eleitores conquistados pela tevê, pela mídia e pela mensagem – em todos os lugares, da Colômbia, onde o presidente que mencionei anteriormente não estava pronto para enfrentar os lordes do tráfico, à Tailândia e à Grécia. Em todos esses lugares, os métodos que sugeri são semelhantes, embora as culturas fossem muito diferentes. Karl Rove, que foi aclamado como grande estrategista em 2000 e 2004, recentemente foi censurado por não conseguir mudar as estratégias após as eleições para o Congresso. Uma mudança de apenas 2% dos eleitores de um partido para outro faz uma grande diferença.

Com freqüência, as microtendências identificadas parecem estar dividindo a sociedade norte-americana, fazendo-a seguir em duas direções mais extremas ao mesmo tempo. Mas essa tendência – a necessidade de todos os partidos reconhecerem que seu futuro está em conquistar o centro – é diferente. Essa tendência refreia o ímpeto de muitas democracias de avançar para um extremo ou outro.

O impacto é profundo. O movimento a ser observado é realmente o da terceira via global – o triunfo do pensamento pragmático e independente em relação à ideologia de esquerda ou direita. Foi o crescimento das comunicações em massa que o impulsionou e que hoje confere aos eleitores mais capacidade de julgar a competência de seus líderes e de suas políticas. Embora aparentemente a internet tenha gerado movimentos mais fragmentados, o centro vital permanece o elemento decisivo dos eleitores. Com o tempo, isso impedirá que muitos países entrem em guerra e façam uma redistribuição radical de renda, gerando mais alianças, mercados mais livres e valores que superam as tensões do dia.

Imigrantes ilegais militantes

Existe um grupo nos Estados Unidos que, em geral, é muito discreto: são os 12 milhões de imigrantes ilegais no país – e normalmente por um bom motivo. Como Edward R. Murrow disse em seu famoso documentário de 1960, *Harvest of Shame*, "os imigrantes ... têm força para cultivar nossas frutas e legumes, [mas] ainda não têm força para influenciar a legislação". Eles têm estado quietos e na sombra. Como resultado, foram os verdadeiros esquecidos nos Estados Unidos.

Vamos avançar para a primavera de 2006. Um projeto de lei apresentado pelo republicano James Sensenbrenner, do Estado de Wisconsin, e aprovado pela Câmara dos Deputados, pressionou demais muitos imigrantes ilegais e suas famílias. O projeto de lei teria transformado em delito grave ser ilegal no país ou ajudar qualquer pessoa que estivesse nessa condição – fornecendo assistência médica ou alimento, por exemplo. Profundamente atingidos, os imigrantes ilegais do país foram para as ruas.

Em plena luz do dia, com camisetas combinando, em 140 cidades, e em pelo menos 39 Estados norte-americanos; de Phoenix a Filadélfia, de Boise a Birmingham, centenas de milhares de imigrantes ilegais marcharam em passeatas organizadas, diante das câmeras de tevê, para protestar contra o projeto de lei aprovado na Câmara, pedindo uma reforma liberalizada da imigração que não estreitaria, mas ampliaria, o caminho para a cidadania. Em Atlanta, onde nasceu o movimento dos direitos civis nos Estados Unidos, os manifestantes empunhavam cartazes que diziam "Nós também temos um sonho". Em Mississippi, eles cantaram "We Shall Overcome" em espanhol. Em Los Angeles, a manifestação em março de 2006 parece ter sido a maior da história da cidade e talvez de todo o oeste dos Estados Unidos. (Fazendo referência à cerca de segurança que percorre a fronteira e cuja construção foi apoiada por muitos legisladores, o comediante Carlos Mencia perguntou: "Se formos deportados, quem construirá o muro?")

Nesse momento, os imigrantes ilegais eram norte-americanos no sentido mais verdadeiro da palavra – fazendo uso do sistema político democrático para alcançar seus objetivos.

Talvez não tenham tido condições de votar e pudessem ser deportados a qualquer momento, mas eles estavam lá, defendendo seus direitos e fazendo com que os legisladores ouvissem o que tinham a dizer.

Esse é um sinal profundo dos tempos em que vivemos hoje nos Estados Unidos: centenas de milhares dos 12 milhões de imigrantes ilegais no país não só se sentiram seguros o suficiente para fazer a marcha, mas também descobriram que detêm uma força política concreta. Pela primeira vez na história norte-americana, as necessidades e os anseios de não-cidadãos talvez sejam o elemento crítico para decidir a eleição presidencial.

Não quer dizer que a imigração propriamente dita tenha se tornado a principal preocupação do país. Embora uma grande parcela da população tenha acompanhado o noticiário sobre as manifestações, e a imigração tenha subido algumas posições na lista de problemas mais importantes para os norte-americanos, esse tema ainda fica atrás do Iraque, da economia e do terrorismo. Quando este livro foi escrito, o Congresso ainda não havia resolvido suas diferenças para gerar uma nova lei de imigração.

O que aconteceu é que as angústias dos imigrantes ilegais tocaram fundo os imigrantes legais, que sentiram que a hostilidade revelada pela lei de Sensenbrenner estava direcionada a eles também. E isso abalou também os americanos nascidos no país que têm profundos elos com os ilegais – por serem seus filhos. (Quando perguntei a um especialista em imigração latina quantos latinos nascidos nos Estados Unidos têm pais que entraram no país de forma ilegal, ele respondeu: "Praticamente todos.") De repente, em 2006, um grupo significativo de cidadãos norte-americanos sentiu-se insultado – alguns dizem que de forma tão profunda quanto no momento em que mandaram Rosa Parks sentar-se na parte de trás do ônibus. E transformaram essa indignação na idéia de que podem e devem influenciar os rumos da política de imigração e muito mais.

O número de pessoas que se sentem assim pode ser suficiente para mudar os resultados de uma eleição presidencial. Vejamos os dados.

Nas eleições presidenciais de 2004, pouco mais de 16 milhões de hispânicos tinha direito a voto, mas somente 8 milhões votaram. Isso representa pelo menos 8 milhões de potenciais eleitores norte-americanos que podem comparecer em 2008.

Será que 8 milhões de pessoas podem decidir uma eleição? Pode ter certeza que sim. Nos últimos cinqüenta anos, a margem de vitória média no voto popular na primeira eleição de um presidente tem sido de 4 milhões de votos (mesmo em seu segundo mandato, George W. Bush venceu John Kerry somente por 3 milhões de votos). Mesmo que apenas 2 a 3 milhões de eleitores hispânicos comparecessem em 2008, eles seriam muito influentes, de fato. E os hispânicos são o segmento que mais cresce no eleitorado americano. Em 1992, eles representavam 4% dos votos e, em 2004, as pesquisas indicaram que o índice de participação aumentou para 8%. Isso significa dobrar o poder político em apenas três eleições.

Só que não é o voto popular que determina quem será o presidente – é o voto do colégio eleitoral. Isso quer dizer que os eleitores latinos não precisam desequilibrar a balança do eleitorado inteiro – basta que tenham força suficiente nos principais Estados nos quais eles já estão altamente concentrados. Se os eleitores hispânicos comparecerem com força total na Flórida, em Nevada, no Arizona, no Novo México e no Colorado – que, juntos, têm 56 votos no colégio eleitoral –, seu candidato (supondo que seria só um) certamente ganhará. Sua força eleitoral vem aumentando não só em número, mas também na capacidade de influenciar o resultado final, porque eles vêm se estabelecendo em Estados que estão à beira de mudar de um partido para outro.

Principais Estados indecisos em número de votos no Colégio Eleitoral em 2008 com percentual significativo de imigrantes ilegais

Imigrantes ilegais por estado (% da população total)

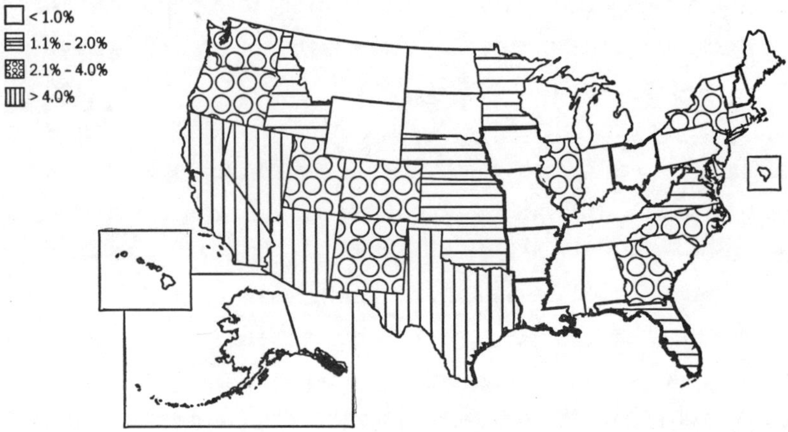

Fonte: Estimates of the Unauthorized Immigrant Population Residing in the United States, Office of Immigrant Statistics, 2000, 2005.

Na verdade, se analisarmos o crescimento do número de eleitores latinos nesses Estados entre as eleições de 1992 e 2004, o aumento é considerável:

Percentual de latinos nos principais Estados indecisos (1992 *vs.* 2004)

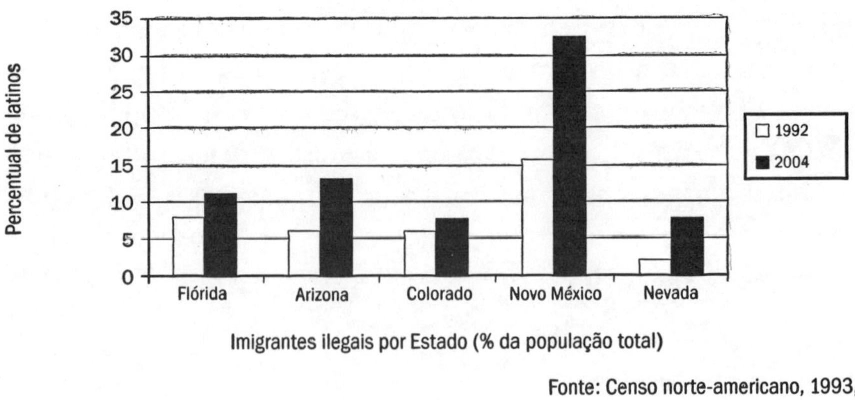

Fonte: Censo norte-americano, 1993, 2005.

Será que os latinos vão votar? E quem seria seu candidato?

Os latinos ofendidos parecem estar mais dispostos a votar em maior número. De acordo com a National Survey of Latinos de 2006, conduzida pelo Pew Hispanic Center, 75% afirmaram que o debate sobre a imigração de 2006 fará com que mais latinos votem nas próximas eleições. (De fato, eles elegeram 8% dos candidatos ao Congresso em 2006, subindo em relação aos 5% conquistados nas eleições de 2002.) Sessenta e três por cento acreditam que as marchas pró-imigração da primavera de 2006 sinalizaram o início de um novo e duradouro movimento social. E 54% acreditam que o debate tornou a discriminação contra os latinos mais problemática – o que, por si só, aumenta a participação.

Em quem votarão? Tradicionalmente, os hispânicos têm favorecido o candidato democrata à presidência, sendo que o presidente George W. Bush obteve a maior parcela dos votos republicanos da comunidade hispânica de todos os tempos, em 2004, mas isso representou apenas cerca de 40%. Em 2006, o debate sobre a imigração parece ter levado muitos latinos a mudar para o lado dos democratas. Nas eleições para o Congresso de 2006, o voto foi de 2 contra 1 a favor dos democratas, talvez tornando o apoio de 2004 a George W. Bush uma aberração.

Por outro lado, o compromisso dos democratas com os latinos não é certo. De acordo com a pesquisa do Pew em 2006, o percentual de latinos que acreditavam que os republicanos tinham uma posição melhor em relação à imigração caiu de 25% em 2004 para 16%, que é muito baixo. Mas os democratas não ficaram com a diferença. Na verdade, um em cada quatro hispânicos afirmou que nenhum dos partidos tinha uma posição favorável à imigração – mais do que o triplo da parcela que pensava assim apenas dois anos antes.

Na verdade, a independência crescente dos eleitores hispânicos talvez não seja a conseqüência mais importante do novo ímpeto que o tema recebeu em 2006. De acordo com a pesquisa da Gallup de 2006 sobre Direitos e Relações das Minorias, 42% dos latinos se consideram independentes. Da mesma forma, uma pesquisa de julho de 2006, realizada pela New Democrat Network de eleitores de língua predominantemente espanhola, descobriu que 54% afirmaram que o debate sobre a imigração havia aumentado seu interesse nas eleições, mas 41% afirmaram que isso não tinha qualquer influência sobre o partido que escolheriam apoiar.

Isso significa que os latinos começaram 2008 em busca de candidatos fortes que atendam às suas prioridades, independentemente do partido. Quais são as suas prioridades? Além da imigração propriamente dita, assistência médica e educação são dois aspectos importantes. Em 2005, um terço dos imigrantes não tinha seguro-saúde – quase duas vezes e meia o número aplicável aos cidadãos norte-americanos. E escolas públicas, escolas públicas e escolas públicas. De acordo com o Center for Immigration Studies, os imigrantes representam praticamente todo o aumento do número de inscrições nas escolas públicas nos Estados Unidos desde meados da década de 1980.

À medida que os imigrantes ilegais espalham sua influência política, os latinos que votam inspirados pelos parentes ativistas estão se tornando mais independentes. Dessa forma, eles serão uma força política crescente não apenas porque estão aumentando em número, mas porque vivem em Estados que tendem a mudar de partido. Além disso, demonstraram que estarão cada vez mais interessados nos candidatos propriamente ditos, e não no partido. Por esse motivo, eles podem se tornar o bloco de eleitores mais importante do momento. George W. Bush não teria ganhado a eleição de 2004 sem conquistar cerca de 40% de seu voto; e o presidente Clinton e a atual senadora Hillary Clinton tiveram o apoio sólido dessa comunidade. Que enorme erro Pete Wilson cometeu em meados da década de 1990 na Califórnia, repetido pelos congressistas republicanos em 2006! Os eleitores que desejam manter os imigrantes fora do país já fazem parte do sistema político, mas aqueles que querem que os Estados Unidos sejam fiéis à sua história de imigração estão sendo despertados, mobilizados e novamente ativados. Assim, a força política mais poderosa do país – e o bloco eleitoral mais importante nas próximas eleições – talvez não seja nem capaz de votar, mas seus primos sim. E isso pode fazer toda a diferença.

Cristãos sionistas

▲

Afirma-se com freqüência – e muitas vezes se pressupõe – que a amizade dos Estados Unidos com Israel é motivada pela participante e auto-organizada comunidade judaica no país.

Na verdade, o apoio a Israel entre os norte-americanos em geral é muito forte, com cerca de 65% de toda a população norte-americana tendo uma visão favorável do Estado judaico. No entanto, o mais surpreendente é o seguinte: em termos numéricos, os cristãos que apóiam ativamente Israel superam o número de judeus que dão esse apoio.

Estima-se que os "cristãos sionistas", como são chamados aqueles que acreditam que sua fé cristã exige apoio ao controle judeu em Israel, sejam 20 milhões nos Estados Unidos. Mesmo que todos os judeus no país apoiassem Israel, o que não é o caso, eles mal chegariam a 5 ou 6 milhões de pessoas.

Assim, os números relativos de cristãos e de judeus que apóiam Israel são surpreendentes. Em 2006, uma nova organização chamada Christians United for Israel (CUFI) atraiu 3,5 mil participantes para sua primeira reunião e atividade de lobby em Washington, D.C. De acordo com o diretor-executivo da organização, David Brog, foram necessários cinqüenta anos para o American Israel Public Affairs Committee (AIPAC) reunir esse número de judeus em Washington para a realização de sua conferência e dia de lobby.

A AIPAC, com seu histórico de cinqüenta anos e reputação por ser um forte lobby no Capitólio, afirma ter 100 mil membros. Embora a CUFI ainda não tenha um número formal de associados, suas malas diretas alcançam pelo menos cinco vezes mais americanos.

Tudo bem, Israel é preciosa aos cristãos do mundo todo por ter sido a terra em que Jesus viveu, pregou e morreu. Mas o que determina o ativismo dedicado e contínuo dos fanáticos americanos ao moderno Estado judaico? Considerando o forte apoio de tantos cristãos a Israel, por que persiste o mito de que o apoio dos Estados Unidos ao Estado de Israel advém principalmente dos judeus norte-americanos?

Parte da devoção dos cristãos norte-americanos a Israel está relacionada à política: Israel é a única democracia em um território em grande medida totalitário e é um forte aliado estratégico e econômico dos Estados Unidos. Particularmente desde o 11 de setembro, um número cada vez maior de norte-americanos percebeu que os Estados Unidos e Israel compartilham não só instituições e valores democráticos, mas também inimigos específicos.

Mas é a própria fé que transforma a simpatia dos cristãos por Israel em ativismo apaixonado pró-Israel. Os cristãos que interpretam a Bíblia literalmente consideram a aliança de Deus com Abraão no Livro de Gênesis – "Abençoarei aqueles que te abençoarem e amaldiçoarei aqueles que te amaldiçoarem" – como um chamado a todos aqueles que se importam com os judeus e com a terra de Israel. Eles lêem o profeta Isaías, "Por amor a Sião, eu não me calarei" e "Consolai, consolai meu povo" – e ouvem um chamado direto para agir a favor do Estado judeu. Além disso, muitos cristãos fundamentalistas e evangélicos acreditam que, antes que Cristo possa voltar à Terra, os judeus de outros países deverão retornar a Israel. Na última década, cerca de 600 mil cristãos patrocinaram a imigração de 100 mil judeus da Rússia e da Etiópia para Israel.

Mas o número de norte-americanos que transportam os textos bíblicos antigos para o cenário geopolítico atual deve ser realmente pequeno, não é? Não. De acordo com uma pesquisa de 2006 da Pew Forum on Religion and Public Life, mais da metade dos norte-americanos acredita que o Estado de Israel foi dado ao povo judeu por Deus. (Não o território histórico de Israel, mas o atual Estado de Israel.) Entre os protestantes evangélicos brancos, esse percentual sobe para 69%. Entre os protestantes negros, esse número é de 60%. Quantos *judeus* americanos acham que o Estado de Israel foi dado a eles por Deus? Provavelmente, menos de dois em cada dez.

Tudo isso significa que, embora o apoio norte-americano a Israel esteja crescendo – assim como está minguando entre certas elites intelectuais –, parte desse apoio vem dos cristãos e não dos judeus. Na verdade, quando, em julho de 2006, dois soldados de Israel foram capturados pelo grupo militante radical Hezbollah e Israel atacou os esconderijos do Hezbollah no Líbano, a CUFI estava realizando uma conferência já planejada há muito tempo em Washington, D.C. Naquela semana, os 3,5 mil membros da CUFI procuraram seus representantes no Congresso defendendo a idéia de dar a Israel tempo de lutar essa guerra contra o inimigo comum dos Estados Unidos e de Israel. A AIPAC também se manifestou, mas a nova e surpreendente presença foi a dos cristãos.

Essa é a nova força dos cristãos sionistas. Embora já existam há muito tempo – os cristãos evangélicos solicitaram ao governo norte-americano apoio para a criação de um refúgio na Terra Santa para os judeus oprimidos ainda no século XIX –, hoje eles estão ativos e conhecem bem a política norte-americana. E estão inflamados contra a ameaça muçulmana radical aos Estados Unidos. Como principal organizador do evento da CUFI de julho de 2006, o pastor John Hagee afirmou: "Pela primeira vez na história do cristianismo nos Estados Unidos, os cristãos estão no Capitólio para apoiar Israel como cristãos."

A influência dos evangélicos na política estrangeira norte-americana não passou despercebida pelos cristãos com uma visão diferente. Na verdade, o livro de Jimmy Carter de 2006 sobre Israel e os palestinos – que gerou muitas críticas da comunidade judaica e fez o ex-presidente se desculpar pelo menos por algumas frases – e foi escrito menos para atingir os judeus ou mesmo o público em geral, mas aos cristãos sionistas que estão no âmago dessa tendência. De acordo com especialistas nas relações entre Estados Unidos e Israel, Carter, um cristão liberal, escreveu o livro para desafiar sua contrapartida conservadora, que está ficando cada vez mais poderosa sobre a posição correta dos cristãos quanto ao Estado de Israel.

Infelizmente, trata-se da confusão entre política e religião – com os cristãos disputando temas que muitas pessoas consideram fazer parte da crise entre judeus e cristãos. Enquanto eles brigam, americanos judeus e evangélicos estão se vendo estranhamente como aliados. Historicamente, os dois grupos sempre estiveram em lados opostos na maioria das questões sociais domésticas, desde aborto a casamento entre homossexuais – fazendo com que muitos questionem até que ponto essa aliança pode ser forte. Além disso, muitos judeus, compreendendo que a visão cristã da segunda vinda de Cristo envolve não apenas a redenção dos cristãos, mas também a conversão dos judeus, estão preocupados com o fato de que seus parceiros políticos podem ter alguma intenção oculta por trás desse apoio.

Outros judeus afirmam que essa idéia não procede. Brog, diretor da CUFI, chama os cristãos sionistas de "nada menos do que os herdeiros dos gentios corretos que lutaram para salvar os judeus do Holocausto". Comparado com as diferenças que existem entre cristãos e judeus e o Islã fundamentalista, diz ele, o que separa cristãos e judeus é "realmente muito pouco".

O crescente sionismo cristão certamente significará mais ativismo pró-Israel da parte dos cristãos à medida que a base evangélica dos Estados Unidos – pelo menos com 40 milhões de adeptos – aumentar sua atividade política. Será que isso converterá o apoio norte-americano a Israel em uma questão republicana – desafiando o apoio bipartidário que obteve no passado? Será que os judeus tenderão mais para o lado dos republicanos, apesar de sua longa afiliação ao partido democrata?

Ou será que Israel pode se tornar mais importante para os cristãos evangélicos do que é para os judeus? Pesquisas com estudantes universitários judeus atualmente mostram que Israel não os envolve emocional ou politicamente da forma como aconteceu com seus pais e avós. Se, em uma ou duas gerações, os cristãos norte-americanos que apóiam Israel superarem os judeus não só em número, mas também em intensidade, até que ponto o apoio dos Estados Unidos a Israel parecerá menos uma aliança ecumênica e geopolítica e mais a eterna rivalidade entre o cristianismo e o Islã pelo domínio do coração de Jerusalém?

Em princípio, podemos pensar que os cristãos a favor de Israel são basicamente iguais aos pró-semitas – os não-judeus que procuram, de maneira afirmativa, judeus para namorar e casar. Enquanto os pró-semitas são em geral católicos e do nordeste dos Estados Unidos, os cristãos sionistas são normalmente evangélicos e do sul do país. Os pró-semitas não têm interesse específico em Israel, mas muito interesse em um companheiro judeu. Os cristãos sionistas são exatamente o contrário – eles estão pouco interessados em encontrar um(a) parceiro(a) da comunidade judaica, mas muito interessados no Estado de Israel. Esse fenômeno é surpreendente para muitas pessoas, mas, acima de tudo, para os judeus propriamente ditos – que acham que sua comunidade está sendo desafiada por altos índices de casamentos inter-raciais e, ao mesmo tempo, se fortalecendo com o crescente apoio ao Estado de Israel.

Ex-presidiários recém-libertados

Você se lembra do sucesso da música "Tie a Yellow Ribbon Round the Ole Oak Tree", de 1973? Um homem que acaba de ser solto da prisão está indo de ônibus para casa, mas ele disse à esposa que, se ela não o quisesse de volta, ele entenderia. Ele diz que só saltará do ônibus se vir o sinal: uma fita amarela amarrada no velho carvalho. Para alegria do ônibus inteiro que torcia por ele, o sujeito vê cem fitas amarelas amarradas na árvore escolhida.

Se esse fosse realmente o cenário que espera a maioria dos ex-prisioneiros nos Estados Unidos, haveria um *boom* na indústria de fitas amarelas e um ímpeto pelo cuidado de carvalhos velhos. Em 1973, quando Tony Orlando e Dawn estavam cantando essa música, havia apenas cerca de 100 mil pessoas saindo das prisões todos os anos. Hoje em dia, esse número cresceu aproximadamente 600%.

Esses 650 mil ou mais ex-presidiários saem das prisões graças à condicional ou ao final da pena para tentar se reintegrar à sociedade. Noventa por cento deles são homens (sendo que o número de mulheres vem crescendo de 8 a 10% na década de 1990). Quase metade são negros; um pouco mais de um terço são brancos e cerca de 16% são hispânicos. A idade média deles é 34 anos.

O motivo pelo qual existem tantas pessoas saindo das prisões hoje em dia é que, nas últimas décadas, houve um aumento do número de encarcerados.

Entre 1972 e 2004, a população combinada das prisões e penitenciárias dos Estados Unidos cresceu de 330 mil para mais de 2 milhões. São mais 5 milhões de presidiários em condicional, representando, assim, mais

Número total de prisioneiros condenados soltos por Estado ou jurisdição federal nos EUA (1977-2004)

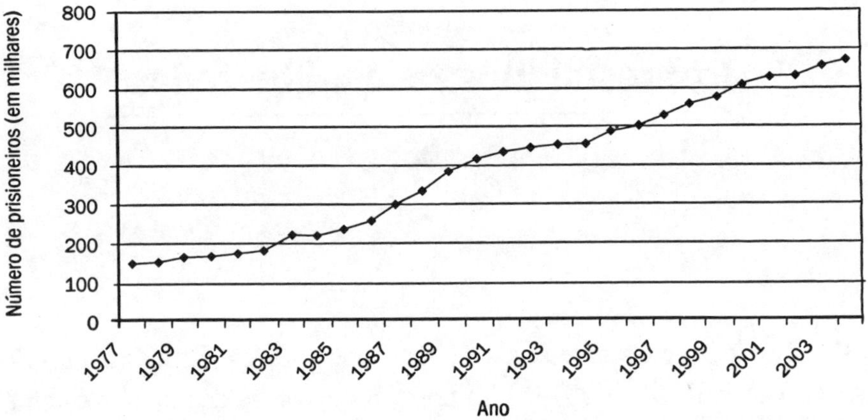

Fonte: Bureau of Justice Statistics, Department of Justice, Prison and Jail Inmates of Midyear, 1977-2005.

de 7 milhões sob a jurisdição dos tribunais criminais. São mais de 3% da população adulta, ou algo em torno de 1 em cada 31 adultos. Esse número equivale à população inteira do Estado da Virgínia.

Somente na Califórnia, a população presidiária cresceu mais de 500% entre o início da década de 1980 e hoje. Isso porque, na década de 1980 e no início da década de 1990, os Estados Unidos passaram a ser mais rigorosos e a impor sentenças mais longas, mais compulsórias e mais determinadas (o que quer dizer menos poder de decisão para as comissões de condicional decidirem quanto de uma sentença de 22 anos determinado prisioneiro efetivamente vai cumprir). Quarenta Estados aprovaram leis que facilitam o julgamento de adolescentes criminosos como adultos.

Como resultado, a população de presidiários dos Estados Unidos mais do que quintuplicou. De acordo com o International Centre for Prison Studies, do Kings College, em London, hoje os Estados Unidos colocam na cadeia setecentas pessoas para cada 100 mil habitantes – superando em muito todas as outras nações em que o estudo foi realizado, incluindo a Rússia (680), a África do Sul (410), a Inglaterra (135) e o Japão (50).

Apesar desse alto índice de encarceramento, os Estados Unidos não mantêm seus prisioneiros para sempre. Mais de 90% saem da prisão em algum momento. Além disso, em 2006, um recorde de 650 mil pessoas saíram da prisão para voltar a se integrar na sociedade.

Isso é mais do que a cidade inteira de Baltimore. É quase toda a população de São Francisco. É quase a metade do número de pessoas que se formam todos os anos.

Todos sabem como a Austrália foi fundada em grande medida por prisioneiros que lotavam os presídios britânicos do século XIX. Mas, em aproximadamente oitenta anos de deportações de prisioneiros, menos de 165 mil criminosos foram efetivamente enviados para o novo continente. Hoje em dia, nos Estados Unidos, o número de presos soltos por ano é quase quatro vezes isso. Se 50 mil criminosos ajudaram a fundar um continente, imagine só o que seis vezes esse número de pessoas pode fazer.

Infelizmente, a história norte-americana não é tão construtiva, pelo menos ainda não. O ex-prisioneiro típico é homem, de baixa renda e pouca instrução, que foi preso por causa de um problema com drogas e que nunca recebeu tratamento adequado. (Cerca de um em cada dez presidiários recebe tratamento antidrogas, em comparação com sete em cada dez que precisam desse tratamento.) Quase um quarto estava na prisão por causa de crimes violentos. Dos ex-presidiários, 25% não só não têm fitas amarelas a sua espera, mas também vão direto para os centros de desabrigados. Muitos sofrem de doença mental.

Então, talvez não seja tão surpreendente assim verificar que esses ex-presidiários não conseguem se adaptar. De acordo com estatísticas federais, dentro de três anos, dois terços dos ex-presidiários serão presos novamente, e praticamente metade ficará atrás das grades.

Essa não é só uma crise humanitária. Os Estados Unidos gastam 60 milhões de dólares por ano com esse sistema correcional.

Qual a solução? Durante pelo menos dez anos, os legisladores americanos vêm chamando a atenção para o problema da readaptação do ex-presidiário e, em seu pronunciamento à nação em 2004, o presidente Bush anunciou uma pequena iniciativa federal (embora não-financiada) de auxiliar os ex-presidiários com auxílio-alimentação, emprego e acompanhamento. Mas esse é um problema que ultrapassa as soluções federais. De acordo com uma pesquisa em cinco grandes cidades, 65% dos empregadores afirmam que não contratariam um ex-presidiário. Dezenas de grupos profissionais, incluindo o de manicures e de barbeiros, não aceitaram a participação de ex-presidiários como associados. O mesmo se aplica a habitações públicas.

Essas pessoas poderiam ter sido uma força política. Praticamente todos os Estados negam o direito a voto aos presidiários, mas cerca de uma dúzia de Estados revoga os direitos a voto dos criminosos de modo *permanente*, mesmo após o final da sentença. Nas eleições de 2004, cerca de 5 milhões de presidiários condenados tiveram seus direitos cassados. A margem de vitória de George W. Bush em relação a John Kerry foi de apenas 3 milhões de votos.

Em 2000, Al Gore venceu pelo voto popular com cerca de 500 mil votos a mais – mas, se os 400 mil ex-presidiários da Flórida tivessem direito ao voto, ele teria chegado à presidência.

As pessoas que realmente estão sofrendo o drama do retorno dos ex-presidiários são suas famílias, que, aliás, tendem a ser altamente concentradas. Um estudo realizado em Ohio descobriu que 3% dos bairros de Cleveland abrigavam 20% dos ex-presidiários do Estado. Quem está cuidando dos carvalhos *naqueles* bairros? Quem está apoiando as pessoas para quem as fitas amarelas poderiam realmente fazer a diferença entre uma reintegração bem-sucedida e a volta à prisão?

Existem também os filhos. Somente na década de 1990, o número de crianças com pais na prisão subiu mais de 100% – de 900 mil para 2 milhões. Agora, considerando o recente aumento de presidiários soltos, teremos um aumento no índice de natalidade entre eles. Aumentará também o número de crianças com pais e mães encarcerados, porque a probabilidade de eles voltarem para a prisão é alta.

Fizemos os criminosos cumprirem sua pena, mas eles estão saindo da prisão com poucas perspectivas e hábitos sociais ruins, e precisamos de um plano que envolva assistência e supervisão.

Os proponentes originais da linha dura contra o crime afirmam que não é coincidência que o fato de que, com a volta dos ex-presidiários, exista um aumento da criminalidade após 15 anos de declínio constante. Mas esse vínculo só realça a necessidade premente de uma reforma no sistema de correção. Alguns estatísticos atribuíram a queda de criminalidade da década de 1990 ao processo *Roe vs. Wade* muitos anos antes, mas provavelmente ela resultou da combinação da política do presidente Clinton, no sentido de colocar 100 mil policiais nas ruas, adotar novos métodos de inteligência policial e aplicar penas mais rigorosas. De qualquer modo, agora os Estados Unidos estão deixando de ser o país livre com o maior número de pessoas na prisão por 100 mil habitantes para ser o com mais ex-presidiários soltos por 100 mil pessoas.

A menos que os Estados Unidos encontrem um meio de dar emprego aos ex-presidiários e coloquem o treinamento profissional no topo da lista de prioridades, esse será um ciclo muito destrutivo. Incapazes de conseguir emprego, os presos que retornam à sociedade terão opções limitadas e voltarão ao mundo do crime.

A microtendência dos ex-presidiários recém-libertados tem de ser reconhecida pelo governo e pelas empresas imediatamente. Tirar os criminosos das ruas só funciona quando eles estão fora das ruas – mas sem uma parceria entre os setores público e privado para receber esses ex-presidiários, simplesmente voltaremos a encarar outro ciclo de mais prisões e altos índices de criminalidade, assim que eles tiverem cumprido suas penas.

PARTE VII
Adolescentes

Ligeiramente desorientados

Quando apenas uma minoria de americanos ia para a universidade, as pessoas não se preocupavam muito com os diferentes "estilos de aprendizagem" dos alunos, ou o que poderia realmente ser uma incapacidade de aprendizagem. Se você tivesse algum problema de expressão oral, poderia vencer na vida de muitas outras maneiras.

Mas, hoje em dia, quando os bons empregos nos Estados Unidos requerem formação universitária – e a maioria das universidades requer uma estruturação de pensamento de alto nível –, de repente passamos a prestar mais atenção à capacidade dos estudantes de ler, escrever, soletrar, raciocinar, lembrar e organizar informações. Como conseqüência, houve uma explosão do número de jovens diagnosticados com dificuldades de aprendizagem, distúrbios neurológicos e outras condições anteriormente não identificadas.

Certamente, não devemos confundir jovens com dificuldades de aprendizagem com crianças que têm graves problemas mentais, que, infelizmente, também estão aumentando de número. (O autismo infantil aumentou nove vezes desde 1992. O número de crianças que estão sendo tratadas com medicamentos antipsicóticos subiu 138% entre 1997 e 2000.) Não, a maioria das crianças diagnosticadas com dificuldades de aprendizagem sofre de condições mais sutis que provavelmente passariam despercebidas uma geração antes, mas que, hoje em dia, graças aos avanços nas pesquisas em desenvolvimento infantil e ao maior escrutínio da parte de pais e escolas, estão sendo identificadas.

A diferença é evidente já nos primeiros anos da infância. Uma criança que, 25 anos atrás, teria sido considerada "irritável", hoje tende a ser diagnosticada como portadora de Disfunção de Integração Sensorial, uma condição em que o cérebro da criança percebe sensações de modo acentuado ou fraco, fazendo com que as luzes pareçam claras demais, os ruídos altos demais ou as roupas incômodas demais.

Uma criança que, 25 anos atrás, seria considerada "não-atlética", hoje pode ser avaliada como apresentando desafios em seu "planejamento motor" ou pouca capacidade mental para sair do plano da concepção de um movimento físico para sua execução.

As novas classificações dos distúrbios continuam se expandido. Assim, quando os bebês se tornam crianças e adolescentes, o número de diagnósticos relacionados a problemas de leitura, escrita, fala, audição e matemática simplesmente explode. Nos últimos trinta anos, o número de crianças compreendidas na definição da lei federal de educação para indivíduos portadores de deficiência que engloba "dificuldades específicas de aprendizagem" subiu 82%.

Número de crianças entre 3 e 21 anos com dificuldades específicas de aprendizagem* atendidas pela lei federal de educação para indivíduos portadores de deficiências (IDEA) (1976-2004)

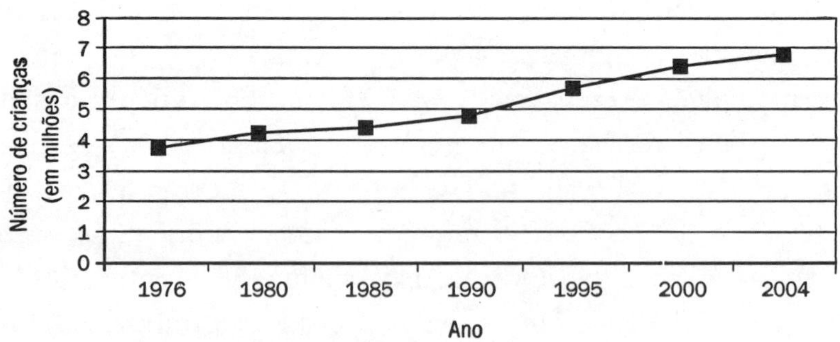

* Dificuldades específicas de aprendizagem incluem problemas com a expressão oral, compreensão auditiva expressão escrita ou habilidades de leitura ou matemática

Fonte: Department of Education, National Center for Education Statistics, 2006

Ninguém tem certeza se esse fenômeno se deve *apenas* ao fato de que estamos prestando mais atenção e encontrando mais problemas identificáveis. Provavelmente existem fatores ambientais e outros elementos que contribuem para esse aumento. No entanto, não resta dúvida de que, assim que começamos a examinar, rotular e classificar as crianças mais de perto, vemos mais problemas.

E quem está encorajando o maior escrutínio? Os afluentes, é claro. Embora crianças com dificuldades de aprendizagem sejam encontradas em várias faixas de renda familiar, ela são praticamente moda entre a classe média alta. (Afinal de contas, quem mais gastaria tanto tempo e dinheiro para descobrir por que seus filhos estão *apenas* na média?)

A maioria das escolas caras e de elite hoje oferece não só professores, mas "especialistas em aprendizagem" que acompanham cada passo do desenvolvimento das crianças. Hoje em dia, a leitura, a escrita e a matemática também incluem foco nos períodos de atenção, integração sensorial e planejamento motor. O resultado irônico é que, enquanto nas comunidades de baixa renda "educação especial" em geral significa uma carreira acadêmica fadada ao fracasso, nas comunidades afluentes não ter um terapeuta ocupacional, uma fonoaudióloga ou um terapeuta social-emocional aos 12 anos é praticamente sinônimo de negligência familiar.

Basta analisarmos o SAT, o teste de avaliação de conhecimento exigido para entrar em um curso superior nos Estados Unidos. Somente entre 1990 e 2005, o número de alunos que recebiam mais tempo para fazer o exame SAT dobrou, para mais de 40 mil dos 2 milhões de alunos em todo o país. Esse acréscimo ao tempo de prova não se alcança com um pedido simples. É preciso ter provas documentadas de alguma dificuldade de aprendizagem de um psicólogo, além de comprovação de que o aluno vem fazendo uso de todas as acomodações recomendadas pelo psicólogo nos testes regulares da escola. Quem consegue tudo isso? Pode apostar que, em grande medida, são as famílias que têm tempo e dinheiro para especialistas, avaliações e tratamentos (sem mencionar a capacidade de argumentação necessária para tentar garantir tempo extra).

Assim, em 2005, mais de 40 mil alunos do ensino médio tiveram tempo extra para fazer seus exames SAT. Isso é numericamente equivalente às turmas de calouros nas principais faculdades de importantes universidades norte-americanas, como Ohio State University, University of Texas, University of Pennsylvania, University of North Carolina, University of Virginia, Oral Roberts University, Vanderbilt, Texas A&M e Yale. Juntas.

Onde estiver a afluência, lá estará a indústria. O intenso escrutínio de pais impulsionou o mercado de aulas extras, que se transformou em uma indústria de 4 bilhões de dólares ao ano, com 15% de crescimento anual. Os Sylvan Learning Centers (hoje com mais de mil instalações em todo o país) e os SCORE! Educational Centers, de propriedade do Instituto Kaplan, começaram a criar ofertas de aulas extras não apenas para adolescentes com dificuldades, ou pré-adolescentes ambiciosos, mas para crianças de 4 anos cujos pais superconscientes já estão preocupados com o fato de eles estarem ficando para trás.

Se hoje eu vivesse em um país que estivesse começando a impulsionar o ensino superior universal, investiria em seu equivalente dos Sylvan Learning Centers. Daqui a uma década, as aulas extras e a atualização dos bebês estarão com força total.

Observe, entretanto, os "portadores de distúrbios". Embora as pessoas comuns talvez ainda considerem um estigma a incapacidade ligada de alguma maneira ao cérebro das crianças, os afluentes se valem dela como uma medalha de honra, explicando agressivamente por que seus filhos não conseguem competir.

Fique atento também ao impacto nas crianças em geral. Com um número muito mais elevado de crianças ricas freqüentando especialistas e com diagnóstico de distúrbios, pode acontecer de os "melhores" e os "mais brilhantes" da sociedade – jovens com a maior probabilidade de receber boa educação e seguir para a universidade – estejam sutilmente internalizando a mensagem de que precisam de muita ajuda externa para ser "normais". As crianças nascidas após 1980 já são a geração mais medicada da história. Agora que estão na faculdade, estudos revelam que, de quase um em cada dez estudantes universitários que procuram aconselhamento em saúde mental, 25% estão tomando psicotrópicos – uma alta em relação aos 9% em 1994.

Alguns dirão que estou exagerando o foco nos novos distúrbios infantis, mas a explosão das novas condições começa no nascimento. Em 2005, o principal manual médico sobre *saúde mental da primeira infância* – ou seja, crianças com idade entre 0 e 3 anos – foi revisado para incluir dois novos subconjuntos de depressão, cinco novos subconjuntos de distúrbios de ansiedade e seis novos subconjuntos de distúrbios ligados à alimentação. Assim, os pais estão começando cedo.

Os americanos se autoconfortam com a idéia de que qualquer problema que seu filho enfrente não é causado por ele mesmo, mas resultado de uma dificuldade externa e previamente não-diagnosticada que tem de ser superada. O sistema de avaliação tornou-se uma espécie de jogo, agora que todos sabem que as aulas extras com professores particulares fazem diferença nas notas – assim, os pais que conseguirem um horário extra para seus filhos estão apenas jogando de outra forma. Ei, o que há de errado com essa criança? Espero que seja alguma coisa não muito séria. Essa é a resposta que abre o leque para ajuda extra, horas extras de estudo e um pouco de atenção extra. E essa é a resposta que um número cada vez maior de crianças está usando para explicar por que seu desempenho não é tão bom quanto poderia ou deveria ser.

Jovens tricoteiras

Minha filha de 4 anos está pronta para entrar no jardim-de-infância e eu recentemente estava pesquisando os sites de algumas das melhores escolas particulares de Washington, D.C. Uma delas mostrou fotos de uma atividade extracurricular de tricô para a sétima série. Tricô? Em pleno século XXI? Na capital dos Estados Unidos? Seria brincadeira?

Infelizmente, era eu que estava desantenado.

Em um país em que é possível comprar suéteres e lenços no Kmart por menos de 15 dólares, cerca de 20 milhões de pessoas estão fazendo os próprios artigos de tricô. E os grupos de pessoas que fazem tricô (com duas agulhas) ou crochê (com uma agulha com ponta) de maior crescimento são adolescentes e jovens na faixa dos 20 anos.

Jovens tricoteiras (2002-2004)

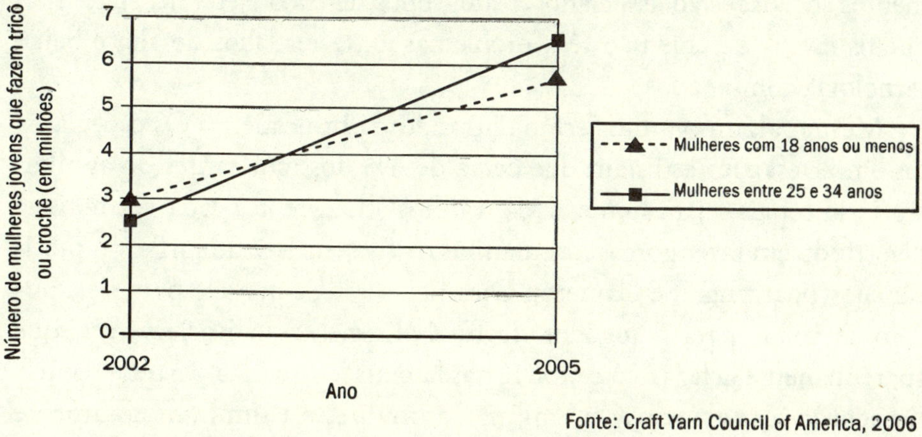

Fonte: Craft Yarn Council of America, 2006

Para uma atividade com 25 séculos de existência, o tricô está muito bem, obrigado.

Essa tendência é duplamente contra-intuitiva. Quando pensamos em tricotar, lembramo-nos de vovozinhas sentadas em suas cadeiras de balanço e, quando pensamos em jovens, visualizamos alta tecnologia o tempo todo. Ainda assim, existem 6 milhões de estudantes adolescentes e pré-adolescentes nos Estados Unidos que estão tricotando para valer, liderados por maravilhosas tricoteiras do momento, como Julia Roberts, Cameron Diaz e Sarah Jessica Parker.

Praticamente da noite para o dia, o tricô e o crochê saíram da obscuridade e passaram a ser chiques. Existem blogs sobre o tema, campanhas de camisetas com os dizeres "Volte a tricotar" e "Knit-Outs" (e "Knit-Ins"), ou encontros sobre tricô e crochê que atraem dezenas de milhares de pessoas em cidades de todo o país. A Do-It-Yourself Network de Scripps Howard apresenta o *Knitty Gritty*, um guia prático semanal que ensina padrões de trabalhos manuais vendidos como "novos, irados e fantásticos". A Vogue Knitting acabou de lançar uma revista para jovens tricoteiras com menos de 25 anos. O *Stitch 'n Bitch: The Knitter's Handbook,* de Debbie Stoller, ficou na lista dos livros mais vendidos do *New York Times* em 2004 e vendeu cerca de 100 mil cópias. Uma continuação, intitulada *Stitch 'n Bitch Crochet: The Happy Hooker*, vendeu 25 mil cópias nos primeiros meses.

As jovens tricoteiras não são reclusas nem do tipo antitecnologia. Milhares de membros do MySpace, o amplamente popular site de relacionamentos sociais, estão associados a subgrupos de tricô e crochê, sugerindo que os jovens de hoje não têm problemas entre ter lados de alta e baixa tecnologia combinados.

Mesmo alguns garotos estão entrando na brincadeira. Os especialistas em artesanato estimam que cerca de 4% dos fabricantes de agulhas em todo o país sejam homens, com filhos adolescentes cada vez mais se divertindo em fazer gorros nas manhãs de frio, em vez de surfar ou praticar snowboarding. (Se Cameron Diaz não serve de modelo para eles, podem se voltar para o jogador de futebol americano Rosie Greer, que aparentemente já fez tricô e crochê nas laterais, entre uma partida e outra. De acordo com a www.MenKnit.net, as mulheres assumiram falsamente o crédito pela história do tricô; na verdade, foram os pescadores quem primeiro fizeram suéteres pesados para usar em alto-mar, e foram os soldados que produziram em massa meias quentes para usar na Segunda Guerra Mundial.)

Mas, se estamos brigando para saber quem são os pais da tricotagem, claramente é porque a atividade está muito badalada. Quem foi que reacendeu o interesse pelas agulhas de tricô?

Em geral, a ascensão do tricô pode ser parte de uma tendência mais ampla de "volta às raízes" que ocorreu depois dos ataques terroristas de 11 de setembro. Cozinhar também aumentou de popularidade, assim como reuniões de família e dicas para tornar nossa vida mais simples. O artesanato em geral ganhou expressão (as vendas de máquinas de costura dobraram entre 1999 e 2005) e, em especial, acredita-se que a prática do tricô – com seu ritmo regular – alivie o estresse e diminua a pressão arterial. Os ex-fumantes juram que o tricô os ajudou a parar. As pessoas usam expressões do tipo "a zona" para descrever a experiência de tricotar, chamando-a de "nova ioga" e de "nova medicação".

É terapêutico e você ainda fica com o gorro.

Para os jovens, o apelo ao tricô é ainda maior, combinando o melhor de seus mundos. Tricotar é social, como o MySpace, com grupos que se reúnem para trabalhar em conjunto e apreciar a conversa que aparentemente flui há 25 séculos. Envolve habilidade, como os videogames, com a chance de assumir desafios cada vez maiores e ter a grata satisfação de alcançá-los. Além disso, no mundo adolescente de hoje, caracterizado pela autodefinição e auto-realização (elementos positivos na hora de entrar para a universidade), roupas e acessórios feitos à mão podem ser um modo criativo e inteligente de marcar sua identidade singular.

Além do mais, quem é que não quer uma capinha para celular, um biquíni ou uma tira de violão elegantemente desenhada e feita à mão por você mesmo ou um colega?

E ainda tem mais. Assim como os adultos que fazem tricô ou crochê para aliviar o estresse, os adolescentes estão cada vez mais buscando um alívio do ritmo frenético e da intensidade preparatória para a universidade que pode começar na pré-escola. Em alguns casos, os adultos estão adotando essa prática em nome dos jovens, impondo o tricô como um modo de melhorar o foco e a concentração, fortalecer o pensamento criativo e aumentar o desenvolvimento de habilidades matemáticas e motoras. Alguns sites afirmam que tricotar acalma os distúrbios de atenção. A Waldorf Schools incorporou aulas de tricô e crochê como parte da grade curricular.

Assim, essa é outra maneira de mostrar que para cada ação existe uma reação – para cada movimento de alta tecnologia, existe um movimento de baixa tecnologia adotado por milhões de pessoas. Isso ressalta a idéia básica de que, embora, por um lado, as pessoas tenham tempo limitado, muitas estão buscando distrações que as acalmem. Em uma economia voltada aos serviços, as pessoas querem ter o prazer de criar algo por si mesmas e ser capazes de dizer: "Fui eu que fiz."

As implicações das jovens tricoteiras são enormes. No próprio mercado de artesanato, tende a haver uma demanda crescente por cores mais ricas, padrões mais incrementados e fios fashion, que são mais frisados, mais macios, mais entrelaçados e mais metálicos do que os que compõem a gola cinza do velho casaco da L.L. Bean. De acordo com o Craft Yarn Council, somente entre 2004 e 2005 as compras de fios fashion subiram 56%.

No mundo da moda, mais malhas deverão aparecer nas passarelas e um visual mais artesanal deverá aparecer na alta-costura. Eu, de minha parte, sequer sabia que era possível fazer biquínis de tricô, mas até recentemente eu também não sabia que dez novos encontros sobre tricô e crochê estão surgindo por semana em cidades ao redor dos Estados Unidos.

Entretanto, o verdadeiro significado desse movimento é que, apesar dos clichês tecnológicos, muitas crianças de hoje têm períodos de atenção mais longos do que pensamos; e são apaixonados pela criação – não só dos "ciberperfis", mas também de produtos tangíveis e úteis que marcam sua presença no mundo. Eles gostam de clicar e arrastar os melhores deles, mas também curtem o clique-clique das agulhas de tricô.

Estamos longe da figura de Madame Defarge, que se tornou a mais famosa (e nefasta) tricoteira da literatura, porque tricotava as mortalhas das vítimas da Revolução Francesa. As tricoteiras de hoje não são velhas nem ardilosas, estão fazendo tricô e crochê porque é uma atividade pacífica, prática, física e voltada às pessoas.

O que também sugere que, como os adolescentes de hoje passam de uma novidade a outra, há espaço para muitos produtos do tipo "faça você mesmo". A Nike acaba de lançar um kit "Faça seu próprio tênis", completo com cores e tecidos personalizados. As empresas estão oferecendo alternativas para as pessoas criarem a própria maquiagem e anéis de noivado. Mas e quanto às próprias gravatas? E kits para fazer o próprio *jeans* para que a garotada coloque os rasgos nos lugares certos? Uma vez que as pessoas estão personalizando seus corpos e encomendando camisetas pólo com monogramas personalizados, o mercado está aberto aos tricoteiros e às novas idéias que permitam que as pessoas relaxem e possam usar suas criações depois de prontas.

Ídolos adolescentes negros

Talvez não exista um grupo nos Estados Unidos mais estereotipado do que o de meninos adolescentes, particularmente meninos adolescentes negros. Em 2002, o Casey Journalism Center on Children and Families descobriu que mais de 90% das notícias sobre jovens abordam crime, violência, abuso e negligência, em comparação com menos de 5% direcionados a tópicos construtivos como educação infantil, assistência médica para jovens ou voluntários juvenis. Na mídia, os adolescentes são sinônimos de má notícia.

Ainda assim, a verdade é que há uma nova geração – e os estereótipos das décadas de 1950 e 1960 precisam abrir caminho para a realidade da primeira década do século XXI. O progresso alcançado por um segmento da comunidade negra foi simplesmente incrível. Embora várias centenas de milhares de adolescentes negros tenham problemas com a justiça todos os anos, várias centenas de milhares também estão na faculdade e planejando carreiras de futuro. Os jovens negros são o grupo de graduados universitários de maior crescimento e, depois de formados, existem em geral ótimas ofertas de emprego a sua espera. A emergência dessa nova classe de super-realizadores negros está mudando a cultura americana, rompendo velhos estereótipos e acabando com as barreiras raciais nas empresas e nos corredores do poder. Cada vez mais se fala menos sobre os desacertos dos jovens negros e mais sobre seus acertos. Para uma microtendência crescente de novos negros, o sistema está funcionando.

Talvez subjacente a essa boa notícia esteja a natureza orientada a valores desses jovens. Quando analisados em função dos três principais indicadores de cidadania – ir à missa, ser voluntário e votar –, os jovens negros estão muito à frente dos brancos ou super-representados em relação à sua população.

Quanto à freqüência na missa, os adolescentes negros superam em muito os brancos. Na década de 1970, mais de quatro em cada dez jovens brancos iam regularmente à missa, em comparação com apenas cerca de um terço dos jovens negros na mesma faixa etária.

Nos últimos trinta anos, essa tendência se reverteu completamente. Agora, mais de quatro em cada dez jovens negros freqüentam regularmente a igreja, em comparação com menos de um terço de jovens brancos.

Percentagem de alunos do último ano do ensino médio que freqüentam rituais religiosos pelo menos uma vez por semana, por raça (1976 *vs.* 2004)

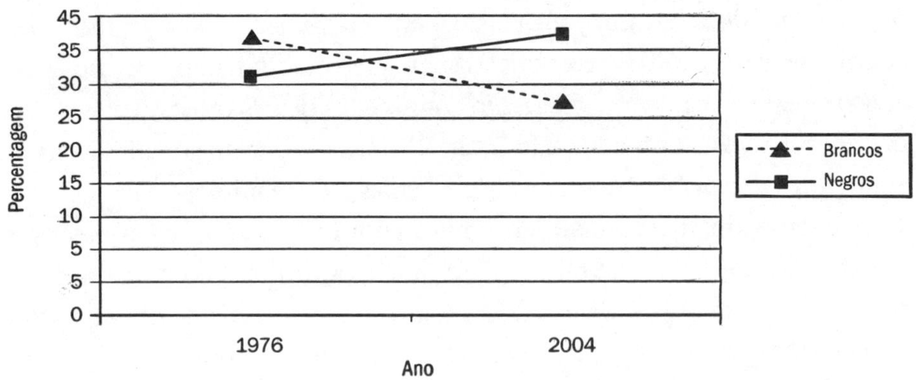

Fonte: Child Trends, 2004.

Além disso, entre os alunos do último ano do ensino médio em 2004, mais da metade (54%) dos negros afirmou que a religião desempenhava um papel muito importante em sua vida, em comparação com apenas cerca de um quarto (27%) dos brancos. Embora freqüentar a igreja não seja a única medida de religiosidade, estudos demonstram que levar a religião a sério está fortemente relacionado com a diminuição do abuso de drogas e álcool, a postergação do início da atividade sexual e atitudes e comportamentos altruístas. Também está correlacionado com menores índices de delinqüência, menores riscos, maior quantidade de exercícios físicos e cuidados pessoais, e menos problemas na escola e com a polícia. Sim, os índices de abandono da escola são maiores entre os negros do que entre os brancos, então alguns deles não chegam ao último ano do ensino médio. Mas o contraste acentuado aqui sugere que é hora de reavaliar alguns estereótipos adolescentes.

Na frente do voluntariado, embora o número de voluntários negros tenha sido tradicionalmente menor do que o de brancos, vem aumentando constantemente nos últimos dez anos e agora é equivalente ao número de brancos (e, nos últimos anos, já ultrapassou esse número). Quando ampliamos a faixa etária para 15 a 25 anos, os negros são aqueles, dentre todos os grupos raciais/étnicos, que afirmam poder fazer diferença em sua comunidade. Quando consideramos apenas os homens, os jovens negros têm índices mais altos de participação como voluntários (63%) do que os jovens brancos (57%) ou os jovens hispânicos (48%). No importante programa de serviço comunitário chamado City Year, em que jovens de 17 a 24 anos de idade prestam serviço à comunidade depois da escola, os negros somam 32% dos voluntários – o que é mais do que o dobro de sua representação na população em geral.

Finalmente, quando se trata de ativismo político, participação nas eleições e estudos cívicos, os jovens negros também se sobressaem. De acordo com um estudo de 2007 realizado pelo CIRCLE (Center for Information and Research on Civic Learning and Engagement), os jovens afro-americanos têm os maiores índices de participação nas eleições e em atividades políticas entre os jovens na faixa etária de 15 a 25 anos. Também foram o único grupo racial/étnico de jovens a participar mais das eleições para o Congresso. Os jovens negros também tendem a considerar que é importante votar e, com 72% de participação, eles são os maiores adeptos dos estudos cívicos ou governamentais como pré-requisito para a formatura no ensino médio.

Em geral, esse tipo de devoção cívica e participação democrática construtiva não está associado aos jovens negros. Os adolescentes negros vivem em uma área em que os velhos estereótipos ainda persistem, e as oportunidades e os investimentos nesses jovens ficam muito aquém de seu potencial valor.

Embora não existam estudos abrangentes sobre a origem dos ídolos adolescentes negros, parece que eles vêm de famílias que também valorizam a religião, o voluntariado e/ou o envolvimento cívico. (Quase metade de todos os adultos negros – 46% – atuam como voluntários em algum tipo de organização religiosa, o que representa uma taxa substancialmente maior em relação aos brancos ou hispânicos.) E esses jovens sabem o que querem quando se trata de fazer o bem e dar algo em troca. São atraídos para igrejas que conferem funções de liderança aos jovens. Quando são voluntários, envolvem-se em atividades como *mentoring* e *tutoring* (embora os voluntários brancos sejam mais numerosos em atividades como "captação de fundos" e "fornecimento de transporte"). Politicamente, eles em geral são democratas, mas um estudo de 2002 indicou que mais de um terço dos negros entre 18 e 25 anos se consideram independentes. O fundamental é que a maioria dos jovens eleitores negros são sérios, participantes, independentes e estão prontos para fazer diferença positiva na vida das pessoas.

Esses avanços entre os jovens negros integram uma tendência maior em que sua participação é melhor do que nunca nos Estados Unidos. Os índices de abandono da escola entre os jovens negros caíram de cerca de 30% desde o final da década de 1960 para os 10% de hoje. A inscrição de jovens negros nas universidades aumentou quase dois terços, em relação a apenas 45% em 1972. Entre 1976 e 2004, o número de negros formados nas universidades todos os anos quase dobrou (e o número de mulheres negras quase triplicou). O número de alunos negros que concluem mestrado aumentou mais do que o dobro nesse mesmo período, comparado a um crescimento de 39% entre o número de alunos brancos.

Em comparação com cinqüenta anos atrás, o número de famílias negras prósperas cresceu radicalmente. Mais de 40% das unidades familiares negras agora são de classe média, subindo em relação aos 20% em 1960. 42% dos negros têm casa própria e, entre os casais negros casados, esse número aumenta para pelo menos 75%. As empresas de propriedade de negros cresceram 45% entre 1997 e 2002. Alguns deles estão tão bem de vida que podem acabar virando republicanos.

Isso significa não só que a classe média negra é maior do que a maioria dos americanos pensaria apenas assistindo ao noticiário noturno, mas também que existe um grupo emergente de jovens negros que ambicionam enriquecer e liderar a sociedade de maneira significativa. Na verdade a maioria dos jovens negros norte-americanos – incluindo os meninos – está na escola, é relativamente religiosa, comprometida com a democracia americana e está fazendo sua parte (ou mais) para tornar os Estados Unidos um país melhor. Eles não só são um mercado-alvo importante para o setor de tecnologia, vestuário, esportes e entretenimento, mas também são ótimos recrutas para oportunidades na faculdade, no trabalho, como voluntários e líderes em todos os níveis.

Sim, é verdade, muitos jovens negros nos Estados Unidos estão batalhando, e uma nação tão rica quanto essa precisa dar alguma atenção representativa a seus desafios. Mas a mídia e os profissionais de marketing precisam acertar também alguns dos clichês, considerando quantos extraordinários exemplos de cidadania os jovens negros estão dando. Os super-realizadores negros estão por aí, superando sua contrapartida branca. É só uma questão de tempo antes que esse grupo direcionado ao sucesso lidere a mudança fundamental na comunidade negra. Eles são a prova do que é certo nos Estados Unidos quando tanta coisa parece estar errada.

Jovens magnatas

Quando eu tinha 13 anos, abri meu primeiro negócio – vendia selos para colecionadores pelo correio. Anunciando no *The New York Times*, consegui uma clientela para meus selos e essa foi minha primeira experiência com o mundo dos negócios. Mantinha registros contábeis, comprava no atacado nos leilões e vendia a varejo pelo correio. Mal podia esperar para verificar a caixa postal depois da aula a caminho de casa. Eu era um dos únicos garotos da época a fazer isso.

Hoje em dia, a internet e o eBay tornaram o empreendedorismo juvenil mais fácil do que nunca, e os óculos escuros que você está comprando pela web podem muito bem ser das mãos de um magnata escolar. Barraquinha de limonada, cartões de aniversário e tomar conta de crianças já eram; a web é a nova onda. Na verdade, de acordo com a *BusinessWeek*, em 2000, 8% de todos os adolescentes – ou cerca de 1,6 milhão de jovens nos Estados Unidos – estavam ganhando dinheiro na internet.

Certo, alguns deles estão simplesmente vendendo as velhas cartas de beisebol de seus pais no eBay ou se desfazendo da câmera de Natal que já está três meses obsoleta. Cada vez mais, as crianças estão transformando sua atividade favorita – interação on-line – em negócios sérios. E parte do motivo pelo qual isso acontece é que elas *podem*; quando sua interface com o mundo é um elegante site e todas suas transações passam pelo sistema de pagamento PayPal seguro e eficiente, quem precisa saber que seu rosto necessita de um reforço de maquiagem?

Você sabia que a www.ChocolateFarm.com, a empresa baseada no Estado de Colorado, que tem cerca de uma dúzia de empregados e várias visitas diárias, vende seus produtos premiados – Brown Cows, Pigs in Mud e Pecan Turtles – a chocólatras do país inteiro? A fundadora e diretora-executiva Elise MacMillan entrou para a faculdade em 2007. Ela começou a empresa quando tinha 10 anos, enquanto seu irmão Evan, de 13, administrava o site. E o AnandTech.com, um site pioneiro de análise de hardware que oferece a 130 mil visitantes por dia notícias e opiniões atualizadas sobre câmeras digitais, câmeras de vídeo e outros equipamentos eletrônicos: Anand Shimpi, de Raleigh, Carolina do Norte, fundou-o em 1997, aos 14 anos.

Algumas dessas empresas geram sucesso concreto. De acordo com a *YoungBiz Magazine*, os cem principais empresários nos Estados Unidos entre 8 e 18 anos, em 2001, ganhavam um total de 7 milhões de dólares em lucros.

E, hoje em dia, os jovens adoram esse negócio. De acordo com o Junior Achievement, mais de sete em cada dez adolescentes dizem que estão interessados em se tornar empreendedores, subindo em relação a apenas 64% em 2004. Quase metade afirma que é porque "eles têm um grande ideal que querem realizar"; outro quarto afirma que é porque querem "ganhar mais do que poderiam trabalhando para alguém". Esses não são os mesmos adolescentes do passado que entregavam jornais ou cuidavam de bebês para ganhar um dinheirinho extra para o cinema (além do mais, eles podem fazer o download dos filmes). Os jovens de hoje querem criar e dirigir o próprio show.

Chamados de "treps" pela *YoungBiz Magazine* (abreviação de empreendedores, *entrepreneurs* em inglês) – ou "eTreps", caso seu negócio seja on-line – os jovens magnatas estão recebendo atenção nacional da mídia, além de bolsas universitárias. Acampamentos, programas de verão, atividades extracurriculares e empresas sem fins lucrativos estão crescendo para estimular cada vez mais negócios criados e administrados por jovens. Em agosto de 2006, a U.S. Small Business Administration lançou "Mind Your Own Business", literalmente "Cuide do seu próprio negócio" – um recurso on-line voltado para ajudar os adolescentes a transformar uma primeira idéia em receitas.

O setor privado também entrou nessa onda. Empresas baseadas na internet disputam jovens trabalhadores em meio expediente que tenham capacidade e vontade de vencer. Uma gama de novos livros aconselha os jovens a gerar e a administrar mais dinheiro do que seus pais jamais tiveram. *Pai rico, filho pobre para jovens: o que a escola não ensina sobre dinheiro* vendeu mais de 50 mil exemplares em dois anos.

É claro que a iniciativa de negócios juvenis não é nova. Jim Casey fundou a antecessora da UPS em 1907, aos 19 anos. Paul Orfalea fundou a Kinko's na década de 1970, quando tinha acabado de sair da faculdade. Mas eles esperaram anos, se não décadas, para ver suas empresas se desenvolverem. Atualmente, os adolescentes criam sua base de clientes que soma milhões de pessoas em alguns meses; caso contrário, sabem que é hora de mudar de atividade. (Como fazer seu dever de casa, por exemplo.)

Podemos nos perguntar se, com todo esse capitalismo borbulhante, os jovens ainda vão querer ir para a faculdade. Até o momento, a resposta é sim; a grande maioria dos adolescentes afirma que a universidade é importante para iniciar uma empresa. Na verdade, a criação de um negócio bem-sucedido na escola é uma daquelas histórias marcantes a serem incluídas no formulário para se candidatar a uma vaga universitária. E quanto às escolas de negócios? Por seus próprios motivos – relacionados à colocação de seus formandos em empregos com salários iniciais mais altos em média –, as escolas de administração estão formando turmas cada vez mais velhas. Para esta geração de jovens de 17 anos, serão as escolas de administração relevantes quando tiverem o dobro da idade, com muita experiência comercial na bagagem?

Os jovens magnatas talvez não tenham paciência para trabalhar em empresas pertencentes a outras pessoas. Já existem vários livros que detalham os problemas causados pelo conflito de gerações no trabalho – em que chefes de 60 e poucos anos vêem empregados de 20 e poucos anos usando e-mail durante as reuniões e quase os rebaixam por insubordinação – quando, na verdade, os empregados jovens estão simplesmente demonstrando sua capacidade de trabalho multitarefa. Quando os jovens ganham tanto dinheiro cedo assim – não só pela dedicação, como no passado, mas por serem engenhosos –, será que vão esperar chegar aos 20 anos para pagar suas obrigações corporativas?

Um dos maiores problemas enfrentados por empreendedores adolescentes é que as leis foram escritas para protegê-los – assim, poucos são os que querem fechar negócio com eles quando descobrem sua idade. Quase qualquer afirmativa proferida por um adolescente não é vinculante na maioria dos Estados norte-americanos; eles podem sair dos contratos em um piscar de olhos. Quem quer ser responsável por adolescentes e pelas contas que eles gerarem? Talvez precisemos de algumas mudanças nas leis no que tange à responsabilidade juvenil – se eles podem ser julgados como adultos por crimes, por que não deveriam poder operar uma empresa como adultos?

Quando falamos sobre um mundo sem fronteiras, precisamos acrescentar os empreendedores adolescentes globais a essa mistura, e os milhões de novas empresas que podem oferecer seus produtos ao mercado em escala global. Anos atrás, fiquei muito impressionado com o fato de poder anunciar nos classificados do *New York Times*. Hoje em dia, um magnata da escola em Dubuque pode aceitar pedidos de Hong Kong. Talvez os Estados Unidos não tenham todos os engenheiros necessários para ganhar os concursos de ciência global, mas o país deve aproveitar e celebrar os jovens realizadores. Eles são sinal de que o espírito criativo da nação está vivo e bem, e que o país está fomentando a inovação na primeira oportunidade possível de maneira inteiramente americana.

Aspirantes a franco-atiradores

▲

Trabalho como pesquisador de opinião há trinta anos. A cada nova pesquisa que leio, seja para um candidato presidencial ou cliente corporativo, aprendo algo novo sobre a maneira de pensar das pessoas. Parte do motivo pelo qual gosto desse trabalho é que todos os dias encontro alguma nova aspiração, esperança ou preocupação das pessoas e consigo ajudar os clientes a preparar seus produtos e mensagens com base nesses fatos.

Após trinta anos e centenas de milhares de pesquisas, não há muito o que possa ser considerado totalmente novo. As coisas me fascinam, sim; aprimoram meu entendimento, com certeza. Mas é raro encontrar um momento em que a pesquisa me faz parar e reorientar meu entendimento do mundo.

Um desses momentos aconteceu em dezembro de 2006. Meu amigo e colega Sergio Bendixen, presidente da Bendixen and Associates em Miami e eminente especialista em pesquisas de opinião pública entre hispânicos conduziu uma pesquisa pelo celular com seiscentos californianos, entre 16 e 22 anos de idade, perguntando a eles (de modo bem inócuo): "O que você acha que estará fazendo daqui a dez anos?". Era uma pergunta aberta, o que significava que os entrevistados poderiam dar qualquer resposta desejada (em vez de serem guiados por uma lista de respostas possíveis). Conforme esperado, quase 70% dos jovens disseram que estariam trabalhando, alguns em uma carreira específica ou administrando o próprio negócio. Doze por cento afirmaram que estariam na faculdade, e outros doze por cento disseram que estariam constituindo família. Um por cento disse que estaria nas Forças Armadas. Foi então que, surpreendentemente, outro 1% dos jovens californianos entrevistados disse que, dali a dez anos, eles provavelmente seriam franco-atiradores.

Em entrevistas com perguntas abertas, quando um entrevistado diz algo espontaneamente, isso significa que outros estão tendo a mesma idéia. Esta era realmente uma novidade: uma nova ambição de a geração mais nova – não muitos, mas o suficiente para atingir alguma escala – integrar a categoria de franco-atiradores.

"O que você acha que estará fazendo daqui a dez anos?"	*[Perguntas abertas]*
Trabalhando (carreira específica)	37%
Trabalhando (em geral)	23%
Freqüentando a universidade	12%
Casado com família/filhos	12%
Trabalhando (seu próprio negócio)	8%
Trabalhando nas Forças Armadas (em geral)	1%
Trabalhando nas Forças Armadas (franco-atirador/atirador de elite)	1%
Outros	6%

New America Poll, californianos entre 16 e 22 anos de idade, novembro de 2006.

Bem, você dirá, é apenas 1%. Não significa nada. Mas como espero ter mostrado ao longo deste livro, 1% faz uma grande diferença, seja nos negócios, na política ou no setor social. O fato de que 1% dos jovens na Califórnia afirma que, em 2016, quer estar nas Forças Armadas, especificamente para atuar como atirador de elite, é novo. No passado, ser piloto de caça provavelmente era a carreira militar mais cobiçada. Essa é uma idéia completamente nova.

Muitas pessoas associam franco-atiradores a criminosos. Especialmente para quem vive na área de Washington, D.C., é difícil pensar em "franco-atirador" sem pensar nos dois homens que, durante 23 dias, em outubro de 2002, mataram aleatoriamente dez pessoas com armas de longo alcance de seu carro. E o principal site de franco-atiradores – sim, existem grandes sites de franco-atiradores (como www.snipersparadise.com e www.snipercountry.com) – não ajuda muito a acabar com o estereótipo. Um deles, na seção de "Citações e Poemas" publicou a seguinte mensagem: "Deus me deu a serenidade de aceitar as coisas que não posso abater; a coragem para atirar naquelas que posso e a sabedoria para ocultar os corpos."

Mas a verdade é que o franco-atirador é um atirador de elite. Ele é um soldado da infantaria treinado para atirar de um local oculto, em geral com um rifle de precisão de longa distância em um alvo humano, desprevenido. No mundo da guerra, o franco-atirador representa o golpe cirúrgico final – inflige o máximo de dano, em relação à eliminação da ameaça e à distração do inimigo, mas com mínimos danos colaterais, aumento dos combates ou exposição do time da casa. E é *eficiente*. Como um instrutor de atiradores de elite do Exército uma vez explicou a um repórter da United Press International: "Na Guerra do Vietnã, o Exército deu milhares de tiros por homem morto. Os atiradores de elite dão 1,3 tiro."

Os atiradores de elite se tornaram cada vez mais importantes nas guerras modernas. No Iraque e no Afeganistão, em que as forças antiamericanas não se escondem em covas, mas entre civis urbanos, os militares americanos estão cada vez mais pressionados a travar batalhas mais cirúrgicas. Nos Estados Unidos, com as ameaças terroristas feitas contra algumas das cidades mais populosas do país, as forças de defesa norte-americanas têm de estar cada vez mais preparadas para suprimir essas ameaças sem prejudicar a população civil. A U.S. Army Sniper School (sim, cada uma das três forças tem um uniforme de treinamento de atiradores) estaria planejando triplicar o número de alunos por ano. À medida que a luta no Iraque se torna mais implacável, também estaria considerando pelotões só com atiradores de elite.

Jack Coughlin, co-autor de *Shooter: The Autobiography of the Top-Ranked Marine Sniper*, contou ao *Dallas Morning News* em 2005 que os aspirantes a franco-atiradores são "em geral os garotos do interior, aqueles que cresceram nas colinas dos Estados do Tennessee ou Texas ou outros Estados assim, que sempre gostaram de caçar". Certamente, caçar ajuda. Porém, na pesquisa com os jovens da Califórnia conduzida pela Bendixen, todos os aspirantes a franco-atiradores eram negros e latinos urbanos. Essa é uma categoria inteiramente de atiradores urbanos. (Embora um fator não tenha mudado – todos os aspirantes são rapazes.)

E por que o súbito interesse? Sem dúvida, parte da explicação está no respeito crescente pelos militares e às leis nos Estados Unidos. Após um período de baixa durante e após a Guerra do Vietnã, os norte-americanos passaram a considerar as Forças Armadas uma das instituições mais confiáveis e respeitadas do país. Em março de 2007, mesmo quando apenas quatro em cada dez americanos achavam que enviar tropas ao Iraque era a decisão certa, 84% tinham uma visão favorável dos soldados que estavam no front (uma mudança drástica de atitude em relação à forma como os norte-americanos viam os soldados em outra guerra impopular, a do Vietnã).

À luz desse novo patriotismo, a aspiração para se tornar um franco-atirador pode ser bem patriótica. Significa não apenas ser fiel, mas também ser escolhido, fazer parte de um pequeno grupo privilegiado. Para se tornar um atirador de elite, um soldado de infantaria precisa não só ser corajoso, mas também paciente, ter muito autocontrole e ser esperto o suficiente para dominar as complexas fórmulas matemáticas, a fim de calcular como a distância ou o vento poderão afetar a trajetória da bala. Os atiradores são a elite das elites.

Essa é uma mudança significativa no papel que os americanos em geral atribuem a si mesmos durante uma guerra – quer você seja John McCain ou John F. Kennedy, lutar significava estar nas linhas de frente e demonstrar bravura diante do inimigo que você podia ver e que também podia vê-lo. Hoje em dia, existe um questionamento em relação a ser um soldado na linha de frente, uma vez que mais estrago pode ser causado ao inimigo se o soldado estiver nos bastidores e em mais segurança.

O general George S. Patton estava tão preocupado com o entusiasmo excessivo de seus soldados na frente de batalha que os alertava para o fato de que nenhum soldado jamais ganhou a guerra por morrer pelo seu país; a guerra é ganha quando os soldados do outro lado morrem pelo país deles. Nesse sentido, o movimento pelos atiradores de elite representa uma aceitação dessa filosofia, uma vez que hoje tentamos entrar em combate com menos mortes e menores riscos aos soldados do que no passado, em que as baixas eram em larga escala. E representa uma mudança na definição de bravura. As pessoas sempre se sentiram desconfortáveis com os atiradores – será que eram justos? Hoje, eles são considerados por essa geração não só justos, mas espertos e eficientes, sendo uma carreira aspirada pelos jovens.

Esta também é a geração que foi criada com jogos eletrônicos de atiradores.

De *World of Warcraft* a *Sniper Elite* e ao *America's Army* do próprio Exército dos Estados Unidos, as crianças sentem-se confortáveis em emboscar e matar o inimigo, pelo menos nas telas. Esses jogos podem ser responsáveis pelo interesse renovado em entrar para as Forças Armadas, e o Exército está ciente disso – os jogos podem servir como uma espécie de campo inicial de treinamento e até mesmo teste de avaliação de futuros soldados em um exército moderno.

Finalmente, o surgimento de uma categoria estatisticamente significativa de aspirantes a franco-atiradores revela um pouco da cultura pós-11 de setembro. Mais do que no passado, os jovens hoje não têm vergonha de querer acabar com os malvados. Antes do 11 de setembro, muitos norte-americanos teriam chamado esse tipo de atitude de "primitiva" ou "simplista" ou pelo menos "insensível". Desde o 11 de setembro, um número crescente de pessoas está achando a idéia de ter atiradores de elite bem treinados do seu lado muito reconfortante. A polícia, os bombeiros e outros profissionais que prestam primeiros socorros são heróis de uma maneira sem precedentes para o povo norte-americano. O que é 1,3 disparo feito de um local oculto e um vilão morto, em comparação com a maior segurança no metrô ou em um prédio ou em uma cidade cheia de norte-americanos? É um preço pequeno a ser pago.

Pensando bem, a "caçada humana" tem estado logo abaixo da superfície da cultura norte-americana há algum tempo. O conto de Richard Connell, "The Most Dangerous Game", em que um caçador sai em busca de presas humanas, vem sendo lido por muitas gerações nas escolas norte-americanas. Dezenas de filmes e programas de tevê, desde *007 contra Octopussy*, de James Bond, a *Ilha de Gilligan* ou *Os Simpsons* e *Xena, a princesa guerreira*, também apresentaram caçadas humanas de uma forma ou de outra.

Então, seja desconcertante ou heróico, os atiradores de elite são uma nova onda. Dezenas de empresas de armas e fabricantes de equipamento de visão noturna disputam para patrocinar as "Sniper Weeks", ou conferências de vários dias em que militares e policiais civis e militares do mundo inteiro se reúnem para assistir a palestras, fazer apresentações, participar de sessões de treinamento e competições. Agora, os militares norte-americanos estão ativamente recrutando e treinando esses combatentes para a guerra do futuro.

Assim, aquele 1% que afirmativamente deseja ser franco-atirador pode mudar a forma como as guerras são feitas e alterar o tipo de exército que temos hoje. Também é um símbolo da maneira como as pessoas gostariam de agir neste país – secretamente, sim; abertamente, não.

Pergunte a qualquer pessoa na política e ela concordará – os políticos enfrentam "franco-atiradores" todos os dias que tentam encontrar um vacilo, uma palavra mal colocada para divulgar no programa do jornalista Matt Drudge e no YouTube. Um informante secreto derrubou uma presidência. Nunca houve tanta crítica política revelada de forma tão anônima quanto hoje em dia e, somente por esse motivo, talvez não seja surpreendente que tantos jovens admirem os atiradores de elite – seja na internet, na política, na polícia ou nas Forças Armadas.

PARTE VIII

Comida, bebida e dieta

Crianças vegetarianas

Nos velhos tempos, o jantar da típica família norte-americana era bife com batata frita. A mãe cozinhava, o pai elogiava e repetia. Os filhos tinham de limpar os pratos ou não comiam sobremesa. O cachorro ficava com os restos.

Hoje em dia, o pai pode ter cozinhado ou a mãe encomendado o jantar. Os filhos podem ter dado um tempo nas mensagens instantâneas para se sentar à mesa. Talvez o cachorrinho esteja de babador e sentado em uma das cadeiras da sala de jantar. Mas, de todas as mudanças ocorridas no jantar de uma família típica dos Estados Unidos desde a década de 1950, a mais surpreendente é que o que está no prato das crianças não é carne.

Cerca de 1,5 milhão de crianças norte-americanas entre 8 e 18 anos são vegetarianas, um número que cresceu de quase zero há cinqüenta anos. É 1,5 de crianças que não comem carne, frango ou peixe. Quase 3 milhões de pessoas não comem carne e outros 3 milhões não comem frango. Existem outros tantos que só comem peixes (os *pescans*), e os *vegans*, que não comem alimentos derivados de animais, incluindo ovos, leite, queijos e, às vezes, mel. Muitos deles não usam roupas de couro.

Algumas dessas crianças são vegetarianas por causa do incentivo dos pais vegetarianos – mas cada vez mais os jovens estão rejeitando carnes por sua própria vontade. Especialmente as meninas. Um número significativo de 11% das meninas entre 13 e 15 anos afirma que não come carne. Embora haja uma distribuição equilibrada de crianças vegetarianas pelo país, o meio-oeste sobressai-se ao restante em 8% – o que certamente é frustrante para os centros frigoríficos de Chicago, Kansas City e Fort Worth.

Por que existe essa onda vegetariana? Não foi o espinafre que recebeu todas as críticas da imprensa norte-americana em 2006 por causa da contaminação por *E. coli*?

Parte do motivo pelo aumento do número de crianças vegetarianas é a própria elevação no número de vegetarianos em geral, além da crescente disponibilidade de alternativas sem carne, sem mencionar uma maior aceitação social. Hoje, há cerca de 11 milhões de vegetarianos nos Estados Unidos – desses, cerca de um terço ou a metade são *vegans*, o que representa um aumento considerável dos 5% no início da década de 1990. Até mesmo o Burger King, por mais estranho que pareça, oferece uma opção vegetariana. Sendo assim, as crianças vegetarianas podem seguir seus impulsos mais facilmente do que as gerações anteriores.

Outro fator para o crescimento do número de crianças vegetarianas é o aumento da permissividade dos pais em geral – e o favorecimento da individualidade, em qualquer estágio, que permeia praticamente todas as tendências apontadas neste livro. Uma criança na década de 1950 que dissesse aos pais que não queria comer carne provavelmente ouviria um sermão sobre nutrição e obediência, e depois seria ameaçada de ficar sem jantar. Hoje em dia, essa criança será elogiada pela independência e provavelmente pela sensibilidade em relação aos animais. Na verdade, o fato de as crianças cada vez mais decidirem ser vegetarianas por conta própria provavelmente está menos relacionado com aspectos práticos ou mesmo com a tolerância dos pais do que com o fluxo incrivelmente constante de informações que elas recebem sobre meio ambiente. Certo, o Dia da Terra existe desde 1970 e todos os bairros em que morei têm dias periódicos de "Limpeza do Parque". Mas minha filha de 4 anos chega em casa da pré-escola cantando "Nós reciclamos, nós reciclamos" ao ritmo do "Frère Jacques". Ela está crescendo com um senso novo do que é politicamente correto – e a voz das crianças é uma das mais altas e mais ouvidas nas famílias. Não sou fumante, mas quem quer que seja ouve sermões de seus filhos. Se eu colocar latinhas de refrigerantes ou jornais misturados ao lixo comum, serei fuzilado com seus olhares. E a indústria da carne também não anda muito bem nas escolas. Caça, pesca e criação de galinhas não são as atividades mais favorecidas nas escolas.

Na verdade, pensando bem, realmente o mais incrível não é o crescente número de crianças que se tornam *vegans* e vegetarianas, mas o fato de as crianças de hoje ainda comerem tantos animais. Você já leu algum livro infantil recentemente? Praticamente não há seres humanos interagindo, a não ser em livros para crianças mais velhas. Não estou falando só de *Os três ursos* ou de *Os três Porquinhos*, embora sejam um bom começo. De ursos, gatos e minhocas dos livros de Richard Scarrys a *George, o curioso*, o macaco, e a família de porcos em *Olivia*, quase todos os objetos de amor das crianças são animais. E os programas de tevê e os filmes de cinema reforçam isso. Do *Wonder Pets* na Nick Jr., de 2006, ao sucesso daquele ano, *Happy Feet* (com pingüins cantantes), sinceramente, como as crianças serão convencidas – até mesmo pelos pais mais ligados em nutrição – a consumir carne de origem animal em suas refeições?

A verdade é que um número cada vez maior de crianças está rejeitando carne. Os especialistas em nutrição dizem que uma dieta vegetariana pode ser igualmente boa, ou até mesmo melhor, para as crianças. Por isso, escolas, colônias de férias, famílias e vários tipos de restaurantes estão se preparando para oferecer opções vegetarianas, e a qualidade e a variedade expandirão enormemente. As saladas se tornaram as opções de fast-food de maior crescimento. Não se espante se os próximos eventos de fast-food forem baseados em queijo tofu. Ou em tempura de brócolis, ou couve-flor Cajun. A indústria muito colaborou com diferentes formas de frango, mas ainda precisa se aprimorar para mostrar o que realmente pode ser feito com fritas de abobrinha. Além das saladas, a indústria parece estar presa à síndrome do bife com batata frita, acreditando que as crianças só comerão legumes à força. Estão perdendo a tendência – muitas crianças hoje realmente gostam de alimentos à base de legumes e verduras.

A indústria da carne está tão preocupada com o que está acontecendo que, em 2003, lançou uma contra-ofensiva. Direcionado às adolescentes que estão à frente da tendência, o Natural Beef Council lançou uma campanha cuidadosamente preparada de educação pró-carne, com a mensagem básica "As meninas de verdade comem bife". Se a tendência das crianças vegetarianas continuar pela vida adulta, o futuro da indústria pode estar em risco.

Essa tendência também pode significar um país mais saudável. Está comprovado que homens vegetarianos correm um risco 37% menor de doenças cardíacas do que homens não-vegetarianos, e os vegetarianos de ambos os sexos têm metade da probabilidade de desenvolver demência – mesmo quando outras diferenças no estilo de vida são controladas.

É verdade que os legumes também podem ser perigosos, como vimos no fiasco da Taco Bell em 2006. Como não existe um "ponto de abate" na preparação dos legumes – diferentemente do preparo da carne – os produtores, os pais e as crianças vegetarianas também precisam estar atentos, mesmo levando uma vida mais saudável. Até hoje, houve pouco interesse na irradiação de alimentos, embora seja uma maneira certa de prolongar a vida útil e eliminar o potencial de doenças causadas pelos legumes e verduras. Diante de bilhões de novas porções de legumes, a indústria pode se valer da irradiação como a única maneira de servir espinafre sem medo de contaminação.

A batalha pelo estômago de nossas crianças será dura. Os rancheiros e fazendeiros não entregarão os pontos. As crianças vegetarianas de hoje poderão ter uma reação contrária quando adolescentes, acreditando que foram reprimidas contra os prazeres da carne, e voltar a consumi-la em números recordes. É mais provável que essa tendência continue, e um maior número de crianças, especialmente as meninas, rejeite a cultura carnívora e combine o desejo por uma alimentação mais saudável com legumes sofisticados. Além disso, com o movimento em favor do etanol e uma demanda crescente por milho e celulose, não se surpreenda se os contratos futuros de soja se tornarem um grande investimento nos próximos anos.

Peso desproporcional

Todos nós sabemos que os norte-americanos estão ficando mais gordos. No início da década de 1960, o norte-americano médio pesava 75kg, e a norte-americana média pesava 63kg. Hoje, o homem médio pesa 86kg e a mulher, mais ou menos o que o homem médio costumava pesar – 74kg.

Nas duas últimas décadas, o número de norte-americanos considerados "obesos" – basicamente com 13kg ou mais acima do peso – dobrou. Talvez de modo mais revelador, o número de pessoas com obesidade "mórbida" – com 45kg ou mais acima do peso – quadruplicou. Hoje nos Estados Unidos, estima-se que existam 9 milhões de pessoas com obesidade mórbida. Isso é mais do que o dobro do número de norte-americanos que sofrem de Alzheimer. É mais do que a população dos Estados da Carolina do Norte ou de Nova Jersey. É um peso enorme de se carregar.

Claro que todos já ouvimos como nossas barrigas salientes estão mudando a vida norte-americana. A indústria da saúde teve de adaptar ambulâncias maiores, cadeiras de rodas mais largas, aparelhos de tomografia mais largos e agulhas mais longas. O sistema de transporte público também teve de se ajustar e o Departamento de Trânsito de Chicago oficialmente alargou os assentos dos ônibus. Já as empresas aéreas estão cobrando dois assentos para determinadas pessoas. O número de inovações comerciais é grande, como os fabricantes de carros que estão experimentando assentos giratórios que facilitam a entrada e a saída de obesos dos carros e os caixões que estão dois terços mais largos.

Com certeza, há setores que estão prosperando. Enquanto algumas lojas para mulheres mignon estão lutando para sobreviver, Lane Bryant, fabricante líder de roupas tamanho grande, está expandindo, abrindo centenas de novas lojas. A indústria de alimentos prospera, assim como as cadeias de fast-food em particular. Assim, em menor grau, também está crescendo a indústria de perda de peso. (Embora não esteja claro se cada um desses setores fez seu dever de casa, o Alabama, um dos Estados norte-americanos onde há mais obesos, tem mais de cem lojas do Kentucky Fried Chicken (KFC), mas somente uma Jenny Craig, loja especializada em produtos para emagrecimento. O Estado de Kentucky – como esperado – também tem mais de cem lojas KFC, mas somente quatro Jenny Craigs. Será que eles sabem algo que não sabemos ou simplesmente não estão prestando atenção?)

Até mesmo as políticas públicas entraram na onda da obesidade – acertadamente, já que o peso extra da população está custando ao país 120 bilhões de dólares por ano. Recentemente Federal Aviation Administration adicionou 10 kg ao peso médio por passageiro no cálculo das cargas de avião. A Medicare anunciou que cobriria obesidade como uma doença, o que significa que um número cada vez maior de cirurgias para redução de peso pode ser coberto pelos planos de saúde. Em 2004, a Food and Drug Administration (FDA) lançou um plano de ação para enfrentar o problema da obesidade nos Estados Unidos, prometendo aumentar as indicações de calorias nos rótulos dos alimentos, incluir informações nutricionais nos restaurantes e melhorar a qualidade dos medicamentos contra obesidade.

No entanto, mesmo com toda essa atenção generalizada, ninguém parece estar realmente consciente do fato de que a obesidade mórbida não está igualmente distribuída em termos demográficos pelo país. Embora estejam todos mais gordos nos Estados Unidos, o verdadeiro peso da obesidade mórbida recai desproporcionalmente sobre um grupo de cidadãs: mulheres negras. De acordo com um estudo de 2002 no *Journal of the American Medical Association* (JAMA), as mulheres em geral têm duas vezes mais tendência a sofrer de obesidade mórbida do que os homens, mas um número preocupante de uma em cada seis mulheres negras sofre de obesidade – quase mais do que três vezes a taxa de prevalência para outro subgrupo de mulheres ou homens. Na verdade, apesar de toda essa conversa sobre os números crescentes de obesidade, os norte-americanos em geral só agora estão apresentando os mesmos índices de obesidade que as mulheres negras apresentaram trinta anos atrás, e as taxas de mulheres negras nessa condição praticamente dobraram nesse período.

Índices de obesidade entre populações selecionadas nos Estados Unidos, com 20 a 74 anos, entre o final da década de 1970 e o início da década de 2000

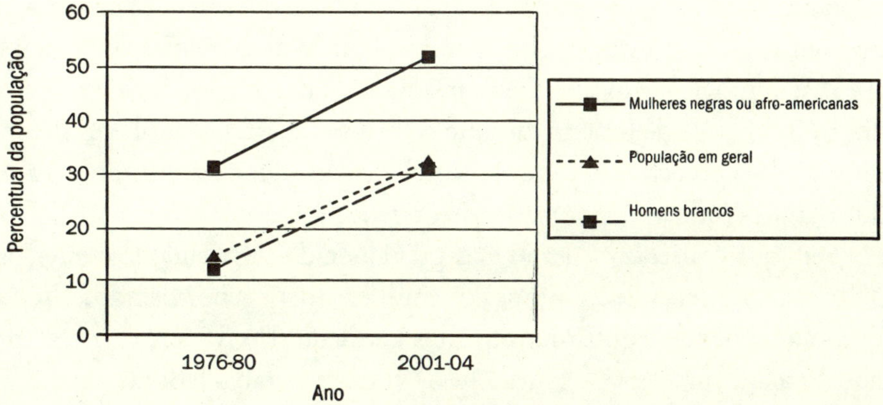

Fonte: U.S. Department of Health and Human Services, 2006.

Pensando bem, já vimos essa discussão na cultura popular. Oprah Winfrey, a mulher negra mais popular dos Estados Unidos, discute regular e publicamente seus desafios com a perda de peso. (Ellen ou Katie fazem o mesmo?) Uma das bandas mais badaladas da década de 1980 chamava-se Two Tons of Fun – eram duas negras enormes, cujo maior sucesso foi "It's Raining Men" –, que foi regravada com sucesso várias vezes durante duas décadas. Aparentemente, os homens estão sempre querendo mais. Eddie Murphy praticamente fez carreira com papéis de mulheres negras gordas – desde o filme *O professor aloprado* até *Norbit*, de 2007, Murphy baseou todos os roteiros de seus filmes na aparente graça de haver essas mulheres enormes (vividas por ele mesmo, um sujeito magro). Martin Lawrence fez o mesmo em *Vovó... Zona* e *Vovó... Zona 2.* Até mesmo Tyler Perry, com seu *Diário de uma louca*, de 2005, e *Reunião de família*, de 2006, fez filmes mais sérios, mas ainda tirou muita vantagem de se vestir de mulher como a gorda tia Madea.

Na vida real, no entanto, eis o que esse peso desproporcional significa: há cerca de um pouco mais de 18 milhões de mulheres negras nos Estados Unidos. Se uma em cada seis sofre de obesidade mórbida, isso significa que um pouco mais de 3 milhões de negras estão, no mínimo, com 45kg a mais. De acordo com um estudo da JAMA de 2006, as pessoas com obesidade mórbida tendem a se concentrar na faixa etária dos 50 aos 59 anos, o que significa que as mulheres negras mais pesadas estão no auge da atividade produtiva e se tornando avós. O pior é que, além disso, de acordo com o mesmo estudo, que acompanhou essas pacientes durante sete anos, as mulheres com obesidade mórbida de meia-idade tinham quase o dobro de chance de morrer durante o estudo do que as mulheres de peso normal. Isso coloca as mulheres negras de meia-idade no grupo com um dos maiores índices de mortalidade do país.

Será que conseguimos avaliar a gravidade do problema de perder prematuramente cerca de 2 milhões de mulheres negras nos Estados Unidos? Embora as negras constituam apenas cerca de 6% da força de trabalho norte-americana, representam 7% de todas as trabalhadoras no serviço educacional e 23% da indústria de serviços dos Estados Unidos.

As avós negras estão criando ou ajudando a criar 44% das crianças negras do país – bem acima do dobro da taxa de crianças criadas por suas avós em outros grupos raciais.

Em 2004, as negras compareceram às urnas a uma taxa de 60% – duas vezes mais do que a participação das hispânicas e um pouco abaixo da participação das brancas. As avós negras são os pilares de todas as comunidades negras – basta perguntar a qualquer pastor, professor ou qualquer pessoa que cresceu em uma dessas comunidades.

Qual a explicação para que as mulheres negras sofram esse ônus mais do que os homens negros, ou mulheres não-negras? Um estudo de 2005 sobre a saúde das mulheres na cidade de Nova York constatou que mulheres negras ganhando menos de 25 mil dólares por ano eram aquelas com maior tendência a estar muito acima do peso. O *New York Times* citou as autoridades da saúde, que afirmavam que "a falta de acesso a alimentos de qualidade, o baixo preço de alimentos não-saudáveis (fast-food) e produtos processados, assim como influências sociais mais sutis, como diferenças no que constitui uma imagem aceitável do corpo dentre os diferentes grupos étnicos, contribuíram para o maior índice de obesidade entre as negras de mais baixa renda e as de certos grupos étnicos". Os alimentos sulistas tradicionais com os quais muitas delas cresceram são ricos em gordura, sódio e calorias.

Embora nos concentremos em muitos dos desafios da comunidade negra, como a melhoria do nível de ensino e a criação de novas oportunidades para os jovens, esse problema evidente e estatisticamente significativo continua basicamente sem atenção, varrido com eficiência para debaixo do tapete, apesar do alto custo humano e social. O plano de ação para combater o problema de obesidade dos Estados Unidos, desenvolvido pela FDA, praticamente não menciona as mulheres negras. Muitas vezes ao longo deste livro, chamamos atenção para tendências estatísticas que estão ocultas; esta, embora bem documentada pelos pesquisadores, foi pouco abordada pelos legisladores e responsáveis pelas políticas públicas. Na discussão do problema da obesidade, os Estados Unidos precisam estar certos de incluir todos os grupos como parte de seu esforço nacional para melhorar a saúde e o bem-estar de sua população.

O CENÁRIO INTERNACIONAL

Os americanos não são os únicos a aumentar de cintura. O aumento no ganho de peso tornou-se tão universal que a Organização Mundial da Saúde (OMS) chamou essa iminente epidemia de "globesidade".

Com certeza, a fome e a subnutrição continuam a ser problemas graves (e talvez os fatores que mais matam) em boa parte do mundo. No entanto, colocando os números em perspectiva, há cerca de 1 bilhão de pessoas no mundo todo acima do peso, em comparação com 800 milhões de subnutridos.

As pessoas consideradas "obesas" agora chegam a mais de 300 milhões em todo o mundo, subindo em relação aos 200 milhões em 1995. A OMS prevê que, nos próximos anos, fatores ligados à obesidade, como doenças cardíacas, derrames, diabetes e hipertensão, estarão entre as principais causas de doenças e óbitos.

O que é mais notável sobre a globesidade é que não afeta apenas nações desenvolvidas. Nos países em desenvolvimento, afirma o *New England Journal of Medicine*, até 60% das unidades familiares com um membro da família abaixo do peso também tem um acima do peso. Na verdade, exceto nos países da África

subsaariana, praticamente não existe país no mundo em que o índice de massa corpórea médio (uma medida mais precisa da gordura corpórea do que o peso) não tenha subido a níveis que revelam uma grave doença crônica.

- ▲ O México, por exemplo, é o segundo país mais gordo da lista de trinta membros da Organização para a Cooperação e o Desenvolvimento Econômico (OCDE) - logo atrás de seu vizinho ao norte. Na população essencialmente hispânica que vive do outro lado da fronteira entre o México e os EUA, 74% dos homens e 70% das mulheres estão acima do peso ou obesas. Hoje, a diabetes é a principal causa de mortalidade no México, subindo em relação à 35ª causa em 1968. Essa taxa é maior do que a de qualquer outro grande país do mundo.
- ▲ Na China, desde o final dos anos 1990, a proporção de homens acima do peso cresceu, passando de 4 para 15%. A proporção de mulheres acima do peso subiu de 10 para 20%. Em 2010, mais da metade da população diabética do mundo será de origem asiática.

Nos Estados Unidos, as mulheres de ascendência afro-americana estão sofrendo de obesidade mórbida com taxas dramaticamente maiores do que o restante da população. Vejamos como está a situação da África. Os índices de subnutrição naquele continente são os mais altos do mundo. Ainda assim...

- ▲ Mais de um terço das mulheres africanas e um quarto dos homens africanos estão acima do peso; a OMS prevê que esses números aumentarão para 41 e 30%, respectivamente, nos próximos dez anos.
- ▲ Na África do Sul, 56% das mulheres são obesas ou estão acima do peso, em comparação com menos de 10% que estão abaixo do peso normal.
- ▲ Em Camarões, na Gâmbia e na Nigéria, cerca de 35% da população é obesa ou está acima do peso.

O índice de diabéticos é de apenas 2% na África, comparado com cerca de 8% na Europa e na América do Norte, mas a África está muito mal-equipada para diagnosticar precocemente a doença ou tratá-la com eficácia. Embora a diabetes possa parecer uma doença dos "ricos e bem alimentados", pode assumir uma proporção bem pior quando atingir os pobres.

Por que temos essa explosão global e enlouquecida de gordura? Os especialistas afirmam que esse fato está relacionado com a mudança mundial na dieta de legumes e grãos para alimentos altamente refinados e ricos em gorduras saturadas. Em todo o mundo, os alimentos estão mais baratos do que nunca, mas especialmente aqueles ricos em calorias. Nossos lanches e refeições estão mais saturados de açúcar e óleo do que nunca. O consumo de Coca-Cola no México - o segundo país mais gordo da OCDE, como vimos - é igual ao do leite.

No passado, as pessoas costumavam caminhar ou andar de bicicleta; hoje, os carros, ou motos, estão praticamente se tornando universais. A urbanização, a televisão e o estilo de vida muito mais sedentário transformaram todos em grandes preguiçosos.

Ironicamente, a obesidade é sintoma da crescente prosperidade: o alimento é barato e a maioria dos países tem condições de obtê-lo. Mas, quando esses alimentos contêm apenas calorias - junto com níveis cada vez menores de trabalhos manuais e exercícios -, isso se transforma em um aumento considerável de peso acompanhado por todos os problemas de saúde relacionados a ele.

Famintos por vida

Como acabamos de discutir, os americanos estão gordos. A obesidade infantil aumentou, o número de diabéticos aumentou e os assentos estão se tornando cada vez mais largos nos ônibus e aviões. Sabemos que se trata de uma crise nacional.

Talvez porque as pessoas grandes tendam a chamar mais atenção, estamos menosprezando um grupo de americanos que literalmente está definhando – não só porque querem, ou estão doentes ou fazendo protestos políticos, mas em uma busca muito deliberada para prolongar sua vida.

Esses milhares de magricelas não são os anoréxicos comuns (embora, infelizmente, esses também estejam aumentando). Estão buscando alcançar um peso específico e não rejeitam necessariamente a comida.

Também não são pessoas super-atléticas que malham o dia inteiro e estão com peso de adolescentes em seus anos dourados. (Os americanos acima de 55 anos estão entre os que mais freqüentam as academias.)

Não, essas pessoas fazem parte de um grupo discreto mas fanático de pessoas que gostam de frutas no café-da-manhã, folhas no almoço e que acreditam – com base em dados científicos relativamente sólidos – que cortar calorias a níveis de quase inanição prolongará sua vida dez a vinte anos.

Maluquice? Isso foi comprovado várias e várias vezes em outros mamíferos. Na década de 1930, um cientista da Cornell descobriu que cortar as calorias da dieta dos ratos em 30% aumentava sua vida em 40%, principalmente reduzindo os índices de câncer e outras doenças relacionadas à idade. Experimentos semelhantes mostraram os mesmos efeitos em camundongos, hamsters, aranhas, minhocas, peixes, moscas, macacos e cães. Quando eles ingerem menos calorias, esses animais não só vivem mais, mas também são mais saudáveis e vibrantes até o final da vida.

Um indício de que a restrição calórica (RC) funciona da mesma maneira nos seres humanos vem do experimento Biosfera 2 na década de 1990, em que oito biocientistas permaneceram fechados em uma redoma por dois anos, só para descobrir que o ecossistema, que pretendia ser autossustentável, mal produzia alimento suficiente para mantê-los vivos. Em vez de abandonar a experiência, eles foram convencidos por seu médico, Roy Walford, que criou a dieta da restrição calórica 15 anos depois, a viver em níveis de mera subsistência. Quando os membros da Biosfera 2 saíram da redoma, os médicos disseram que eles estavam mais saudáveis do que quando entraram.

Estudos mais recentes parecem continuar comprovando esse fato. Os cientistas descobriram que as pessoas que seguem a dieta da restrição calórica têm pressão arterial menor, menores níveis de LDL (o colesterol ruim), menor temperatura corporal (que pode retardar o envelhecimento) e níveis mais baixos de artérias obstruídas.

Outro fator que atrai as pessoas é o fato de que o lugar com maior número de centenários do mundo – 34 em cada 100 mil habitantes, em comparação com apenas 10 em cada 100 mil nos Estados Unidos – é a ilha japonesa de Okinawa. Aparentemente, a população de Okinawa faz muito exercício, segue uma dieta de baixa gordura e ingere muita soja. Além disso, eles praticam uma filosofia dietética diária chamada *hara hachi bu*, o que literalmente significa "oito partes em dez cheias". Em outras palavras, comem até estar 80% saciados, ou cerca de 1,8 mil calorias por dia, em comparação com a média norte-americana de 2,5 mil calorias ou mais.

Você quer dizer que, em vez de seguir uma dieta da moda – de baixa gordura ou baixos carboidratos ou pão integral ou só carneiro e abacaxi – eu deveria comer... menos? E que isso não só faz emagrecer, como também aumenta minha expectativa de vida em décadas...?

Os adeptos à dieta da restrição calórica acham que sim, e alguns deles ingerem apenas 1,2 mil calorias por dia. Suas (minúsculas) refeições não surpreendem: frutas, legumes, nozes, germe de trigo. São um grupo ranzinza, como esperado. Embora alguns especialistas alertem para o fato de essa dieta poder aumentar o risco de fragilidade óssea ou problemas reprodutivos, até mesmo aqueles que duvidam que a restrição calórica prolonga a vida em seis ou sete anos admitem que provavelmente ele o faz em 2%.

Porém, significa não comer. Será que as pessoas realmente estão sem comer? De acordo com a Calorie Restriction Society, baseada no Estado da Carolina do Norte, os adeptos à dieta da restrição calórica de longa data são um grupo pequeno, com cerca de poucos milhares de membros. Cerca de quarenta novos membros aderem ao programa todos os meses. Nos próximos anos, novas pesquisas sobre a RC realizadas nos institutos nacionais de saúde dos Estados Unidos trarão uma conscientização crescente sobre esse enfoque, especialmente se os resultados forem positivos.

A restrição calórica não tem força para varrer o país como a nova dieta de Atkins ou de South Beach. Pelo menos essas dietas compensavam um vício com outro – era preciso cortar o consumo de batatas, porém o maior consumo de manteiga era aceitável. Na RC, a regra é não comer praticamente nada. Considerando a abundância de alimentos nos Estados Unidos, é como mandar uma criança de 10 anos a uma loja de balas e dizer que ela só pode comer uma jujuba.

Não, no momento, os adeptos à RC são mais como uma sociedade secreta de elite em Yale – um pequeno grupo de pessoas convencidas de que algum dia sua fórmula será a da longevidade e do sucesso. Eles estão convencidos de que o restante da população está cavando a própria cova pela alimentação – e, ao mesmo tempo, lutam diariamente para rejeitar os prazeres dos alimentos que vão além da subsistência.

Mesmo que o enfoque não atraia mais do que dezenas de milhares de devotos radicais, a maior publicidade em torno da dieta poderá reorientar a maneira como os norte-americanos encaram a alimentação. Se de repente os Estados Unidos passassem a pensar nos alimentos ingeridos em relação à expectativa de vida, e não no tamanho da cintura, isso poderia representar uma mudança de paradigma significativa, o que pode ter implicações concretas na vida moderna. Agora que um número crescente de pessoas está adiando a maternidade para seus 40 anos, talvez elas comecem a se perguntar se querem ter 500 calorias extras por dia ou viver para conhecer seus netos.

É claro que o país não deixará instantaneamente de ser a nação do fast-food para se tornar a nação do "*no food*". Não surgirão áreas "Sem Comida" nos restaurantes, e Jack Black e Roseanne Barr não se transformarão de repente em Calista Flockhart e Twiggy. Mas se as pessoas mudarem sua orientação em relação aos alimentos, isso pode gerar mudanças na cultura norte-americana. Restaurantes e fabricantes de alimentos poderão se interessar em informar aos clientes quantas calorias estão ingerindo. Em termos de política, quem ingere poucas calorias tenderá a se tornar cada vez mais impaciente com o restante da população que é excessivamente tolerante. Se eles pretendem viver muito mais tempo, vão querer economizar recursos públicos para a Previdência Social e outras necessidades dos idosos – e não vão querer que eles sejam inteiramente gastos na assistência médica daqueles que não se saciam com 2 mil ou mais calorias por dia.

Os saudáveis e longevos adeptos da restrição calórica representam um excelente potencial para as companhias de seguros – a Campanha de Conscientização Pública pela Restrição Calórica patrocinada pela Met Life pode estar só começando, uma vez que eles oferecem indenização dobrada para aqueles que chegam aos 100 anos.

Dieta e imagem corporal perfazem ciclos, e diferentes culturas em diferentes épocas favorecem ora os gordinhos, ora os esbeltos. Mas (com a possível exceção dos atuários da Previdência Social) o desejo por uma vida longa segue uma mesma direção: para cima. Se for possível comprovar também que nos seres humanos um número radicalmente menor de calorias prolonga a vida, essa descoberta poderá realmente fazer toda a diferença.

Loucos por cafeína

Talvez a tendência mais óbvia nos Estados Unidos seja o enorme e crescente consumo de água mineral. No início dos anos 1980, a idéia de pagar pela água, em vez de tomá-la gratuitamente da torneira, era risível. Hoje em dia, raramente vemos alguém – de atletas a operários ou executivos – sem suas H_2Os de marca. Em 2004, os norte-americanos bebiam mais de 87L de água mineral por pessoa anualmente – quase dez vezes a quantidade que bebiam em 1980. Somente em 2006, as vendas da Dasani da Coca-Cola e da Aquafina da PepsiCo (aliás, ambas vindas da água de torneira local) cresceram mais de 20%, colocando-as na lista das dez bebidas mais refrescantes dos Estados Unidos.

Acrescente algumas vitaminas, minerais, sabores e/ou efervescência à água e chegamos a patamares ainda mais altos. De acordo com pesquisas de consumo, as pessoas bebem água mineral porque acham que é mais limpa, mais saudável e mais segura do que a água de torneira – e se os engarrafadores acrescentarem algo de "útil" a elas, como vitaminas ou minerais, a satisfação aumenta. De acordo com a Beverage Marketing Association, em 2006, as bebidas com "benefícios funcionais" aumentaram seu consumo de duas a três vezes em relação ao das bebidas convencionais.

Enquanto alguns buscam a pureza da água mineral engarrafada, outros partiram na direção oposta, levando as bebidas com alto teor de cafeína a novos patamares de lucro. O pó marrom-escuro, totalmente artificial e estimulante, não podia ser mais diferente da água em termos de sabor, textura e embalagem. Em 2007, praticamente seis em cada dez cidadãos americanos bebiam uma xícara de café todos os dias, subindo em relação a menos da metade apenas três anos antes. Aqueles que bebem café no trabalho representam cerca de um em cada quatro, subindo de apenas um em seis em 2003. Apenas as receitas da Starbucks cresceram de 1,7 bilhão de dólares em 1999 para fenomenais 5,3 bilhões em 2004.

As lanchonetes afirmam que têm clientes de café expresso na faixa etária de 10 e 11 anos.

Até mesmo os grupos de igreja atraem os jovens com ambientes semelhantes aos de bares e lanchonetes que servem café.

Evidentemente, os refrigerantes carbonatados estão dominando as demais bebidas nos Estados Unidos – são 197L por pessoa por ano. De acordo com um estudo de 2005, os refrigerantes hoje são a principal fonte de calorias na dieta média do norte-americano, representando quase 1 a cada 10 calorias consumidas. (No início da década de 1990, a principal fonte de caloria era o pão branco.)

Até mesmo as vendas de chá mais do que triplicaram desde o inicio da década de 1990. E os inovadores estão lançando novos produtos cafeinados para o café-da-manhã, como "Buzz Donuts" e "Buzzed Bagels" para o caso de ser muito difícil ingerir seus carboidratos e a cafeína da manhã separadamente.

Na verdade, alguns norte-americanos abrem mão do aspecto social e do sabor dos cafés e colas se puderem ter apenas a cafeína pura. As bebidas energéticas, como Red Bull e Monster, foram de longe as que tiveram maior crescimento em 2006. Sua garrafa básica de Coca-Cola de 1,5L tem 34mg de cafeína. O Red Bull tem 80. O Rockshir Zero Carb tem 120. A nova bebida energética "censurada" – chamada até maio de 2007 de "Cocaine" – tem 280mg.

Em 2006, quase duzentas novas bebidas energéticas assim chegaram às prateleiras, levando a indústria a um crescimento de 50% e quase 4 bilhões de dólares em vendas. Saindo praticamente da obscuridade de alguns anos atrás, a Red Bull hoje é sétima no ranking de receitas de empresas de bebidas nos Estados Unidos, bem à frente da Ocean Spray e uma ou duas posições abaixo da Kraft Foods (fabricante da Country Time, Crystal Light, Kool-Aid e Capri Sun). Aparentemente, a Red Bull é a terceira maior fonte de lucros com bebidas nas lojas de conveniência em todo o país.

Ninguém acha que essa tendência está se esvaziando. Em 2007, a Pepsi e a Coca-Cola lançaram bebidas com duas ou três vezes o teor de cafeína de suas marcas comuns.

Sim, mesmo quando eu estava na faculdade, na década de 1970, a garotada tomava No-Doz para virar a noite antes da prova final. Mas No-Doz tem só 100mg de cafeína por tablete, no máximo. O que é uma pequena pílula de 100mg em comparação com a Cocaine (a bebida mencionada), com quase três vezes esse valor? Realmente a combinação de alta pressão para atingir altos índices de desempenho, falta de bom senso e fácil disponibilidade da cafeína está fazendo com que adolescentes e jovens adultos liderem a onda de hiperconsumo das bebidas hipercafeinadas. De acordo com um estudo de três anos de ligações para um Centro de Envenenamento de Chicago em outubro de 2006, a idade média dos pacientes com overdose de cafeína – muitos dos quais necessitavam de internação e, em alguns casos, tratamento intensivo – era 21 anos.

Por que a onda de cafeína? Por que essa súbita preferência?

Parte do motivo, é claro, é a vida agitada dos norte-americanos. De lojas a cinemas e teatros abertos 24 horas a colegas e clientes acordados 24 horas, hoje a vida é um verdadeiro frenesi. Os norte-americanos já dormem em média 25% menos por noite do que faziam há cem anos; até certo ponto, estão tentando compensar essa falta de sono com bebidas turbinadas com cafeína. Os estudantes de hoje, especialmente, consideram que enfrentam mais pressões para superar seus limites do que os de outras gerações – e, com as noitadas, lojas de conveniência 24 horas e pouca supervisão de adultos, um número cada vez maior de jovens aderem à mania da cafeína.

Outro motivo para o aumento das bebidas energéticas é que elas estão muito valorizadas na cultura norte-americana. Para uma população que está mais velha do que nunca, há uma valorização da força, da vitalidade e do vigor como jamais visto. O número de freqüentadores de academias de ginásticas está explodindo, especialmente entre os idosos. A cirurgia plástica – para rejuvenescer, pelo menos – está em alta. O uso de Viagra, entre 1998 e 2002, aumentou mais de 200% entre os homens com idade entre 46 e 55 anos – e mais de 300% dentre os homens entre 18 e 45. Será possível que o desempenho humano regular simplesmente não seja suficiente hoje em dia? Muitos de nós querem estar superalertas, supervitaminados e ser super-homens. Se o Red Bull, ou um supercafé, pode nos deixar assim – mesmo se temos apenas 12 anos ou se é o nosso terceiro do dia –, vale a pena.

Os efeitos na saúde da onda da cafeína são preocupantes. Está bem documentado que a cafeína, especialmente em altas doses, pode causar, ansiedade, dores de cabeça, problemas de estômago, arritmias cardíacas e ganho de peso – especialmente se batida com refrigerantes doces e café expresso caramelado. A busca pela super-energia pode acabar conosco.

É até pior para as crianças, que são o maior subgrupo de consumidores de cafeína. Não apenas as crianças norte-americanas já estão ficando obesas em índices alarmantes, mas uma criança que bebe uma lata de refrigerante cafeinado aparentemente experimenta os mesmos efeitos que um adulto que toma quatro xícaras de café. Embora os efeitos plenos das bebidas energéticas como Red Bull ainda não tenham sido determinados, alguns países, como a França, a Noruega e a Dinamarca, os baniram inteiramente por causa de supostas ligações com mortes súbitas.

Evidentemente, alguns defenderão o impacto da cafeína na saúde. Ela pode tornar os atletas mais alertas, especialmente se eles não forem usuários regulares; e muitos motoristas sonolentos provavelmente estão vivos graças ao café. A cafeína já foi relacionada a menores índices de Alzheimer, menos diabetes, menos cálculos biliares, menos índices de doença de Parkinson e menos casos de câncer de cólon. Também é conhecida por auxiliar o transporte de outras vitaminas e agentes cicatrizantes (que é o motivo pelo qual existem quantidades surpreendentemente altas de cafeína nos remédios sem prescrição para o alívio da dor). Um estudo afirma que a cafeína faz crescer as células do cérebro, melhorando potencialmente a memória e nossa capacidade de aprendizagem. Outro estudo afirma que cura a calvície nos homens (embora sejam necessárias cerca de sessenta xícaras por dia para que funcione, por isso os cientistas estão desenvolvendo cremes para passar no couro cabeludo).

Os americanos estão se tornando grandes bebedores em termos gerais. Os pobres rins não sabem o que fazer com todo esse aumento de hidratação e desidratação. (Desde 1980, o consumo médio de bebidas do norte-americano aumentou 113L por ano – pressionando não só os sistemas pessoais de purificação, mas o da nação como um todo.) No entanto, os americanos não estão consumindo mais álcool; esse consumo caiu desde 1980. Estão procurando um tipo diferente de bebida da onda que os energize, e não o contrário. No frenético mundo de hoje, não é à toa que cada vez mais pessoas estão buscando a cafeína. Como poderão ficar acordados mais horas durante a noite ou ser multitarefa o tempo todo? Por isso, guarde o martíni e passe o Monster; é hora de criar bares de cafeína nos quais os americanos ávidos por estímulo possam se reunir em torno de seu interesse comum: permanecer acordados.

PARTE IX
Estilo de vida

Adeptos aos longos períodos de atenção

É sabido que o período de atenção dos norte-americanos está diminuindo. Algumas décadas atrás, os anúncios de tevê que antes tinham sessenta segundos, foram cortados para trinta, e hoje aparentemente a duração "certa" para um anúncio na internet é de 15 segundos. As plataformas presidenciais foram reduzidas a adesivos de pára-choque. Os namoros modernos são a jato. Na hora de enviar mensagens instantâneas aos amigos, nem é preciso escrever todas as palavras direito.

Até onde vai a desatenção dos norte-americanos?

Espere um minutinho. (Sim, um minuto inteiro.) Para cada *A última grande lição*, há um romance de Tom Wolfe. Para cada anúncio freneticamente animado de dois segundos na tela do computador, há um infomercial cuidadosamente elaborado de trinta minutos na tevê – uma indústria que angaria 90 bilhões de dólares por ano.

Algumas pessoas funcionam em um canal totalmente diferente. De livros a filmes e produtos ou notícias, elas querem mais profundidade, mais informação, mais respostas às perguntas da vida. Querem substância, não estilo e brilho momentâneos. Assim, embora muitos profissionais de marketing e políticos tenham tentado aperfeiçoar as comunicações direcionadas a um país que sofre de déficit de atenção – reunindo toneladas de informação nos nanossegundos que eles consideram que seu público lhes concederá – seria interessante se eles prestassem atenção às pessoas que têm longos períodos de atenção.

Como sabemos que essas pessoas existem?

Vamos analisar o mundo dos esportes. Meio milhão de americanos correm nas maratonas, que são corridas de 42km ou mais. Quase 200 mil participam de triatlos, o mais difícil dos quais são os triatlos ironman – maratona *mais* natação por um trecho de 4km *mais* um trecho de bicicleta de 180km. Não é como se não pudessem facilmente ganhar uma corrida de velocidade de 50m. Essas pessoas são realmente obstinadas e dedicam sua mente (e corpo) até atingir seus objetivos. Elas estão comprometidas com o sucesso ao longo prazo.

O golfe, que tranqüilamente dura quatro horas por partida e requer habilidades mentais e físicas, cresceu nos últimos vinte anos para se transformar em uma indústria de 62 bilhões de dólares, superando significativamente o setor de "diversão, jogos e recreação", que busca gratificações de curto prazo. O mais ágil jogo de tênis vem perdendo o interesse à medida que mais pessoas querem desacelerar, usar seu tempo em atividades calmas e por períodos mais longos, perdidos em seus pensamentos ou nos esportes.

Vejamos o caso da leitura. Mesmo que a página média da internet receba cerca de sessenta segundos de atenção por visita, revistas com artigos aprofundados com cinqüenta páginas ou mais sobre temas variados, como a *Atlantic Monthly*, aumentaram o número de leitores para aproximadamente 500 mil, ou quase pela metade desde 1980. Somente entre 2002 e 2005, a circulação da *Foreign Affairs* – uma publicação sem uma imagem sequer – aumentou 13%.

O maior sucesso são os quebra-cabeças. Aparentemente, 50 milhões de norte-americanos fazem palavras cruzadas, o que pode significar de dez minutos a três horas de batalha com sinônimos arcaicos, trocadilhos difíceis e desafios ortográficos. Os amantes das charadas encontram-se geralmente nas costas leste e oeste dos Estados Unidos, onde normalmente consideramos que o tempo é mais curto.

É claro que existe o Sudoku, um jogo insanamente viciante em que é preciso preencher os quadrados de uma matriz para que cada linha, coluna e minimatriz de nove células contenha todos os números de 1 a 9. Em 2003, praticamente ninguém tinha ouvido falar de Sudoku; hoje, os livros de Sudoku estão em *várias prateleiras* das mais importantes livrarias e geram uma receita acima de 250 milhões de dólares em vendas.

Sejam 500 mil maratonistas ou leitores da *Atlantic Monthly*, ou 50 milhões de amantes das palavras cruzadas e quebra-cabeças, os norte-americanos com longos períodos de atenção não estão por fora. Na verdade, apesar do que você aprendeu na escola de marketing, apostar no longo prazo realmente está muito na moda.

A maior bilheteria de todos os tempos nos Estados Unidos foi o filme *Titanic*, com mais de três horas de duração.

24 Horas, o programa de tevê que ganhou cinco Emmys em 2006, faz a gente assistir a toda a temporada só para saber o que acontece em um dia.

Harry Potter, a série de livros mais popular do planeta, provou não só que amamos histórias compridas, mas que ficamos em filas quilométricas do tamanho da cobra do Lorde Voldemort apenas para conseguir a continuação da série. Romances longos, de Thomas Pynchon a James Michener, são sucessos de público. Ficção em série, de John Updike a Patricia Cornwell, prende nossa atenção literalmente há décadas.

Na verdade, em 2005, os livros mais vendidos nos Estados Unidos, em média, tinham cem páginas a mais do que dez anos antes. Mesmo em 1995, o mais vendido tinha 385 páginas!

Tamanho médio dos livros mais vendidos (1995-2005)

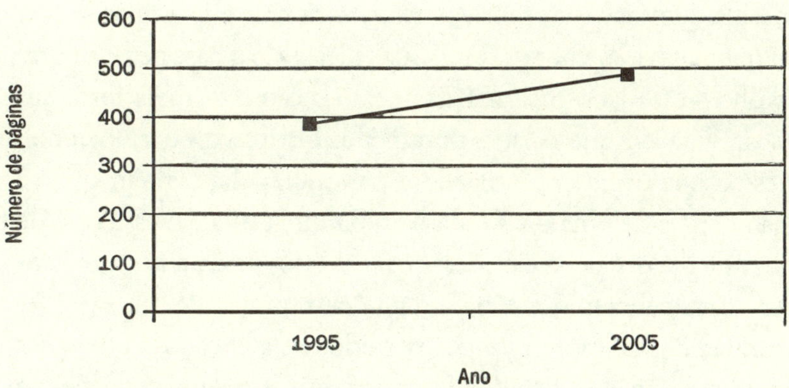

Meus favoritos são os discursos políticos. Todo especialista em discursos públicos do mundo vai dizer que, quanto mais curto e direto, melhor. O famoso discurso de Gettysburg, proferido pelo presidente Abraham Lincoln, eles lembram (com uma melancolia que nos faz pensar que estavam lá), tinha menos de duas páginas e durou cerca de três minutos. Mas, em 1995, o discurso do presidente Clinton tinha cerca de 35 páginas e durou 76 minutos – foi o mais longo e um dos mais bem recebidos da história dos Estados Unidos. Praticamente todos os anos, o número de americanos que assistem ao primeiro discurso do presidente da República é mais do que o dobro dos que assistem ao jogo final da World Series.

Assim, embora muitos políticos tentem espremer grandes idéias em poucas e breves palavras, o presidente Clinton dominava a arte de fazer campanhas baseadas na discussão de problemas. Ele levava esses problemas e os eleitores a sério e, em vez de fazer apenas discursos inflamados (pelos quais John Kerry era famoso, por exemplo), explicava os problemas de maneira ponderada e detalhada. A senadora Hillary Clinton tem essa visão política, assim como Richard Nixon, apesar de seus outros problemas. Sem dúvida, alguns eleitores consideram os discursos desses políticos entediantes ou tortuosos. Mas os candidatos gostam de fazê-los em nome do respeito que têm pelo povo e da crença de que, como mencionei na Introdução e V. O. Key Jr. disse cinqüenta anos atrás, "os eleitores não são bobos".

Como disse na Introdução, Key teve uma profunda influência na forma como abordo os eleitores e conduzo pesquisas de opinião. Ele estudou de maneira sistemática as eleições presidenciais e determinou que cada uma delas foi decidida com base em motivos reais, racionais e refletidos, e não com base em quem usa a melhor gravata. Suas idéias são a base de boa parte de meu trabalho – esse lado racional das pessoas é muito mais forte em muitas áreas da vida do que o lado puramente instintivo ou emocional. Para cada pessoa que decide de uma hora para outra, há alguém que só toma a decisão depois de uma profunda batalha intelectual. É esse tipo de eleitor que geralmente decide as eleições – os indecisos passam por um processo de fazer juízos concretos, e não de maneira improvisada.

A importância dos adeptos a longos períodos de atenção não deve ser subestimada na política – os Estados Unidos foram fundados em meio a longos debates intelectuais personificados em documentos que expressavam essas idéias. Na maioria dos outros países, quando meus colegas e eu apresentamos anúncios políticos ao estilo norte-americano, ou seja, centrado nos problemas, facilmente eles vencem os *spots* publicitários ultrapassados de marchinhas e comícios.

Finalmente, no mundo comercial norte-americano, espere ver algumas propagandas desconcertantes de produtos, como os aspiradores de pó Dyson. Nesse anúncio, um diretor-executivo faz uma minuciosa descrição da física por trás do aspirador de pó que ele inventou, literalmente varrendo a concorrência.

Por isso, cuidado antes de aceitar a sabedoria popular de que os norte-americanos não conseguem se concentrar, que são distraídos demais para prestar atenção em narrativas mais longas e que os cargos políticos devem ser sempre dos candidatos com o slogan mais inteligente. Na verdade, um número considerável de americanos – muitas vezes os mais interessados tomadores de decisões – ouvirão, lerão e acompanharão os debates por mais tempo do que o normalmente esperado. Às vezes, as pessoas dizem menos não por serem excelentes profissionais de marketing, mas porque têm menos a dizer.

Pais negligenciados

Alguns anos e o desenvolvimento do poder de compra direto e indireto das crianças, avaliado em 200 bilhões de dólares, foram necessários para que os profissionais de marketing do mercado de fast-food percebessem que a publicidade direcionada às crianças era uma ótima forma de aumentar as vendas. Ronald McDonald, você talvez se lembre, com seus enormes sapatos vermelhos e cara de palhaço, não foi criado para atrair os pais que levavam a família para jantar naquele estabelecimento.

Essa estratégia funcionou bem até meados da década de 1990, quando as mães começaram a prestar mais atenção na dieta de seus filhos. Nesse momento, apesar do apelo do Lanche Feliz, as mães começaram a cortar os restaurantes fast-food dos cardápios familiares. (Na Inglaterra, essas mães são chamadas de "freio de mão" – mães que não permitem a entrada em casa de canais de tevê a cabo dominados por esportes.)

A indústria do fast-food tropeçou, embarcou na onda e redirecionou sua estratégia, dessa vez voltada para as mães – e acrescentou itens como saladas que pudessem apreciar junto com seus filhos. Se parece muito afirmar que as crianças movimentam 200 bilhões de dólares ao ano em gastos, as mulheres controlam algo em torno de 7 trilhões de dólares.

Nos Estados Unidos, o foco nas mães atingiu o máximo no McDonald's em 2004, com a nova promoção "McMom", que oferecia de tudo, desde boletins on-line até dicas sobre como criar filhos, saúde da mulher e nutrição, incluindo localidades do McDonald's com "Cantinhos para as mães" e "Estacionamento especial". Em 2005, um executivo da empresa resumiu a estratégia da gigante no setor simplesmente afirmando "Tudo gira em torno das mães".

Na verdade, o único grupo que ainda recebe esse nível de atenção dos profissionais de marketing de fast-food é o que os analistas da indústria chamam de "homens jovens e esfomeados" – jovens adultos entre 18 e 34 anos, que comem mais do que qualquer outro grupo e costumam traçar tudo que vêem pela frente. (*Supersizing* foi direcionado a eles, e não às mães.)

Mas antes de ficar à vontade demais com a dupla estratégia voltada para as mães apressadas e preocupadas e os homens jovens e esfomeados, a indústria de fast-food talvez queira analisar novamente as tendências emergentes.

De fato, em uma reunião recente da empresa para debater o tema "mães", os executivos do McDonald's me perguntaram com qual nova tendência a empresa deveria se preocupar. Analisei a parafernália da estratégia McMom e respondi: "Com os pais."

Desde a década de 1970, os pais vêm passando cada vez mais tempo com seus filhos. De acordo com um estudo de 1999 da Universidade de Michigan, no final da década de 1970, o pai médio em uma família com pai e mãe passava com seus filhos cerca de um terço do tempo que a mãe média. No início da década de 1990, esse percentual havia pulado para 43%. Em 1997, os pais que moravam com os filhos dedicavam 65% de seu tempo às crianças nos dias de semana e 87% nos fins de semana, assim como as mães.

Duas tendências importantes contribuíram para o aumento do tempo dedicado pelos pais. Em primeiro lugar, as mulheres começaram a trabalhar fora e chegam em casa cansadas; com isso, passaram a pedir aos pais para que colocassem os filhos para dormir. Aos sábados, muitas simplesmente dizem: "É a sua vez." A segunda tendência é o aumento do número de divórcios, o que significa que, cada vez mais, as crianças têm tempo regular e exclusivo na casa dos pais.

Esse é um tempo fundamental para a integração entre pais e filhos, afirmam os estudiosos, e que inclui as refeições. No entanto, onde está a iniciativa "McDad"? Quem está pensando nos treinadores voluntários, que precisam de um local para levar os filhos depois do treino aos sábados? Quem tem o jogo ligado dentro do restaurante, para que ninguém precise perder um só lance enquanto passa tempo de qualidade com as crianças, aliviando a mãe, que está exausta do próprio trabalho em horário integral?

Diferentemente do sr. Cleaver de *Leave It to Beaver*, que conseguiu muito respeito, os pais de hoje não são respeitados. É quase como se os profissionais de marketing considerassem a sociedade americana atual uma tribo amazônica, em que as mulheres tomam todas as decisões e os homens simplesmente acompanham.

Se você é um pai que participa ativamente da criação de seus filhos e talvez esteja levando as crianças para os jogos nos fins de semana ou depois da escola, saiba que é simplesmente ignorado pelos profissionais de marketing, políticos e legisladores de hoje. Em 1996, quando ajudei a identificar as "mães do futebol", foi porque essas mulheres estavam desempenhando um papel único na política, servindo como elemento essencial no voto dos indecisos. Nas eleições para o Congresso norte-americano de 2006, foram os homens casados que decidiram a eleição. À medida que os empregos na área de fabricação desapareceram, uma nova categoria de "Pais de Centros Empresariais" tornou-se a norma – mais instruídos, trabalhando em novos tipos de emprego e mais envolvidos na vida familiar. Na verdade, hoje, 4 milhões de pais têm atividades substanciais na criação de seus filhos e as esposas são as responsáveis pelo dinheiro da casa.

O papel dos pais nas famílias modernas mudou e isso tem implicações de marketing que ainda não foram analisadas. O livro de Billy Joel sobre como ser um pai hoje em dia é um best seller retumbante porque é um dos poucos livros infantis com um pai como personagem. Onde estão os livros sobre pais e filhos? Igualmente ignorados são os pais que compram roupas ou uniformes de volta às aulas, ou presentes de Natal para as crianças. (Faça uma pesquisa básica na internet sobre "pais que compram presentes para crianças" e você encontrará no máximo sites que ajudem as crianças a comprar presentes para os pais.)

E quanto ao marketing de produtos de limpeza para a casa? Um estudo de 2003 da Universidade da Califórnia, em Riverside, mostrou que crianças em idade escolar que fazem tarefas domésticas com seus pais tendem a ter um relacionamento melhor com colegas e a ter amigos, sendo menos propensos a criar confusão na escola ou ficar deprimidas. Isso não é tudo. De acordo com uma pesquisa da *love labs* do dr. John Gottman, da Universidade de Washington, quando os homens contribuem mais nas atividades domésticas, suas esposas os acham mais atraentes. (Gottman afirma que as esposas interpretam as contribuições domésticas dos maridos como sinal de amor e carinho e, portanto, sentem-se mais atraídas sexualmente por eles.)

No entanto, das centenas de anúncios realizados anualmente de produtos de limpeza doméstica, será que algum deles foi direcionado a um homem – ou pai? O mundo dos homens está mudando. Hoje em dia um homem típico troca mais fraldas do que antes e recebe menos crédito do que nunca. Em algumas partes do mundo, os pais estão fazendo violentos protestos para ter o direito de visitação garantida a seus filhos. Os homens estão passando mais tempo com os filhos, mas nem a Madison Avenue nem a mídia falaram nada a esse respeito, e o potencial dos relacionamentos entre pais e filhos continua sem ser explorado.

Nos últimos cinqüenta anos, houve uma mudança enorme no poder das mulheres no trabalho e em casa, à medida que a maioria hoje trabalha e desempenha um papel cada vez mais importante em todas as áreas, desde as eleições à compra de carros. Ao mesmo tempo, nas últimas duas décadas, finalmente começamos a ver os homens se adaptando às novas realidades da vida – envolvendo-se mais com a família, compartilhando responsabilidades e se aproximando mais de seus filhos na própria família ou pelo divórcio.

Assim, esses pais precisam de alguma atenção do marketing também. Eu sou um deles.

Falantes nativos

Um dos maiores e mais duradouros mitos dos Estados Unidos é o de que se trata de uma nação de mistura racial – um enorme e caloroso caldo de todas as diferenças étnicas e culturais que antigamente separava as raças e agora as une sob uma única e palatável designação maior de "norte-americanos".

A língua, é claro, é o principal exemplo – dentro de uma ou duas gerações, os imigrantes nos Estados Unidos deverão abandonar sua língua nativa, como o galês, chinês, tagalo ou italiano, e falar inglês com sotaque impecável.

Ironicamente, em uma época em que a língua franca do mundo é o inglês, existe um número cada vez maior de pessoas nos Estados Unidos que não só têm proficiência limitada em inglês, mas que vivem em casas em que ninguém fala inglês muito bem. O censo norte-americano chama essas unidades familiares de "lingüisticamente isoladas" e o número de pessoas que vivem nessas casas aumentou nos últimos anos – em mais de 50%, para cerca de 12 milhões de pessoas.

Isso representa cerca de uma em cada 25 famílias. É praticamente a população da Guatemala. O número total de pessoas nos Estados Unidos que não falam inglês ou que têm proficiência limitada é de cerca de 25 milhões. Isso é mais do que a população da ilha de Formosa.

Qué pasa?

Claro, há um motivo para a onda de não-falantes de inglês – a imigração. Desde 1970, o número de imigrantes que moram nos Estados Unidos mais do

Número de residentes nos EUA que vivem em unidades familiares lingüisticamente isoladas (1990-2000)

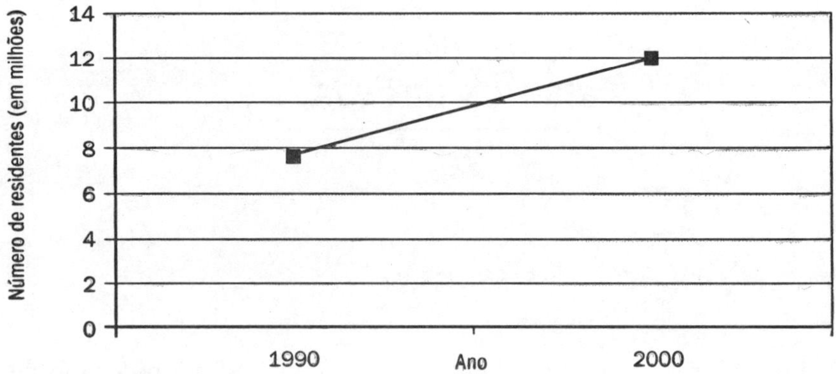

Fonte: Censo norte-americano, 2000.

que triplicou, de cerca de 9 milhões para mais de 28 milhões. Esses são os índices de imigração mais elevados desde a virada do século XX. Assim, não é surpresa o fato de que o país está vivendo – como aconteceu naquela época – um surto de isolamento lingüístico, mesmo que os novos imigrantes estejam aprendendo inglês o mais rapidamente possível. (De muitas maneiras isso acontece. Em 2006, 1,4 milhão de adultos freqüentavam aulas subsidiadas pelo governo americano para o aprendizado de inglês como segunda língua e havia listas de espera em pelo menos 14 Estados.)

No entanto, outros fatores sugerem que os números do isolamento lingüístico talvez não diminuam tão rápido assim. Em primeiro lugar, os empregos que atraem os imigrantes hoje para os Estados Unidos, diferentemente das décadas anteriores, são principalmente atividades de baixo nível de qualificação que os americanos dispensam. Assim, os imigrantes vêm para o país com menos treinamento na língua e menor nível de instrução geral do que no passado. Antes de 1970, menos de um terço dos imigrantes falavam inglês "menos do que bem". Na década de 1990, essa proporção subiu para 60%.

Em segundo lugar, o mito da melhoria drástica de uma geração para outra não parece se sustentar. De acordo com o censo norte-americano de

2000, em mais de dois terços das famílias classificadas como lingüisticamente isoladas, o chefe da casa sequer era nascido em um país estrangeiro; *eles nasceram nos Estados Unidos mesmo.*

Esse fato incrível pode estar relacionado com o terceiro motivo: pela primeira vez nos Estados Unidos, existe a possibilidade prática de viver sem precisar falar inglês. Antigamente, quando os imigrantes vinham em pequenos grupos de terras diferentes, cada grupo tinha de se virar para se comunicar. Hoje em dia, há uma massa crítica suficiente de imigrantes de uma única língua – espanhol –, o que possibilita que as pessoas vivam confortavelmente em meio a sua própria língua nativa. Particularmente os trabalhadores de baixa renda podem trabalhar, fazer compras e se socializar inteiramente em espanhol e há boas chances de seus filhos conseguirem freqüentar a escola sem falar muito inglês também. Acrescente a Univision, a Telemundo, a CNN en Español e a People en Espanol, e o inglês pode parecer de todo desnecessário.

Ao analisarmos dados comparativos entre os latinos e os falantes de inglês, percebemos que essa atitude está emergindo. Embora seja verdade que os latinos dêem praticamente apoio total ao ensino de inglês aos filhos de imigrantes, e uma maioria de latinos em todas as faixas de renda, instrução e participação política afirme que "os imigrantes precisam falar inglês para fazer parte da sociedade norte-americana", há uma minoria considerável e crescente que discorda.

De acordo com uma pesquisa de 2006 do Pew Hispanic Center, mais de quatro em cada dez imigrantes latinos afirmam que os imigrantes não precisam aprender a falar inglês para fazer parte da sociedade americana. Entre os latinos nativos, a percentagem que pensa dessa maneira é ainda maior, de 46%.

De modo ainda mais impressionante, dentre os jovens latinos, menos da metade acredita que os imigrantes precisam falar inglês para fazer parte da sociedade americana. Enquanto 69% dos latinos mais velhos afirmam que os imigrantes precisam falar inglês para integrar a sociedade, somente 48% dos latinos entre 18 e 29 anos sabem. É possível que, ao responder à pergunta, os mais jovens tenham ficado na defensiva sobre seus pais e avós que não falam inglês mas que, mesmo assim, contribuíram muito para a sociedade americana. Eles talvez não estivessem se referindo às próprias situações ao dizer que o inglês não é importante para ser um cidadão americano. Entretanto, combinada com os números do censo sobre os chefes de família isoladas lingüisticamente nascidos nos Estados Unidos, essa pode ser uma tendência importante a ser observada.

O velho clichê era de que a segunda geração de norte-americanos servia como navegadores para os pais, buscando todas as oportunidades no Novo Mundo, mas pode haver um pequeno grupo de imigrantes de segunda geração hoje que prefere ficar ligado a seu antigo país.

Quais são as implicações dessa atitude?

Parte delas é sombria. De acordo com o Departamento de Educação dos Estados Unidos, as pessoas com inglês limitado têm menos condições de conseguir emprego, menos probabilidade de ficar empregadas por muito tempo e mais chance de trabalhar nos setores menos desejáveis. Seu potencial de renda reflete isso. De acordo com dados do censo, nas unidades familiares lingüisticamente isoladas, há dez vezes mais chances de a renda estar abaixo de 15 mil dólares do que acima de 100 mil dólares.

Os não-falantes de inglês também são um desafio crescente para os hospitais – 63% reportam o atendimento diário ou semanal a pacientes com proficiência limitada em inglês (nos grandes hospitais, o percentual é de 96%). Sem contar com um modo sistemático para traduzi-los, os hospitais acabam oferecendo atendimento primário ruim e fazendo uso excessivo de testes diagnósticos e atendimentos emergenciais.

Outros enxergam grandes possibilidades – como o fato de que o mercado de espanhol está decolando como nunca. A tevê em espanhol domina os canais em inglês em várias cidades importantes do país. Embora a rádio em espanhol tenha obtido altos índices de audiência em Los Angeles, Miami, Chicago e Nova York durante praticamente dez anos, desde 2005 também está vencendo as estações de língua inglesa em mercados menores como Dallas, Phoenix e San Diego. Está se tornando cada vez mais popular em lugares como Des Moines, Tulsa e Omaha.

Então, com cerca de 700 bilhões de dólares em poder de compra nas mãos dos latinos, muitas empresas norte-americanas estão deixando os debates sobre assimilação para os sociólogos e fazendo seus anúncios diretos em espanhol. No início da década de 2000, quando a maioria das empresas estava cortando os orçamentos gerais de propaganda, muitas mantiveram ou mesmo aumentaram sua cota em espanhol.

Como uma questão de política, caso os norte-americanos queiram reduzir a defasagem entre as línguas, devem se comprometer a oferecer educação em inglês a todos que a desejem. No momento, o apoio estatal para aulas de inglês é bem aleatório – o Texas, com a terceira maior taxa de imigração do país, gasta o mínimo necessário pelo governo federal, enquanto o Estado de Connecticut, com uma taxa de imigração menor, gasta sete vezes mais. Além do número de aulas, talvez seja preciso encontrar formas criativas e flexíveis de ensinar inglês, uma vez que muitos imigrantes têm baixa escolaridade, trabalham em vários empregos, em horários irregulares e têm filhos pequenos.

E, por falar em crianças, o país estará desperdiçando uma ótima oportunidade se não se concentrar no ensino de inglês para os jovens imigrantes, já que a aptidão para aprender uma língua estrangeira aparentemente diminui muito depois dos 12 anos (Parece irônico que os opositores da imigração queiram negar acesso ao ensino público aos filhos de imigrantes ilegais.)

No entanto, o mais importante é acabar com o mito do país da mistura racial. A verdade é que os Estados Unidos estão mais para Torre de Babel, saindo-se muito *bem* na comunicação, considerando que os residentes neste país hoje falam mais de trezentas línguas. (Quem disse que isso é muito? É praticamente o mesmo número existente na época do descobrimento, só que agora existem seis vezes mais pessoas.) A mensagem final é que, desde que todos estejam se entendendo – e ninguém (nem mesmo o presidente Bush, que o criticou) deixou de entender o Hino Nacional quando foi cantado em espanhol nos comícios pró-imigração em 2006 –, então está tudo bem.

Vive la différence.

Unissexuais

Desde a revolução feminista da década de 1970, testemunhamos muitos homens fazendo "trabalho de mulher" e mulheres fazendo "trabalho de homem". O número de enfermeiros mais do que dobrou desde o início da década de 1980. O mesmo vale para os *au pairs*, apenas desde 2001. Por outro lado, existem 16 mulheres no Senado norte-americano – 16 vezes mais do que em 1981. Desde 1972, a presença das mulheres nas Forças Armadas aumentou de 2 para 14%.

Além desse tipo de mudança dos gêneros no mundo do trabalho, ultimamente também ouvimos falar muito sobre os "metrossexuais" – heterossexuais que compram as próprias roupas (da moda); usam colônia, produtos para o corpo e tratamentos para a pele e até fazem pedicure, depilação e plástica. As mulheres, é claro, jogam lacrosse, pilotam carros de corrida e participam de competições de levantamento de peso.

Hoje nos Estados Unidos, há um número crescente de pessoas que não só venceram a barreira de gênero no trabalho e no lazer, mas rejeitam a própria existência dessa barreira. Para essas pessoas, o sistema binário de classificação de gênero é arbitrário, limitante e até mesmo opressivo. Não leva em conta a área intermediária entre homem e mulher, que, segundo elas, serve melhor para descrevê-las e supostamente ao restante das pessoas também.

Algumas dispensam palavras carregadas de sentido, como "*boy*" (menino) e "*girl*" (menina) em inglês e começam usando substitutos, como "*boi*" e "*grrl*" e talvez "*ze*" em vez de "*he*" (ele) e "*she*" (ela), ou "*hir*" em vez de "*him*" (dele) e "*her*" (dela), para marcar bem o uso deliberado de termos que não identifiquem o gênero.

Os nomes para designar esse grupo estão evoluindo tão rápido quanto o movimento. Unissexual é uma possibilidade. "Pomossexual" é outra e vem de "pós-moderno". "Transgênero". "Gênero fluido". Na comunidade negra do país, eles são "*transsistahs*" e "*transbrothas*". Na comunidade dos índios americanos, são os "Dois Espíritos" – um grupo que tradicionalmente é muito respeitado. Conservadores, os tipos latinos ainda preferem "andrógenos" ou "hermafroditas".

O termo mais geral é "transgênero", que se refere a pessoas cujo sexo biológico (com o qual nasceram) não corresponde à sua identidade de gênero (seu "senso interior" de homem ou mulher). Eles representam o "T" no que se tornou uma sigla razoavelmente conhecida "GLBT", junto com gays, lésbicas e bissexuais.

A categoria "transgênero" abarca:

- ▲ Transexuais, que fizeram operações para mudança de sexo e/ou tomaram hormônios do sexo oposto.
- ▲ Os "intersexo" – uma em cada 4.500 crianças que nascem com órgãos sexuais ambíguos. (O romance agraciado com o Prêmio de 2002, *Middlesex*, de Jeffrey Eugenides, contava a história de uma pessoa assim.) Crianças com até 5 anos que já apresentam forte predisposição para se vestir como o sexo oposto e que estão criando um grande e novo movimento de tolerância nas escolas e comunidades.
- ▲ Aqueles que, por uma série de motivos pessoais, políticos e ou estéticos, simplesmente rejeitam a classificação homem/mulher.

Ninguém tem certeza absoluta sobre o número de pessoas transgênero no mundo. A World Professional Association for Transgender Health estima que cerca de um em cada 12 mil homens e mil em cada 30 mil mulheres são transgênero – o que se traduz em cerca de 17,5 mil pessoas nos Estados Unidos.

Ainda assim, seu perfil está crescendo. Em 2005, a estrela do seriado *Desperate Housewives*, Felicity Huffman, fez o papel principal no filme indicado para o Oscar *Transamerica*, que conta a história de um homem que está se tornando mulher e descobre que ele(a) tem um filho que fugiu. No mesmo ano, o Sundance Channel produziu *TransGeneration*, um documentário com a seguinte chamada: "Quatro estudantes universitários trocam muito mais do que de classe." Em 2006, *All My Children* tornou-se a primeira novela diurna nos Estados Unidos a apresentar um roteiro sobre o momento em que um transgênero assume sua condição – com Zarf, uma estrela do rock interpretado por Jeffrey Carlson, anunciando a sua amiga Bianca que ele, na verdade, é Zoe, a mulher que sempre sentiu dentro de si.

Embora seja um grupo pequeno, os transgêneros têm muita influência. Com índice zero em 1995, eles hoje estão em 74 faculdades e universidades – incluindo escolas renomadas da Ivy League, universidades públicas, faculdades historicamente freqüentadas por negros e faculdades comunitárias – que proíbem a discriminação não só com base no gênero e na orientação sexual, mas também com base na identidade e na expressão sexual. Isso representa mais de 1 milhão de alunos universitários que estão protegidos de algum tipo de discriminação que ninguém tinha ouvido falar apenas uma década atrás.

Quatorze faculdades e universidades, incluindo Duke, California State Polytechnic, Tufts e Antioch, mudaram todos os formulários oficiais dos alunos para que eles tenham a opção de marcar "masculino", "feminino" ou "auto-identificado".

Em 2006, a University of Arizona anunciou que os alunos tinham permissão para usar quaisquer banheiros no *campus* que correspondessem a sua identidade de gênero. O Los Angeles Unified School District requer que os alunos sejam tratados por um "nome e pronome que corresponda à sua identidade de gênero".

A mais nova frente na educação é a de alojamentos sem caracterização de gênero, que significa quartos mistos. Desde que o ensino superior passou a ser misto nas décadas de 1960 e 1970, a única certeza que havia era de que seu colega de quarto seria do seu próprio sexo. Não é mais assim. Em 2003, a Wesleyan University foi o primeiro *campus* universitário a permitir de modo afirmativo alojamentos mistos. Desde então, a Brown, a University of Pennsylvania e várias outras seguiram o exemplo. Pense no programa *Will & Grace*. Agora dois melhores amigos, um homossexual e uma mulher heterossexual, podem ser colegas de quarto. (Você pode estar imaginando que os casais heterossexuais disputariam a oportunidade de conseguir quartos assim, mas, até agora, esse não foi o caso. Aparentemente, o compromisso com o alojamento é mais longo do que a maioria dos namoros universitários.)

As questões transgênero vão além das escolas e dos campi universitários para entrar nos ambientes de trabalho e nas legislaturas estaduais. Mais de cem importantes empresas, incluindo a ChevronTexaco, a Ernst & Young e a Merrill Lynch, acrescentaram identidade de gênero a suas políticas de não-discriminação. Oito Estados e vários municípios que juntos cobrem mais de 30% da população norte-americana proíbem discriminação por identidade de gênero. Em dezembro de 2006, a cidade de Nova York quase adotou uma política que permitiria que as pessoas trocassem o sexo em sua certidão de nascimento, mesmo que não tivessem feito cirurgia de mudança de sexo.

Em 2004, o Comitê Olímpico Internacional aprovou a participação de transexuais nos Jogos em seu novo gênero, desde que a mudança de sexo tenha sido feita pelo menos dois anos antes.

Embora o número de unissexuais seja pequeno, alguns afirmam que eles são a próxima onda do movimento dos direitos civis. Em breve, o censo também poderá ter uma terceira categoria de sexo além de masculino e feminino, como em 2000, quando permitiu que os americanos marcassem "múltiplas" raças. Até quando será considerado falta de educação ou ilegal perguntar o sexo de uma criança na matrícula da escola?

Será que homens e mulheres deixarão de ser separados nas Forças Armadas, nos banheiros públicos, nos quartos de hospitais, nas prisões e na seção de roupas de lojas de departamentos?

Será que vai haver um Clube de Meninos e Meninas e Outros?

Brincadeiras à parte, os unissexuais são a versão radical de uma tendência que vem se tornando cada vez mais confortável há anos. Tudo bem, somente alguns tomam hormônios do sexo oposto ou se vestem com a roupa de seus cônjuges, mas desde a década de 1970 a linha que separa "homens" e "mulheres" começou a se tornar cada vez mais tênue, em função de hábitos, gostos e estilos. Os profissionais de marketing estão aproveitando essa onda. A Blue Cult acaba de lançar uma marca de jeans que veste homens e mulheres. Fabricantes importantes de fragrâncias, como Calvin Klein e The Gap, vendem fragrâncias para os dois sexos, ou "uniscents". A moda agora é o "Boyfriend Jeans" – cintura baixa, apertada atrás, mais frouxa nas pernas.

Nomes unissex, como Cameron, Hayden, Madison e Quinn, estão novamente na moda depois de séculos.

Para mim, o principal motivo pelo qual os unissexuais são interessantes não é tanto pelo fato de borrarem as linhas que separam os sexos – pois isso já existe há séculos, desde que Hermes e Afrodite se uniram em uma palavra. O que é tão interessante é que os unissexuais podem ser os herdeiros ideológicos do princípio feminista e revolucionário de que biologia não precisa ser sinônimo de destino. Hoje, uma jovem mulher não precisa repetir este mantra: algumas delas associam "feminismo" com "falta de feminilidade", e as jovens profissionais rejeitaram os terninhos quadrados azuis que suas mães usavam para trabalhar em favor de saias rodadas e sapatos de oncinha. Mas a população transgênero, juntamente com seus surpreendentes aliados, reconquistaram essa idéia, fazendo valer o princípio de que a identidade tem menos relação com o DNA da pessoa do que com seu ser interior.

Legisladores públicos, arquitetos, líderes da moda, atenção – hoje não existem mais apenas meninos e meninas.

PARTE X

Dinheiro e classe

Compradores de segundas casas

Uma segunda casa própria nos Estados Unidos nos faz lembrar de luxuosas casas de praia ou enormes ranchos no Texas.

Os compradores de sua segunda propriedade aparentemente têm dinheiro para torrar, muito tempo livre e desejo de ostentar não apenas em uma residência, mas em duas. A Exclusive Resorts criou um novo negócio de *timesharing* para proprietários de segunda viagem que requer 250 mil dólares de entrada.

Mas a verdade é que as pessoas de renda média representam o grupo que mais cresce dentre aqueles que estão comprando a segunda casa própria. O número de casas vendidas para esses compradores cresceu em 2005, representando um recorde de 40% de todas as vendas de residências. Não foi porque Oprah Winfrey precisava de outra mansão multimilionária em Aspen ou porque os Kennedy compraram outro "complexo". De acordo com um relatório da National Association of Realtors (Associação Nacional de Corretores de Imóveis dos Estados Unidos), realizado em 2005, o comprador típico de casas de férias ganha apenas 71 mil dólares. A renda média dos compradores de casas para investimento é 85,7 mil dólares. O preço médio de compra de uma segunda propriedade é de menos de 200 mil dólares.

Ter uma segunda casa própria é mania da classe média norte-americana.

Como isso aconteceu? Em primeiro lugar, comprar uma segunda casa se tornou mais fácil em 1997, quando o Congresso criou uma brecha fiscal para proprietários de duas casas que vendessem sua residência principal. Os pais de classe média cujos filhos saíram de casa (a maior parte dos baby boomers) hoje podem vender a casa da família e comprar duas casas menores.

Em segundo lugar, para muitos americanos, os ataques de 11 de setembro aumentaram a atração por uma casa em um local remoto em que as pessoas possam realmente descansar, ou se esconder, se necessário.

Em terceiro lugar, à medida que diminui a confiabilidade do mercado de ações, investir em imóveis passou a ser interessante. Das 3,34 milhões de segundas propriedades adquiridas em 2005, 2 milhões eram investimentos.

Em quarto lugar, as pessoas começaram a comprar uma segunda casa para trabalhar – ou porque seus principais clientes estavam longe, ou porque estavam lidando com vários clientes em diferentes locais ou porque seus cônjuges já tinham se estabelecido em uma cidade diferente.

Enquanto no passado os casais costumavam escolher e se mudar caso um dos dois conseguisse um emprego em uma nova cidade, hoje se estima que mais de 1,5 milhão de casais mantenham duas residências para preservar os dois empregos.

E a tecnologia possibilitou que as pessoas trabalhassem de vários locais diferentes – com um *laptop*, um celular e um BlackBerry, podemos manter contato com os clientes (e os empregados e chefes) de onde estivermos – na fazenda ou no escritório.

Talvez a família seja o principal motivo pelo qual as pessoas estão comprando a segunda casa. Seja o casal na Flórida que compra um apartamento em um condomínio na Filadélfia para que possam visitar seu filho na University do Pennsylvania, ou os avós em Chicago que compram uma casa em Savannah para reunir os netos que vivem em Houston, Asheville e Miami nos fins de semana, a família parece ser a mola propulsora por trás da onda de compras de segundas moradias da classe média norte-americana. Em uma pesquisa de 2005 com proprietários dessas casas, vários afirmaram que seu principal objetivo na vida era satisfazer a família/ter sucesso como pai; e um grupo igualmente grande disse que a maior crise que o país enfrenta hoje é a dissolução da família. (Esse é praticamente o dobro do número de pessoas que afirmaram que a maior crise dos Estados Unidos é o terrorismo ou a guerra no Iraque.)

Morar em sua segunda casa própria está tão em alta que um novo termo foi cunhado para designar pessoas que regularmente fazem esse trajeto: *splitters*.

De acordo com o site www.splitters.com (criado pela WCI Communities, uma empreiteira), *splitters* são "proprietários de pelo menos duas casas que dividem o tempo entre elas para fins de recreação, equilíbrio entre a vida profissional e pessoal, ou união com a família e amigos". Embora os pássaros-da-neve mudem de casa uma ou duas vezes por ano no máximo, os *splitters* vêm e vão cinco vezes ao ano em média, e alguns o fazem várias vezes por mês.

Existem até os *super-splitters* – pessoas que dividem seu tempo entre três ou mais casas. Mas antes de pensar na Oprah e nos Kennedy de novo, observe que, no estudo da associação de corretores dos Estados Unidos, um terço dos atuais donos de segundas casas afirmou que provavelmente compraria outra além das que já possuía dentro dos próximos dois anos – dando um significado inteiramente novo à máxima "um é pouco".

Essa onda está criando não só um mercado promissor para construtores de casas de férias e empresas de móveis, mas também um grande potencial de crescimento para as economias locais, onde estão localizadas as segundas casas. A maioria das pessoas que querem aproveitar o tempo de lazer com a família empregará mão-de-obra local para manter a grama cortada, limpar e arrumar a casa, e cuidar da segurança da propriedade enquanto estiverem longe. De acordo com uma pesquisa da WCI Communities, os *splitters* contribuem muito mais nas novas comunidades do que usufruem de seus benefícios, pois não freqüentam as escolas, mas compram telefone, tevê a cabo e atrações recreacionais locais, gastando cerca de 2 mil dólares por ano em reformas domésticas, atualizações e consertos em geral.

Em questões de políticas públicas, a onda de compra de segundas propriedades na classe média significa que a dedução da hipoteca da segunda casa pode não ser um benefício "só para os ricos" como pode parecer à primeira vista. Imagine um aspirante a político com impulsos populistas. Ele está procurando novos temas para atrair eleitores de classe média e é a favor de eliminar a dedução da hipoteca da segunda casa porque pressupõe que isso foi incluído no código tributário pelos e para ricos. Para sua surpresa, ele é repreendido por várias pessoas comuns, que enviam cinco milhões de mensagens de reclamação. As pessoas ficam totalmente envolvidas quando se trata de casa própria, incluindo suas segundas casas próprias. Há muito potencial na organização dos compradores de segundas casas – eles têm necessidades de produtos, como pagamento de contas, crédito rotativo e seguro – e têm necessidades políticas, como baixos juros e valorização dos imóveis.

Em nível social, essa tendência dos compradores de segunda viagem representa uma rejeição da filosofia da década de 1990 de investir todas as suas economias no mercado de ações, e não em sua casa. Hoje, os investimentos são feitos nas casas. Essa mudança deixará os americanos com menor liquidez, fazendo com que a Previdência Social se torne mais dependente dos valores dos imóveis e talvez promova mais economias. Diferentemente do mercado de ações, contudo, o mercado imobiliário depende quase inteiramente de alavancagem para ser bem-sucedido.

Além disso, com milhões de americanos da classe média tendo comprometido suas economias com imóveis, de repente há um novo e profundo interesse no que o Fed, o Banco Central dos Estados Unidos, vai fazer. Além das elites empresariais e governamentais, alguém se importava com quem era o presidente do Banco Central e o que significavam seus pronunciamentos enigmáticos? Hoje em dia, existem milhões de pessoas comuns cuja estabilidade financeira depende dessas altas e baixas de 0,25% anunciadas pelo Fed. Se o Fed errar, os legisladores podem esperar uma resposta violenta. É um grupo inteiramente novo de pessoas interessadas, prontas para abandonar o negócio se sentirem que estão ameaçadas de algum modo. Se o Fed não tiver cuidado, ele pode elevar as taxas de juros e levar muitos cidadãos da classe média americana à falência, pois eles compraram suas segundas casas a crédito, mas descobriram que não podem pagar as duas hipotecas.

O sonho americano era, em geral, ter dois carros em cada garagem. Hoje, são duas garagens para cada carro.

Mary Poppins modernas

Babás com diploma universitário

Com um número cada vez maior de mães trabalhando fora, houve uma explosão na indústria de cuidados infantis. A demanda por babás aumentou exponencialmente, quase dobrando nos últimos 15 anos. Isso fez com que os salários aumentassem, acirrou a concorrência e também criou uma nova classe de babás: a babá com nível universitário.

Muitas vezes oriundas de famílias com muitos filhos e sentindo falta da agitação desse tipo de casa, essa babá com boa formação acadêmica assume o controle total dos filhos enquanto a mãe da família trabalha, talvez sob a supervisão de uma câmera.

O papel das babás nas classes mais abastadas mudou de ajudante da mãe, quando de sua ausência, para a principal responsável pelas crianças durante a semana (até a idade da pré-escola) e só à tarde nos fins de semana. Mesmo nas famílias mais ricas, as mulheres estão optando por voltar ao trabalho e isso está criando uma demanda por um novo tipo de babá.

O sistema formal de contratação de babás é típico da Europa, mas os norte-americanos vêm namorando essa idéia, especialmente na cultura pop há décadas. *Mary Poppins*, o filme de 1964 sobre uma babá que literalmente cai do céu e mostra às crianças como encontrar magia em tudo, é até hoje o mais premiado da história da Disney. No outono de 2006, transformou-se em uma extravagância multimilionária da Broadway.

A noviça rebelde, em que a noviça Maria deixa o convento para cuidar dos sete filhos rebeldes de um austríaco viúvo, é um dos filmes mais populares nos Estados Unidos de todos os tempos.

Na década de 1990, a série de sucesso chamada *The Nanny*, em que Fran Drescher interpretava uma vendedora de cosméticos namoradeira que acaba tomando conta dos filhos de um rico produtor britânico da Broadway, teve um sucesso tremendo e acabou sendo exibida em quatro continentes.

E os dois programas sobre babás que estrearam em 2005 – *SOS Babá*, da Fox, e *Supernanny*, da ABC – reafirmaram o estereótipo de que as rigorosas professoras britânicas têm muito mais competência para educar as crianças do que os pobres pais americanos e conquistaram milhões de espectadores a cada semana.

Essas babás da cultura pop são bem arrumadas e respeitadas por seus empregadores e, na maior parte dos casos, consideradas emocional e intelectualmente iguais a eles. Na verdade, tanto a Maria de *A noviça rebelde* quanto a Fran de *The Nanny* acabam casando com os homens que as contrataram – deixando patente no roteiro a idéia de que as babás são tão importantes e amadas quanto as mães.

É claro que, na vida real, as babás nem sempre são reverenciadas da mesma forma. De acordo com a Domestic Workers United, um grupo de defesa dos trabalhadores domésticos baseado na cidade de Nova York, a maior parte dos trabalhadores domésticos é de baixa renda ou tem baixo nível de instrução, ou ambos. Muitos são imigrantes ilegais e tomam conta de crianças porque a informalidade do trabalho doméstico os ajuda a se manter longe dos radares das autoridades da imigração.

Não há nada de novo no fato de que pode haver uma defasagem entre a cultura popular e a realidade. A novidade é que depois de todos esses anos, os fatos estão se aproximando da ficção. Cada vez mais, americanos de classe alta e com nível universitário que podem competir em outras carreiras estão optando por ficar em casa para tomar conta de crianças. A indústria ainda está muito desregulada e não existem dados precisos disponíveis. No entanto, há duas tendências. Em primeiro lugar, um intenso desejo por parte de todos os pais abastados de encontrar babás com nível superior. Em segundo lugar, um interesse crescente da parte das formandas em ajudar a criar crianças em boa situação financeira. Elas terão os próprios filhos mais tarde, daí sua disponibilidade durante os anos após a faculdade; no passado, elas estariam tomando conta dos próprios filhos. A ironia é que essas babás atrasam a formação das próprias famílias para tomar conta da família de outras pessoas.

Do ponto de vista dos pais, eles fariam qualquer coisa para preparar seus filhos para a vida adulta, desde disputar acirradamente uma vaga nas escolas particulares a pagar por aulas particulares para melhorar o desempenho em testes de QI e outros, e incentivar agressivamente o desempenho atlético de ponta. Hoje em dia, cerca de 25 milhões de mães estão trabalhando fora, em comparação com apenas 13 milhões em 1970. Cerca de 1 milhão de unidades familiares empregam babás, e a maior proporção delas é de alta renda. Se você é um pai de alta sociedade que tem condições de contratar alguém que saiba discutir Shakespeare com a pequena Ashley enquanto prepara seu sanduíche para o lanche, bem, por que não contratá-la?

Essa demanda inflacionou os salários. Em 2005, o salário nacional médio de uma babá era de 590 dólares por semana, ou 532 dólares para quem dorme no emprego. As babás com diploma universitário ganham de 20 a 60% mais. Isso representa, para uma babá formada, um salário anual médio de cerca de 43 mil dólares – bem acima dos 22 mil dólares que uma jovem de 18 a 24 anos costuma ganhar logo que se forma na faculdade. Mais dinheiro, menos estresse.

Além disso, do ponto de vista da babá, cuidar de crianças em casa pode ser uma maneira perfeita de preparar uma carreira nos campos da educação, desenvolvimento infantil ou pesquisa infantil. Ou, ouso dizer, maternidade. Como um número cada vez menor de mulheres norte-americanas se casa, e as que se casam estão tendo filhos cada vez mais tarde, as pessoas que realmente adoram crianças talvez considerem que trabalhar como babá oferece uma boa oportunidade de conviver com elas e realmente aproveitar.

Finalmente, à medida que a oferta e a demanda por babás com boa formação aumentam, os sistemas para encontrá-las estão se tornando mais eficientes. O que costumava ser um empreendimento baseado em indicações, sorte eventual e contatos do bairro hoje se tornou uma indústria nacional séria. Em 1987, havia 45 agências de babás nos Estados Unidos. Em

2004, eram novecentos. Contando com salas de bate-papo, bancos de dados eletrônicos e sistemas elaborados de consulta, praticamente não há motivo para ficar limitado em suas opções. Quer passar dois anos em São Francisco antes de decidir se pretende estudar administração lá? Encontre uma boa família local e junte-se às crianças.

Pode até acontecer de haver promoções na mesma família. Os pais que passaram a apreciar ter uma companheira fiel e calorosa em casa talvez não queiram deixá-la partir só porque as crianças cresceram. As babás com nível superior que não querem estudar administração realmente podem ser promovidas a "babás" dos pais, servindo como uma espécie de assistente pessoal, organizando viagens, contas, pesquisas, controlando reformas da casa e outros empregados. Talvez dali elas possam ir trabalhar na empresa do pai ou da mãe. Não são más opções, não.

Talvez, como foi o caso da segunda esposa de Robin Williams, a pessoa seja promovida de babá a assistente pessoal e depois a esposa e produtora de Hollywood. Isso, sim, é promoção.

A ascensão das babás com nível superior tem várias implicações. Em primeiro lugar, as babás têm necessidades. Além de um local à parte para esperar as crianças em suas atividades extras – basta ir a qualquer atividade esportiva para pré-escolares riquinhos e você verá os pais e as babás graciosamente separados nas laterais do campo, e as babás com nível superior entre eles, meio sem jeito. De forma mais ampla, as babás precisam de uma comunidade. Um meio de compartilhar dicas sobre cuidados com as crianças e exasperação com os patrões. Algo como uma sala de bate-papo com comentários sobre *O diário de uma babá*, o best seller de 2002, que virou filme em 2007 e conta as desventuras de uma estudante da Universidade de New York quando trabalhava como babá de uma família nova-iorquina completamente disfuncional.

Os empregadores também têm necessidades. Os pais que pensam que encontraram uma mina de ouro em uma babá que ajuda seus filhos com os deveres de matemática podem pensar duas vezes daqui a alguns anos, quando (a) sua vida particular aparecer nos telões de cinema; ou (b) sua empregada estiver liderando o movimento para divulgar práticas de maus-tratos, salários abaixo do mercado e/ou expectativas irreais da parte dos pais empregadores em toda a indústria. Quanto tempo mais será necessário até o surgimento dos sindicatos das babás nos Estados Unidos?

Em terceiro lugar, pense nas outras babás. Por mais que as Mary Poppins modernas possam ameaçar a liberdade relativamente não-regulada dos empregadores, elas podem representar uma ameaça ainda maior para mulheres imigrantes de baixa renda que passaram a considerar o trabalho como babá sua ocupação. Dependendo da própria perseverança, esse grupo pode começar a exigir cursos de "administração doméstica" e outras melhorias para a profissão, para que continuem importantes para os empregadores de modo contínuo – ou podem procurar outro público para seus serviços: os idosos. Da perspectiva econômica e de saúde, esse pode ser um avanço bem-vindo. De acordo com um relatório da Conferência sobre Envelhecimento da Casa Branca de 2005, os Estados Unidos precisam de 1,2 milhão a mais de cuidadoras remuneradas, incluindo auxiliares de enfermagem e domésticas até 2010. Talvez essas profissionais venham das fileiras de babás que perderam o emprego.

Eis outra possibilidade. Se for verdade que, quando se trata de babás, a cultura pop está à frente da realidade, talvez seja interessante prestar atenção em babás do sexo masculino, em inglês às vezes chamados de "*mannies*" em oposição a *nannies* (babás). No momento, os homens talvez representem apenas 1% de todas as profissões que envolvem cuidados com crianças. Se levarmos em conta a cultura popular, veremos que os dois sexos estão presentes. Nos últimos anos, nada menos do que nove programas em horário nobre apresentaram babás do sexo masculino, incluindo os sucessos *Friends*, *Ally McBeal*, *Murphy Brown*, e, é claro, *The Nanny*.

Assim, pode ser a hora de os homens bancarem as babás. Os salários das babás estão subindo; os estigmas em relação aos homens fazerem "trabalho de mulher" estão diminuindo; cada vez mais mães solteiras querem contar com a influência masculina constante na vida de seus filhos e o aumento de crianças obesas gerou uma demanda por babás que estejam mais conscientes dos aspectos "atléticos". É um ambiente propício para os homens que querem ser babás. De acordo com o site britânico www.celebrity.com, Britney Spears tem um empregado (embora a mãe do sujeito diga que ele é mais um guarda-costas).

Com o declínio dos trabalhos no setor industrial, a expectativa de que as mulheres trabalharão fora e o aumento vertiginoso do número de norte-americanos entrando para a faculdade, de repente existem babás disponíveis com nível universitário e elas observam o desejo das mães de encontrar babás que reflitam a própria personalidade e estilo de vida. O cuidado com as crianças desempenhou um papel ambivalente mas crescente na família norte-americana e o grande número de estudantes que abandonaram os estudos universitários sugere que veremos muitos empregos anteriormente de baixa qualificação ocupados por uma nova classe de trabalhadores. (Pergunte à sua massagista, cabeleireira ou comissária de bordo qual o nome da associação ou clube na universidade ou qual foi a especialização escolhida.)

E, é claro, cuidado – sempre faça um contrato assinado de não-divulgação – ou os conflitos e os problemas particulares de sua família poderão ser expostos ao mundo, por meio da habilidade literária de sua ex-babá aluna de Ciências Humanas de Harvard.

Milionários tímidos

Americanos que vivem abaixo de suas possibilidades

Os milionários despertam o imaginário nacional. *Who Wants to Be a Millionaire* foi o jogo mais visto na tevê de todos os tempos. Os norte-americanos cresceram lendo as histórias em quadrinhos de Riquinho, Thurston Howell III em *Gilligan's Island*, e J.R. Ewing em Dallas. Durante incríveis 11 anos, o país assistira a *Lifestyles of the Rich and Famous*, um programa em que, semana após semana, Robin Leach mostrava ao povo como celebridades multimilionárias esbanjavam seu dinheiro em carros, mansões e outros artigos de luxo.

Embora alguns dos super-ricos de hoje, como Bill Gates e Warren Buffett – estejam fazendo caridade, outros – como Paris Hilton – vivem nas páginas dos tablóides que nos constrangem e fascinam há anos.

Talvez, como resultado, tenhamos uma percepção um tanto distorcida da riqueza norte-americana. De acordo com pesquisas recentes, a maioria dos norte-americanos consideram que existem muito mais milionários nos Estados Unidos do que de fato existem – cerca de quatro vezes mais. Uma pesquisa realizada no final da década de 1990 – quando apenas 4% das famílias tinham ativos líquidos acima de 1 milhão de dólares – mostra que o público acreditava que 15% da população era rica assim (Hoje, existem 9 milhões de pessoas nos Estados Unidos que valem 1 milhão de dólares ou mais, sem contar suas casas.)

Da mesma forma, a maioria das pessoas tem uma idéia equivocada de como são os milionários. Tendo em mente o sr. Howell – ou talvez Daddy

Warbucks, ou Montgomery Burns dos *Simpsons* –, elas imaginam mansões opulentas, limusines com motoristas, relógios luxuosos e talvez algum tipo de sotaque britânico falso. Elas pensam que a maioria dos ricos herdou seu patrimônio ou enriqueceu por meio de circunstâncias absurdamente privilegiadas, incluindo escolas do ensino fundamental particulares e universidades de elite.

Na verdade, de acordo com os autores do best seller *O milionário mora ao lado: os surpreendentes segredos dos ricaços americanos*, o milionário médio freqüentou escolas públicas, dirige um carro de fabricação americana (e não é o modelo do ano), e nunca recebeu herança alguma.

Provavelmente seu sotaque será igual ao de qualquer "joão-ninguém".

Ele não está tão interessado assim em demonstrar quanto dinheiro tem. A maioria dos milionários não anda de limusine. É a antítese do que eles acreditam. Até mesmo as empresas de limusines tiveram de mudar para veículos utilitários.

De acordo com a pesquisa e a análise conduzida em 2003 pela Harris Interactive, existem seis tipos diferentes de milionários – e o maior grupo é o que menos chama atenção. Eis os seis grupos:

1. "Mestres dos negócios" (pense em Gordon Gekko, do filme *Wall Street*)
2. "Realizadores altruístas" (pense em Bruce Wayne, o lado público do Batman)
3. "Vencedores secretos" (como o "Cidadão" Charles Foster Kane, de *Cidadão Kane*)
4. "Amantes do status" (Scarlett O'Hara, de *E o Vento Levou...*)
5. "Poupadores satisfeitos" (Oliver Wendell Douglas, de *O Fazendeiro do Asfalto*)
6. "Herdeiros sem compromisso" (o Arthur, de Dudley Moore, em *Arthur, o milionário sedutor*)

Embora o clichê dos ricaços seja de que eles são ambiciosos e dominadores (como Gekko) ou vazios e superficiais (como Arthur) –, no final das contas, esses dois tipos de milionários, na verdade, representam os menores grupos, formando menos de um quarto de todos os ricos nos Estados Unidos.

O maior grupo é de longe o de poupadores satisfeitos, que são milionários que trabalharam muito, economizaram bastante e vivem abaixo de seus meios. Quando têm a opção, eles preferem Ford a Mercedes; anseiam ter uma vida longa e saudável, em vez de ganhos materiais, e não ostentam riqueza. De acordo com os autores de *O milionário mora ao lado*, a maior parte dos milionários norte-americanos não é composta por herdeiros de grandes fortunas ou artistas de cinema; são empreiteiros, farmacêuticos e controladores de pragas. Usam relógios baratos e dirigem carros usados. Ficaram ricos porque investiram bem seu dinheiro e porque são frugais – e, agora que são ricos, continuam vivendo da mesma maneira.

Outro grupo grande é dos vencedores secretos – aqueles que não esperavam ficar ricos e que temem ficar sem a fortuna de uma hora para outra. Esses milionários ainda compram em lojas populares como a Target e se preocupam com o fato de que as pessoas descubram que eles têm dinheiro. Juntos, os poupadores satisfeitos e os vencedores secretos constituem mais de 40% dos ricos nos Estados Unidos. (Se você tiver a chance de escolher um deles como companhia para jantar, fique com os poupadores satisfeitos. Eles provavelmente escolherão um restaurante menos em conta como o Olive Garden, e não o Four Seasons, mas pelo menos não vão empurrar a conta para você.)

Qual é o significado dos milionários tímidos dos Estados Unidos e dos ricos em geral que vivem abaixo de seus meios?

Milionários americanos (2003)

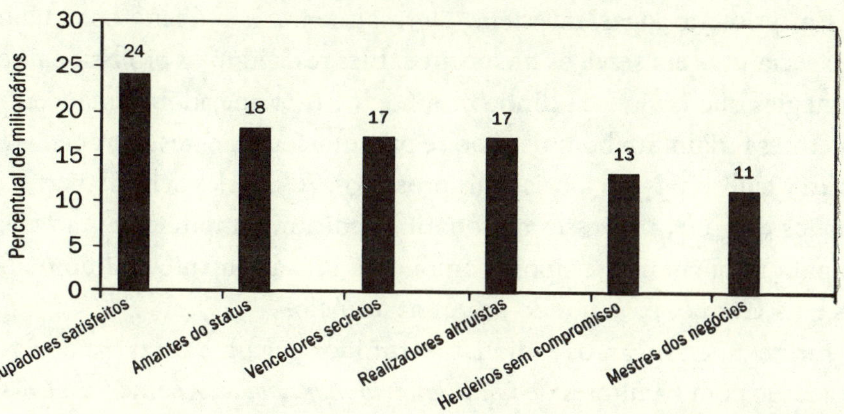

Fonte: Phoenix/Harris Interactive Wealth Survey, 2003.

Em primeiro lugar, sua presença sugere que a polêmica da "guerra de classes" raramente tem vez na política norte-americana (Ver, por exemplo, Al Gore, 2000.) Prometer dar aos ricos o castigo que merecem em nome dos "fracos e oprimidos" não é algo que funciona nos Estados Unidos, pois muitos americanos acreditam que eles também podem se tornar milionários. Usar a linguagem de conflito de classes para atingir pessoas que se esforçaram muito para chegar onde estão é uma forma muito imprevisível de falar com os eleitores americanos. É muito diferente na Inglaterra, onde se acredita que o privilégio esteja por trás do sucesso; nos Estados Unidos, as oportunidades iguais são um dos valores mais apreciados pelo povo.

Os milionários abaixo do radar têm implicações específicas para o imposto predial, denominado por seus oponentes de "imposto da morte". Desde 2006, qualquer propriedade avaliada em mais de 2 milhões de dólares na data da morte de seu proprietário está sujeita a um imposto que chega a 46% sobre a parcela acima dos 2 milhões de dólares. Debates acalorados costumam tomar conta do Congresso norte-americano quanto à aplicabilidade desse imposto, o grau de isenção etc. Embora apenas um pequeno número de americanos seja diretamente afetado pelo imposto, a oposição a ele sempre foi mais popular do que o esperado, e esse grupo pode ser um dos motivos: os milionários tímidos não ostentam sua riqueza, mas querem guardá-la.

Por fim, embora os milionários tímidos evidentemente não sejam bons alvos para jóias opulentas, roupas de designers ou carros luxuosos, eles gastam seu dinheiro principalmente de três maneiras.

Em primeiro lugar, investem. Normalmente, isso é feito com a ajuda de especialistas em serviços financeiros. Eles respeitam os profissionais e as estratégias que fazem seu dinheiro render, e os planejadores financeiros e corretores fariam um bom negócio se procurassem clientes não apenas nos country clubs, mas em locais mais prosaicos. A Charles Schwab patrocina torneios de golfe, mas esses milionários dedicam tempo demais ao trabalho para freqüentar esse tipo de ambiente. Provavelmente estarão na Staples e na Costco, procurando um bom negócio.

Em segundo lugar, os milionários tímidos pagam escolas particulares. De acordo com os autores de *O milionário mora ao lado*, somente 17% dos milionários freqüentaram escolas particulares, porém mais da metade envia seus filhos para essas escolas. Essa é uma mudança radical nas famílias que enriquecem. Não só é um sinal da debandada crescente de muitas famílias de sucesso das escolas públicas americanas, mas também assinala um crescimento intenso da demanda por escolas particulares de ensino infantil e fundamental – levando a todo tipo de estratégias inesperadas entre pais de escolas particulares, incluindo deixar a criança repetir de ano para torná-la mais competitiva.

Em terceiro lugar, os milionários tímidos fazem doações a instituições de caridade. Junto com os realizadores altruístas, os poupadores satisfeitos são o grupo mais generoso de milionários e consideram que parte de seu papel é ajudar os mais necessitados. Assim como os profissionais de marketing precisam ir além da opulência para encontrar clientes potenciais, as organizações sem fins lucrativos precisam ir além das grandes fundações para encontrar potenciais patronos. Nesse caso, se você conquistar esse milionário tímido, poderá ver sua organização de caridade ser agraciada com grandes somas daquele sujeito quieto e despretensioso com ternos fora de moda que costumava dizer que admirava seu trabalho.

O fundamental é saber que, embora o Riquinho não seja seu vizinho, Marty Ricaço é. Timidamente, ele está procurando profissionais de serviços financeiros, escolas e organizações beneficentes que compartilhem sua admiração por trabalho, disciplina e valor do dinheiro.

Os Estados Unidos estão chegando perto dos 10 milhões de milionários. Entretanto, por um lado, 1 milhão de dólares não é mais o que costumava ser. (Lembre-se do dr. Evil, inimigo de Austin Powers em *000-Um agente nada discreto*, que planeja pedir resgate ao mundo de "Um MILHÃO de dólares" e é lembrado pelo Número Dois que isso não dá para muita coisa. "Ok", diz ele, "então, vamos pedir um resgate de 100 BILHÕES de dólares!") De qualquer modo, 1 milhão de dólares é uma doce conquista – e os mais tímidos estão fazendo muito mais por sua "classe" do que os petulantes bilionários.

Burgueses e falidos

Na França, eles desfilavam nus e perdiam todos os seus bens. Na Inglaterra de Dickens, eram encarcerados na prisão para devedores – que era melhor do que condená-los à morte, o que também era permitido. Na Itália do século XVI (como sugerido no *Mercador de Veneza*, de Shakespeare), eles literalmente podiam arrancar 500g de sua carne. Na América colonial, suas mãos eram queimadas com a marca de ladrão para que no futuro todos soubessem que não deveriam confiar neles.

A época do crédito ilimitado se foi. Hoje em dia nos Estados Unidos, ir à falência, embora ainda seja vergonhoso, é mais um instrumento de gestão financeira pessoal. Nos últimos 25 anos, o número de pedidos de falência pessoal no país aumentou quase 350%, indo de 1,2 por mil pessoas em 1980 para quase 5,4 por mil pessoas em 2004. Em uma perspectiva histórica, isso representa oitenta vezes mais do que em 1920, quando seis pessoas a cada 100 mil iam à falência.

Em números brutos, o aumento das falências é o seguinte: em 1985, menos de 350 mil pessoas nos Estados Unidos entravam com pedido de proteção por falência pessoal junto aos órgãos federais. Em 2005, esse número chegou a 2 milhões.

Como observou a professora de direito de Harvard Elizabeth Warren, esse número é maior do que o número de diagnósticos de câncer. Em 2005, houve mais falências nos Estados Unidos do que formandos nas universidades.

E isso com o crescimento da economia.

Total de pedidos de falência não-comercial nos EUA (1980-2005)

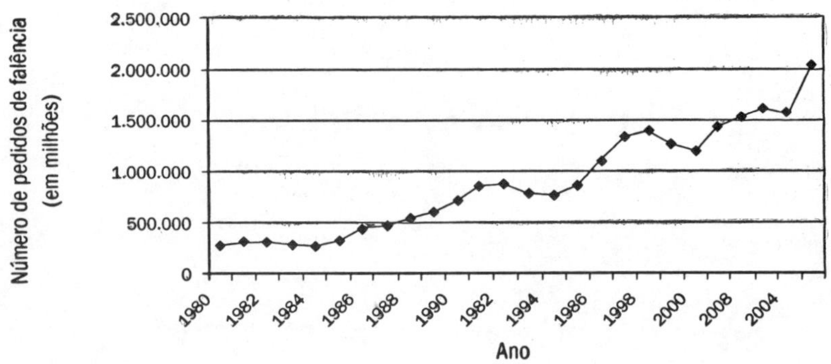

Fonte: American Bankruptcy Institute, 2005.

Não estamos falando de falências corporativas inócuas, do tipo "reorganização", como as que o próprio Donald Trump faz de vez em quando. A falência pessoal é, de forma simplificada, o momento da virada em que suas contas de cartão de crédito, pagamentos de hipoteca e dívidas médicas ficam tão acima de sua renda pessoal que simplesmente não é mais possível seguir em frente sem a intervenção de um tribunal.

Em algumas partes do país, a falência é praticamente uma forma de vida. Nos Estados do Tennessee, Indiana e Ohio, mais de dez em cada mil pessoas entram com pedido de falência. (Em Massachusetts, o número cai para menos de três.)

Mas quem realmente são os falidos dos Estados Unidos? É comum supor que sejam gastadores inveterados e extravagantes que compram televisão de 60 polegadas e carros esporte e depois percebem que não podem pagar a hipoteca. Alguns legisladores argumentam que o motivo do aumento do número de falências é o fato de as pessoas não terem mais vergonha de gastar mais do que ganham.

No entanto, de acordo com a professora Warren, o perfil do falido é muito parecido com a Welfare Queen da década de 1980 – política persuasiva, mas falsa.

O falido típico nos Estados Unidos é chefe de família de classe média, branco, com filhos e emprego fixo. Quase metade dos que pedem falência são casados. Eles têm um nível de instrução ligeiramente melhor do que o restante da população. Quase todos sofreram algum evento catastrófico na vida, como perda do emprego, divórcio ou um problema médico grave. (Dos que sofreram problemas médicos, cerca de três quartos tinham cobertura do plano de saúde no início da doença.) O grupo de falidos que mais cresce é o de idosos, que arcam com despesas médicas crescentes não cobertas pelos planos de saúde, mas outro grupo de 20 e poucos anos está bem próximo a eles, com dívidas recordes altíssimas com instituições de ensino.

A falência se tornou um evento que atinge a classe média americana.

Por que esse número é tão grande? O motivo mais comum para explicar o recente aumento de falências pessoais é a ascensão do crédito fácil. Em 1970, somente 51% das famílias já tinham usado cartões de crédito; hoje em dia, mais de 80% já o fizeram. Nem mesmo é preciso ter crédito para obter um cartão – na década de 1990, o índice de empréstimos de risco (a pessoas com problemas de crédito) aumentou ainda mais rápido do que o da indústria de crédito em geral. Os credores reclamam dos maus pagadores, mas a verdade é que eles ganham mais com juros e multas dos clientes em dificuldades do que perdem com os totalmente inadimplentes. Com o crédito mais fácil, também vem a prorrogação dos prazos para pagar.

Outro motivo comumente citado é o índice de poupança abismal dos Estados Unidos. Em 2005, o índice foi negativo pela primeira vez desde a Grande Depressão. Isso explica tudo.

Finalmente, muitos especialistas afirmam que o número de falências pessoais aumentou porque o estigma da falência caiu. À medida que novas leis facilitaram o processo de falência (o que aconteceu até 2005), um número cada vez maior de pessoas entrou com pedidos de falência e um número ainda maior passou a conhecer alguém para quem tudo deu certo. No entanto, essa justificativa pode ser mais especulação do que fato concreto. Os economistas calcularam que o estigma da falência ainda existe; três quartos dos que pediram falência afirmaram que entraram em depressão depois de passar pelo processo todo.

De acordo com a professora Warren, entretanto, o que realmente está acontecendo é um aumento tremendo do custo de vida para a classe média. Boas escolas públicas se tornaram tão raras que, nos bairros em que se encontram, há uma guerra sem precedentes por moradia, e o preço das hipotecas simplesmente escalou. Além disso, os custos de assistência médica aumentaram muito e os estudos universitários estão cada vez mais caros, muito acima da inflação nacional. Com tudo isso, a classe média americana está sufocada. Embora a renda familiar tenha subido, a renda *discricionária* está caindo.

O que significa que, quando a crise chegar, não haverá mais qualquer amortecimento. Na família de classe média típica, a mãe já trabalha, então não há como ela conseguir um emprego para aumentar a renda familiar. A família já conseguiu economizar comprando a casa mais barata no distrito escolar mais aceitável. Na classe média de hoje, as finanças estão tão apertadas que, se a família for atingida por perda de emprego, divórcio ou doença, ela afunda.

O que isso significa para o país?

Ironicamente, parte do aumento no número de falências pode ser explicada pela melhora geral das condições de vida no país. Quando a doença costumava matar, os americanos tinham contas médicas astronômicas constantes. Quando a universidade era apenas para os poucos privilegiados, a maioria das pessoas não fazia empréstimos para pagar os estudos. Quando quase ninguém conseguia crédito, não havia praticamente inadimplentes.

Na verdade, a opção por uma falência digna é considerada um dos sustentáculos saudáveis da economia norte-americana. Embora os Estados Unidos reclamem do índice de endividamento pessoal, alguns na Europa e no Japão estão pressionando por *mais* opções de falência para gerar mais risco e empreendedorismo. O fracasso é produto da tentativa de assumir riscos. Se nunca tentassem ir à Lua, os norte-americanos nunca teriam sofrido com o acidente do ônibus espacial Columbia. Ou, como teria dito o diretor-executivo da falida Eastern Air Lines, "o capitalismo sem falências é como o cristianismo sem o inferno".

Mesmo que, em algum nível, a falência reflita o progresso geral da sociedade, a onda atual dos americanos em ruína financeira é motivo de sérias preocupações. No nível macro, reflete problemas no sistema educacional do país, quando o número de distritos escolares aceitáveis é tão baixo que faz as pessoas gastarem demais em habitação simplesmente para que seus filhos freqüentem escolas razoáveis; e problemas no sistema de saúde, quando um único evento médico pode levar uma família à falência.

Em um nível ainda mais imediato, o fato de que existem 2 milhões de pessoas à beira da falência significa que existe um mercado crescente para consultores de crédito, assessores e gestores financeiros. Por que não deixamos jovens de 16 anos dirigir sem carteira de habilitação, mas dois anos depois liberamos um cartão de crédito para eles sem qualquer teste básico de gestão financeira? Praticamente não existem escolas que ensinem finanças pessoais, mas, ainda assim, um em cada três alunos que terminam o ensino médio tem um cartão de crédito.

Assim, se você é uma dessas empresas que fazem muitos desses empréstimos imobiliários de risco, cuidado. Sua carteira pode tomar um rumo imprevisível se essas tendências continuarem, e você terá muito mais propriedades na próxima década. Tenderemos a ver menos infomerciais sobre como enriquecer com imóveis e, em vez disso, mais sobre "como dar a volta por cima" apesar de todas as propriedades que comprou. Como você sempre pode manter sua casa na Flórida quando for à falência, esse Estado tem atraído os falidos mais famosos.

Se o número de falências pessoais continuar crescendo nos níveis atuais, haverá praticamente 8 milhões de pessoas indo à falência até 2025. Embora os Estados Unidos sejam um país construído com base em oportunidades iguais para todos, nos últimos anos houve um aperto crescente da classe média e um aumento do número de falidos. Esse é um desafio crítico para todos no futuro.

Sem fins lucrativos

Nenhum outro país do mundo está mais associado com o livre-mercado, o capitalismo e o setor privado do que os Estados Unidos. Trata-se da Terra das Oportunidades. "Rags to Riches" é praticamente nosso mantra nacional. *Show Me the Money*!

Quem pode ganha muito; quem não pode regula os que conseguem. Ou, como disse Ronald Reagan (e que, em um momento partidário, devo dizer que foi uma profecia que se auto-realizou para o Partido Republicano): "As melhores mentes não estão no governo. Se existirem, certamente estarão nas empresas."

Pessoalmente, eu discordo, é claro. Embora eu tenha passado toda minha carreira no setor privado, alguns de meus melhores amigos, colegas mais próximos e clientes favoritos trabalham para o governo com resultados excelentes. Ultimamente, no entanto, a tensão entre os setores público e privado tornou-se cada vez menos relevante. Desde o final da década de 1970, nem o setor empresarial nem o governo cresceram na mesma taxa impressionante, em termos de atratividade para os empregados. O que de fato cresceu foi o "terceiro" setor – também chamado de setor independente ou setor sem fins lucrativos. Em comparação com as baixas taxas de crescimento dos empregos nos negócios e no governo, de 1,8 e 1,6%, respectivamente, entre 1977 e 2001, o emprego em entidades sem fins lucrativos aumentou em robustos 2,5%.

Eis o que isso significa em números de postos de trabalho: em 1977, 6 milhões de pessoas trabalhavam no setor sem fins lucrativos. Em 2001, esse número tinha mais do que duplicado para 12,5 milhões.

Com 12,5 milhões de empregados, o setor sem fins lucrativos ainda é o menor dos três, mas certamente o que apresenta o maior crescimento. Agora, o trabalho nessas entidades é tão variado e tão relativamente bem financiado que é possível fazer carreira nos Estados Unidos sem nunca ter trabalhado no governo ou nos badalados corredores das grandes empresas.

Como resultado, houve um crescimento silencioso da classe das empresas sem fins lucrativos. Pessoas que passam suas carreiras inteiras sem nunca pensar nos acionistas, nos lucros ou nos bônus de fim de ano; que pensam em remuneração que aumenta de modo incremental, e não exponencial; indivíduos para quem *Show Me the Money* ("Mostre-me o dinheiro") é apenas uma cena estranha de um filme sobre futebol da década de 1990.

Número de empregados no setor sem fins lucrativos (1977-2001)

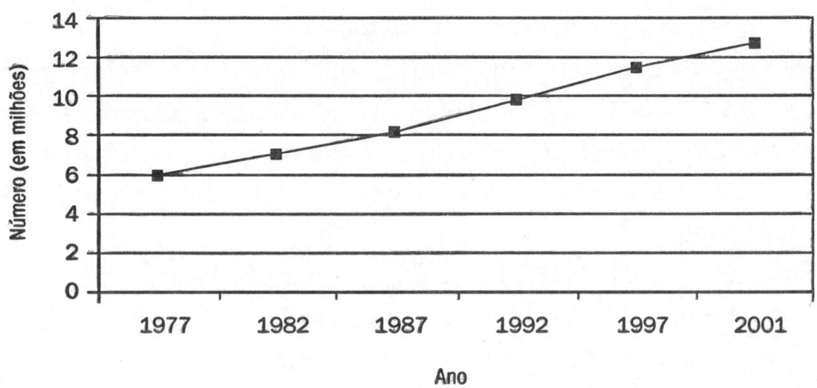

Fonte: Independent Sector, Nonprofit Almanac, 2001.

Por que a onda das entidades sem fins lucrativos?

Em primeiro lugar, os fundos de doadores permitiram esse fenômeno. Os super-ricos do mundo estão crescendo – havia cerca de setecentos bilionários em 2005, em comparação com 423 em 1996 – e a pressão para que eles façam doações é real. (Assim como são os benefícios em relação a deduções de impostos.) Assim, entre 1993 e 2003, o número de fundações nos Estados Unidos praticamente dobrou, com aumento nos ativos acima de 150%, para 476 bilhões de dólares. Por sua vez, o número de organizações sem fins lucrativos registradas chegou a quase 1,5 milhão.

Como resultado, o trabalho nessas instituições pode ser enriquecedor e variado – desde hospitais a centros de ensino superior, de museus a mesquitas, de programas antipobreza a esforços favoráveis ao meio ambiente. E "sem fins lucrativos" não significa necessariamente não-subsistência. Embora os salários iniciais no setor sem fins lucrativos tendam a ser cerca de 10% mais baixos do que no governo e 20% mais baixos do que no mundo empresarial, um estudo de 2005 na Pensilvânia constatou que o salário médio nas entidades sem fins lucrativos naquele Estado era apenas 5% inferior ao salário médio no setor privado (641 dólares/semana *vs.* 679 dólares/semana). No nível da diretoria executiva dessas entidades, pode-se ganhar muito bem: entre 2004 e 2005, a remuneração média dos diretores-executivos das maiores organizações sem fins lucrativos dos Estados Unidos era de 327.575 dólares, subindo mais rápido do que o salário dos principais executivos das quinhentas maiores empresas do país. Em 2007, o ex-chefe do Smithsonian tinha perto de 1 milhão de dólares em pacotes de benefícios até o Congresso descobrir.

Em segundo lugar, as instituições sem fins lucrativos talvez estejam em alta porque o setor privado está passando por dificuldades. E não estou falando apenas das recentes derrocadas da Enron e da WorldCom, ou mesmo de Martha Stewart. Desde 1981, o percentual de americanos que acreditam que as grandes empresas precisam ser dominadas cresceu de 18 para 34%. Somente entre 2001 e 2006, o percentual de americanos que afirmam que as empresas precisam ter menos influência no país cresceu de um em cada dois para quase dois em cada três. E o governo também não é muito bem-visto. A confiança no governo para lidar com os problemas do país caiu da faixa dos 70% no início da década de 1970 para a faixa dos 50% hoje em dia. Embora as entidades beneficentes não estejam livres de desconfiança, são em geral consideradas menos perigosas, menos ambiciosas e mais úteis do que os outros setores.

Um terceiro motivo para a ascensão das entidades sem fins lucrativos é que o próprio setor está amadurecendo e começando a enfrentar problemas sociais que antes pertenciam ao governo, com o tipo de inovação e de disciplina que costumava pertencer aos empresários. Nos velhos tempos, essas entidades eram basicamente centros que serviam sopão e ofereciam orientação, e talvez fizessem lembrar alguns chefões inescrupulosos da entidade beneficente United Way e dissidentes na Cruz Vermelha. Hoje em dia, um número crescente de empresas que representam um movimento chamado "empreendedorismo social" está surgindo com planos de negócios disciplinados, métricas rigorosas e planos ambiciosos para aumento de escala. Os financiadores as sustentam com uma abordagem chamada "filantropia de risco", que significa investimentos firmes, modelados no capital de risco do setor privado. Como resultado, as instituições sem fins lucrativos em todo o mundo estão fazendo muita diferença de forma rápida – como as empresas *start-up*, que devem deslanchar logo ou falir. E isso acontece em vários setores, desde a forma como as universidades americanas lidam com talentos de baixa renda à franquia de banheiros públicos na África ou à expansão das microfinanças na Índia. Considerando o idealismo e o senso empresarial dos eleitores atuais, será que é realmente surpreendente ver o número de pessoas atraídas para esse setor? Os dados sobre comportamento são reveladores: de acordo com uma pesquisa da Harris de 2006, adultos americanos de 65 anos ou mais não estão muito empolgados com entidades sem fins lucrativos, mas os sentimentos dos jovens entre 18 e 39 anos são muito positivos.

O terceiro setor está em alta.

Assim, vamos analisar melhor quais são as implicações desse setor em ascensão. Uma delas é que, à medida que o setor cresce e atrai cada vez mais talentos, provavelmente precisará se organizar em termos de gênero. Embora as mulheres ocupem praticamente 70% dos postos de trabalho no setor sem fins lucrativos e sejam a maioria dos diretores dessas entidades, os homens ainda abocanham boa parte do dinheiro, ficando com mais da metade dos cargos nas organizações com orçamentos acima de 5 milhões de dólares. Essa disparidade aumenta quando os cargos são iguais. De acordo com um estudo de 2006 sobre as entidades sem fins lucrativos nos Estados Unidos, os homens recebem mais de 50% a mais do que as mulheres que ocupam os mesmos cargos. Claramente, muitas mulheres se identificam com esse tipo de trabalho, talvez porque seja recompensador, compatível com as obrigações familiares, e/ou complementado pela renda do marido. Especialmente em um setor que atrai pessoas que querem ajudar a melhorar o mundo, essa defasagem salarial não será mais tolerada por muito tempo.

Outro desafio para o setor sem fins lucrativos que está crescendo é a alta rotatividade. À medida que o setor muda e evolui, sua rotatividade anual de 3,1% está mais alta do que a do setor privado (2,7%) ou do setor público (1%). Se as entidades realmente sustentarão o crescimento esperado por seus líderes, necessário à causa, elas precisarão investir em sistemas de Recursos Humanos sofisticados que cresçam e retenham os empregados, e começar a pagar salários altos o suficiente para permitir que os jovens empregados paguem os empréstimos estudantis.

Haverá também maior escrutínio por parte do governo. À medida que o setor sem fins lucrativos cresce em termos de montantes de dinheiro, número de pessoas e impacto, particularmente considerando o aumento de organizações políticas sem fins lucrativos, esperamos que haja mais recursos dedicados a verificar se todas as entidades registradas como tal sejam de fato para o "bem comum" e mereçam o status de entidade isenta de impostos.

O fundamental é que as linhas que separam os setores estão começando a se tornar indefinidas. Quando fundações enormes assumem a reforma das escolas secundárias nos Estados Unidos, ou abordam a crise na África, ou quando entidades sem fins lucrativos experientes identificam valor ainda inexplorado e seguem planos de negócios agressivos para alinhá-las com as forças de mercado, a distinção entre entidades públicas e sem fins lucrativos começa a parecer importante apenas no papel, como uma questão jurídica. O trabalho pode ser realmente muito parecido.

Enquanto o terceiro setor costumava ser encarado como uma espécie de mundo dos negócios atrasado, e como o primo pobre do formidável setor público, ele hoje está cada vez mais se tornando a primeira escolha. Não só está atraindo talentos – dando um baile nos demais setores –, mas, com sua combinação emergente de disciplina ao estilo empresarial e compaixão ao estilo governamental, o setor sem fins lucrativos pode continuar crescendo. O renomado autor Jim Collins, na obra que sucedeu *Empresas feitas para vencer*, *Good to Great and the Social Sectors*, alega que a próxima geração de líderes nos Estados Unidos será composta por aqueles que conseguirem combinar a capacidade de resolução de problemas sociais com altas competências empresariais. Essa combinação de habilidades parece ser exatamente o caminho escolhido por algumas entidades do terceiro setor.

Assim, milhões de jovens cansados da acirrada competição econômica global no mundo corporativo e não tão empolgados com o serviço público agora podem escolher um estilo de vida alternativo: uma carreira nas empresas sem fins lucrativos. Como resultado, mais desses jovens estão optando por fazer o bem não só para si mesmos, mas também para outras pessoas.

PARTE XI
Aparência e moda

Tatuado chique

Que forma de arte em diferentes momentos de sua história significou realeza, lealdade, criminalidade, confusão e maturidade na universidade? Sim, a tatuagem, ou a prática de decorar permanentemente sua pele com agulhas quentes e dolorosas. Da palavra taitiana *tatau*, que quer dizer "marcar", as tatuagens foram usadas ao longo da história da humanidade para identificar status social, realizar ritos religiosos, representar piratas e espiões e declarar a independência da juventude.

E o que começou nos Estados Unidos como parte do movimento hippie e de gangues de motocicletas caiu no gosto popular – para os jovens, fazer uma tatuagem está se tornando tão comum quanto furar as orelhas. As tatuagens tornaram-se moda.

O cabelo já foi uma forma de assinalar rebelião e individualidade diante da consternação dos pais e da sociedade. Agora, parece que os cabelos encurtaram, com o número de carecas maior do que de cabeludos. A arte corporal tornou-se um modo cada vez mais expressivo de indicar nossa individualidade, nos Estados Unidos e em todo o mundo. Diferentemente do cabelo, que todos podem ver de imediato, as tatuagens em geral estão escondidas, por isso fazem parte de nossa intimidade, revelada apenas aos mais próximos ou com quem dividimos o vestuário.

Caso você ainda associe tatuagens a gangues de motociclistas, marinheiros, criminosos ou outros tipos suspeitos, é melhor rever seus conceitos e, de preferência, antes que sua filha de 20 e poucos anos – aquela com diploma superior e excelentes perspectivas de emprego – chegue em casa para o Natal com uma rosa vermelha ou talvez o símbolo chinês da virtude estampado no quadril. De acordo com uma pesquisa da Harris de 2003, mais de um em cada três americanos entre 25 e 29 anos possui uma tatuagem. Quase um quarto dos estudantes universitários tem tatuagens. (Cerca de 13% dos americanos entre 18 e 24 anos têm tatuagens e piercing no corpo, sem contar mulheres com orelhas furadas.)

Número estimado de norte-americanos tatuados, entre 18 e 49 anos (2003-2006)

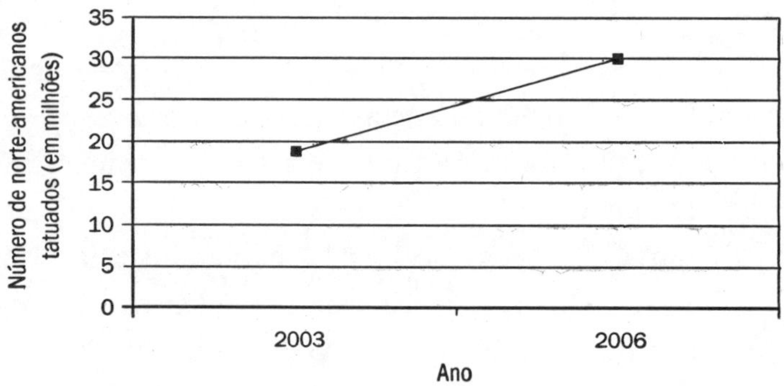

Fonte: *Journal of American Academy of Dermatology*, 2006; Censo norte-americano, 2003, 2006.

Em geral, desde 2006, mais de 30 milhões de americanos, ou quase um em cada quatro adultos, têm tatuagens, número que subiu de menos de 20 milhões em apenas três anos.

Esse fenômeno da tatuagem não se limita aos Estados Unidos. Ingleses, australianos e japoneses também estão fazendo fila para pintar seus corpos. Cerca de 8% dos jovens canadenses têm tatuagens, de acordo com uma pesquisa realizada em 2000, e 61% deles são meninas.

Assim, o que antes significava sujeira e vagabundagem hoje é parte do rito da pessoa comum. Meninos e meninas fazem tatuagens; mulheres com colares de pérolas têm tatuagens. Na verdade, na pesquisa da Harris, a faixa de renda com maior representação entre os norte-americanos tatuados (22%) é de pessoas que ganham mais de 75 mil dólares. Por outro lado, somente 8% das pessoas com renda entre 15 mil dólares – 25 mil dólares passaram pelas agulhas elétricas. Em outras palavras, hoje em dia, quanto mais rico, maiores as chances de se ter uma tatuagem.

Parte do apelo, sem dúvida, é a rebeldia. Um pequeno pictograma japonês denota muito mais sofisticação intelectual do que seria imaginado por pais provincianos. Um pequeno símbolo atlético ou cultural representa muito bem sua identidade, literalmente "marcando" a pessoa perante seus colegas. Como os cigarros na década de 1970 ou os carros envenenados na década de 1950, as tatuagens são uma forma audaciosa mas não muito arriscada de jovens de classe média expressarem seu lado mais rebelde.

Só que não são apenas os tipos liberais e rebeldes. Para os mais conservadores, as tatuagens também representam disciplina e lealdade. Como melhor demonstrar os ideais conservadores essenciais de permanência e compromisso do que tatuando uma idéia (ou pessoa) no próprio corpo? De acordo com a pesquisa da Harris, 14% dos republicanos nos Estados Unidos têm tatuagens. Embora essa percentagem seja ligeiramente menor do que a dos democratas, ainda representa cerca de 7 milhões de republicanos tatuados em todo o país.

Por que a tatuagem? De acordo com uma pesquisa da Harris, uma em cada três pessoas afirma que tatuagens conferem a sensação de sensualidade, incluindo quase metade de todas as mulheres. Uma em cada quatro pessoas com tatuagens afirma que se sente mais atraente.

E os famosos concordam. A estrela de cinema Angelina Jolie tem pelo menos 12 tatuagens, incluindo um dragão tribal em seu bíceps esquerdo (que costumava ficar aninhado em uma tatuagem de "Billy Bob", até que eles terminaram e ela mandou apagar seu nome). As costas do rapper 50 Cent estão inteiramente cobertas por tatuagens. Britney Spears aparentemente tem uma fada, uma margarida e uma borboleta, o símbolo chinês para "mistério" e três letras hebraicas nos pés, na barriga e no pescoço. O astro de futebol David Beckham possui diversas, inclusive tatuou seu braço e suas costas com os nomes da esposa e dos filhos.

Antes que esqueçamos dos republicanos, dizem que o ex-secretário de Estado George Shultz tem um tigre de Princeton tatuado no bumbum – o que ele não confirma nem nega.

Mas à medida que a clientela da tatuagem muda de criminosos para bacanas, de desprovidos para debutantes, quais são as implicações para os Estados Unidos?

Em primeiro lugar, os artistas de tatuagem talvez queiram fazer o que todos os serviços em expansão fazem – passar para a faixa mais afluente do mercado, definir regulamentos e licenças adequadas, aumentar os preços, modernizar os desenhos e gráficos, e estabelecer cadeias nacionais, com alguns representantes famosos. (Jolie ou Beckham, sozinhos, poderiam vender milhões de tatuagens na tevê.) Hoje, estima-se que existam cerca de 4 mil a 15 mil salões de tatuagem nos Estados Unidos, em comparação com os trezentos apenas trinta anos atrás. Esse é um mercado potencialmente bilionário – algo tão nobre quanto "arte corporal", com demanda de alto nível – e ainda está sendo administrado por lojinhas que vendem cartas de *Dungeons and Dragons*. Onde está o McDonald's das tatuagens – com marca padronizada, garantia de segurança e propaganda nacional? (E onde está Le Cirque, com os artistas mais elitizados para a clientela mais elitizada?) Esses desdobramentos do negócio poderiam dobrar o mercado da noite para o dia.

Haverá mudanças nas políticas oficiais também. Embora a Guarda Costeira norte-americana ainda dispense recrutas com tatuagens visíveis, ou aquelas que cubram mais do que 25% do braço ou perna inferiores, o Exército mudou de orientação em 2006 para permitir mãos e pescoços tatuados desde que as tatuagens não sejam "extremistas, indecentes, sexistas ou racistas".

Será que essa restrição viola a Primeira Emenda à Constituição Americana? Assim como cabelos compridos foram considerados uma forma de expressão protegida, será que uma tatuagem também não pode ser considerada protegida constitucionalmente como forma de expressão? Será que está longe o dia em que a Suprema Corte terá de entrar no ramo das tatuagens também? (Será que alguém se oporia, alegando um segredo pessoal dermatológico embaixo da toga preta?) Imagine o impacto de uma decisão que considera as tatuagens parte de nossos direitos inalienáveis.

O Google e o Yahoo! já aceitam a arte corporal em seus empregados. O mesmo vale para a Ford e a Wells Fargo. As organizações que ainda impõem proibições às tatuagens, como Starbucks, McDonald's, Blockbuster e muitos departamentos de polícia nos Estados Unidos, logo poderão reavaliar suas políticas, uma vez que essas proibições excluem muitos jovens talentos.

E o governo federal também vai precisar se posicionar. Até hoje, o FDA não aprovou pigmentos ou tintas para tatuagens, mas, com o grande número de tatuagens proliferando no país, como a borboleta na barriga de Drew Barrymore, o órgão regulador talvez decida se pronunciar.

A ironia sobre os tatuados chiques é que, em sua busca para mostrar um pouco de ousadia – seu lado *bad boy* ou *bad girl* –, eles, na verdade, acabaram se juntando a uma multidão. Claro, o tigre asiático triangular. Conheço, já tatuei um.

Então a pergunta é: qual é a próxima tendência, agora que furar as orelhas é algo conservador, as tatuagens estão na moda e o piercing já era? Será que a propaganda na pele vai pegar? Se você pode ser uma forma de arte, por que não pode estar em um outdoor? Que tal 10 dólares a hora para caminhar pela praia com uma tatuagem "Compre no Sunglass Hut"?

Talvez a indústria de tatuagens ainda não tenha se desenvolvido para o próximo nível porque as pessoas acreditam ser uma moda passageira como o bambolê. Provavelmente, no entanto, usar nosso corpo para marcar posições políticas, sexuais, românticas e fraternais é uma tendência que chegou para ficar, e a tecnologia vai se desenvolver para permitir tatuagens que desaparecem, tatuagens 3-D ou que brilham no escuro. Além disso, como as pessoas tatuadas gostam de conviver com outras pessoas tatuadas, o número de tatuados tenderá sempre a crescer.

Desleixados e atolados

Os Estados Unidos sempre se consideraram um país que valoriza a ordem. Nunca foi muito uma nação muito formal, mas é comum ouvirmos "Guarde seu material" em dezenas de milhões de casas todos os dias.

A limpeza e a ordem são uma mania que gerou uma indústria de 6 bilhões de dólares por ano em produtos para organização doméstica, como compartimentos de plástico e arquivos de aço. Gastam-se mais 3 bilhões de dólares adicionais apenas tentando organizar armários. Todo ano-novo, os norte-americanos decidem "reduzir o lixo" da mesma forma que resolvem perder peso.

Quando as mães não estão defendendo a limpeza e a ordem, a religião entra em cena. "O asseio é quase divino" é considerado um provérbio hebraico do século II. A assim chamada Dieta da Bíblia promete "40 dias para alcançar a pureza". No Islã, afirma-se que a "pureza e a limpeza representam metade da fé". Pelo menos um estudo recente descobriu que dois terços das pessoas se sentem culpadas ou envergonhadas por serem desorganizadas.

Apesar da pressão comercial, cultural e religiosa para limpar nossa barra, há um grupo crescente de norte-americanos que simplesmente não vão, não fazem ou não conseguem ser organizados. E não é porque adorem a bagunça ou achem que é inspiradora ou libertadora. Essas pessoas estão simplesmente atoladas em seus objetos e, considerando o volume de coisas em sua vida, decidiram que qualquer tentativa de arrumação, classificação e limpeza não vale a pena.

Embora minha filosofia pessoal seja sempre manter tudo o mais arrumado possível, adotei um enfoque utilitário à arrumação e à limpeza.

Se você vai ter de olhar para algo no máximo uma vez, quando muito, não precisa criar uma pasta para guardá-lo. Por exemplo, em 2006, crie uma pasta só para todas as contas de 2006, e não uma pasta para cada tipo diferente de conta. Se um dia precisar encontrar algum documento, gaste seu tempo arrumando tudo nessa hora. Este é meu próprio sistema, que me impede de perder tempo em arrumações inúteis, embora quase tudo hoje em dia esteja on-line. Mas cada vez mais pessoas estão adotando uma filosofia ainda mais simples – desistir e ceder – e deixar que a confusão se instale.

Na primavera de 2007, fizemos uma pesquisa rápida para descobrir quem eram os desleixados dos Estados Unidos e até que ponto eram confusos em comparação com o restante da população. Classificamos como "desleixada" qualquer pessoa que se identificasse como "muito bagunçada", alguém que dissesse que outros a chamariam de relaxada, ou alguém que afirmasse que sua bagunça havia, de alguma maneira, atrapalhado ou reduzido sua qualidade de vida. A incidência de desleixados crônicos nos Estados Unidos foi de cerca de um em cada dez. Dos 200 milhões de adultos no país, isso representa 2 milhões.

Os desleixados não são, como se poderia esperar, predominantemente homens. Os homens são a maioria, mas apenas na proporção de 55 para 45%. Do mesmo modo, os desleixados não são preguiçosos ou malsucedidos. Mais de dois em cada três estão empregados e, dentre os que têm filhos, a maioria tem menos de 5 anos. É muito mais provável que tenham concluído o curso universitário do que sua contrapartida arrumadinha. Eles têm o dobro de chances de faturar mais de 100 mil dólares por ano. Os desleixados que se identificam como liberais praticamente são o dobro dos não-desleixados (37*vs.*19%), com um número surpreendente de desleixados afirmando que são democratas (47%).

Menos de um em cada quatro arruma sua cama como parte da rotina diária. Mais de um em cada três deixam louça suja na pia mais de um dia. Cerca de 15% até deixam louça suja no escritório, na sala de estar ou no quarto durante mais de um dia. Quando tiram a roupa à noite, quase quatro em dez deixam-nas espalhadas pelo chão. Um em três não limpam a bancada da cozinha por mais de uma semana, quando não indefinidamente.

Em 2007, os especialistas de negócios Eric Abrahamson e David H. Freedman publicaram *Uma bagunça perfeita*, um livro que defende a bagunça. Dizem que mesas bagunçadas estão relacionadas com sabedoria, experiência e salários mais altos (o que é consistente com nossa pesquisa, pelo menos para quem fatura mais de 100 mil dólares). Os autores afirmam que a bagunça permite que as qualidades fundamentais para a excelência floresçam, como improvisação, flexibilidade e sorte de fazer descobertas felizes por acaso. (Se Alexander Fleming não tivesse sido desleixado o suficiente para deixar placas de Petri sujas em cima de sua mesa, ele nunca teria descoberto a penicilina.) Dizem até que as pessoas mais bagunceiras são pais melhores, pois estão mais focadas no conforto e na vida caseira, em vez de se preocupar com brinquedos empilhados e mesinhas de centro sem quinas.

Eles chegam a dizer que a mania de limpeza está nos matando. Os médicos agora estão começando a endossar a "hipótese da higiene" – a idéia de que o aumento significativo dos casos de asma e alergias infantis hoje em dia está relacionado à falta de exposição a certos germes. Água sanitária, que elimina todas as manchinhas da roupa, supostamente envenena centenas de crianças por ano e pode estar relacionada a casos de câncer de mama em mulheres e problemas de fertilidade em homens. Os pesticidas, a panacéia para todos os males dos jardins, estão relacionados à diminuição da memória de curto prazo, à coordenação entre mãos e olhos e à capacidade de desenhar em crianças. De repente, a sujeira parece saudável, embora não inteiramente sanitária. Os antissépticos podem estar tramando alguma coisa.

Nossa pesquisa revelou que a maioria dos desleixados não está adotando a bagunça por opção, mas se deixando levar. Estão menos propensos a provar que a desordem não é desordem, e mais interessados em administrar a própria experiência. Mais de dois terços dos desleixados afirmam que queriam ser mais organizados (nenhum queria ser mais bagunçado). Dois terços dos desleixados concordaram que a organização ajuda as pessoas a controlar sua vida. Dificilmente um desleixado defendeu a bagunça, com menos de um em cada quatro afirmando que ela estimula a criatividade. Na verdade, mais da metade dos desleixados afirmou que, mesmo que pudesse, nunca viveriam com um desleixado – quase o mesmo número de não-desleixados afirmou o mesmo. Esse grupo não procura fazer proselitismo do pandemônio. Estão apenas tentando administrar sua bagunça.

Quando perguntávamos por que suas casas eram bagunçadas, tanto os desleixados quanto os demais não manifestaram orgulho ou indiferença, nem alegaram falta de tempo. Disseram que havia coisas demais. Coisas demais e pouco espaço para guardá-las, essa é resposta de mais da metade dos desleixados dos Estados Unidos.

Qual o principal motivo pelo qual sua casa está suja ou bagunçada?		
	Todos	Desleixados
Há objetos demais	29	33
Não tenho tempo para limpar e arrumar tudo	18	22
Não disponho de espaço suficiente	17	18
Minha casa não fica realmente suja ou bagunçada	22	16
Não me importo quando está bagunçada	4	8
A bagunça me ajuda a ser criativo	1	2
Não sei	7	2

Então, essa é uma tendência sobre a superabundância nos Estados Unidos – o que a assemelha menos à preguiça e mais à obesidade. Há uma obsessão pela posse, assim como uma obsessão pela comida. Isso explica o surto de desleixados entre os ricos. Quanto mais podem comprar, mais compram, pegam, ganham, colecionam e guardam. Embora muitas pessoas saiam e gastem dinheiro comprando objetos para ajudá-las a organizar suas coisas, os desleixados e atolados simplesmente vivem em meio a isso tudo, deixando que a bagunça seja seu ambiente natural, em vez de combatê-la aos poucos.

As implicações são significativas. Em primeiro lugar, se tiver de viver com um desleixado, pare de reclamar. Entre os desleixados, 76% afirmam que detestam reclamações – assim como os obesos em geral não apreciam ouvir discursos de seus companheiros (ou comer menos por causa disso). Os desleixados não estão abertos à persuasão racional nesse aspecto; já se sentem mal o suficiente sobre si mesmos como estão.

Se todos relaxássemos um pouco, talvez a vida fosse mais agradável. Estamos em uma era de pais mais permissivos, maior expressão individual e mais escolhas pessoais. A limpeza e a organização talvez não sejam coisas do passado, mas, para um em cada dez norte-americanos, é apenas outro daqueles ideais inalcançáveis devido à quantidade de trabalho e de responsabilidades. Não conseguir atender aos padrões modernos de organização é, segundo nossas pesquisas, um problema da "classe A". Quanto mais ricos, mais bem instruídos e mais ocupados somos, maiores as chances de fazermos parte da classe crescente de desleixados e atolados.

Amantes das cirurgias

Recentemente, uma amiga muito discreta e tímida fez uma cirurgia para correção de miopia, que ela achou muito eficiente e indolor. Durante semanas após a operação, ela assustava todo mundo perguntando: "O que mais eu deveria ter feito? Plástica no nariz? Implante de silicone?"

Se tivesse feito uma dessas cirurgias, é claro, ela estaria em boa companhia. Os procedimentos cosméticos, tanto invasivos quanto não-invasivos, tornaram-se tão populares nos Estados Unidos ultimamente que, entre lipoaspiração, cirurgia de miopia, plástica de nariz e abdominoplastia – e a favorita do momento, a cirurgia de transplante de cílios –, parece raro encontrar norte-americanos que não tenham se voluntariado para entrar na faca.

O que costumava ser uma operação secreta de senhoras brancas e sofisticadas hoje está se espalhando e inclui pessoas mais jovens de classe média e não-caucasianas. Em 2005, 41% dos cirurgiões entrevistados afirmaram que estavam tratando adolescentes. Somente uma em cada oito pessoas que cogitam fazer uma cirurgia plástica tem renda acima de 90 mil dólares; o maior grupo (com 41%) tem renda entre 31 mil dólares e 60 mil dólares. De 1999 a 2001, o número de afro-americanos, asiáticos-americanos e hispânicos que procuraram cirurgias plásticas para o rosto e reconstrutivas aumentou mais de 200%.

Ah, e os homens. Dos 12 milhões de procedimentos cosméticos realizados em 2004, mais de 1 milhão foram feitos em homens. (Em 2005, houve um aumento de 417% no número de homens que fizeram cirurgia de "*laser* ablativo", o que significa fazer peeling da camada superior da pele com *laser* e aquecer o colágeno sob a pele para "regenerá-la".) Dez anos atrás, um homem nunca seria visto em salas de cirurgia plástica. Hoje em dia, os homens estão tentando manter a competitividade no trabalho parecendo mais jovens e energéticos, e estão tentando manter-se atualizados com suas esposas eternamente jovens.

Na verdade, um em cada três cirurgiões entrevistados em 2005 afirmou que está recebendo casais que querem fazer plástica juntos. Um quinto dos cirurgiões afirma que mães e filhas vêm juntas – os números dizem que provavelmente se trate de um *lifting* para a mãe e seios maiores para a filha. A família que faz lifting unida permanece unida.

O que costumava ser um incômodo secreto para as senhoras (se seus olhos ainda pudessem piscar) agora é um anseio de todos. As novas tecnologias facilitaram os procedimentos. Podemos entrar e sair no mesmo dia, fazer botox na hora do almoço e, diferentemente dos velhos tempos, em que se tiravam "férias no exterior", hoje praticamente não há período de convalescença. Muitos procedimentos custam pouco menos que um bom laptop. Não é adorável?

Aparentemente, é perfeito. Desde 1997, houve um aumento de 444% no número de procedimentos cosméticos nos Estados Unidos, sejam *face-lifts,* colocações de silicone, peelings ou injeções de gordura (nos lábios). Os norte-americanos gastaram quase 12,4 bilhões de dólares em procedimentos cosméticos em 2005 – cerca do mesmo valor gasto em ginástica e exercícios físicos. Por que trabalhar para melhorar nosso corpo se podemos simplesmente comprar um melhor?

Mas eis um fenômeno realmente interessante e perturbador: embora o número de procedimentos cosméticos tenha subido muito, o número de pessoas submetidas a esses procedimentos cresceu em um ritmo mais lento. Em outras palavras, um número significativo de cirurgias cosméticas nos Estados Unidos está sendo feito pelas mesmas pessoas.

Essas pessoas são tão terrivelmente viciadas que se voltam para a cirurgia como algumas pessoas se entregam a distúrbios de alimentação. Às vezes são chamadas de "escravas do bisturi", pois fazem dezenas de cirurgias cosméticas, constantemente achando que a próxima corrigirá algum problema grave em sua vida. Se os médicos não se recusarem a atendê-los, esses pacientes podem acabar com uma aparência um tanto bizarra, até mesmo grotesca. (Michael Jackson, lembra?)

Porém, sem contar os realmente problemáticos "escravos do bisturi", há um grupo crescente de norte-americanos normais e saudáveis que tentam uma ou duas cirurgias plásticas e decidem que estão tão fabulosos que simplesmente precisam fazer outras.

Em 2005, mais da metade dos pacientes de cirurgiões faciais passou por mais de um procedimento – aumentando em relação a apenas 28% em 2001. É verdade que parte desse aumento acentuado reflete o maior uso das intervenções que envolvem tratamento constante, como botox e peelings químicos. Mas essas pessoas estão apenas fazendo procedimentos faciais. Se a taxa fosse metade daquela das pessoas que fizeram procedimentos cosméticos ou envolvesse mais de três anos em vez de um, ainda assim teríamos mais de 2 milhões de americanos que se submeteram a mais de um procedimento cosmético em seu corpo.

Percentual de pacientes de cirurgia plástica que fizeram vários procedimentos faciais no mesmo ano (2001-2005)

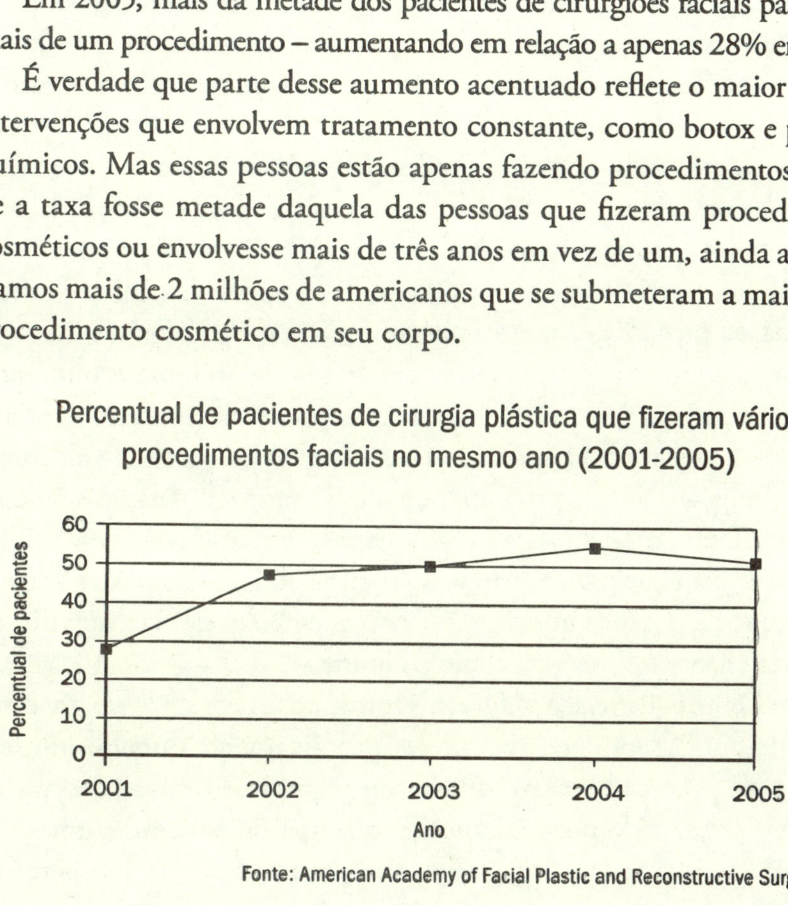

Fonte: American Academy of Facial Plastic and Reconstructive Surgery, 2006.

Algumas pessoas na indústria certamente querem que seja assim. Embora a Sociedade Americana de Cirurgia Dermatológica alerte contra a realização de vários procedimentos de uma vez, muitos sites, aos quais o americano médio tende a recorrer, defendem essa idéia. Eles alegam que, já que o tempo de recuperação geral é menor, a interrupção em sua vida normal é menor, o custo é mais baixo e não há risco adicional de ser anestesiado por mais tempo, por que não fazer os seios e colocar silicone ou fazer lifting facial e cirurgia abdominal ao mesmo tempo? Dois pelo preço de um é um bom negócio, qualquer que seja o setor.

E a cultura pop contribui também. No programa de 2002 da ABC, *Extreme Makeover*, americanos comuns podem realizar seus "sonhos da vida e fantasias de contos de fadas", enquanto equipes de cirurgiões plásticos, dentistas, dermatologistas, cirurgiões oftalmologistas e "escultores corporais" entram em sua vida para consertar tudo em que a natureza não agradou.

A explosão da cirurgia plástica reflete uma obsessão praticamente fora de controle com a juventude. Embora o país esteja envelhecendo e os baby boomers, hoje com mais de 60 anos, sejam a geração mais populosa, eles ainda querem parecer jovens, na casa dos 30 e poucos. E a cultura norte-americana os incentiva. Como vimos em outros capítulos do livro, os norte-americanos estão vivendo uma era de autodeterminação militante. As pessoas estão muito mais preparadas e prontas para seguir seus anseios do que em qualquer outra época, seja no amor, na política, na vida familiar ou na religião, sem se preocupar com as limitações biológicas ou culturais que afetaram seus pais e avós. Quem se importa como *era* minha aparência? Quem liga para a aparência "natural" dos cinqüentões? Vou assumir o controle sobre as informações, os recursos e os especialistas disponíveis para refazer minha vida como eu quiser.

Haverá conseqüências. Maureen Dowd, colunista do *New York Times* ponderou: "O que pode acontecer geneticamente quando um homem que fez plástica no nariz, aumentou o queixo e tirou as orelhas de abano sente-se atraído por uma mulher que operou os olhos, aumentou os lábios e fez lifting facial? Quando tiverem um filho, vão se perguntar: "Credo, de onde veio esse bebê horroroso?" Cirurgia plástica para bebês é a resposta, claro.

Em Hollywood, a situação também é inevitável. Ninguém consegue grandes papéis hoje em dia sem um rosto perfeitamente liso, por isso todos apelam para o botox. Só que, com um rosto cosmeticamente fabricado, ninguém consegue realmente atuar com emoção facial. Será este o fim dos personagens de meia-idade? De hoje em diante, todos os personagens em filmes de sucesso terão menos de 25 anos? Mesmo que sejam representados por atores de 40 anos?

E quanto à classe dos médicos em geral? No momento, a cirurgia plástica é uma especialidade relativamente pequena entre os médicos certificados nos Estados Unidos. Contudo, cada vez mais médicos com especialidade em obstetrícia e ginecologia, clínica geral e até mesmo emergências estão percebendo que o ramo da medicina estética – com suas baixas taxas de emergências, nenhuma chamada noturna, independência dos planos de saúde, pagamentos à vista e baixos custos por negligência médica – é muito rentável e vantajoso. Pelo menos para eles. Infelizmente, já existe uma tremenda falta de médicos despontando no horizonte, considerando as necessidades médicas esperadas dos boomers que envelhecem. Se um número crescente de médicos se dedicar a atender aos pacientes saudáveis em vez de tratar dos doentes, essa situação tende a piorar.

Ainda assim, esperamos ver uma explosão da "medicina estética" e uma espécie de cabo-de-guerra entre os médicos pelo direito de praticá-la. (Será que os ginecologistas realmente podem fazer peelings faciais?) Procure ações na justiça instauradas por pacientes que compraram novas sobrancelhas de médicos que, no fim das contas, na verdade, só tinham conhecimento de medicina interna.

As pessoas talvez não vivam para sempre. Porém, para muitas, a aparência de vida eterna já é suficiente e elas estão dispostas a fazer uma cirurgia atrás da outra para tornar seu sonho realidade. Embora a maioria das pessoas prefira ficar longe dos médicos, os amantes das cirurgias sentem exatamente o oposto – eles estão atrás do último e melhor procedimento capaz de lhes dar um banho de juventude. Talvez essa tendência crie uma geração de narcisistas. Ou dê origem a uma geração com autoconfiança suficiente para superar os desígnios da sorte quando a questão é a aparência.

O CENÁRIO INTERNACIONAL

Os norte-americanos parecem estar isolados em nível global quando o quesito é cirurgia plástica do abdome ou nariz. De acordo com uma pesquisa da ACNielsen realizada em novembro de 2006, 80% em 41 países afirmaram que a cirurgia plástica "não é uma opção". A Ásia é a que mais condena a prática, registrando um índice de desaprovação de 86%.

Entretanto, existem pessoas pelo mundo que gostariam de estar na sala de espera do cirurgião plástico ao lado dos norte-americanos.

- ▲ Uma parcela significativa da população da Rússia (48%), Grécia (37%), Repúblicas Bálticas (35%), Irlanda (31%) e Turquia (29%) afirmou que "consideraria cirurgia plástica na velhice". Os tchecos, holandeses, noruegueses e húngaros são contrários a essa idéia.
- ▲ Embora a maior parte das dez principais nações favoráveis à cirurgia seja européia, a Coréia barrou a tendência asiática, expressando um interesse de 28%. Enquanto muitos asiáticos desaprovam a cirurgia plástica (94% em Hong Kong, 92% na Indonésia), a Coréia tem 1.200 cirurgiões plásticos, o maior índice *per capita* do mundo. (Em comparação, a Califórnia tem apenas cerca de novecentos.)

Como nos Estados Unidos, os homens amantes das cirurgias estão em alta. Iranianos ricos estão correndo para corrigir o nariz, homens curdos estão secretamente buscando tratamentos para esconder a idade e fazendo transplantes de cabelo, e os homens coreanos procuram procedimentos de todos os tipos.

- ▲ Uma pesquisa com homens da Coréia do Sul entre 25 e 37 anos demonstrou que 86% acreditam que, se tiverem boa aparência e um corpo forte, serão mais competitivos no mercado de trabalho. Um número estimado em 56% está insatisfeito com seu corpo atual.

O outro fenômeno global do surto da cirurgia é o fato de que cada vez mais pessoas estão partindo para outros países e fazendo "turismo de cirurgia plástica", atrás dos melhores preços para realizar seus procedimentos. Os destinos favoritos incluem Venezuela, Brasil, República Dominicana, Colômbia, Equador, México, Tailândia e África do Sul.

Pequenas notáveis

Não nos cansamos de repetir, inclusive neste livro, como os norte-americanos estão ficando cada vez mais altos. Os homens estão em média quase 7,6cm mais altos do que há um século. Homens e mulheres estão cerca de 11kg mais pesados, em média, do que há quarenta anos. Como diz Peter Gabriel em seu sucesso "Big Time", os carros, casas, olhos e bocas dos americanos estão ficando cada vez maiores ("*big big big big big*"). Estão ficando maiores do que a vida.

Embora boa parte da população esteja muito grande, há um grupo substancial de mulheres pequenas que insistem que tamanho não é documento. Ou melhor, é sim (se for o delas) – e elas não pretendem que a estatura baixa atrapalhe sua vida.

Elas são as pequenas notáveis dos Estados Unidos.

Chamaram a atenção do país em maio de 2006, quando o *The New York Times* reportou que três das mais influentes lojas de departamentos dos Estados Unidos – Neiman Marcus, Saks Fifth Avenue e Bloomingdale's – havia cortado ou reduzido drasticamente seus departamentos dedicados às mignon.

Um clamor por justiça foi ouvido dos quatro cantos do país. De Houston a Orlando, da Filadélfia a Fresno, a revolta das mignon foi reportada, discutida e exaltada. No final de junho, a Saks tinha mudado de idéia e alguns desenhistas de roupas que haviam terminado com suas linhas de tamanhos pequenos em função das decisões das lojas de departamentos reabriram suas portas.

Aparentemente, mulheres pequenas são um grande negócio.

Em retrospecto, parece que as lojas tinham tomado uma decisão razoável. Embora as vendas para as mignon fossem um setor em crescimento geral – subindo 11% para 10 bilhões de dólares em 2005, com lojas como The Gap e Ann Taylor expandindo suas linhas –, as vendas nas lojas de departamentos tinham caído em termos percentuais. Os varejistas queriam concentrar suas vendas em bolsas, sapatos e jeans, que vendiam melhor.

Mas as baixinhas dos Estados Unidos não ganhariam nada com isso.

Boa parte das mulheres que protestaram eram compradoras de elite (afinal de contas, as lojas eram Saks e Neiman Marcus) e eram clientes de longa data, o que significa que eram mais velhas. De fato, algumas matérias especulavam que um dos motivos pelos quais as lojas tentavam se livrar de seus departamentos para as mignon era que estariam tentando cortar o vínculo com senhoras de mais idade, dominadoras e afetadas – precisamente as que reclamaram.

Sem levar as matronas irritadas em conta, a "grande revolta das mignon" de 2006 nos explica um pouco sobre as baixinhas dos Estados Unidos: mesmo com o aumento geral de estatura do norte-americano, nunca houve tantas mulheres baixinhas no país quanto hoje.

No setor de vestuário, o tamanho "petite" (pequeno) significa roupas para mulheres com 1,60m e menos. Juntamente com os tamanhos "juniors" (adolescentes), "misses" (mulheres acima de 1,61m) e "plus-sizes" (tamanhos G e GG), "petite" completa o universo das roupas femininas nos Estados Unidos. Além das barras das saias mais curtas, as roupas para mulheres pequenas também significam ombros mais estreitos, cavas mais altas para os braços, botões menores e linhas mais curtas entre a cintura e o quadril. Se você tem 1,55m e tentar comprar uma roupa tamanho "misses" vai precisar arregaçar as mangas, brigar com os ganchos e os comprimentos das calças, e encarar ombreiras como a dos jogadores de futebol americano. É algo constrangedor.

Por que esse crescimento, por assim dizer, das baixinhas?

Parte do motivo é o fato de as mulheres estarem vivendo mais. A expectativa de vida de uma norte-americana nascida em 1900 era de 43 anos; uma menina que nasceu em 2000 pode esperar chegar aos 80. À medida que a população envelhece, mais mulheres norte-americanas carregam os genes de uma era anterior, em que as pessoas eram mais baixas. Elas fazem o número de baixinhas aumentar.

Outro motivo é que, com a idade, também ocorre o encurtamento dos ossos. A partir dos 50 anos, os discos que amortecem na coluna vertebral começam a comprimir e nós perdemos altura. Com 80 anos, perdemos em média 3,8cm. Sem falar do encolhimento causado por osteoporose e fraturas de compressão, mudanças na postura, achatamento dos arcos e maior curvatura dos quadris e joelhos – todos elementos comuns da idade. Alguns desses sintomas combinados poderiam fazer com que uma compradora do tamanho "misses" na juventude passasse a usar "petite".

Mais importante: as populações predominantemente imigrantes nos Estados Unidos são mais baixas em média do que as norte-americanas. Os holandeses, considerados os mais altos do planeta, imigraram para os Estados Unidos na década de 1880. Os suecos e noruegueses também vieram nessa época, por volta de 1900. Nos últimos cinqüenta anos, no entanto, a grande maioria dos imigrantes foi de latinos e asiáticos, que são de 5 a 7cm mais baixos que as mulheres norte-americanas. Embora não sejam tão numerosas a ponto de diminuir a estatura média das norte-americanas, elas efetivamente aumentam a contagem de mulheres mignon, com mais de 1 milhão por ano.

Seria de se esperar que esse número crescente de mulheres mignon tivesse fabricantes de roupas disputando para vesti-las. No entanto, na maior parte dos casos, os fabricantes estão atrás da onda de obesidade, tentando manter o mercado das mulheres largas e homens grandes e altos abastecido. A Lane Bryant abriu 75 novas lojas somente em julho de 2006. Então, quem está vestindo as baixinhas?

Eis outra importante implicação de ser pequeno e estar abaixo do radar. As poderosas mignon chamaram atenção para a verdade surpreendente de que os fabricantes de roupas realmente não sabem o tamanho dos norte-americanos. A numeração padrão adotada pelos fabricantes, como o sistema 6-8-10-12, que a maioria das mulheres acredita ter sido estabelecido em priscas eras, foi criada na década de 1950, de modo bastante casual e para uma população bem mais baixa e homogênea do que hoje.

Só em 2004 o Departamento de Comércio tomou a decisão de se reunir com os comerciantes para reavaliar as medidas nos Estados Unidos – sujeitando 10 mil voluntários vestidos em roupas íntimas a um armário com luz branca que produzia centenas de medidas precisas de seus corpos em menos de um minuto. Até agora, nada foi divulgado, e os especialistas afirmam que é pouco provável que surja qualquer revolução iminente no vestuário dos norte-americanos.

Os pesquisadores revelaram, contudo, que, enquanto a forma típica do corpo feminino nos Estados Unidos era de uma ampulheta, hoje é de uma pêra. Os quadris estão oficialmente mais largos do que os ombros. Os norte-americanos são de todos os jeitos: altos, baixos, gordos e magros. Exatamente como diziam em *Vila Sésamo*. Como resultado, há um mercado com grande potencial de exploração.

Embora os designs das passarelas só sirvam às modelos esqueléticas, o restante da população aprendeu algo com as poderosas mignon. Talvez seja hora de tomarmos de assalto a Sétima Avenida em Nova York com nossos quadris largos e ombros apertados. *Metade* das mulheres de hoje nos Estados Unidos afirma que o estilo atual não as agrada e, quando encontram algo que gostam, não conseguem achar o tamanho certo. Sejam baixinhos ou grandalhões, todos queremos roupas que sirvam e sejam confortáveis. Qualquer que seja o fabricante a atender essa necessidade, certamente terá uma grande vantagem.

PARTE XII
Tecnologia

Geeks sociais

▲

Os *geeks* nos Estados Unidos são um grupo tão estereotipado quanto os atletas, as líderes de torcida, os *punks* e os rebeldes.

Mas algo estranho aconteceu a caminho da convenção de *Jornada nas estrelas*. A tecnologia deixou de ser característica dos introvertidos e passou a ser símbolo dos *extrovertidos*. Embora permaneça o clichê de que os devotos da tecnologia – pessoas que a usam constantemente, conhecem seu jargão e correm para comprar os últimos *gadgets* – sejam "fracassados" sociais, a verdade é que os usuários mais entusiasmados da tecnologia também são as pessoas que mais se socializam no país.

Os *geeks* tradicionais praticamente desapareceram, possivelmente tornando-se até mesmo antitecnologia – procurando conforto na solidão, sem contato com ninguém. Em um passado remoto, trabalhar com a tecnologia representava uma fuga para mentes brilhantes mas anti-sociais, que encontravam conforto nas máquinas, as quais, por sua vez, respondiam a elas melhor do que as pessoas. Hoje em dia, a tecnologia desempenha papel oposto. Com novos tocadores de música, como o Zune da Microsoft, que se conecta a todos os outros, mesmo o gesto solitário de ouvir a própria música com fones de ouvido está prestes a se tornar parte de uma comunidade social. Os usos sociais da tecnologia, com sua nova ênfase na "conexão", superaram em muito os objetivos anti-sociais e individualistas que a tecnologia costumava servir.

As implicações para o marketing da tecnologia são assustadoras. Enquanto empresas de tecnologia costumavam direcionar seus produtos para sujeitos solitários e sem graça, hoje vendem a idéia de que ter um PC ou um telefone celular é tão legal, divertido e útil quanto um ótimo carro. Ser conhecedor da tecnologia já foi algo desdenhado pela sociedade. Hoje, está no centro da organização de amigos, festas e da vida social da família.

Eis um exemplo. Em uma pesquisa recente, sobrepusemos algumas perguntas do teste de personalidade da Myers-Briggs com perguntas sobre hábitos, atitudes e preferências das pessoas em relação a computadores pessoais, celulares e dispositivos portáteis, como BlackBerrys e *music players*. Se o velho clichê dos *geeks* estivesse certo, os *techies* mais dedicados teriam personalidade mais introvertida e anti-social, certo?

É justamente o oposto. Embora na população de adultos dos Estados Unidos como um todo aproximadamente 49% das pessoas sejam consideradas "extrovertidas" (definidos pela Myers-Briggs como sujeitos que tiram sua energia do mundo e das pessoas à sua volta), quase 60% dos usuários mais entusiasmados da tecnologia são extrovertidos. São pessoas que lêem sobre os avanços nos produtos eletrônicos de consumo e dispositivos digitais; são definidas pelos amigos como conhecedores da mais recente tecnologia e softwares; e que esperam ansiosamente pela chegada de novas versões dos sistemas operacionais existentes. São também pessoas que estão constantemente equilibrando família, trabalho e escola e que estão vivendo os mais ativos e engajados estilos de vida norte-americanos. Vão ao cinema, fazem exercício, praticam esportes ao ar livre e ouvem músicas baixadas do iTunes com muito mais freqüência do que a outra ponta do espectro de pessoas muito relutantes em usar a tecnologia. Com uma margem de mais de 2 para 1, os *techies* optaram por "vida noturna/agitos na cidade" como forma de diversão preferida em comparação com os "relutantes".

Os usuários relutantes – aqueles que compram e usam dispositivos tecnológicos só quando precisam – acabam sendo os verdadeiros introvertidos, com uma margem significativa de 57 a 43%. Essas pessoas não só estão menos interessadas em tecnologia, como também estão menos interessadas em esportes, notícias, revistas e moda, e tendem a ser mais conservadoras e cautelosas no geral. As pessoas que se intimidam com a vida social também se afastam do uso de computadores, os quais estão associados com extroversão, por incrível que pareça.

Preferências sociais dos "*geeks* sociais" *vs.*
"usuários relutantes da tecnologia"

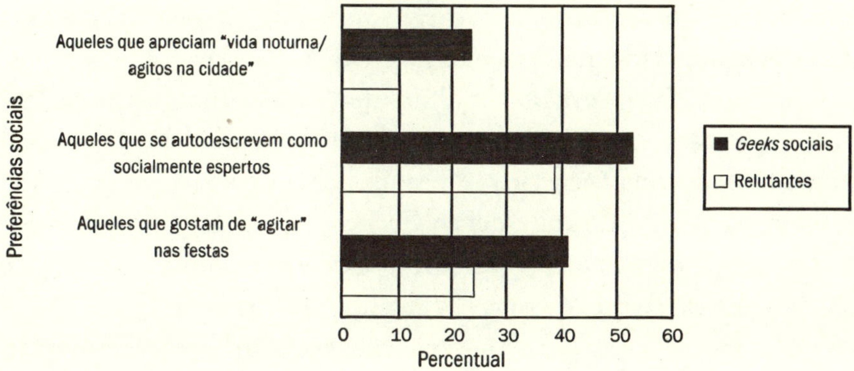

Fonte: PSB, 2005.

Na verdade, o clichê dos *geeks* vira do avesso quando se trata de hábitos sociais. Aproximadamente 53% dos usuários da tecnologia considerados "superengajados" e "entusiasmados" acham que são verdadeiros conhecedores sociais, em comparação com apenas 39% dos usuários relutantes. Cerca de 58% dos usuários entusiasmados afirmam que podem "conversar facilmente com quase qualquer pessoa durante quanto tempo for necessário", em comparação com apenas 40% dos relutantes.

Quando o assunto é animar a festa, o contraste é ainda mais gritante. Quarenta e um por cento dos usuários da tecnologia considerados muito engajados "agitam" as festas, *vs.* apenas 24% dos relutantes.

O que costumava ser um refúgio para os socialmente inaptos hoje é um portal para os socialmente ambiciosos.

Pode não haver outra demonstração maior desse fenômeno do que a adoção extrovertida da tecnologia na forma de mensagens instantâneas da AOL, ou facebook.com, que permite que estudantes de ensino médio ou universitário interajam, compartilhem imagens e enviem mensagens uns aos outros. O site facebook.com cresceu e abriga mais de 8 milhões de mensagens e, de acordo com a comScore, é considerado um dos sites de maior tráfego nos Estados Unidos. Mais popular ainda é a comunidade social on-line chamada MySpace, classificada como o site número 1 nos Estados Unidos em julho de 2006 pela empresa de classificação de sites Hitwise.

Se o velho clichê era de que os *tecnogeeks* não tinham amigos, hoje ocorre justamente o contrário: os *tecnogeeks* têm um número incrível de amigos. A personalidade mais popular no MySpace é "Tila Tequila", que, desde meados de 2006, teve 250 milhões de visitantes em seu perfil no MySpace. Meio cantora, meio designer de moda, meio modelo glamorosa, a nova celebridade Tila (que virou "Tequila") Nguyen recentemente foi entrevistada na MSNBC por Tucker Carlson. Quando ele perguntou quanto tempo ela passa no MySpace, respondendo e cultivando amigos on-line, Tila disse: "Passo 24 horas por dia ligada, é bastante."

Assim, se você estiver querendo socializar hoje, vire *geek*. De sites de encontros a SMS ou mensagens instantâneas, as pessoas hoje socializam por meio da palavra digitada. Ou, mais precisamente, das abreviações digitais. "RS" de "risos", entre outros.

Essa nova realidade abre caminho para publicações sobre a "vida tecnológica". A tecnologia como aglutinador social é uma história diferente daquela contada nos livros de fãs de PCs ou em revistas sérias sobre tecnologia, como a *Wired. Net* é excelente em termos de avaliações de produtos, mas não é a *People – Tech Edition* (ainda a ser escrita), que apresenta as dez músicas que as celebridades mais ouvem em seu celular, como organizar uma festa de arromba ou que tipo de microfone Bluetooth Tom Cruise foi visto usando.

Essa mudança fundamental no papel da tecnologia ainda tem de chegar aonde possa ser mais útil – nas escolas, por exemplo. Embora usar a tecnologia tenha se tornado uma atividade muito social, seu desenvolvimento ainda tem muito a avançar. Em 2004, quase 5 mil doutorados foram concluídos na área de Psicologia nos Estados Unidos, em comparação com menos de 1 mil doutorados em Ciências da Computação. O resultado é que as empresas de tecnologia norte-americanas precisam importar talento do exterior, já que simplesmente não há profissionais norte-americanos suficientes para preencher as vagas de alta qualidade existentes no setor. Mas à medida que um número cada vez maior de *geeks* sociais de hoje se tornam pais, eles podem encorajar seus filhos a voltar para as feiras de ciências e aos concursos de web design. Alguns concursos patrocinados de robótica estão decolando. Isso vai exigir que se atribua tanto prestígio em dizer "meu filho, o rei da internet" ou "minha filha, a craque da informática" quanto dizer "meu filho é médico" ou "advogado". Só então, quando essa geração de *geeks* sociais passar para a próxima, o estudo e o uso da tecnologia alcançarão pleno potencial.

Novos "ludistas"

Você já quis esmagar seu computador contra a parede? Se foi por causa da frustração de ver que o computador não conseguiu realizar algum procedimento avançado – como anexar o arquivo PowerPoint de 2 megabytes ou carregar suas fotos digitais sem reordená-las –, então, provavelmente você não é um novo "ludista". Somente um mero usuário de PC com uma tolerância incrivelmente baixa aos pequenos defeitos que não existiam há dez anos.

No entanto, se você já tomou uma atitude consciente contra *gadgets* e dispositivos eletrônicos em geral, deixou de usar a internet por medo de invasão de privacidade ou sequer considerou a possibilidade de namorar alguém porque a pessoa tem um BlackBerry, então, você se qualifica.

Os "ludistas" foram um movimento de trabalhadores ingleses do início dos anos 1800 que quebraram máquinas de costura para protestar contra as mudanças, especialmente a perda de seus empregos, geradas pela Revolução Industrial. Eles não venceram, mas entraram para a história como membros míticos da Resistência – pessoas que defendiam o talento artístico contra a automação, a humanidade contra a produtividade.

Hoje, as máquinas foram reduzidas a microchips e armazenaram nossa criatividade em servidores, mas a Revolução da Informação produziu dissidentes também. Eles não estão destruindo os celulares dos outros (ainda), mas à sua maneira especial estão simplesmente dizendo NÃO.

Os novos "ludistas" devem ser diferenciados dos norte-americanos que não possuem computadores ou acesso à internet por causa da idade, geografia ou renda. De acordo com um estudo de 2003 realizado pelo Pew Center sobre a internet e a vida norte-americana, aproximadamente 70 milhões de pessoas (dos 300 milhões de habitantes dos Estados Unidos) são chamadas "tech-Nos" – pessoas que simplesmente NÃO usam computadores. No entanto, a maioria dessas pessoas são *boomers* que estão envelhecendo e sujeitos de idade que se sentem intimidados pela tecnologia; norte-americanos que residem em áreas rurais que não adquiriram computadores no mesmo ritmo que os que moram nas cidades; e norte-americanos de baixa renda que ainda os consideram muito caros.

Esse tipo de "techNo" tende a desaparecer possivelmente à medida que a tecnologia continuar a baratear e se tornar mais acessível.

Mas os novos "ludistas" não são pessoas que não usam a tecnologia por motivos ligados ao ambiente ou a circunstâncias difíceis. Eles têm todas as oportunidades tecnológicas à disposição, mas continuam dizendo NÃO.

Em 2000, de acordo com a Pew, 13% das pessoas que afirmaram que não usam a internet tiveram experiências ruins e desistiram. Em 2002 – enquanto a maior parte do país queria uma chance de estar on-line – o número de pessoas que saíram da rede havia crescido para 17%. Isso representa cerca de 15 milhões de norte-americanos que já estiveram on-line e desistiram.

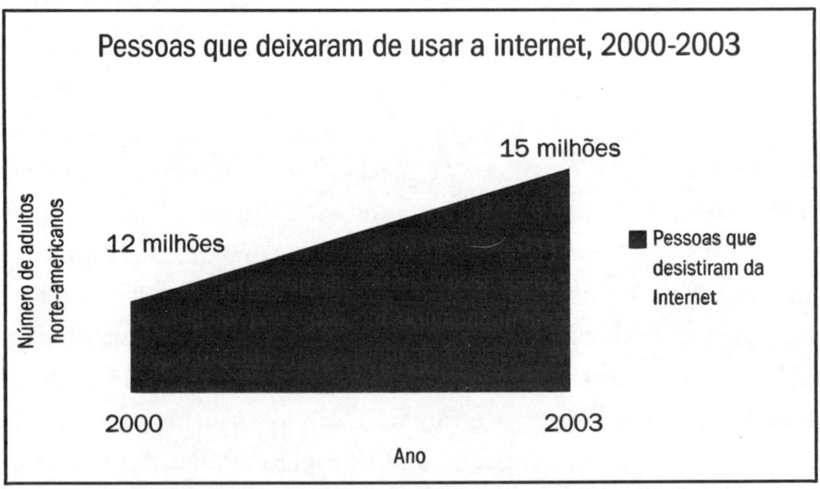

Fontes: Pew Internet and American Life Project, *The EverShifting Internet Population*, 2005; Censo norte-americano, 2006.

Oito em cada dez pessoas afirmaram conhecer um local público conveniente no qual poderiam usar a internet (como uma biblioteca pública) e que isso seria "muito" ou "relativamente" fácil. Mas elas não queriam fazê-lo.

Quem são esses novos "ludistas"?

Eles, na verdade, formam um grupo diferente. De acordo com o estudo da Pew, enquanto a maioria dos usuários que não acessam a internet é mais velha, das áreas rurais e de baixa renda, as pessoas que rejeitam a internet de modo afirmativo são jovens, vivem em centros urbanos e estão empregadas. Uma em cada quarto afirmou que deixou de usar a internet porque não gostava, não lhe era interessante nem útil ou não representava um bom uso de seu tempo.

Esse grupo é o avesso dos *geeks* sociais que acabamos de descrever. Diferentemente das pessoas muito gregárias que usam a tecnologia para expandir seus contatos com o mundo, os novos "ludistas" são mais pessimistas, mais cínicos e mais solitários. De acordo com o estudo da Pew, praticamente metade está insatisfeita com os rumos do país no momento e mais de 60% afirmam que todo cuidado é pouco para lidar com pessoas. Mais da metade acredita que a maioria das pessoas se aproveitaria dos outros se tivesse oportunidade. Esse grupo afirma que praticamente não há ninguém a quem recorrer caso precisem de ajuda.

Os usuários da internet tendem a acreditar que têm controle sobre sua vida. Os novos "ludistas" não pensam assim. Na verdade, alguns deles rejeitam a tecnologia porque esperam que isso os ajude a ter controle. No seu ponto de vista, a tecnologia que deveria facilitar nossa vida só tornou a deles mais confusa e estressada. Qualquer que seja o tempo economizado com a comunicação instantânea, parece ter sido preenchido com mais comunicação. Será que os norte-americanos trabalham menos ou tiram mais tempo de férias agora que o conhecimento e a comunicação estão ao alcance das mãos (cada vez mais calejadas)? Dificilmente. Trabalhamos ainda mais enquanto estamos de férias.

Assim, os novos "ludistas" estão fazendo o próprio protesto. Estão cansados de ter suas conversas com amigos interrompidas para responder a e-mails recebidos de outras pessoas. Estão cansados de ver seus filhos chegarem da escola e irem direto para a frente do computador de olhos vidrados. Estão cansados dos BlackBerrys na mesa de jantar, motoristas falando ao celular e iPods que impedem que as pessoas sequer percebam que outras pessoas estão tentando conversar com elas.

Estão reagindo com canetas, blocos de notas, cartões e rascunhos de papel em suas mochilas contendo todas suas listas de tarefas. Podem ser menos extrovertidas que os *geeks* sociais, mas são adeptas à obrigação tradicional de olhar as pessoas nos olhos e dizer olá, em vez de escrever um torpedo do tipo "Como vc tah?". E podem estar ganhando terreno. Desde o início de 2007, o plano tão alardeado de permitir que os passageiros usem celulares nos aviões parece condenado. Além da preocupação com o fato de que os telefones possam interferir no funcionamento do equipamento de navegação de bordo e das chamadas em terra, no final das contas, ninguém quer ouvir conversas no celular em pleno ar. Uma pesquisa realizada pelo *USA Today* em 2005 descobriu que quase sete em cada dez norte-americanos são a favor de manter a proibição das chamadas telefônicas em aviões.

Na última geração, embora a maioria das pessoas estivesse vidrada na tevê, outras resistiram (dizem que a mãe de Janet Reno nunca deixou seus quatro filhos assistirem à tevê; ela afirmava que faria mal a eles.) Nesta geração, as pessoas estão se revoltando com a internet.

Assim, também há implicações comerciais. Por um lado, sua posição firme pode se refletir de maneira sutil mesmo entre a maioria da população que gosta de tecnologia. Mesmo os maiores adeptos dos celulares e PCs se perguntam de vez em quando se realmente precisam de todos esses recursos extras. Em determinadas horas, só queremos que as coisas funcionem.

Para os novos "ludistas" propriamente ditos, existem ótimas oportunidades de marketing. Eles não querem comida instantânea como os Jetsons, querem cozinhar em fogo baixo e preparar refeições variadas, feitas em casa e em restaurantes de comida caseira. Não querem carros hiperincrementados, mas os silenciosos. Se precisarem fazer bolhas nos dedos, que seja de bordar ou cuidar do jardim, e não de digitar pequenas mensagens em seus BlackBerrys. Setores ligados a ioga, massagem e spas devem ficar atentos a esse grupo. O mesmo vale para editores, artistas plásticos e movimentos religiosos. Esses norte-americanos não estão com pressa; estão procurando alternativas para gastar seu tempo e dinheiro com pouco uso da tecnologia.

O truque, é claro, consiste em como encontrá-los, pois, diferentemente do resto da população, eles não estarão na rede.

Tecfatais

Acabamos de derrubar a idéia de que os amantes dos *gadgets* e da alta tecnologia são anti-sociais. Na verdade, as pesquisas demonstram que os *geeks* tecnológicos estão entre as pessoas mais sociais do mundo.

Mas um subgrupo dessas pessoas – os ignorados dentre os ignorados – são chamadas *tecfatais*: mulheres e meninas que não apenas usam tecnologia, mas direcionam, moldam e decidem a maior parte das compras de produtos eletrônicos de consumo nos Estados Unidos.

Você sabia, por exemplo, olhando para o design pesadão do seu laptop de 3,5kg que as mulheres gastam mais em tecnologia que os homens em uma margem de três para dois? Sim – toda aquela propaganda na série *24 horas* está atingindo um alvo de consumidores, mas são as moças que estão comprando todos os celulares e iPods.

Considerando que as atuais presilhas para prender os dispositivos BlackBerry no cinto não são mais bonitas do que eram as presilhas para cinto dos pagers de 15 anos atrás, será que dá para saber que as mulheres influenciam quase 57% das compras de tecnologia, ou em 2006, cerca de 90 bilhões de dólares em vendas de produtos eletrônicos de consumo?

Como mulheres que compram carros, tema que abordarei em seguida, essa não é uma tendência passageira. Não é uma previsão de *Admirável mundo novo*, em que, no futuro distante, o comércio eletrônico e os produtos via rede terão de ser projetados levando em conta o público feminino. Esse dia já chegou. Quando se trata de compras eletrônicas, as mulheres já dominam o mercado. Elas são maioria nas faculdades de Direito, nos cursos universitários em geral e entre os eleitores. Agora, as mulheres também estão liderando a onda da alta tecnologia no país.

Especialmente as meninas. De acordo com a Consumer Electronics Association [Associação de Produtos Eletrônicos de Consumo], as meninas tendem a usar mais celulares (88 *vs.* 83%), mais câmeras digitais (54 *vs.* 50%), mais rádios via satélite (24 *vs.* 18%) e mais gravadores de DVD (21 *vs.* 19%) do que os meninos. Meninas e meninos usam tevês, videocassetes, aparelhos de DVD e PCs na mesma proporcão. Os únicos aparelhos em que as meninas ficam para trás são os MP3 portáteis e consoles de videogames – embora mesmo nessa área a Nintendo tenha realizado grandes avanços em 2006 com o Wii, cuja criação teve meninas (e meninos) em mente, vendendo bem além das expectativas dos analistas.

Valor (em dólares, no atacado) das compras de produtos eletrônicos de consumo influenciadas por mulheres (2002-2007)

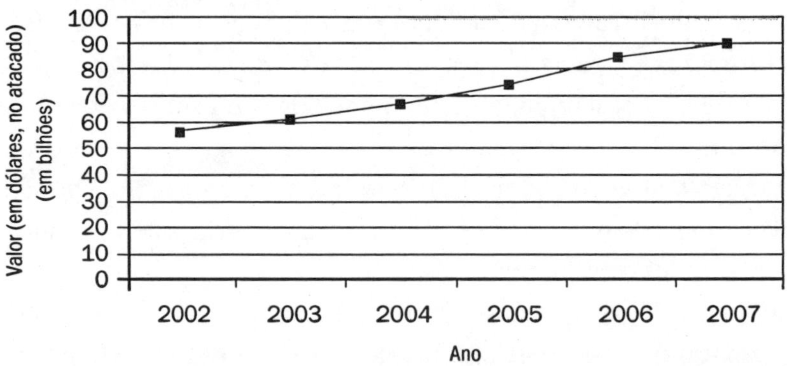

Fonte: Consumer Electronics Association, 2007.

Lembro que, em 1976, o Centro de Ciências em Harvard era essencialmente formado por rapazes e ainda há um número menor de moças nas áreas de matemática e ciências no mundo acadêmico. Mas as mulheres se tornaram usuárias de peso da tecnologia. Afinal de contas, hoje em dia o principal uso de boa parte da tecnologia é voltado à comunicação e as meninas adoram trocar idéias com seus amigos.

Mesmo assim, se você entrar em uma loja Best Buy, o pessoal de vendas em geral ou o ávido esquadrão de *geeks* parece estar preocupado com o público feminino? Alguma mulher classificaria a Radio Shack como uma loja em que ela *adora* fazer compras? Essas lojas estão literalmente jogando clientes fora. As novas lojas da Apple, com cores mais suaves, são geralmente mais convidativas, mas ninguém ainda abriu uma loja de tecnologia especialmente voltada para mulheres.

Para falar a verdade, essas lojas sabem que estão perdendo a corrida. A Best Buy acaba de dar início um compromisso de longo prazo para suavizar suas luzes, abaixar o volume da música e oferecer consultores especializados simplesmente por esse motivo. Chegou a ponto de retreinar seus empregados para que, além de contar megapixels, eles também perguntem aos clientes como querem que a tecnologia se encaixe em sua vida. Mesmo a Radio Shack agora recruta agressivamente mulheres para trabalhar como gerentes em cerca de 1 mil de suas 7 mil lojas nos Estados Unidos. Assim como as concessionárias, a transição será lenta. Quase 75% das mulheres ainda afirmam que são ignoradas, menosprezadas ou ofendidas por vendedores em lojas de produtos eletrônicos. Cerca de 40% afirmam que são mais bem tratadas quando estão acompanhadas por um homem.

A verdade é que as *tecfatais* têm implicações muito mais profundas para o setor do que apenas nas áreas de vendas e marketing. Em primeiro lugar, é preciso parar de ignorar as mulheres. Já se divulgou amplamente que, quando os primeiros sistemas de videoconferência de ponta com calibração de voz foram lançados, os fabricantes esqueceram de levar em conta as faixas em decibéis das vozes das mulheres. A câmera literalmente não ouvia vozes de mulheres.

Mas esse foi apenas o primeiro passo. Quando se trata de utilidade e design de produtos, em vários estudos as mulheres manifestam prioridades, preferências e escolhas diferentes em relação à tecnologia. Querem que seus dispositivos eletrônicos sejam leves, duráveis e eficazes – e não rápidos, sofisticados e com zilhões de opções.

De acordo com pelo menos uma grande empresa de produtos eletrônicos, as mulheres querem especificamente teclados que não estraguem as unhas, fones de ouvido que não borrem a maquiagem e celulares que possam ser facilmente encontrados em bolsas escuras e abarrotadas. Afinal de contas, se as mulheres ainda não penduram seus PDAs no cinto das calças como os homens – ou não querem fazê-lo por medo de descobrir daqui a alguns anos que os raios do celular prejudicaram seus ovários –, então, por que não lhes oferecer um meio de encontrar o celular na bolsa sem ter de revirar todo o conteúdo em público ou simplesmente não conseguir atender às chamadas?

Em relação aos eletrodomésticos, as mulheres querem produtos que realcem, e não escondam, a sala de estar, o quarto e a cozinha. Daí a imensa popularidade, entre o público feminino, dos televisores de tela plana. Elegantes, finos, graciosos e menos obviamente indicativos de que o futebol tomará conta de todas as tardes de domingo. Recentemente, a Sharp lançou uma marca de tela plana com o nome de AQUOS, que é anunciada não apenas nos canais de esportes e no horário nobre, mas também na rede Lifetime e Food Network.

Aparentemente – e é aí que o mercado está profundamente mal servido – meninas e mulheres estão totalmente receptivas ao uso da tecnologia na moda. Celulares com kits reverberantes simplesmente não param nas prateleiras. O mesmo vale para os celulares adornados com jóias criados por renomados designers do mundo fashion. Sim, existem mochilas de laptop com tecidos especiais e pontos contrastantes ou bolsos laterais incrementados para guardar maquiagem – mas ainda estamos longe de explorar o pleno potencial dos *gadgets* e seus acessórios como característica de estilo de vida. Pergunte a qualquer mulher moderna se ela prefere perder o celular ou seu mais recente par de sapatos. O celular é o centro do universo feminino, com contatos de amigos e familiares. Ainda assim, quando se trata de integrar essa profunda parte de sua personalidade com estilo, o melhor que as empresas de tecnologia conseguem fazer é alternar azul e preto como opção de cor para teclado!

A economia da Starbucks está chegando ao mundo da tecnologia e a economia da Ford de PCs e laptops de uma só cor está saindo de cena. A Sony é um exemplo de empresa que começou a fabricar laptops multicoloridos. A Apple introduziu alguns modelos de iPod em alto-relevo. A Dell está se adaptando às mudanças no apelo visual da tecnologia. As opções de aparelhos celulares também estão bastante variadas.

Mas a pergunta "O que querem as mulheres?" talvez seja a mais importante a ser feita pelos projetistas e desenvolvedores da tecnologia nos próximos anos. Será que o Windows para mulheres seria muito diferente do Windows Vista? Antes de se deparar com outros problemas, a indústria de cigarro era um modelo de diferenciação entre os sexos – marcas distintas do mesmo produto atraíam homens e mulheres de diferentes mercados. Será que o cigarro Virginia Slims era realmente diferente do Marlboro? A indústria da tecnologia está mudando, mas foi como o Marlboro durante tanto tempo que ainda não há uma diferenciação clara. Como mulheres que compram carros, esse é um caso em que o mercado amadureceu apesar da indústria e, em breve, alguém vai abordar o tema de maneira essencialmente diferente e abocanhar não só um mercado de nicho, mas também a maior parcela e a de maior crescimento no setor de tecnologia. Se você se considera *tecfatal*, não está sozinha – está apenas esperando que alguém por aí ouça sua voz.

Mães que compram carros e que gostam de futebol

Os comerciais de carro no campeonato de futebol americano Super Bowl de 2005 foram o paraíso da testosterona. Dos nove anúncios diferentes de carros, sete tinham como tema dominante a velocidade, montanhas íngremes e/ou resistência e obstinação. O anúncio do Ridgeline da Honda, chamado de "Durão", mostrava uma série de fivelas de cintos masculinos em close seguidas por cenas de seus portadores praticando esportes radicais. O comercial "Congelado em Fargo", do Mustang da Ford, em que um sujeito prefere morrer congelado no assento do motorista a esperar por temperaturas mais amenas para dirigir seu conversível, termina com uma voz grave do narrador ao fundo dizendo, "*We Make You Tough*" (Nós deixamos você pronto para tudo).

Na verdade, dos nove comerciais de carros veiculados durante o Super Bowl, seis não tinham diálogos, seis não tinham mulheres e três não tinham sequer pessoas. No único anúncio em que havia diálogos e uma mulher, o pai corria atrás de sua filha que fugia de casa com o namorado para dizer que não havia problema no fato de ela partir, desde que levasse consigo o carro da mãe.

Detroit (ou melhor, Chicago, onde são feitos os anúncios para Detroit) sabe o que os homens querem.

Esse, contudo, não é o caso em relação às mulheres.

O que não teria problema se apenas os homens assistissem ao Super Bowl (na verdade, existem 55 milhões de espectadoras), ou se apenas os homens comprassem carros. Mas esse não é o caso. As mulheres que compram carros não apenas estão em alta, mas são a maioria dos compradores de carros nos Estados Unidos. Já que cada vez mais mulheres estão vivendo sem marido, esse número só tende a aumentar.

Ainda assim, como aconteceu com a tecnologia descrita no último capítulo, a maior parte dos anúncios de carros está direcionada aos homens, sejam os espectadores do Super Bowl ou não – e o processo de compra do carro é ainda tão masculino que 70% das mulheres afirmam que se sentem intimidadas nos salões de automóveis. Os revendedores de carro, equivocadamente, acham que os homens são os únicos no comando.

Cinqüenta anos atrás, a Dodge lançou La Femme, o primeiro carro norte-americano expressamente voltado para mulheres. O carro era cor-de-rosa e vinha com um capô para chuva combinando, uma bolsa a tiracolo de couro, pó compacto, cinzeiro, batom e cigarreiras. Comercializado como o carro "para Sua Majestade, a mulher americana moderna", foi um fracasso. Não porque a Dodge não tivesse o instinto certo sobre atender aos gostos femininos, mas por não ter feito a pesquisa certa de mercado.

Como os anunciantes do Super Bowl sabem bem, os homens que compram carros são atraídos por poder e luxo. No entanto, isso não vale para mulheres, que estão cada vez mais preocupadas com o preço, a praticidade e a segurança dos carros. De acordo com dados do Kelley Blue Book de 2005, que acompanha o registro de novos carros por sexo, a potência média dos cinco carros mais vendidos comprados por homens foi 367. A potência média para os cinco carros mais vendidos para mulheres foi 172.

O que faz sentido, considerando a maneira como homens e mulheres provavelmente utilizam seus carros. Se as "mães do futebol" estão fazendo transporte de crianças, compras no supermercado ou levando equipamento esportivo para cima e para baixo o dia todo, provavelmente se preocupam menos se vão de 0 a 60km em menos de cinco segundos e mais em manter seus filhos e a carga em segurança, importando-se o menos possível com questões de manutenção do veículo.

Na verdade, no primeiro carro conceitual a ser projetado e comercializado exclusivamente para mulheres, um Volvo 2004, a baixa necessidade de manutenção é alta prioridade. No projeto vencedor, a troca de óleo só seria necessária a cada 50.000km. Não havia capô – portanto, ausente a necessidade de ajustes constantes –, apenas um acesso ao motor adequado aos mecânicos. O fluido para limpar pára-brisas seria reabastecido por meio de um pequeno orifício atrás do tanque de gasolina. Não havia tampa para gasolina; apenas uma válvula cilíndrica que abre o bocal. Na hora da vistoria, o carro era programado para enviar uma mensagem sem fio a um centro de serviço local que notificaria a motorista. E o motor – híbrido gás-elétrico e de baixa emissão de poluentes – era favorável ao meio ambiente.

Aparentemente, *essas* são as prioridades das mulheres norte-americanas que compram carros no século XXI. Elas estão menos interessadas em pneus-monstro que batem no seu peito, prometendo sacolejá-las e serpentear por trilhas em montanhas escarpadas. (Não que as caminhonetes estejam descartadas – as mulheres também são o segmento de compradores de caminhões e de veículos utilitários que mais cresce, adquirindo 45% de todas as caminhonetes e praticamente o mesmo número de pickups e minivans.) Mas as campanhas publicitárias para caminhões só se concentram em escalar montanhas, em vez do aspecto utilitário e familiar, que certamente chamará a atenção das mulheres.

Fabricantes de carros, prestem atenção. As mulheres que compram carros não só estão aqui para ficar, mas são uma força dominante. Conversíveis cor-de-rosa com capôs combinando foram o produto errado, mas a idéia certa. As mulheres querem o Pontiac G6 Conversível, o Suzuki Forenza e o Novo Fusca da Volkswagen, que são mais robustos e seguros; os homens querem os carrões mais sofisticados e durões, Porsche 911 coupê, Mitsubishi Lancer Evolution e Ford GT.

Mesmo as marcas de carros nos Estados Unidos não se sobrepõem: as cinco marcas principais para mulheres são Pontiac, Hyundai, Toyota, Volkswagen e Suzuki. Para os homens, as cinco principais marcas são Dodge, Lincoln, Jaguar, Porsche e Infiniti.

O fato de as mulheres serem a força majoritária em compras de automóveis certamente transformará a indústria. Os carros devem ser projetados mais como o Carro Conceitual da Volvo, e comercializados mais como eletrodomésticos. Mas isso *ainda* não aconteceu, apesar de o poder das mulheres não ser mera previsão, mas pura realidade.

Quando a indústria acordar, provavelmente verá que, se as mulheres forem mais bem atendidas, o setor inteiro – desde o projeto do veículo à sua manutenção e serviço – será fortalecido. Como afirmou o presidente da Jiffy Lube: "Qualquer coisa feita para atrair o público feminino é prontamente aceita pelos clientes masculinos." E, como disse o presidente da Volvo quando lançou o Carro Conceitual, criado e projetado exclusivamente para mulheres em 2004: "Aprendemos que, se atendermos às expectativas das mulheres, superaremos as dos homens."

Assim, talvez seja a hora de a Ford e a GM pararem de copiar os japoneses e começarem a copiar Ann Taylor ou Estée Lauder. As mulheres querem carros seguros e fáceis de manter, com elementos agradáveis em seu design. E querem mulheres revendedoras. A Ford está tentando transformar o Mercury em sua marca para mulheres – mas, além de adicionar uma "modelo porta-voz", não vejo muitas mudanças sendo feitas no sistema, do projeto à exposição.

A indústria norte-americana de carros está enfrentando problemas – muitos criados por condições que estão além de seu controle, como falta de mão-de-obra e pacotes de aposentadoria muito caros. Em meu trabalho com Bill Ford, chegamos à conclusão de que, para reconquistar sua posição, a indústria automobilística norte-americana precisará inovar constantemente para crescer. Certamente, é mais fácil falar do que fazer, mas, no caso das mulheres compradoras de carros, não deve ser tão difícil assim concentrar-se em tornar o carro e sua aquisição experiências mais agradáveis.

Hoje em dia, as mulheres são maioria em muitas áreas, mas os homens e o sistema estão levando algum tempo para reconhecer isso. As mulheres representam a maior parte dos estudantes universitários e na faculdade de Direito dos Estados Unidos. As mulheres constituem a maioria do eleitorado. Embora ninguém pareça reconhecer, as mulheres também são maioria quando se trata de comprar carros. Essa talvez seja a estatística de marketing mais ignorada dos Estados Unidos.

PARTE XIII
Lazer e entretenimento

Mães arqueiras?

Os Estados Unidos são loucos por esportes. Mais de 260 milhões praticam pelo menos um esporte, número que aumentou de dez anos para cá, que era de 235 milhões. Há cerca de duas dúzias de canais de tevê a cabo só de esportes, contra apenas a ESPN em 1979. Jogadores de basquete são considerados os homens mais admirados do país. Escolhem fisiculturistas e lutadores profissionais como governadores de alguns de seus maiores estados. Jogadores de futebol americano são eleitos para o Congresso.

Você pode perguntar a qualquer cidadão norte-americano e terá como resposta que esportes nos Estados Unidos significam os Quatro Grandes: futebol americano, beisebol, basquete e hóquei no gelo. Na vida diária, natação, boliche, pesca e ciclismo.

O aspecto fascinante é que, nos últimos 25 anos, exceto pelo futebol americano, o interesse pelos Quatro Grandes esportes vem caindo vertiginosamente. O beisebol é o esporte favorito de apenas 11% da nação, deixando de ser o "passatempo favorito" dos norte-americanos desde o início da década de 1970. O basquete teve os menores índices de audiência de todos os tempos na temporada de 2005-06. Os espectadores de hóquei são tão poucos que, em 2005, a ESPN simplesmente deixou de transmitir os jogos.

Em relação aos esportes praticados, o número de norte-americanos que praticam esportes "regulares" como natação, pesca, ciclismo e basquete está caindo também. O mesmo ocorre com beisebol, tênis, vôlei, esqui e patinação.

Então, o que todos os novos atletas dos Estados Unidos estão fazendo? Os esportes, assim como a música e o cinema, estão em nichos. Sem contar a histeria da temporada da Liga Principal de Beisebol, os norte-americanos não estão gostando menos de esportes, porém, estão mais interessados nos esportes *menores*.

Desde 1995, o National Sporting Goods Association vem acompanhando o número de crianças e adultos que participam de vários esportes. Comparando 1995 com 2005, é possível constatar que, embora alguns velhos padrões, como beisebol, natação, tênis e voleibol, estejam diminuindo em média 13%, o que está em alta são os esportes mais individuais e baseados na natureza, muitos dos quais ninguém tinha ouvido falar vinte anos atrás.

Mudanças na participação nos esportes (1995-2005)

[Esportes selecionados]

	Participantes em 1995 [em milhões]	Participantes em 2005 [em milhões]	Crescimento percentual
Skate	4,5	12,0	166,7
Caiaque/Canoagem	3-5	7,6	117,1
Snowboard	2,8	6,0	114,3
Arco e Flecha	49	6,8	38,8
Mountain bike	6,7	9,2	37,3
Mochileiro/acampamento selvagem	10,2	13,3	30,4
Caça (Arco e Flecha)	5,3	6,6	74,5
Futebol	12	14,1	17,5
Golfe	24	24,7	2,9
Basquete	30,1	29,9	-0,7
Pesca	44,2	43,3	-2,0
Natação	61,5	58	-5,7
Beisebol	15,7	14,6	-7,0
Tênis	12,6	11,1	-11,9
Ciclismo	56,3	43,1	-23,4
Vôlei	18	13,2	-26,7
Patins *in-line*	23,9	13,1	-45,2

Fonte: National Sporting Goods Association, 2006

Como podemos ver no quadro apresentado, o esporte de maior crescimento nos Estados Unidos nos últimos dez anos foi a prática de skate, hoje com mais de 12 milhões de adeptos pelo país. Esse é praticamente o mesmo número de norte-americanos que já jogaram beisebol.

Em seguida, vêm a canoagem e o caiaque, com mais de 7 milhões de praticantes. Ninguém nunca tinha ouvido falar de snowboarding até 1980, e hoje existem 6 milhões de adeptos. Os snowboarders são quase um em cada três usuários dos resorts de esqui.

Outro esporte de grande crescimento nos Estados Unidos é o mountain bike, com 9 milhões de participantes; arco e flecha, com cerca de 7 milhões; acampamento selvagem, com 13 milhões, e, surpresa, caça com arco e flecha, com cerca de 7 milhões de pessoas.

Nos últimos dez anos, desde que desenvolvi a idéia das "mães do futebol", a prática de arco e flecha cresceu mais do que o dobro em relação ao futebol. Olá, mães arqueiras!

Caso você acredite que esportes de nicho são apenas uma onda para a faixa etária dos 30 aos 40 anos, o fenômeno é ainda mais pronunciado entre os adolescentes. Espectadores adolescentes da NFL abaixo de 18 anos detêm 10% do mercado, em oposição a 13% na década de 1990, e o número de adolescentes que jogam futebol americano, basquete, beisebol e hóquei no gelo caiu em até 23% nesse período. Mas eis o que eles estão fazendo. Desde meados da década de 1990, o número de equipes escolares de lacrosse (jogo de bola semelhante ao hóquei) aumentou de oitocentos para mais de 2.300. O número de jovens membros da Associação Norte-americana de Esgrima mais do que dobrou, para quase 8 mil. Desde 1990, a associação de jovens da USA Dance, que inclui competições de dança, aumentou em quase sete vezes.

E você pode ter certeza de que o crescimento nacional na prática do skate e do snowboard não veio dos quarentões americanos.

Os Quatro Grandes esportes, para algumas pessoas, ficaram simplesmente grandes demais, e os esportes menores lhes permitem mais espaço para jogar, respirar e se envolver de corpo e alma.

Nos últimos dez anos, ver e jogar os Quatro Grandes Esportes foi ficando mais caro. Cada vez mais, os Quatro Grandes são percebidos como hipercorporativos – com (ex-)estádios da Enron, outdoors caríssimos e salários exorbitantes dos jogadores. Greves patronais e de empregados arruinaram jogos e temporadas inteiras. Os escândalos com esteróides são um balde de água fria. Evidentemente, ainda existem muitos fãs disponíveis, mas os Quatro Grandes estão perdendo terreno para novas atividades.

Talvez de forma relacionada, a participação dos adolescentes tornou-se intensa demais. São jovens que aparecem nas clínicas de medicina desportiva com "ombros da Liga de Beisebol Infantil" e ligamentos rompidos de modo irrecuperável. Alunos hipercompetitivos que tomam drogas para melhorar o desempenho e deixam para trás jovens normais que só querem um pouco de exercício e trabalho em equipe. Sem falar nos pais alucinados nas laterais, como o pai do hóquei de Massachusetts, que se envolveu em uma briga com outro pai de uma criança de 10 anos em 2000 e o espancou até a morte.

Diante desse cenário, práticas como lacrosse, esgrima e dança começam a interessar. Pais mais gentis. Mais chances para as crianças brincarem e brilharem. Sem contar com alguma diferenciação para os que se candidatam às universidades. Somente poucas estrelas estão indo para as universidades mais prestigiadas em basquete, mas que universidade não consideraria a inscrição do Campeão Nacional Júnior de Enduro a Pé Individual (tipo de competição em que os participantes percorrem certa distância em terreno irregular e desconhecido, sendo obrigados a passar obrigatoriamente por determinados pontos no terreno – postos de controle – descritos em um mapa distribuído a cada concorrente)?

Os esportes de nicho são um exemplo perfeito de como cada vez mais pessoas estão se destacando da multidão para encontrar maior satisfação pessoal. Enquanto os esportes de equipe costumavam ser a maneira como determinada escola e, mais tarde, uma cidade inteira se reuniam para torcer pelos mais aptos da comunidade em batalhas contra seus rivais, hoje em dia um número crescente de pessoas está dizendo: boa sorte no jogo, mas vou andar de caiaque.

Curiosamente, nenhuma dessas práticas de maior crescimento nos Estados Unidos, seja skate, caiaque, snowboard, arco e flecha, acampamento selvagem, mountain bike ou caça com arco e flecha, depende do trabalho em equipe. É certo que, como todos os grandes esportes, essas práticas também exigem persistência, força e agilidade, mas os esportes que se destacam hoje requerem intensidade pessoal e força interior e são mais flexíveis em relação a regras, apitos, uniformes e campos bem preparados.

A prática de esportes está longe de diminuir. Está apenas deixando de ser um rito comunal e se tornando um rito pessoal. O que antes era um evento eletrizante para reunir a comunidade – como a versão moderna de assistir a leões trucidando as pessoas no Coliseu – tornou-se justamente o oposto. Os esportes atuais nos ajudam na concentração, muitas vezes sendo praticados em isolamento, nas montanhas, nas matas ou na água.

Certamente haverá programação para esportes de nicho e heróis. Aparecerão não só mães arqueiras, mas políticos praticantes de skatismo.

Eu até poderia brincar e, diante do sucesso estrondoso do jogo "Fantasy Football", inventar o "Fantasy Fishing", mas ele já existe. Escolha seu pescador e comece a apostar no peixe que ele vai conseguir pescar.

Se os Jogos Olímpicos conseguirem incluir mais esportes de nicho, certamente o farão. Quando os Jogos Olímpicos modernos começaram em 1896, havia 43 eventos no total. Hoje, entre os Jogos de Inverno e de Verão, existem 386. Será que o pôquer será o próximo? Sem brincadeira. A Poker World Series de 2005 foi um grande sucesso na ESPN (sim, a ESPN – o "E" significa "entretenimento").

Finalmente, procure mais esportes de nicho no cinema. Desde 2003, os maiores sucessos de bilheteria do cinema norte-americano incluíram o vencedor do Oscar *Menina de ouro* e o indicado para o Oscar *Alma de herói*. Sejamos honestos. Boxe e turfe eram os esportes favoritos nos Estados Unidos há cinqüenta anos, e hoje em dia estão praticamente sem audiência. Em *O sol de cada manhã*, de 2005, Nicholas Cage, uma personalidade do noticiário da tevê de Chicago, praticava arco e flecha. Estranho, não? Mas a tendência já está começando a aparecer.

A tendência crescente dos esportes no país concentra-se em torno do *individual*, da *tranqüilidade* e do *natural*. Não é à toa que, em 2006, Tiger

Woods, o golfista, ganhou de Michael Jordan, a estrela do basquete, como o atleta masculino mais popular dos Estados Unidos, depois de uma soberania de 13 anos. O Super Bowl ainda é o maior evento dos esportes profissionais e na televisão norte-americana, mas há um grupo pequeno e crescente de pessoas que se desligou completamente dos esportes convencionais e passou a praticar esportes alternativos.

Impróprio para menores

Algumas tendências neste livro envolvem pequenos grupos que criam um grande mercado. Esta tendência retrata um grande número de pessoas envolvidas em atividades que, apesar de sua freqüência, passam despercebidas.

Não há tema mais tabu nos Estados Unidos do que a pornografia. Vilipendiada por líderes religiosos (em geral, da direita) e feministas (em geral, da esquerda), a pornografia é tão desdenhada como qualquer outra diversão nos Estados Unidos. Só que, nos últimos anos, a internet facilitou tanto o acesso à pornografia que milhões de pessoas – que, de outro modo, seriam cidadãos respeitados e idôneos – estão fazendo uso dela com uma freqüência assustadora. As vendas de revistas despencaram, mas a pornografia na internet prosperou.

Cerca de 40 milhões de adultos nos Estados Unidos regularmente visitam sites de pornografia. Isso representa mais de dez vezes o número de pessoas que freqüentemente assistem a jogos de beisebol. E qual deles é chamado de passatempo favorito do norte-americano?

Na verdade, esse mercado é tão grande que a pornografia é a norma. Praticamente todos os quartos de hotel no país têm acesso a canais de pornografia. Está a um clique de distância.

Um número surpreendente de pessoas tem acesso a conteúdo pornográfico no trabalho. De acordo com a Websense, empresa fornecedora de softwares de segurança e filtragem de dados na web, 70% do conteúdo pornográfico é baixado entre as 9 e as 17 horas. E 20% dos homens norte-americanos admitem acessar sites de pornografia no trabalho. Em seu trabalho, você tem cinco colegas homens? Tente espiar a tela de seus computadores quando eles estiverem compenetrados parecendo trabalhar. É possível que pelo menos um deles não esteja consultando uma planilha.

O incrível é que essas pessoas, se não fosse por isso, seriam fiéis seguidoras dos mais elevados padrões morais. Em 2003, a *Today's Christian Woman* reportou que 53% dos homens presentes na convenção de pessoas que cumprem suas promessas daquele ano admitiram ter visitado sites pornôs na semana anterior. Aproximadamente 47% dos cristãos afirmam que a pornografia é um grave problema em casa.

O ex-presidente americano Jimmy Carter mostrou que "desejo no coração" não faz mal. A internet está dizendo que não tem problema termos desejo em nossas telas, em particular e a baixo custo.

Afinal de contas, Pamela Anderson teve sua reputação renovada e Paris Hilton virou celebridade por conta de vídeos de sexo disseminados pela rede. Ambas protestaram dizendo que seus namorados circularam as imagens sem a permissão delas. Mas as duas lucraram com a enorme publicidade e o interesse despertado pelo episódio. No passado, esse tipo de vídeo teria afundado suas carreiras; na sociedade moderna, a divulgação dessas imagens as tornou famosas.

A indústria pornográfica movimenta 57 bilhões de dólares em todo o mundo e gera 12 bilhões de dólares por ano nos Estados Unidos. Aparentemente, em 2001, a renda da pornografia foi maior do que a receita anual obtida pelos jogos dos principais times de beisebol, futebol e basquete. Um estudo de 2006 mostrou que a receita com pornografia na internet supera, em quase 2 para 1, as receitas combinadas das redes de televisão norte-americanas ABC, CBS e NBC.

A parcela pornô do ciberespaço é, como se pode esperar, ampla. Existem mais de 4 milhões de sites pornográficos, cerca de 12% do total. Em média, uma em cada quatro buscas nos principais mecanismos de busca na web envolve conteúdo pornográfico. Um em cada três downloads *peer-to-peer* também são pornográficos. Os sites de pornografia são visitados com uma freqüência três vezes maior do que o Google, o Yahoo! e o MSN juntos.

O que é menos óbvio, no entanto, é que a pornografia foi uma das indústrias mais importantes no impulso da tecnologia. Na década de 1990, quando a tecnologia VHS desbancou a Betamax para se tornar padrão em videocassete, sua vitória foi amplamente atribuída ao apoio dado pela indústria de filmes pornográficos. De acordo com o *Investor's Business Daily*, as gigantes do videodisco HD DVD e Blue-Ray Disc estão disputando para ser o formato padrão para os videodiscos de próxima geração, e a associação da HD DVD com a indústria de "tema adulto" pode lhe trazer alguma vantagem na briga.

Hoje em dia, os fornecedores de conteúdo pornográfico são os maiores clientes das empresas de tecnologia de ponta. "Sexo" é o termo número 1 de pesquisa nos sites de busca Google e Yahoo! Embora organizações conservadoras boicotem empresas que fazem anúncios em revistas homossexuais, nunca boicotam as empresas que vendem equipamentos e serviços para a indústria pornô. Por que não? Essas organizações têm poucos membros homossexuais, mas muitos deles visitam sites de pornografia.

Com toda essa conversa sobre os efeitos da pornografia, precisamos nos perguntar se existem mudanças significativas nos relacionamentos concretos. A televisão foi considerada culpada no passado pela violência, mas os estudos nada comprovaram. Agora, a pornografia na internet estourou, assim como os encontros românticos pela rede. Nunca houve tanta possibilidade de acesso a encontros e namoros de verdade, ao mesmo tempo realizando mais de suas fantasias secretamente.

O maior impacto dessas novas tendências pode ser sentido entre os adolescentes, que antes compravam revistas proibidas e depois passaram para os vídeos. Agora, eles têm acesso a esse conteúdo pela web. Basta digitar em seu navegador algo bem óbvio, tipo www.sex.com e ver o que acontece. Imagens que os jovens nunca poderiam ter sem antes enfrentar muita encrenca estão disponíveis instantaneamente a todos, sem necessidade de cartão de crédito ou identificação. A idade em que o jovem norte-americano começa sua vida sexual está caindo – agora é de 16 anos – e o acesso fácil a imagens e informações ilimitadas sobre sexo seria um dos motivos para isso.

Mas a verdadeira surpresa é para as mulheres. A incorporação da pornografia é uma presença desconcertante e silenciosa, um fenômeno conhecido dos homens, mas, em geral, ignorado pelas mulheres. Quando as mulheres se derem conta disso, será que a maneira como elas vêem seus colegas, chefes, maridos e namorados mudará? Ou será que as mulheres ignoram o fenômeno de propósito? Será que concordam com a afirmação de Jimmy Carter, de que um pouco de desejo é normal, desde que seus homens permaneçam fiéis?

As mulheres representam mais de um quarto das pessoas que visitam sites pornográficos. E cada vez mais mulheres estão vivendo sozinhas. Assim, se houver uma tendência dentro de outra, trata-se de mulheres que estão assumindo a atitude de que é melhor se juntar a eles, já que não é possível vencê-los.

O CENÁRIO INTERNACIONAL

Os norte-americanos não estão sozinhos quando se trata de sua paixão por pornografia. O site TopTenReviews.com afirma que a indústria global de sexo rende cerca de 81 bilhões de dólares por ano, com a pornografia baseada na internet representando 3,5 bilhões de dólares. As páginas de conteúdo pornográfico na web cresceram a um ritmo de 1.800% em todo o mundo nos últimos cinco anos e, das 68 milhões de buscas feitas em mecanismos próprios por dia em todo o mundo, 25% estão ligadas a sites pornográficos. Assim, se você corre para esconder as imagens de pessoas peladas na tela de seu computador quando o chefe passa por perto, console-se: você não está sozinho. Provavelmente, alguém na Holanda está fazendo o mesmo.

Mas até que ponto a pornografia é popular? De acordo com a Pesquisa Global sobre Sexo realizada em 2004 pela Durex (fabricante de camisinha), 35% das pessoas que assistem a filmes pornográficos o fazem acompanhadas por seus parceiros. Em nível global, os sul-africanos são os que mais admitem assistir a conteúdo pornográfico (60%), enquanto indianos (22%) e chineses (24%) são os que menos admitem.

O conteúdo pornográfico é obtido quase da mesma maneira em todo o mundo: pela internet, pelo telefone e por revistas. No entanto, na Europa, a nova onda é a pornografia pelo celular. Os europeus gastaram o equivalente a dezenas de milhões de dólares em pornografia compatível com celular; em 2004, o site PhoneErotica.com teve mais de 75 milhões de visitas semanais. Nos Estados Unidos, as operadoras de celular não acompanharam esse ritmo, temendo uma retaliação do público.

Ainda assim, os pesquisadores afirmam que, em 2009, a pornografia gráfica no celular (supostamente, bem ao lado de seu e-mail de trabalho e das fotos digitais da família) será um negócio de 200 milhões de dólares nos Estados Unidos.

Naturalmente, a pornografia não é apenas para adultos. *The Nation*, uma publicação tailandesa, reportou que, em 2002, cerca de 71% dos jovens (entre 12 e 25 anos) visitaram sites pornográficos. Aproximadamente 45% são freqüentadores regulares do site. Um terço dos meninos entre 13 e 14 anos de Alberta, no Canadá, afirma ter assistido a filmes pornográficos "tantas vezes que não dá para contar".

O Japão tem uma característica peculiar no ramo da pornografia, como grande produtor de pornografia infantil e para adultos. Em 1998, a Interpol estimou que até 80% dos sites de pornografia infantil da internet tinham origem no Japão.

Quem tem o maior número registrado de páginas pornográficas? A Alemanha, com cerca de 10 milhões. E um pequeno país africano chamado São Tomé registrou cerca de 307 mil páginas, quase o dobro do número de habitantes.

É o maior e menos guardado segredo do mundo.

Jogadores crescidinhos

Videogames nos fazem lembrar de adolescentes cheios de espinhas, curvados sobre máquinas de fliperamas em ambientes sombrios em dias de sol. Esses "jogadores" são adolescentes anti-sociais que ficam horas a fio dentro de casa sem ar puro, exercícios e ninguém para conversar.

Embora esses estereótipos ainda existam, as estatísticas revelam um quadro muito diferente. Em 2006, o jogador médio de jogos de computador tinha 33 anos, subindo em relação a quatro anos antes, em que a idade média era de 24 anos. Não só esse jogador é mais velho do que você pensava, mas também aparentemente vem jogando há apenas 12 anos – o que significa que o jogador médio só *começou* a jogar quando tinha idade suficiente para comprar bebidas alcoólicas. Os videogames tornaram-se a maior diversão para os adultos, e não para crianças.

Idade média dos jogadores de jogos eletrônicos (vídeo/computador) (2002-2006)

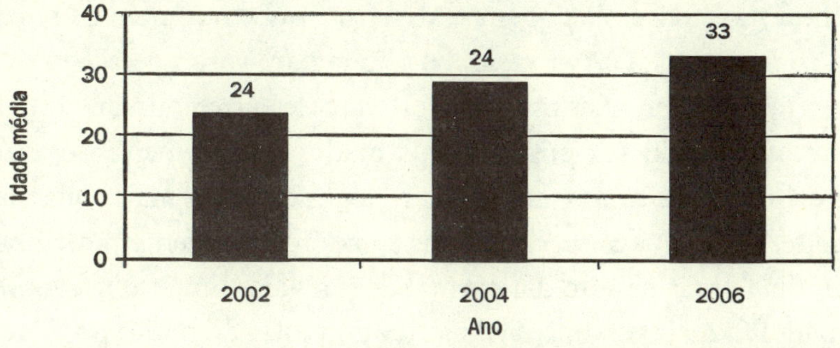

Fonte: Entertainment Software Association, 2006.

De acordo com a Entertainment Software Association, os jogadores com menos de 18 anos representam menos de um terço do total, e pessoas acima dos 50 constituem 25%. Difícil de acreditar, eu sei. Junto com Bill Cosby e Elton John, uma das principais atrações da Convenção Nacional da AARP de 2006 foi a Nintendo.

Até mesmo mulheres adultas, que abarcam 30% do mercado de jogos eletrônicos, ganham dos meninos de 17 anos ou menos, que só constituem 23% do mercado.

Cuidado, meninos, mamãe e papai estão querendo jogar. Mas eles não vão tirar os jogos das crianças e fazê-las sair para brincar. Querem se juntar aos jovens.

O que está acontecendo?

Em parte, os adultos de 30 e poucos anos estão envelhecendo e essa foi a primeira geração criada com computadores. Enquanto "diversão" para seus pais representava comprar ingressos para assistir a um show, peça, filme ou jogo da temporada e ver a história se desenrolar, essa geração fica mais confortável com diversão que envolva cliques, controladores e narrativas interativas.

Em segundo lugar, como não estão ameaçados pelos videogames, os pais atuais os consideram um meio de estabelecer vínculos com seus filhos. De acordo com a Entertainment Software Association, 35% dos pais são jogadores e 80% desses pais jogadores jogam com os filhos. Daí os jogos *Dance Dance Revolution* em que crianças (e seus pais, preocupados com problemas de obesidade) suam a camisa tentando seguir os passos incrementados no vídeo. No passado, adultos e crianças costumavam ficar longe em festas, mas hoje podem se divertir juntos por meio da participação em concursos de *Guitar Hero*. Funciona para várias gerações.

Em terceiro lugar, a indústria de software de entretenimento está lentamente reconhecendo seu público mais maduro. Juntamente com armas, góticos e *Grand Theft Auto*, hoje existem jogos cada vez mais voltados para a realidade, como *The Sims*, em que os jogadores representam membros de uma família fictícia em um dia normal de sua vida. Em 2005, *The Sims* foi o jogo para PC mais vendido na América do Norte e é muito popular entre as mulheres. Um dos grupos de maior crescimento entre os jogadores é o de mães acima de 45 anos, cujos filhos estão fora na escola e que têm tempo suficiente mas pouco dinheiro. Gastam mais tempo assistindo à tevê do que qualquer outro grupo de jogadores e estão em segundo lugar em relação ao tempo dedicado aos jogos. Diferentemente dos reclusos *geeks* adolescentes do passado, esse grupo quer que os jogos sejam fáceis de jogar e mais sociais. É um mundo inteiramente novo de jogadores.

A forma mais popular de jogar são cartas on-line, com a preferência de dois entre cada três adultos que jogam, ou provavelmente 35 milhões de pessoas. Para o jogador mais do que casual, existem os "MMOGs" – *Massively Multiplayer Online Games*, ou jogos on-line com múltiplos usuários –, em que as pessoas interagem como personagens fictícios de um mundo virtual que evolui constantemente, mesmo que os jogadores saiam de cena. Quase um em cada cinco adultos que jogam, ou cerca de 10 milhões de pessoas, é adepto desses jogos. Um dos mais populares MMOGs, *Second Life* – com mais de 5 milhões de jogadores registrados –, permite que adultos criem personagens virtuais e os façam interagir com outros em acordos imobiliários, atividades em grupo, locais de trabalho e vida social em geral. Crianças não são aceitas (elas têm a própria versão, *Teen Second Life*).

Tenho de admitir que sou fã dos jogos eletrônicos para PC. Durante anos, joguei a série de jogos de estratégia de guerra *Command and Conquer*, em que o jogador controla exércitos com uma gama de habilidades diferentes. Aprendi que sempre existe uma maneira de chegar à vitória – basta continuar jogando até encontrá-la. Recentemente, estou mais para o jogo de palavras on-line *Scrabble*, mas procure prestar atenção ao que as pessoas fazem nos aviões hoje em dia: ou estão assistindo a um DVD ou jogando videogame. Aqueles que usam seus laptops para trabalhar durante a viagem são minoria.

O essencial é que o que costumava ser um hobby pouco expressivo de adolescentes esquisitões hoje é um passatempo comum para muitos adultos norte-americanos. Quase 100 milhões de adultos são considerados jogadores ativos. As vendas de videogames nos Estados Unidos são maiores do que as de filmes em todo o mundo. Cerca de cem faculdades e universidades norte-americanas oferecem cursos sobre como desenvolver e produzir videogames.

Os jogadores crescidinhos são um grande negócio: primeiro, para a própria indústria. Jogadores adultos são um setor promissor para jogos classificados como "maduros", que já é o segmento de maior crescimento, com quase 15%; e há um mercado enorme de jogos voltados para as mulheres. Existe também um segmento crescente de idosos que adoram jogar. Nos Estados Unidos, são chamados de "*Gray Gamers*", ou jogadores grisalhos. Em 2006, a Nintendo lançou o *Brain Age*, um jogo de computador acionado por toque que desafia os idosos a uma série de quebra-cabeças lógicos na tela e depois lhes diz sua idade "mental". Os residentes em asilos competem para conseguir a marca de "50 anos" ou "40 anos" e, ao mesmo tempo, mantêm sua mente ativa e livre de Alzheimer. (Lembra-se da popularidade da Nintendo na convenção da AARP?) Esse mercado só vai crescer, uma vez que os futuros idosos chegarão à terceira idade com habilidades informáticas cada vez maiores.

Mesmo entre adultos na casa dos 30 e 40 anos, o mercado para videogames ainda deixa a desejar – basta olhar as vitrines da Circuit City e as criaturas anormais e grotescas na maioria das capas dos jogos eletrônicos. Esses jogos poderiam vender muito mais se as capas fossem mais sérias, houvesse temas mais interessantes e trouxessem novas experiências. Não existe um só jogo sobre como ganhar dinheiro ou investir, embora um dos maiores jogos de tabuleiro de todos os tempos tenha sido Banco Imobiliário. Os jogos eletrônicos estão voltados para a conquista de universos, encontros românticos ou matança. No entanto, o que a maioria dos homens de 33 anos quer é conquistar o mercado ou, se desejam derrubar alguém, é seu chefe – e a sala dele. Sua contrapartida feminina acaba de ter o primeiro ou segundo filho e está lidando com as dificuldades do desenvolvimento infantil e a rivalidade entre irmãos. Os mercados não atendidos das experiências humanas são amplos, mas, ainda assim, os criadores dos jogos parecem estar presos aos adolescentes com espinhas, e pouco atentos ao estilo de vida de seus novos clientes.

Os jogadores crescidinhos também são um ótimo negócio para os anunciantes. Na casa dos 10 bilhões de dólares, com tendência a aumentar, a indústria de jogos eletrônicos é um novo veículo de marketing. Embora o software de entretenimento seja um mercado pequeno em comparação com a tevê, a Nielsen, cujo sistema de classificação de índices de audiência televisiva há décadas vem ajudando a definir os preços dos comerciais, anunciou em 2006 que desenvolveria um sistema de medidas para padronizar o mercado de compra e venda de anúncios de videogames. À medida que o marketing ficar mais sintonizado com a realidade, aparecerão anúncios de jogos não só para celulares e DVDs, mas também empréstimos hipotecários e minivans.

Em um nível mais abrangente, os jogadores crescidinhos representam mais uma dificuldade para distinguir adultos e crianças. Com certeza, os jovens estão tendo suas primeiras relações sexuais mais cedo e chamam os adultos pelo nome, mas, cada vez mais são os adultos que assistem a desenhos (*The Simpsons, King of the Hill, South Park*), freqüentam a cadeia de restaurantes com sala de jogos, como o *Chuck E. Cheeses*, e jogam videogames. Em todas essas horas extras em que os adultos estão jogando videogames, não estão trabalhando, lendo, fazendo trabalho voluntário ou outras atividades que promovam a comunidade que costumavam ser características de cidadania. Em vez disso, estão vivendo em comunidades imaginárias. Isso é isolamento ou megaconexão?

Tenho a sensação de que, no geral, os jogadores crescidinhos farão mais bem do que mal, porque todo esse conforto adulto com os jogos eletrônicos está ultrapassando o nível de entretenimento e passando para a seara da educação. Jogar é a nova fronteira do tipo de capacitação e treinamento que os adultos precisam para lidar com alguns dos problemas mais graves do mundo. Chamados de "jogos sérios" pelo Woodrow Wilson International Center of Scholars, o próximo estágio da tecnologia dos videogames são a aprendizagem e a simulação baseadas em jogos, que já estão sendo desenvolvidas em áreas como prevenção de doenças, resposta a ataques terroristas e remoção pacífica de ditadores. Os bombeiros estão utilizando esse sistema para se preparar contra desastres bioquímicos. Os administradores universitários estão usando o sistema para reinventar o ensino superior.

Os serviços militares usam o sistema na preparação para batalhas. Quando os riscos são elevados e as escolhas rápidas e complexas, simular as opções em tempo real pode oferecer vantagem competitiva concreta.

No entanto, somente quando a maioria dos adultos se sentir confortável com as ferramentas e as técnicas dos jogos – o que ocorre em seu tempo de lazer – é que instituições como escolas, universidades e governos começarão a explorá-las e aproveitar todo seu potencial.

Então, o que começou como hábito de adolescentes anti-sociais tornou-se a mais nova maneira de os adultos pensarem em temas como contraterrorismo, educação e guerra. Jogamos não porque somos anti-sociais demais para sair, mas porque podemos imaginar, planejar e praticar para alguns dos maiores desafios da vida por meio de cenários criados pelos softwares.

Neoclássicos

▲

Existem alguns grupos nos Estados Unidos que, de década em década, lamentam publicamente sua desgraça. Os gramáticos. Os judeus. O Beisebol da Liga Principal. Sua angústia comunal é genuína e sentida, e sempre que podem, indicam dados quantitativos para sustentar sua opinião. Porém, com freqüência e talvez porque parte dessa urgência atrai novos adeptos, esses grupos acabam encontrando maneiras novas e modernas de sobreviver.

O mais recente grupo a aderir à lista de ameaça de extinção é a música clássica. Dezenas de livros, blogs, artigos e, é claro, ações para angariar fundos vêm lamentando o fato de Debussy estar definhando e Puccini, morrendo. Os verdadeiros amantes da música clássica, segundo o lamento, estão velhos e, a menos que adotemos medidas urgentes, a música clássica também morrerá em uma geração.

Eles fazem referência a dados perturbadores. Entre 2005 e 2006, as vendas de CDs de música clássica nos Estados Unidos caíram 15%. Cidade após cidade, as estações de música clássica e as orquestras profissionais desse tipo de música estão fechando as portas. As assinaturas para as temporadas das orquestras estão caindo. Os programas de música escolar estão sendo cortados pela metade. E quanto à música clássica na tevê? Países civilizados como a Finlândia ainda a incluem na programação, mas esse não é o caso dos Estados Unidos. Aparentemente, existem 35 canais de MTV, mas, se alguém quiser "clássicos" na programação de tevê americana, só encontrará filmes. É um estado lamentável e pode realmente indicar o declínio cultural do país.

Entretanto, o réquiem é prematuro. A música clássica está crescendo em popularidade, e não o contrário. Nos próximos anos, devemos esperar um crescimento ainda maior.

Os motivos são empíricos, demográficos e culturais. Empiricamente, os "profetas do Apocalipse" estão ignorando números importantes. Em 2000-2001, mais de 32 milhões de ingressos para concertos foram vendidos, o que representa um aumento de mais de 10% em relação à década anterior. Embora as assinaturas para a temporada clássica tenham caído 5% em Baltimore, por exemplo, a venda de ingressos isolados nessa cidade aumentou 46% no mesmo período. Isso sugere não só que os ouvintes regulares de música clássica, incluindo os aposentados, estão mais ocupados do que nunca, mas também que mais pessoas do que nunca estão se interessando pelos clássicos. Na maioria dos setores, isso seria chamado de crescimento.

Em 2000, houve mais de 36 mil apresentações de música clássica nos Estados Unidos, uma alta de 10% em relação ao ano anterior e de 45% em relação a dez anos. Será que cem concertos por dia no país sugerem um declínio – quando na década de 1950 (em seu suposto auge) as temporadas das orquestras sequer duravam oito meses?

As receitas das orquestras aumentaram; a filantropia particular alcançou níveis recordes e, desde 1992, o número de alunos universitários com ênfase em música aumentou mais do que 50%. Na verdade, em 2002, o National Center for Education Statistics teve de acrescentar a suas disciplinas básicas de música (música, história da música, execução e teoria musical) pelo menos três novas subespecialidades clássicas: pedagogia da música, regência e piano e órgão.

O que era mesmo que estava acabando?

Meu contra-argumento favorito é o seguinte: de acordo com pesquisas Gallup, a parcela de lares norte-americanos com um membro na família que toca um instrumento atingiu o pico, 54%, em 2003, o último ano em que o estudo foi realizado. Pode ser que parte desse crescimento se deva ao fato de que as aulas de piano não eram mais apenas para crianças irrequietas. De acordo com a Associação Nacional de Professores de Música dos Estados Unidos, adultos entre 25 e 55 anos são o grupo de maior crescimento entre os novos aprendizes de piano.

Mesmo deixando de lado, por um momento, todos os pontos que comprovam que a música clássica está progredindo, e não definhando, a grande lição aqui é que os principais números em que os pessimistas se baseiam – vendas de CDs e presença na tevê e no rádio – são totalmente irrelevantes. Em termos musicais, a internet é o lugar para estar. Aparentemente, embora o ouvinte padrão de música clássica seja corpulento e grisalho, a música clássica está se tornando cada vez *mais* popular na internet, o que não ocorre com as lojas. Enquanto as vendas de música clássica representam apenas 3% das vendas de CDs nas lojas de varejo, constituem 12% de todas as vendas no iTunes da Apple.

A música clássica não só está sobrevivendo à morte da Tower Records, como também está criando uma nova geração de ouvintes.

O ouvinte "clássico" era branco, idoso, tinha bom nível de instrução e conhecia teoria musical. Embora esse grupo ainda seja o maior responsável pelas atividades on-line ligadas à música clássica, uma pesquisa entre associados realizada pelo site www.classicalarchives.com revela que quase a metade dos assinantes tinha menos de 50 anos, quase um em cada cinco não havia concluído a universidade e um em cada três nunca tocou instrumentos musicais.

Quando paramos para pensar, realmente faz sentido. A internet é muito mais favorável ao fã *casual* da música clássica do que as grandes lojas de música. Quando podemos ouvir trilhas gratuitas ou fazer download de apenas uma trilha de cada vez e ouvir na privacidade de nosso iPod, a música clássica de repente deixa de ser intimidadora. Uma conseqüência não-intencional da internet é que ela deu acesso à música clássica a um público mais jovem e diversificado e a um tipo mais aventureiro de ouvinte.

Se você for estudante de música – quer seja um talento emergente do meio acadêmico ou um aprendiz já adulto que está tentando aprender piano –, poder comprar a música que você está estudando é realmente um estímulo a mais. Músicas clássicas sempre foram bastante *longas*, mas hoje, se você não quiser, não precisa comprar a peça toda!

Agora, vamos aos motivos que explicam a ascensão da música clássica. Em todas as gerações, os mais velhos se perguntam por que os jovens também não aderem ao grupo de fãs dos clássicos. Bem, a verdade é que isso quase nunca aconteceu. O gosto pela música clássica *sempre* foi adquirido e, em cada geração, existem pessoas de meia-idade que a ouvem pela primeira vez. Seguindo esse princípio, o crescimento demográfico no país representa uma mina de ouro para os clássicos. Entre 2000 e 2030, o número de norte-americanos com 55 anos ou mais praticamente vai dobrar de 60 milhões para cerca de 110 milhões. O número de norte-americanos com 65 anos ou acima mais do que dobrará, de 35 milhões para mais de 71 milhões. Esses idosos serão os mais saudáveis, os que terão melhores condições de vida, os mais altos níveis de instrução e os mais afluentes da história dos Estados Unidos. Mesmo que não houvesse aprendizes na internet em busca de música clássica, o setor ainda estaria comemorando.

E, finalmente, os motivos culturais. Desde a década de 1990, há um grupo de novos ouvintes sinfônicos que desmentem o mito de que a música clássica é só para coroas: os bebês. Na década de 1990, os cientistas lançaram o "Efeito Mozart", uma teoria que se popularizou com a idéia de que "música clássica aumenta a inteligência das crianças". Embora não seja exatamente assim, o número de mulheres grávidas, pais de primeira viagem e professores que correram para comprar música clássica cresceu vertiginosamente.

Melhor ainda, os legisladores norte-americanos compraram a idéia. Desde 1998 na Flórida, todas as pré-escolas financiadas pelo Estado têm de tocar algum tipo de música clássica por dia. Em 1993, o governador do Estado da Georgia, Zell Miller, propôs gastar 100 mil dólares por ano para doar CDs ou fitas clássicas a cada criança nascida no Estado. Acabou de dar à luz? Sua ala na maternidade talvez tenha preparado um brinde não só de fraldas e latas de leite em pó, mas também um CD de música clássica para bebês.

E, finalmente, o argumento que derruba de vez a crença de que a música clássica está acabando é o surgimento de grupos como *Bond*, um quarteto de belas violoncelistas que aparecem nas capas de seus álbuns com menos roupa do que o necessário para tocar o celo. Esse tipo de grupo novo está trazendo vida nova à música clássica, além de estar criando um público potencialmente novo.

Por isso, nada de canto do cisne por hora. Os fãs de música clássica deveriam comprar os CDs clássicos hoje enquanto estão em promoção, porque as lojas podem logo ficar apinhadas de gente à sua procura, em função das mudanças demográficas, tecnológicas e culturais que tendem a aumentar a base de fãs. Sim, as orquestras talvez tenham de vender mais ingressos avulsos do que no passado, talvez tenham que abrir mão do pagamento pela gravação em função dos (altos) *royalties* das vendas digitais. Mas os neoclássicos estão chegando. Essa é a melhor notícia que a música clássica teve desde que Mozart encurtou seu nome, que era Johannes Chrysostomus Wolfgangus Theophilus.

PARTE XIV
Educação

Crianças espertas que ficam para trás

Pré-escolares atrasados nos Estados Unidos

Um de meus programas de televisão favoritos na década de 1990 era *Doogie Howser, M.D.* Era o lado intelectual do sonho americano: se Doogie era esperto o bastante para terminar Princeton aos 10 anos, então danem-se as convenções, ele poderia ser um cirurgião adolescente. Os Estados Unidos vibravam com seus jovens gênios que avançavam rapidamente pelo sistema educacional. Carl Sagan concluiu o ensino médio aos 16 anos. Stephen Hawking se formou em Oxford aos 20 anos de idade. Bem, Mozart fazia turnês aos 6 anos.

Infelizmente, hoje não é mais assim. A tendência é justamente contrária: deixar as crianças mais tempo na escola. Quanto mais "espertas" forem (ou maior for sua probabilidade de sucesso, em termos estatísticos), maiores serão as chances de ficar para trás na escola.

Nos Estados Unidos, esse fenômeno recebe o nome de "*red-shirting*" literalmente, "camiseta vermelha", por causa da prática de manter os atletas na universidade um ano fora das competições para que treinem e ganhem experiência. Um relatório do Departamento Norte-americano de Educação publicado em 2005 sugere que quase 10% dos estudantes que entram na pré-escola poderiam ter sido matriculados no ano anterior.

Quem está fazendo isso? A criança típica nessa categoria são meninos brancos, cujos pais têm alto nível de instrução. Tão bem instruídos que sabem como é bom ser o primeiro da turma. Eles querem isso para seus filhos, que, no momento, são menores, menos adiantados, menos desenvolvidos ou menos capazes que seus colegas. Então, sempre prontos para resolver problemas, eles matriculam as crianças em turmas de idade um ano inferior.

Isso é particularmente popular nas escolas particulares e entre os mais ricos. Uma análise dos dados sobre educação no Estado de Connecticut revelou que os distritos mais ricos aplicam essa tática em níveis que chegam a 20%, enquanto nos distritos mais pobres esse índice é de 2 a 3%.

Depois de iniciada, é difícil reverter essa tendência. Assim, mesmo que você não seja um pai supercompetitivo, parece negligência *não* segurar seu filho longe da escola por mais um tempo, porque, se o matricular na pré-escola com 5 anos, vai colocá-lo em uma turma com colegas um ano mais velhos. Ironicamente, é claro, quanto mais famílias adotam essa prática, menos vantagem competitiva existe. Um observador chamou esse fenômeno de Corrida Armamentista Pré-Escolar.

Talvez ainda mais ironicamente, não parece funcionar. A maior parte dos estudos realizados com estudantes que entram mais tarde na escola constatou que eles não têm melhor desempenho que seus colegas de turma mais novos a longo prazo e que qualquer ganho de curto prazo desaparece no quarto ano do ensino fundamental.

Sob a perspectiva de identificação de tendências, os meninos inteligentes que ficam para trás só seriam interessantes para realçar a crescente defasagem entre os ricos e pobres nos Estados Unidos. Como se os estudantes de baixa renda realmente já não tivessem desafios suficientes para competir com os estudantes privilegiados, que, além de contar com pais com formação universitária e preparação para entrar na universidade que começa no útero, agora estão convivendo com estudantes de baixa renda que são um ano mais novos do que eles.

Entretanto, pré-escolares mais velhos são uma tendência que abrange um número maior de crianças do que apenas os meninos de elite. Abaixo desses meninos que entraram mais tarde na escola por motivos pessoais, há um grupo crescente de alunos que estão sendo deixados para trás pelas escolas por motivos institucionais. No primeiro caso, crianças de 5 anos deixam de entrar na pré-escola. As escolas, por sua vez, silenciosamente vêm mudando os critérios de elegibilidade.

Nos últimos 25 anos, em reação aos novos padrões lançados na década de 1980, que tinham como objetivo tornar as escolas do ensino fundamental nos Estados Unidos mais rigorosas, praticamente todos os Estados da nação recuaram a data limite para inscrição na pré-escola de dezembro para setembro, praticamente forçando as crianças de 5 anos mais novas a entrarem na turma do ano seguinte. Em algumas escolas particulares, os pré-escolares precisam completar 5 anos até abril ou maio do ano em que pretendem começar. Esse é um modo de garantir que as escolas também tenham mais "sucesso" – pelo menos em termos estatísticos.

Assim, sem praticamente planejamento central ou reconhecimento oficial algum, o país vem atrasando o início da educação formal.

O jornal *Chicago Tribune* chamou o fenômeno de "envelhecimento dos pré-escolares". Enquanto praticamente ninguém completava 6 anos ainda na pré-escola, hoje em dia isso acontece com uma boa parcela de crianças, inclusive com quase um em cada cinco meninos.

Percentual de estudantes da pré-escola com 6 anos ou mais (1970 e 2001)

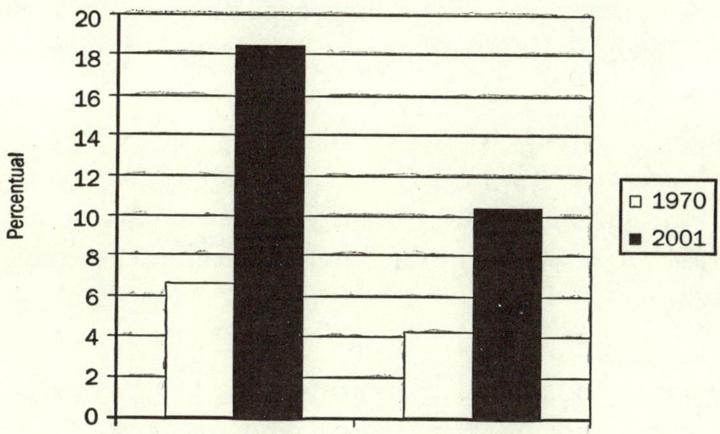

Fonte: U.S. Department of Commerce, Census Bureau, Current Population Survey, dados não-publicados.

Será que alguém se importa, além dos pais, que precisarão pagar por um ano extra de creche, e professores, que talvez tenham de apartar mais brigas na hora do recreio? Extrapolando os dados, as conseqüências podem ser significativas para os Estados Unidos. É possível retardar o início da escolaridade, mas, a menos que outros eventos da vida que acompanham a idade também mudem, pode haver alguns resultados raros e inesperados. Por exemplo:

- ▲ *Sexo no ensino médio.* Pesquisadores afirmam que a idade média em que os norte-americanos perdem a virgindade é 16,9. Assim, se no passado essa idade correspondia ao terceiro ano do ensino médio, hoje em dia é um ano antes. Nos próximos anos, pode haver protestos em todo o país em função do aumento no número de estudantes de nível médio sexualmente ativos.
- ▲ *Soldados estudantes.* Uma das vantagens de termos estudantes se formando com 18 anos era a clara separação entre a adolescência e a vida adulta nos quesitos responsabilidade social, capacidade para votar e serviço militar. Agora, se os meninos só vão terminar a escola com 19 anos, na próxima vez que houver alistamento, a junta de recrutamento vai procurar alunos nas escolas secundárias. Qual será o resultado disso? E quanto a esses pais supercuidadosos?
- ▲ *Eleitores na escola.* Não haverá mais necessidade de fazer simulados das eleições nacionais nas escolas secundárias, pois elas serão para valer. Talvez os candidatos presidenciais tenham de conduzir suas campanhas no sentido de estimular o comparecimento às urnas junto aos superintendentes das escolas.
- ▲ *Estupradores juvenis.* Se dois namorados no último ano da escola – ele com 19 e ela com 17 e meio – fizessem sexo, ele seria condenado por estupro sem direito a reformatório, uma vez que é considerado adulto.

É claro que alguns podem argumentar que é bom haver crianças mais velhas na escola, especialmente meninos. Como é sabido que "as meninas amadurecem mais rápido do que os meninos", talvez um pouco de tempo extra para os meninos venha a equilibrar a balança no final das contas. Como as meninas têm melhor desempenho do que os meninos no que diz respeito ao número de matrículas e de formaturas na universidade, talvez essa seja uma alternativa de fazer os meninos voltarem aos trilhos.

Certamente, é compreensível que os pais queiram um ano extra com os filhos. Que pai ou mãe não olha para seu filho caçula no dia da formatura e não fica chocado em constatar como o tempo passou depressa? Especialmente nessa era de tratamentos de fertilidade, sei que muitos pais sentem que se empenharam muito para ter seus filhos e não estão dispostos a abrir mão deles um ano antes do que o necessário. Sob a perspectiva dos filhos também, muitos estão tendo uma oportunidade de ouro: um ano extra para amadurecer, a chance de brilhar e de talvez não ser intimidado. Certamente, isso é tão importante quanto o ensino de álgebra.

No entanto, as escolas do futuro deveriam planejar seu espaço pensando em áreas de estacionamento maiores. Alguns alunos talvez já estejam dirigindo no nono ano.

Estudantes que aprendem em casa

Várias tendências estão se juntando para gerar uma safra crescente de alunos que estudam em casa, um movimento que está ganhando força de modo significativo nos Estados Unidos. Já considerado uma idéia bizarra, o aprendizado em casa está ganhando terreno como a melhor maneira de criar os filhos neste insano mundo on-line.

O que motiva os pais a educarem seus filhos em casa? Talvez eles não considerem as escolas públicas boas instituições de ensino – muitos norte-americanos estão criticando o sistema. Talvez estejam insatisfeitos com o consumo de drogas, o número de armas e outros perigos existentes nas escolas. (Os Estados Unidos têm o maior número de tiroteios nas escolas do que qualquer outro país do mundo.) Ou talvez queiram dar mais educação religiosa a seus filhos do que seria possível obter em escolas públicas e mantê-los longe de teorias incômodas, como a da evolução. Neste mundo de pais adoráveis que não querem abrir mão de seus filhos, qual a melhor maneira de apreciar sua companhia do que nunca deixá-los entrar no ônibus escolar?

Assim, o aprendizado em casa está em alta nos Estados Unidos. Depois de atrair apenas alguns milhares de adeptos no início da década de 1970, quando o movimento moderno pelo ensino em casa teve origem, o número de crianças que aprendem em casa no país aumentou quase 30% entre 1999 (o primeiro ano em que o Departamento Norte-americano de Educação fez uma análise séria desse problema) e 2003, de 850 mil alunos para 1,1 milhão.

Esse aumento súbito resultou em um salto na população em idade escolar nos Estados Unidos de 1,7% para 2,2%. Embora a porcentagem de 2,2% ainda pareça pequena em uma população estudantil de mais de 50 milhões, as crianças que aprendem em casa estão em maior número do que as que estudam em escolas experimentais e os alunos em programas de bolsa de estudos combinados.

Ainda assim, quem é que fala sobre esses alunos que aprendem em casa?

Alunos que aprendem em casa nos EUA (1999-2003)

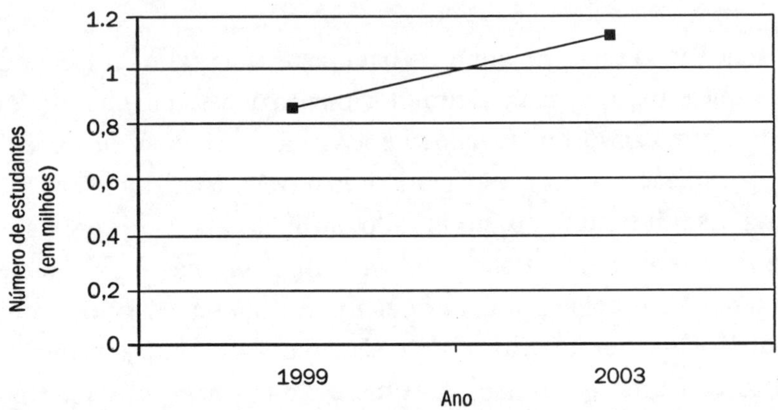

Fonte: U.S. Departamento of Education, Institute of Education Statistics, 2003.

Talvez tenha chegado a hora. O aprendizado em casa era ilegal em quase todos os Estados quando Reagan assumiu a presidência norte-americana em 1981, mas hoje ele é plenamente legalizado. Centenas de organizações, sites e conferências surgiram e se dedicam a encorajar e estimular o ensino em casa. A criação e a comercialização de livros didáticos, currículos, vídeos e outros materiais educacionais voltados ao ensino em casa estão avaliadas em 850 milhões de dólares ao ano. As principais livrarias, cinemas e museus oferecem descontos especiais direcionados a famílias que educam seus filhos em casa.

Mesmo as universidades nos Estados Unidos, que, em geral, exigem adesão estrita a requisitos uniformes de histórico escolar, resultados de testes e formulários de candidatura, flexibilizaram as regras para aceitar currículos descritos pelos pais e portfólios dos alunos na análise de candidatos que foram educados em casa. Em 2000, somente 52% das universidades tinham políticas formais para avaliar estudantes treinados em casa; em 2005, a porcentagem já era de 83%. Não fez mal algum para a causa a divulgação naquele mesmo ano de um estudo mostrando que os alunos educados em casa fazem 81 pontos a mais em seus exames de admissão para a universidade do que a média nacional.

O movimento também ganhou força graças a alguns alunos de proeminência nacional. Embora os alunos educados em casa mal cheguem a 2% das crianças em idade escolar em todo o país, representam 12% dos finalistas da National Spelling Bee, ou o concurso nacional de soletração. Em três dos últimos sete anos, crianças que aprenderam em casa venceram o concurso nacional de geografia. (O vencedor de 2002 tinha 10 anos, o mais jovem da história dos concursos nacionais do gênero nos Estados Unidos.) Em 2001, um desses meninos, do Estado de Montana, concluiu o ensino médio com 15 anos, mas não achou que estava pronto para ir para a universidade. Em vez disso, escreveu um romance de aventura, *Eragon* – que se tornou um best seller – e, em 2006, estreou no cinema com Jeremy Irons. Até a "lonelygirl15", que durante algum tempo foi considerada a principal *videoblogger* do mundo, fingiu ser uma adolescente norte-americana educada em casa.

Assim, cada vez mais, como nação, os Estados Unidos estão aceitando melhor a educação em casa. Em 2001, 41% dos norte-americanos afirmaram que isso era positivo, subindo em relação a apenas 16% em 1985.

Quem são essas pessoas que aprendem ciências no quintal e matemática na mesa de jantar ou no supermercado?

Mais de três quartos das crianças que aprendem em casa nos Estados Unidos são brancas. Cerca de 62% delas são de famílias com pelo menos três irmãos, o que significa que os pais que educam seus filhos realmente gostam de crianças para começar ou que a sinergia de uma "turma" com vários alunos facilita e torna mais atraente a experiência de aprendizado em casa. (Imagine a rivalidade entre os irmãos nessas turmas.)

Embora algumas famílias que educam os filhos em casa sejam super-ricas e adotem esse tipo de sistema de ensino para acomodar as carreiras artísticas de seus filhos, viagens pelo mundo e outros fatores, 54% têm renda de 50 mil dólares ou menos. Cerca de 80% ganham 75 mil dólares ou menos.

Mais de 40% das crianças que são alfabetizadas em casa vivem no sul dos Estados Unidos.

O clichê é que essas famílias são cristãs, conservadoras e criacionistas, e, de fato, 60% das organizações listadas no site da Home School Legal Defense Association citam o cristianismo como sua missão. O estudo mais recente do Departamento Norte-americano de Educação demonstrou que apenas 30% dos pais que educam seus filhos em casa tinham como principal motivo para a escolha desse sistema de ensino a educação religiosa ou moral dos filhos. Um percentual comparável, 31%, afirmou que o principal motivo era tirar seus filhos dos ambientes escolares negativos (seja por segurança, por causa do consumo de drogas ou pressão negativa dos colegas) e outros 16% afirmaram estar insatisfeitos com o resultado acadêmico das escolas.

Embora muitos pais que educam seus filhos em casa não queiram que seus filhos aprendam evolução ou estudem em escolas "do governo", em geral a educação doméstica está recebendo apoio de todos os tipos de pais que em geral acham que podem obter melhores resultados. Agora que a internet facilitou o acesso a milhares de planos de aulas e reduziu o isolamento potencial que acompanha o aprendizado em casa, pode ser que eles consigam.

As implicações são variadas. Em primeiro lugar, há uma indústria crescente para varejistas especializados e talvez especialmente os não-cristãos. De acordo com um estudo federal de 2003, 77% das famílias que educam seus filhos em casa utilizam empresas especializadas no ensino em casa para obter currículos, textos e outros materiais educacionais.

Em segundo lugar, haverá um aumento no número de litígios e leis envolvendo crianças educadas em casa. Já existem casos nos tribunais em que um pai que educa seu filho em casa é acusado em uma ação de divórcio de ser "negligente" por causa disso, e outros em que benefícios concedidos a alunos veteranos foram negados a alunos de 18 anos que aprenderam em casa porque eles não freqüentavam instituições de ensino aprovadas. Em 2005, o senador Larry Craig, do Estado norte-americano de Idaho, apresentou a "Lei de não-discriminação aos estudantes que aprendem em casa", com o objetivo de colocar esses jovens em pé de igualdade com outros alunos em relação ao acesso a bolsas de estudos, auxílios, benefícios e outros tipos de assistência governamental.

Além disso, haverá mais solicitações para regularizar o ensino em casa. Desde 2006, somente seis Estados regulamentaram essa prática, o que quer dizer que exigem que os pais notifiquem as autoridades, submetam notas de testes e, em alguns casos, tenham a aprovação do currículo pelo Estado, comprovem a qualificação dos pais como professores ou recebam visitas em casa realizadas por autoridades estaduais. Por outro lado, dez Estados não exigem absolutamente nada – nem mesmo notificação para o sistema escolar de que a criança está aprendendo em casa. Poderíamos imaginar que essa última situação poderia resultar, no mínimo, em números distorcidos, com uma redução do número de alunos que efetivamente estão recebendo educação e o aumento dos alunos que estão "fora" do sistema.

À medida que o movimento cresce, seus adeptos estão procurando maior reconhecimento e mais serviços. Em 2005, 14 Estados haviam apresentado projetos de lei para exigir que as escolas públicas aceitassem a participação de alunos que aprendem em casa em atividades extracurriculares, como esportes, teatro e xadrez. Como os pais que educam seus filhos em casa pagam imposto, eles teriam direito de usufruir os serviços escolares locais.

O ensino em casa é uma microtendência contra-intuitiva clássica. Embora as escolas tenham aumentado sua complexidade, a educação tenha avançado e a maioria dos pais esteja tão ocupada que mal tem tempo para ajudar seus filhos com o dever de casa, há um grupo de cidadãos comprometidos que está fazendo justamente o oposto – saindo do sistema e fazendo tudo por conta própria. Obviamente, eles estão integralmente envolvidos com essa atividade. Você já pode imaginar o que perguntam a eles quando saem para coquetéis ou jantares.

O aprendizado em casa abriu caminhos em termos legislativos e administrativos para um conceito simples. Superou pilhas de regras e entraves burocráticos para garantir um lugar ao sol no país, e cresceu muito mais do que o próprio movimento esperava.

Mas o movimento pode enfrentar reveses em vários setores. A presença de menos alunos em sala de aula significa menos professores nas escolas.

Os norte-americanos nem sempre gostam de quem é diferente e as crianças que aprendem em casa precisam ser aceitas pelas crianças das escolas públicas, que podem ser bem complicadas em termos sociais. Mesmo aqueles que perderam o concurso de soletração reclamaram que as crianças que aprendem em casa têm uma vantagem injusta sobre as demais porque (supostamente) elas podem simplesmente estudar soletração o dia inteiro, sem pensar em matemática e ciências.

O importante é que, à medida que as escolas públicas se tornam cada vez mais um fator de preocupação para os pais, um número cada vez maior deles – de todos os setores – assumirá a educação de seus filhos. O sistema de ensino em casa certamente será atacado pelos defensores do ensino público, assim como aconteceu com os alunos bolsistas e as escolas experimentais, embora, com certeza, ele não venha a exigir o mesmo investimento de recursos públicos. Entretanto, nesse meio-tempo, o fardo a ser carregado pela mãe norte-americana será cada vez maior: além de provedora e terapeuta, ela também será responsável por desenvolver currículos e dar aula de ciências.

Serão universidades domésticas, o próximo passo? Sem dúvida, com a capacidade crescente da internet de utilizar vídeos, promover interatividade e configurar comunidades sociais, pode realmente haver uma segunda geração de ensino em casa baseado na internet, amplamente disponível e direto até a universidade. Já existem empresas que gravaram as principais palestras das universidades e que podem aumentar a oferta de cursos. Esse movimento pode começar nos Estados Unidos, mas pode ter maior aplicação ainda em países mais remotos em que ir à escola ou freqüentar a universidade é impraticável. O aprendizado em casa pode vir a ser substituído por sistemas de ensino baseados na internet em casa, tornando desnecessária a freqüência em escolas públicas para um número cada vez maior de famílias.

O CENÁRIO INTERNACIONAL

Com milhões de estudantes que aprendem em suas salas de estar, os Estados Unidos são o líder global em relação ao aprendizado em casa. No entanto, outros países também estão seguindo essa microtendência.

Embora os requisitos legais variem por região, a Austrália, a Nova Zelândia, o Reino Unido e o Canadá permitem o ensino em casa. O número de crianças que aprendem em casa chega a dezenas de milhares por país, mas os grupos estão crescendo.

Em vários países, o ensino em casa é um movimento discreto.

- ▲ No *Japão*, o Ministério da Educação não reconhece o ensino em casa como uma opção educacional viável e pode processar pais que mantenham os filhos em casa. Ainda assim, estimativas não-oficiais revelam que o número de estudantes que aprendem em casa no Japão varia de 2 mil a 3 mil.
- ▲ Em *Israel*, a Lei de Educação Compulsória exige que todas as crianças freqüentem a escola. Existem exceções por meio de um longo e complicado processo burocrático.
- ▲ A *China* exige legalmente que todas as crianças freqüentem estabelecimentos de ensino, mas a existência da Associação para o Aprendizado em Casa de Xangai é prova de que algumas famílias conseguem escapar à regra.

A *Alemanha* exige freqüência escolar compulsória desde 1938, e é rigorosa no cumprimento dessa lei. Em 2006, o governo alemão prendeu um pai durante seis meses por dar aulas em casa ao filho e, em 2007, uma menina foi internada em uma instituição mental com o diagnóstico de "fobia escolar". O Tribunal Europeu dos Direitos Humanos foi favorável ao projeto de lei alemão de escolaridade compulsória.

Por que ensinar as crianças em casa? Muitos pais mencionam o mesmo motivo elencado pelos americanos: medo de intimidação por alunos mais velhos e mais fortes, preocupação com o declínio na qualidade de ensino e desejo de dar aos filhos uma educação mais religiosa do que a oferecida nas escolas públicas. Aliás, não são apenas os cristãos que dizem isso, não. Um novo site chamado Muslim Homeschool Network and Resource fornece informações para muçulmanos que querem educar seus filhos em casa nos Estados Unidos e no Canadá.

Embora à internet não se possa creditar o início à tendência do ensino em casa, certamente ela catalisou sua adoção em todo o mundo. De repente, nos Estados Unidos os estudantes educados em casa têm um mercado internacional em ascensão, assim como um mercado potencialmente grande no próprio país.

Estudantes que largaram a faculdade

O que Bill Gates, Ellen DeGeneres, Karl Rove e Yoko Ono têm em comum?

Todos largaram a faculdade.

Disseram que a faculdade era devagar demais para eles e que queriam ver o mundo logo. Bem, cada vez mais pessoas estão seguindo esse caminho, mas, com muito mais freqüência, precisam dos últimos anos da faculdade para realmente avançar.

A boa notícia do mundo acadêmico é que o número de estudantes matriculados é o mais alto de todos os tempos. De acordo com o Centro Nacional de Estatísticas da Educação dos Estados Unidos, 69% dos estudantes que se formaram no ensino médio em 2005 se matricularam na faculdade no período seguinte. Esse número aumentou em relação aos 59%, de 1988, e os 47%, de 1973. Na verdade, um número recorde de 54% de todos os norte-americanos freqüentaram algum tipo de curso universitário. Pela primeira vez na história dos Estados Unidos, ir à faculdade é a expectativa da maioria das famílias. A maior parte dos jovens ingressa na faculdade e dois terços dos egressos das escolas secundárias se matriculam. Isso significa que, embora o ensino médio costumasse marcar o fim da educação patrocinada pelo Estado, hoje uma educação básica inclui um ou dois anos de universidade.

Apesar de todo o crescimento no número de matrículas, os índices de conclusão dos cursos universitários permaneceram quase os mesmos, ou seja, cerca de 66% para estudantes em instituições de quatro anos.

A média é significativamente menor para universidades comunitárias ou faculdades *on-line*. O que significa que, embora um número maior de norte-americanos esteja ingressando na faculdade (e se formando), há também um número muito grande de desistentes, pessoas que interrompem seus cursos (com intenção de voltar) ou que são "academicamente dispensadas" (quando são expulsas). Esse último grupo, aparentemente, é o que une Woody Allen e Ted Turner.

De acordo com um artigo de 2005 do *New York Times*, quase um em cada três americanos com 20 e poucos anos abandonou os estudos, um aumento comparado com um em cada cinco no final da década de 1960, quando o censo começou a manter esse tipo de registro. Assim, a maior fonte nacional de fraco desempenho educacional silenciosamente mudou dos alunos que abandonam os estudos secundários, juntamente com a necessidade de fazê-los retornar à escola, para os que abandonam os estudos universitários, com a conseqüente necessidade de ajudá-los a concluir seus estudos.

Número de formandos do ensino médio que se matricularam em uma instituição de ensino superior de quatro anos (e concluíram pelo menos dez créditos), mas não se formaram em cinco anos (1970-2005)

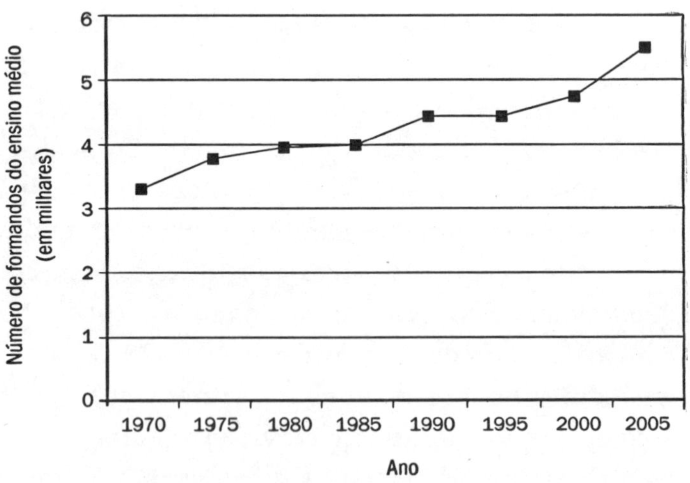

Fontes: Institute for Higher Education Policy, National Center for Education Statistics, 2006.

Um número desenfreado de estudantes abandonando a universidade representa menos professores qualificados, menos engenheiros e menos agentes do FBI do que o esperado, considerando como o número de matrículas nas universidades aumentou. E o índice de abandono está aumentando. Na década entre 1996 e 2006, cerca de 28 milhões de estudantes abandonaram os estudos nos Estados Unidos – mais do que a população da Venezuela.

Quem são esses estudantes universitários que abandonam seus estudos? É tentador romantizá-los como os tipos empreendedores, como Bill Gates/Steve Jobs/Michael Dell, todos com idéias ousadas e que simplesmente não tinham paciência para assistir a quatro anos inteiros de palestras feitas por mentes inferiores às deles. E a verdade é que a lista de alunos famosos que abandonam os estudos nos Estados Unidos é tão grande e curiosa (Rosie O'Donnell, Nina Totenberg, Rush Limbaugh...) que pode fazer você se perguntar se também não poderia ter fundado uma empresa de computadores global ou sido um superapresentador de rádio, se tivesse largado a cadeira de marketing empresarial ou Psicologia II. (Tucker Carlson, John Malkovich, Barry Goldwater, Gwyneth Paltrow, Edgar Allan Poe...)

Mas o fato é que a maioria das pessoas que abandonam a universidade o faz por motivos mais prosaicos, em geral por dinheiro. Mesmo se conseguirem pagar os custos da instrução a duras penas, em geral precisam de um emprego para pagar o restante das despesas da vida, ou simplesmente porque sua família precisa deles e não pode esperar. Como se pode imaginar, quem vem de famílias menos favorecidas – aqueles com maior orgulho de freqüentar a universidade em primeiro lugar – são os primeiros a responder às necessidades de sustentar a família. Para quem lembra do filme *Os nove irmãos* (com Henry Fonda, de 1963), os custos crescentes da formação acadêmica nos Estados Unidos ainda podem significar que os pais terão de abrir mão de seus sonhos para que seus filhos entrem e concluam o curso universitário.

Embora durante muitos anos os custos sociais do abandono escolar no ensino médio tenham sido reconhecidos, o país parece ter ignorado os enormes e crescentes custos nacionais do abandono dos cursos universitários. A falta de formatura custa caro demais. Em primeiro lugar, há custos para os estudantes em si, como renda menor. Quem tem um diploma de bacharelado ganha, por ano, quase o dobro de um aluno que concluiu o ensino médio e, ao longo da vida, esse valor chega a 1 milhão de dólares.

No entanto, existem os custos para o restante da população. Os estudantes que abandonam os estudos certamente são os recursos menos aproveitados do país, aqueles que se *prepararam* para freqüentar a universidade, mas que, no final das contas, não fizeram aquela diferença toda. Assim, eles pagam menos impostos, oferecem menos em termos de engenhosidade e estão estatisticamente ligados à população com menos saúde, maior índice de criminalidade, maior número de divórcios, menor participação cívica e menos ações voluntárias.

O restante da população norte-americana paga no curto prazo. De acordo com um estudo de 2005 realizado pelo Centro Nacional de Políticas Públicas e Ensino Superior dos Estados Unidos, metade dos calouros pede empréstimos, e 20% dos mutuários abandonam os estudos. Isso representa muitos empréstimos cancelados. Em 2001, foram mais de 350 mil ex-alunos que haviam começado a faculdade seis anos antes e ficaram sem certificado ou diploma e poucas esperanças de repagar sua dívida. Em 2004, o *New York Post* declarou que, nos cinco anos anteriores, os estudantes universitários desperdiçaram mais de 300 milhões de dólares dos recursos estaduais por não se formarem.

Os alunos que abandonam os estudos são um desperdício de potencial para os norte-americanos e os números tendem a piorar. Entre 1995 e 2015, a previsão é que o número de alunos de graduação aumente 19%, para 16 milhões. Cerca de 80% dos novos estudantes serão negros, e muitos serão de baixa renda e/ou a primeira geração a freqüentar a universidade em sua família. Se o índice de abandono ou interrupção dos cursos permanecer constante, haverá cerca de 1 milhão de norte-americanos a mais todos os anos preparados para nível universitário, mas sem concretizar esse potencial.

Essas pessoas realmente queriam muito alcançar esse sonho. Quase seis em cada dez alunos que abandonam a universidade afirmam que ainda têm esperança de concluir os estudos. Quase sete em dez afirmam que teriam empregos melhores se tivessem concluído a universidade e 74% afirmam que estariam em melhores condições financeiras.

Portanto, essa é uma daquelas pequenas tendências com grandes custos nacionais. Por enquanto, ainda passa despercebida e, por isso, não despertou o interesse dos setores de programas governamentais, alianças de Relações Públicas ("Tem um diploma?"), parcerias entre os setores público e privado ou até mesmo infomerciais noturnos.

O *U.S. News & World Report* deveria estar classificando as universidades conforme seu grau de retenção de alunos, e não apenas levando em conta as taxas de admissão. Não somente o grau de retenção dos candidatos sem bolsa de estudos; todos os estudantes que fazem empréstimos ou com algum tipo de auxílio deveriam saber quais são suas chances de se formar em sua universidade. Seria bom mostrar aos estudantes logo não só como começar a se adaptar ao ritmo universitário, mas também o que será necessário enfrentar para concluir o curso. E programas como o Teacher Corps podem se concentrar naqueles que estão tendo dificuldades em concluir os estudos por questões financeiras ou familiares.

Ainda é terrível perder o potencial de uma mente brilhante, e a máquina de Relações Públicas, que há décadas dizia que chegar à universidade era tudo que um jovem podia aspirar, agora tem de canalizar parte de sua energia para fazer com que os alunos concluam seus estudos. A taxa de alunos formandos provavelmente será o indicador mais importante para determinar se os Estados Unidos terão condições de competir com as economias emergentes da China e da Índia, que estão formando milhões de novos profissionais. Pelo menos um desses alunos que abandonam os estudos e são maníacos por computador deveria se dedicar a pesquisar e inventar o programa on-line para concluir a universidade. Como já observado, as palestras dos melhores professores norte-americanos já estão gravadas, e cursos on-line estão sendo desenvolvidos em quase todas as matérias. Se um número considerável de estudantes não conseguir voltar a estudar, então a escola deveria encontrar um caminho de chegar até eles – a web, quando o restante da família já foi dormir. Assim como um dia já foi necessário desenvolver testes de equivalência para escolas secundárias, hoje precisamos de exames de equivalência de universidades on-line. Para melhor ou pior, o mercado existe e está crescendo.

Viciados em números

Os norte-americanos adoram números – só não gostam de aritmética. Estudam cada vez menos matemática e ciências nas universidades, à medida que um número crescente de estudantes escolhe campos de atuação como Psicologia. No entanto, os norte-americanos são fascinados pela base matemática que sustenta a vida diária. Pode haver menos especialistas em números, porém existem mais viciados em números.

Quando Larry Summers tornou-se reitor de Harvard em 2001, ele disse à comunidade universitária que eles viviam em uma sociedade em que poucas pessoas admitem "não ter lido nenhuma peça de Shakespeare... mas onde ainda é aceitável... não conhecer um gene de um cromossomo ou o que quer dizer crescimento exponencial". Hoje, em Harvard existem apenas 77 estudantes cuja ênfase principal é matemática – dos 6,7 mil alunos da graduação. Em Yale, são 38. Isso significa que, em 2008, essas duas universidades juntas formarão menos de cinqüenta pessoas que realmente compreendem os meandros da alta matemática.

Com freqüência, os Estados Unidos importaram talentos brilhantes em matemática e ciências. Albert Einstein veio da Alemanha quando Hitler assumiu. O dr. Wernher Von Braun, também da Alemanha, ajudou os Estados Unidos em seus primeiros foguetes. Embora houvesse inventores norte-americanos clássicos, como Thomas Edison, os principais expoentes da matemática e da ciência no país nunca foram de origem norte-americana.

Em 2001, uma comissão bipartidária sobre a Segurança Nacional dos Estados Unidos afirmou que a segunda maior ameaça à segurança nacional do país, só perdendo para ataques terroristas, era a ameaça de não conseguir oferecer ensino suficiente de matemática e ciências. Em 2006 e 2007, Craig Barrett, da Intel, e Bill Gates, da Microsoft, testemunharam diante do Congresso norte-americano e afirmaram que o país precisava urgentemente de alunos de graduação nessas áreas e que teria de importar recursos do restante do mundo ou enfrentar problemas graves de infra-estrutura.

Claramente, o número de diplomas em Ciências, Tecnologia, Engenharia e Matemática (chamados nos Estados Unidos de "STEM") está caindo, em proporção a todos os graus de nível pós-secundário concedidos. No ano acadêmico de 2003-04, os diplomas "STEM" representaram 27% dos diplomas concedidos, caindo de 32% apenas dez anos antes. Muitas dessas vagas foram preenchidas por alunos não-americanos, estudantes estrangeiros com um visto HB-1 para concluir seus estudos no país. Em contraste, na China e na Índia, Shakespeare não é tão popular quanto Niels Bohr, mas esses países afirmam que chegam a formar até 950 mil engenheiros por ano. Nesses países, estudar matemática e ciências é bom, pois é considerado o caminho para um futuro melhor. Nos Estados Unidos, a imagem não é esta.

No entanto, apesar das notícias não tão positivas sobre os diplomas de Matemática e Ciências, também é verdade que o país hoje está assistindo a uma fascinação crescente e intensa por disciplinas como Matemática, Ciências, Medicina e Tecnologia. De acordo com uma análise de 2007 da *Popular Science*, na temporada das redes de televisão de 2008, existem pelo menos 15 seriados no horário nobre nas quatro grandes redes do país cujos temas envolvem muita matemática e ciência. Na década inteira de 1990, havia somente dez desses programas.

Esses programas variam em conteúdo, desde o sucesso estrondoso *CSI*, exibido pela CBS, em que cientistas forenses do Departamento de Polícia de Las Vegas desvendam os casos reconstruindo as cenas do crime, deduzindo as trajetórias das balas e analisando padrões das manchas de sangue; até o mais sofisticado *House*, exibido pela Fox, em que um médico genial mas mal-humorado, o dr. Gregory House, identifica doenças encontrando pistas sobre o comportamento dos pacientes que nem mesmo os próprios pacientes admitem. Entretanto, o apelo vai além dos peritos e médicos. Um dos mais badalados seriados novos, com 11 milhões de espectadores, chama-se *Numb3ers*, exibido pela CBS, em que um gênio da matemática ajuda seu irmão agente do FBI a solucionar crimes usando algumas das mais sofisticadas teorias matemáticas existentes. Na verdade, a matemática e os números estão tão enraizados na cultura televisiva norte-americana moderna que um repórter da Califórnia chamou a atenção em 2006 para o que denominou de "Alerta dos Inteiros", uma vez que dez novos títulos de programas de tevê dessa temporada estão usando números, como *The Nine to 3 Lbs.* to *Six Degrees* to *30 Rock.* (Os filmes *300* e *Número 23*, ambos de 2007, refletem a mesma empolgação com os números inteiros.)

É verdade que a ciência sempre foi uma parte importante da cultura popular, especialmente no combate ao crime. Sherlock Holmes era o rei da ciência bem aplicada contra o crime. Nos filmes de James Bond, além das cenas com mulheres e lutas, um dos destaques é a visita de Bond aos laboratórios do Agente Q, que exibe as mais recentes invenções tecnológicas que (pasmem!) terão plena utilidade mais tarde durante a ação. Evidentemente, *Quincy* herdou o frenesi forense que começou na década de 1970.

É verdade também que, por mais que as gerações modernas tenham crescido brincando com Barbies e caminhões de bombeiros, também cresceram com kits de química, o Cubo Mágico (também chamado de Cubo de Rubik), a mola Slinky e o jogo Operação.

Sem dúvida, nos últimos 15 anos, a ciência teve um grande impulso. Educadores, de Carl Sagan a Bill Nye (conhecido como "The Science Guy" ou "o cara da ciência"), e Al Gore, tiveram importância significativa para divulgar a ciência aos americanos em termos de imagens de fácil entendimento. Filmes como *Gênio indomável* de 1997, e *Uma mente brilhante*, de 2001, mostram como gênios da matemática e da ciência podem ser realmente apaixonantes. Depois vieram livros como *Código Da Vinci*, de Dan Brown, e *Freakonomics*, de Steven Levitt e Stephen Dubner, e, de repente, parece que todo mundo nos Estados Unidos está fascinado por séries de números, mágica matemática e análise de dados.

Entretanto, o que está acontecendo hoje vai além disso. O seriado *Numb3rs* sozinho tem 11 milhões de espectadores todas as sextas-feiras à noite, que assistem ao programa não "apesar" da matemática, mas "por causa" dela. Quando o programa foi testado com públicos usando códigos para indicar quando seu interesse realmente era despertado, os espectadores ficavam malucos para saber a explicação das contas. Por quê? Isso os fazia se sentir inteligentes, diziam.

De muitas maneiras, a ciência e a tecnologia nos Estados Unidos não estão mais centradas em levar o homem à Lua ou em construir os prédios mais altos do mundo, mas em entender como usar mais sorvete do espaço (o sorvete liofilizado inventado para os astronautas). Cada vez mais, os números e a tecnologia são usados nas experiências diárias e entendê-los e captar suas aplicações são tarefas que fascinam a todos. Há mais poder computacional em um carro da Ford hoje em dia do que o que havia no primeiro foguete que foi para o espaço. As máquinas de lavar estão se tornando computadorizadas. A ciência e a tecnologia estão em toda parte e os norte-americanos querem desmistificá-los.

Veja o que aconteceu com as pesquisas de opinião. Quando comecei nesse ramo, somente os Rockefeller podiam bancar pesquisas – elas eram muito caras, já que eram feitas de porta em porta. Hoje em dia, uma pesquisa de opinião é realizada a cada três dias pelas principais redes de notícias. O país está sendo saturado com números e as organizações de notícias os querem especialmente porque vendem muito mais do que outra história sobre bombas explodindo no Iraque.

Ao mesmo tempo, à medida que organizações de notícias mais sérias estão incrementando suas pesquisas de opinião, outras organizações estão fazendo pesquisas por telefone, algumas das quais rendem lucros por intermédio da empresa telefônica. Isso não é pesquisa de fato e não tem integridade metodológica. Além do mais, as perguntas são muitas vezes tendenciosas para gerar certo resultado. É triste ver que, depois de todos os avanços alcançados pela ciência no sentido de entender o que o público pensa, tantos programas de notícias e entretenimento na tevê aceitem técnicas que parecem científicas, mas que são exatamente o oposto. Eu vi apresentações supostamente sérias de dados que poderiam ter sido facilmente fabricados.

E a maior parte das pessoas não quer apenas números, quer o fator surpresa dos números; quer a análise e a interpretação que permitem que os números sejam transformados em idéias. É claro que esse é o tema deste livro. Por trás de cada tendência, há um motivo para pesquisar mais fundo, e implicações resultantes das ações das pessoas. Se os americanos continuarem trabalhando, ou os adolescentes continuarem tricotando, essas tendências terão mudanças e conseqüências que vão além da mera observação. É por isso que tentei ser detalhista na descrição de cada uma e na análise de seu potencial significado e implicações.

Considerando toda a fascinação gerada pelos números, será que os Estados Unidos estão prestes a reverter a tendência anticientífica para a qual os especialistas em segurança e os intelectuais públicos alertaram, ou será que a atração por matemática e ciência só existe quando envolve diversão e jogos? Na televisão e no cinema, sim, mas não nos cursos universitários e como profissão? Não tenho certeza ainda se *E.R.* e *CSI* contribuem para que o pessoal estude química (embora o programa *L.A. Law* tenha impulsionado o número de estudantes de Direito). Sim, os acampamentos de verão voltados para ciências estão em alta, mas instituições como o MIT parecem estar indo na direção oposta e considerando reestruturar seus currículos para atrair *mais* alunos comuns. Será que a matemática e a ciência estão de fato renascendo?

Recentemente entrevistei um dos diretores do departamento de matemática de Yale e ele disse que o norte-americano que mais ganhou dinheiro no ano passado, 1,5 bilhão de dólares, era formado em matemática. Ele estava se referindo a um gerente de um fundo de *hedging* que baseou o sucesso de seu fundo nos seus cálculos. Ele defende a idéia de que existe muito dinheiro na matemática. Daí o interesse popular pelos números ser tão encorajador e espero que livros como este façam as pessoas refletirem sobre o verdadeiro significado dos números.

Uma mudança drástica de atitude ainda será necessária, especialmente entre pais e colegas de trabalho, para contornar a queda no número de estudantes que seguem carreiras envolvendo matemática e ciências. Espero que, à medida que as pessoas compreendam o poder dos números e que livros como este comecem a desmistificá-los, um número maior de estudantes escolham essas carreiras.

Os Estados Unidos são um país fundado nas ciências humanas por um grupo de escritores e pensadores profundamente ligados à história e à língua inglesa. Benjamin Franklin talvez tenha sido exceção e, ao mesmo tempo, como são excêntricas as imagens dele com uma pipa. Ele bem que podia ter sido um pouco mais parecido com Thomas Jefferson.

PARTE XV

Internacional

Novos religiosos

Na década de 1970, uma capa da revista *New Yorker* ficou famosa por parodiar a forma como os nova-iorquinos vêem o restante do mundo. O primeiro plano mostra detalhadamente a Nona Avenida, a Décima Avenida e o rio Hudson; depois, o restante dos Estados Unidos fica em três quarteirões de Nova York, com indicações como "Chicago" e "Los Angeles", e, bem longe, com pouco destaque, estão as massas compactas de terra da China, do Japão e da Rússia.

Lembro dessa *charge* todas as vezes que penso como os norte-americanos encaram a religião, não só nos Estados Unidos, mas em todo o mundo. Em primeiro lugar, os norte-americanos se consideram protestantes e católicos, com algumas subdivisões importantes entre os protestantes. Os judeus e muçulmanos aparecem em algumas das grandes cidades do país e, é claro, muitos muçulmanos no Oriente Médio. Os mórmons vivem no Estado de Utah. E, com relação aos demais países, os norte-americanos estão certos de que o hinduísmo e o budismo são expressivos em locais como a Índia; para eles, a África e a China têm religiões tradicionais, embora não tenham muita certeza sobre como a religião chinesa e o comunismo convivem. Praticamente todas as outras religiões são grupos marginais, ou mesmo "seitas".

Além disso, acreditam que as grandes religiões – cristianismo e islamismo – estão se tornando cada vez mais importantes para os próprios seguidores. Basta observar a ascensão das megaigrejas nos Estados Unidos e o crescimento do fundamentalismo islâmico no Oriente Médio. Em geral, contudo, os norte-americanos acham que as verdadeiras religiões do mundo devem ser minoritárias, ou, pelo menos, estar em declínio, considerando o avanço fenomenal da ciência, da educação e do secularismo em todo o mundo. Afinal de contas, existe a idéia generalizada de que os norte-americanos não são religiosos e de que, em países como a França e a Alemanha, o número de fiéis praticantes que comparecem às missas caiu 10%.

Eis aqui alguns fatos importantes sobre essa questão. Em primeiro lugar, apesar das previsões de muitos estudiosos modernos sobre a religião na segunda metade do século XX, o mundo não se tornou mais secular em função da maior modernidade. Em 1968, o sociólogo norte-americano Peter Berger disse ao *New York Times* que "no século XXI, talvez só encontremos pessoas religiosas em pequenas seitas, unidas em seus cultos para resistir a uma cultura secular mundial". Quase quarenta anos depois, em 2006, esse mesmo professor Berger afirmou em uma conferência religiosa que sua teoria estava completamente errada. Não vivemos em uma era de secularidade, disse Berger, mas em um mundo de "religiosidade explosiva e onipresente".

Sim, esses são os fatos. De acordo com a *World Christian Encyclopedia* (Enciclopédia Cristã Mundial), que faz o levantamento e a análise da formação religiosa do mundo, existem cerca de 10 mil religiões diferentes e separadas no mundo, com duas ou três novas sendo criadas a cada dia. Os norte-americanos talvez estejam vivendo a ascensão das megaigrejas, complexos religiosos que oferecem de tudo, desde iluminação litúrgica a passeios de rafting para adolescentes, mas, em nível mundial, o oposto é verdadeiro. O que está florescendo são as miniigrejas: pequenos e aparentemente passageiros novos grupos de seguidores intensamente dedicados.

Esse é, evidentemente, um exemplo perfeito de uma microtendência. É natural que queiramos entender a religião por meio de algumas megatendências globais, por exemplo, "o cristianismo está tomando o sul", ou "o Islã está se radicalizando", mas a verdade é que hoje a religião no mundo é a soma de pequenas microalianças de devotos em constante evolução que competem na seara das crenças religiosas.

Das 9,9 mil religiões identificadas na enciclopédia, algumas são subconjuntos diretos do islamismo ou do cristianismo – como, por exemplo, os 8 milhões de *ahmadis*, uma seita muçulmana messiânica baseada no Paquistão; ou os 300 mil seguidores do Toronto Blessing ("Bênção de Toronto"), um movimento carismático cristão no Canadá. Muitas delas são uma mistura de religiões tradicionais, como os 20 milhões de umbandistas no Brasil, que, de acordo com a enciclopédia, mesclam a religião tradicional africana ioruba com crenças sul-americanas, partes do catolicismo e do espiritismo francês do século XIX.

Quem são os fiéis desses novos movimentos religiosos, como são chamados? Os especialistas afirmam que não há uma personalidade típica desse grupo. Os jovens adeptos em geral estão marcando sua independência. Os mais velhos estão procurando o conforto que não encontraram em sua vida. Determinados grupos étnicos ou nacionais, como os africanos expostos ao cristianismo, buscam o sincretismo religioso porque esses cultos mesclam a nova ideologia com tradições mais locais. Quase todos os adeptos dos novos movimentos religiosos estão em busca de comunidade, conexão, afirmação, inspiração e objetivo. A própria variedade e oportunidade desses movimentos prova que pertencer a um grupo com interesses compartilhados e intensos, que constitui a premissa básica das microtendências, é uma força de vida incrível, qualquer que seja a disciplina.

O fluxo, a variedade e o dinamismo das religiões do mundo são importantes por vários motivos. Em primeiro lugar, muitas dessas "microrreligiões" – que, com certeza, não apareceriam no mapa das religiões elaborado ao estilo da *New Yorker* – são bem grandes. Os 20 milhões de umbandistas, por exemplo, superam o número de judeus no mundo em uma vez e meia, e o número de unitaristas em cerca de vinte vezes. É a nossa perspectiva que marginaliza essas religiões, não o número de seguidores.

Em segundo lugar, à medida que as tensões continuam a crescer entre os islamistas radicais e boa parte do Ocidente, os bilhões de religiosos no mundo deixam claro que a retórica do "choque das civilizações" pára por aí. Sim, alguns segmentos extremistas do Islã estão combatendo alguns segmentos de cristãos vilipendiados. No entanto, quando tratamos do impacto do conflito religioso no mundo, um quadro mais preciso se descortina e revela que bilhões de pessoas estão se aprofundando de modo dedicado em milhares de religiões, e as tensões resultantes – de natureza criativa e violenta – estão impulsionando a mudança no mundo, tanto quanto o "embate" entre muçulmanos e cristãos, que chama tanta atenção.

Em terceiro lugar, os especialistas prevêem que o tipo de mudança que hoje promove as ramificações e a proliferação das religiões mundiais tende a se tornar mais intensa. Alguns afirmam que a perda da influência das religiões tradicionais (a secularização observada nas décadas de 1960 e 1970) levou ao surgimento e à disseminação de grupos religiosos cada vez mais variados. Nesse contexto, o islamismo militante é menos uma "civilização em conflito" do que o exemplo de uma forte microtendência e prova de que prestar atenção a grupos religiosos aparentemente menores é algo importante, especialmente quando esses grupos escolhem a violência como meio de alcançar seus objetivos.

Isso nos leva ao motivo final pelo qual os novos religiosos são tão importantes. Os estudiosos desses novos movimentos religiosos talvez sejam um dos recursos mais importantes para fazer cumprir a lei. Embora a maior parte das 9,9 mil religiões do mundo esteja buscando paz, conforto e realização espiritual, existem algumas, sem sombra de dúvida, que estão crescendo em intensidade e tendências violentas. O FBI e seus equivalentes no mundo estão convocando especialistas nesses movimentos para ajudar a identificar quais grupos estão não apenas crescendo, mas também se tornando ameaçadores.

Deixando a violência de lado, os novos religiosos estão crescendo em sua capacidade de converter novos fiéis. Embora pequenos grupos possam parecer marginais hoje, vale lembrar que todas as maiores religiões do planeta começaram com uma revolução marginal e herética. Abraão, o destruidor de ídolos, era considerado um rebelde, assim como Jesus, Maomé e Martinho Lutero. Quase ninguém levava os mórmons ou os quacres a sério, e hoje em dia eles fazem parte regular do cenário religioso norte-americano.

A religião é fracionária e a capacidade de unir as pessoas em torno de uma única idéia religiosa está diminuindo. Claramente, o islamismo, que para boa parte do Ocidente parecia bastante coeso, mostrou conter muitas facções rivais. Entretanto, o mesmo acontece com todas as religiões. A religião organizada está em alta, mas apenas por causa do aumento das pequenas organizações. A religião, que costumava integrar a economia norte-americana tradicional ao estilo Ford, hoje está mudando para a economia estilo Starbucks, personalizada para atender ao maior número de preferências pessoais possível. Hoje em dia, você pode escolher sua religião e sua comunidade religiosa em praticamente tantas variedades quanto as suas opções para o café-da-manhã. Isso significa menos gente nos bancos das igrejas e, supostamente, maior satisfação.

Compradores de casas internacionais

Pode perguntar a qualquer corretor de imóveis – de verdade ou caricaturado na tevê – qual é o segredo para comprar uma casa e eles responderão: "Localização, localização, localização." Você pode derrubar uma casa e construí-la de novo, mas não tem como fabricar uma vista para o mar ou para a montanha, ou um excelente sistema escolar. Comprar uma casa envolve sua localização.

O que torna esse processo particularmente interessante hoje em dia é que os lugares mais concorridos nos Estados Unidos estão sendo comprados por pessoas que vivem em outros países. Todos sabemos que a globalização significa que as barreiras econômicas que separam os continentes e os mercados estão sendo substituídas por um único sistema. Se você achava que um oceano ou dois eram motivo suficiente para barrar os estrangeiros na hora de comprar uma casa nos Estados Unidos , pense novamente. A propriedade estrangeira de imóveis residenciais nos Estados Unidos pode ser a próxima maior tendência do mercado. Ficamos imaginando por que o preço dos apartamentos em Nova York continua escalando mesmo quando o mesmo número de pessoas vive ali. A resposta é que há maior concorrência pelo mesmo espaço, boa parte vinda do exterior. Os governos da China e da Coréia podem estar comprando títulos norte-americanos, porém as classes mais altas no mundo todo estão sendo atraídas para o setor imobiliário norte-americano. Por incrível que pareça, não existem registros consistentes do número de proprietários estrangeiros de imóveis residenciais nos Estados Unidos; por isso é preciso montar a história a partir das poucas informações disponíveis.

Um estudo de 2005 dos corretores de imóveis da Flórida verificou que 87% haviam fechado pelo menos uma venda para um comprador internacional nos últimos 12 meses e quase 10% afirmaram que tinham uma clientela inteiramente internacional. Os compradores internacionais constituíram mais de 30% das vendas de residências em Miami-Fort Lauderdale em 2005, e 15% do total de vendas de residências no Estado da Flórida.

No entanto, a tendência não se concentra apenas na Flórida. Um especialista em imóveis de Nova York estimou que os estrangeiros representavam um terço dos compradores de apartamentos em Manhattan em 2004, subindo em relação a apenas um terço em 2003. Algumas das propriedades de Las Vegas já estão nas mãos de mais de 10% de estrangeiros antes mesmo de serem construídas. Houston, Atlanta, Chicago e Colorado assistiram a um aumento no número de compradores de residências. As empresas norte-americanas que listam residências de luxo estão vendo um aumento no número de assinantes internacionais de revistas e sites, e as imobiliárias norte-americanas, como a Century 21 e a Christie's Great Estates, estão abrindo mais escritórios em todo o mundo.

A formação e a motivação das pessoas que compram residências em continentes vizinhos variam de acordo com os compradores.

– *Europeus*: Nos últimos anos, o euro subiu mais de 50% em relação ao dólar, e a libra esterlina subiu 35%. (Mesmo os dólares canadense e australiano subiram de 30 a 40% em relação ao dólar norte-americano.) Como resultado, as residências norte-americanas parecem incrivelmente baratas em comparação com os imóveis em seus próprios países. Você já esteve nas praias rochosas da Inglaterra ou naquelas cobertas de grama da Alemanha? A areia macia das praias da Flórida e o Mickey Mouse certamente são grandes atrativos para nossos vizinhos europeus.

– *Sul-americanos e centro-americanos*: Os compradores da Venezuela, Colômbia, Brasil e México adoram a segurança política e econômica dos Estados Unidos, e consideram as residências norte-americanas um ótimo investimento e um lugar seguro para viver, caso a instabilidade aumente em seus próprios países. Também apreciam a liberdade pessoal e política dos Estados Unidos, sem falar das compras. Além disso, o clima equivalente e a facilidade com o idioma espanhol encontrados no sul da Flórida e no Texas tornam as casas norte-americanas altamente atraentes.

– *Asiáticos*: Com o crescimento das economias nos países asiáticos e o maior fluxo de negócios entre o Oriente e o Ocidente, ter uma base para morar nos Estados Unidos tornou-se uma opção cada vez mais atraente para muitas famílias asiáticas. Os corretores de imóveis norte-americanos estão ávidos por fechar negócios com eles, dando nomes em chinês para apartamentos de luxo e fazendo grandes festas de lançamentos imobiliários à base de cozinha asiática.

Em geral, a redução no preço das passagens aéreas em nível global facilitou o deslocamento para sua segunda casa, assim como a possibilidade de visitar países estrangeiros. Os corretores sempre dizem que esse é o primeiro passo para a compra de uma casa no exterior. Além disso, novos instrumentos, como hipotecas em várias moedas, que permitem a realização de hipotecas no exterior em moeda local, mas mudam se os juros na economia de origem forem mais favoráveis, estão facilitando o caminho para compradores estrangeiros. Vários bancos norte-americanos estão ajustando suas políticas para facilitar o pagamento de impostos por parte de estrangeiros, a fim de que eles adquiram empréstimos imobiliários.

Em Nova York, Donald Trump foi decisivo para a abertura da cidade aos estrangeiros. A maioria dos prédios em Nova York era organizada em forma de cooperativa e, como as cooperativas podem rejeitar praticamente qualquer pessoa por qualquer motivo, elas investigavam cuidadosamente os compradores estrangeiros ausentes. Mas Trump abriu condomínios e as vendas dos condomínios não são reguladas, porque eles oferecem apartamentos, e não ações em uma grande empresa. Hoje em dia, como a maior parte dos prédios é organizada em condomínios, o número de estrangeiros compradores aumentou exponencialmente.

Na maioria dos casos, a compra de residências em países estrangeiros é um evento relativamente limitado às classes altas; o preço médio de uma casa na Flórida comprada por estrangeiros em 2005 era 300 mil dólares, e quase uma em cada quatro dessas casas custam mais de 500 mil dólares. Mas à medida que a classe média cresce na Ásia e em outros países do mundo, essa prática tende a aumentar.

A compra de residências por estrangeiros é um fator importante, para além dos compradores e de seus agentes. Números crescentes de compradores internacionais podem ter efeitos no setor imobiliário, como, por exemplo, um número maior de bancos que mudarão suas regras para a obtenção de empréstimos imobiliários. (Entretanto, se os compradores estrangeiros deixarem de pagar à vista, talvez sejam menos atraentes para os vendedores norte-americanos.) Pode haver ajustes na cultura de compra de uma casa; os compradores estrangeiros provenientes de alguns países gostam de baixar suas ofertas, regateiam agressivamente até o final da negociação e querem obter benefícios junto com a casa, como móveis ou caseiros.

A globalização também pode afetar o desenho das casas. Aparentemente, alguns compradores do Oriente Médio não gostam de suas cozinhas próximas à área de lazer, pois não é hábito deles que os convidados observem as mulheres preparando a comida; alguns compradores latino-americanos não gostam de ter o quarto de casal muito distantes dos quartos das crianças.

De forma mais significativa, os compradores estrangeiros provocam um aumento de preços para o restante dos compradores norte-americanos. Quando cidadãos estrangeiros compram até um terço dos apartamentos em Manhattan, isso coloca uma boa parte dos compradores norte-americanos de nível médio em um grupo de opções de moradia mais restrito em Manhattan, e leva um bom número de compradores de menor renda direto para o Queens. No setor das casas de luxo ocorre o mesmo: os venezuelanos podem fazer subir os preços das mansões de Miami, mas, se algo acontecer com a economia de Caracas e eles deixarem de pagar suas dívidas, seus vizinhos norte-americanos poderão ver os preços de suas casas despencarem. A crescente interdependência de nossa economia agora se estende também para a compra de imóveis.

Alguns legisladores acreditam que essa tendência exige atenção. No início de 2007, em resposta ao movimento dos bancos para facilitar a compra de imóveis por estrangeiros, um deputado na Califórnia propôs um projeto de lei para tornar ilegal que os bancos emitissem hipotecas a compradores sem um número de Seguro Social nos Estados Unidos. Até agora, esse projeto vem sendo considerado nativista e desnecessário. Mas pode não ser sempre assim. Embora os Estados Unidos tenham orgulho de seu papel na economia global, não estão tão satisfeitos assim com o fato de que estrangeiros estejam comprando imóveis a preços muito mais altos do que os norte-americanos estão comprando no exterior. Se um norte-americano tentar comprar um apartamento no México ou uma casa em Bermudas, passará por vários momentos difíceis.

Além disso, os norte-americanos protegem seus ativos domésticos. Em 2006, quando souberam que os Estados Unidos estavam prestes a entregar a propriedade de certos portos de Nova York a uma empresa estatal de Dubai, nos Emirados Árabes, houve protestos em todo o país que duraram semanas e reverteram a decisão. Em 2005, quando a empresa de petróleo da Califórnia Unocal estava prestes a ser vendida para uma empresa chinesa financiada pelo governo chinês, houve tamanha manifestação popular contrária que a oferta acabou sendo retirada. Desde 2007, os norte-americanos não estão nem um pouco satisfeitos em saber que o Japão e a China detêm 1 trilhão de dólares em títulos norte-americanos.

A compra de algumas casas de luxo em comunidades espalhadas pelos Estados Unidos não é absolutamente o mesmo tipo de ocupação da infra-estrutura, das megaempresas ou da moeda norte-americana. No entanto, será que não é hora de pelo menos fazer uma *avaliação* dessa tendência de compras de residências nos Estados Unidos por parte de estrangeiros?

Os especialistas em política exterior afirmam que a maioria dos norte-americanos é favorável ao envolvimento internacional, rejeitando a idéia isolacionista de que os Estados Unidos deveriam "cuidar mais de si em nível internacional e deixar que os outros países se virem por conta própria". Concordo, mas, por outro lado, o número de norte-americanos que concordam com essa visão isolacionista aumentou acentuadamente entre 2002 e 2005 – de 30 para 42%, a mais alta taxa desde que a pesquisa começou a ser realizada, em 1960. Claramente, os norte-americanos têm uma opinião mais favorável ao "investimento" estrangeiro (53%) do que à "propriedade" estrangeira (33%), mas é difícil defender a idéia de que comprar uma casa é um investimento – especialmente quando mais da metade dos compradores estrangeiros, pelo menos na pesquisa realizada na Flórida em 2005, afirmaram que compraram suas casas lá para passar férias e/ou trabalhar durante uma parte do ano, e apenas um terço disse que a compra era um investimento.

Do outro lado da moeda, se você é um comprador estrangeiro de um imóvel nos Estados Unidos, talvez queira analisar cuidadosamente seu investimento – será que você comprou os andares de baixo de um complexo com vista para o mar? Pagou a comissão completa para o corretor, enquanto os outros normalmente recebem desconto? Como muitos compradores estrangeiros estão apenas querendo diversão e um lugar seguro para investir seu dinheiro caso suas economias locais afundem, eles podem fechar negócio de modo muito mais rápido, sem a exaustiva pesquisa de preços realizada pelos compradores norte-americanos. Por outro lado, embora comprar imóveis nos Estados Unidos tenha suas armadilhas, pode realmente ser mais fácil em termos de regulamentos governamentais – a exigência de um número de seguro social e intermináveis cheques de crédito – do que comprar ações e títulos. Assim, continue comprando. Como disse Borat: "Bem-vindos aos Estados Unidos."

Casais solteiros (Reino Unido)

▲

No início do livro, falamos sobre as tigresas – mulheres que namoram homens mais jovens, em geral sem compromisso de longo prazo. Também falamos sobre os casais a distância, pessoas que são casadas mas vivem em cidades separadas, pelo menos durante a semana de trabalho. Agora, vamos falar sobre outra faceta não-ortodoxa da vida em família: casais fiéis que moram na mesma cidade mas em casas separadas.

Os líderes dessa tendência estão na Grã-Bretanha, onde, em 2006, 1 milhão de casais viviam sob 2 milhões de tetos.

O casamento já está suficientemente fora de moda. O índice de casamentos na Inglaterra (o percentual de pessoas casadas por mil habitantes) caiu de 12,0 em 1991 para 9,2 em 2005, de acordo com a Repartição de Estatísticas Nacionais. Hoje em dia, parece que até mesmo viver junto sem casar é intimidade demais. Em vários países da Europa Ocidental, o estilo de vida que mais cresce é o de casais que "vivem separados mas juntos".

Na Grã-Bretanha, há 1 milhão de casais "solteiros" – três em cada vinte pessoas entre 16 e 59 anos. Isso significa que o número de casais que não vivem juntos equivale ao de casais que moram na mesma casa.

O número de casais que vivem separados mas juntos está crescendo em outros países também. Na Holanda, cerca de uma em cada quatro pessoas com idade entre 55 ou mais que se consideram parte de um casal não é casada nem vive junto, nem mesmo tem planos para mudar seu estado civil. Entre os holandeses, 63% aprovam essa forma de "semicompromisso" entre casais de qualquer idade.

Na França, estima-se que 2 a 3% dos casados e 7 a 8% dos solteiros vivem em residências separadas. E, na América do Norte, quase 10% dos canadenses acima dos 20 anos são adeptos a não dividir o mesmo teto. Aparentemente, os Estados Unidos não seguiram essa tendência, mas pode apostar que ela chegará em breve.

Os casais que vivem separados mas juntos são os novos participantes desse panorama em constante evolução da família moderna.

De acordo com demógrafos e sociólogos que estão acompanhando essa tendência, os motivos pelos quais os casais optaram por essa forma de relacionamento envolvem vários fatores. A maioria dos adeptos dessa tendência são jovens e donos de seus imóveis, e não querem abrir mão de sua recém-conquistada independência. Especialmente na Grã-Bretanha, afirmam os especialistas, em que o lar é cultuado como um ninho e um castelo, as pessoas são avessas à idéia de sair de suas casas ou apartamentos, mesmo quando estão apaixonadas.

Na outra extremidade da vida, os casais que vivem separados mas juntos são mais velhos e não querem atrapalhar seus planos de deixar de herança para os filhos seus imóveis por causa de uma união civil, ou por morar junto com alguém.

Outros adeptos desse estilo de vida são de meia-idade e têm filhos de um casamento anterior, ou pais idosos, que já estão vivendo com eles. Introduzir um(a) companheiro(a) nesse arranjo familiar pode complicar indevidamente a vida, por isso pode ser mais fácil para o casal ter exclusividade 24 horas por dia, todos os dias, sem ficar junto durante esse período.

Finalmente, ainda há outros que separam suas casas porque, francamente, uma só já é demais. "Com certeza, ela é minha alma gêmea, mas, se vier morar comigo, vai me fazer lavar os pratos mais do que uma vez por semana." "Aleluia, ele é *o* cara, mas, se esta se tornar sua casa também, ele vai querer que eu pare de usar incenso ou esperar que eu cozinhe para ele." Muitas pessoas em seus segundos relacionamentos duradouros querem evitar os erros ou a dor causada pela primeira experiência ruim. Viver separados mas juntos é um modo interessante e gentil de dizer "Eu te amo" a distância, no próprio castelo, onde você é o rei.

Muitos "reis" públicos levaram sua vida famosa de modo separado. Katharine Hepburn e Spencer Tracy mantiveram casas separadas durante todo seu relacionamento de várias décadas (embora, notoriamente, isso tenha acontecido porque Tracy era casado com outra pessoa). Woody Allen e Mia Farrow viviam em apartamentos separados em Nova York. (Embora, novamente, esse não seja um casamento modelo, pois Allen mais tarde declarou seu amor pela enteada adotiva de Farrow.)

Essa tendência parece um tanto chocante para casais que coabitam e são felizes e não conseguem imaginar voluntariamente abrir mão da gostosa intimidade de se aconchegar ao parceiro de sua vida noite após noite. A verdade é que, mesmo entre casais felizes que dividem o teto, está se tornando cada vez mais comum manter quartos separados. Nos Estados Unidos, de acordo com uma pesquisa realizada pela Associação Nacional de Construtores Civis, os engenheiros e arquitetos previram que, em 2015, mais de 60% das casas personalizadas terão dois quartos de casal. Alguns dos construtores pesquisados afirmam que mais de um quarto de seus novos projetos já são assim.

Qualquer que seja o motivo para viver separados, esses casais estão em alta, e muitos grupos devem prestar atenção. Primeiro, aqueles que estão em busca de um(a) companheiro(a). A aliança costumava ser um sinal que indicava "proibido"; mas, depois que viver junto se tornou tão comum, foi necessário procurar outros sinais, inclusive prestando atenção a como as pessoas falavam sobre sua situação na vida. Se tivessem "colegas de quarto", provavelmente não estariam comprometidas exclusivamente com alguém. Hoje, tudo isso mudou. Você pode estar a fim de uma pessoa que não usa aliança e mora em um apartamento conjugado, mas que está casada há dez anos em todos os sentidos.

Em segundo lugar, os pais devem prestar atenção. Você talvez ache que seu filho não quer compromisso com ninguém, quando, na verdade, ele é mais monogâmico que muitos de seus amigos. Ou talvez ache que tem sorte porque ele não se interessa *muito* por aquela namorada de quem você não gosta, quando, na verdade, eles estão juntos há anos e não pretendem se separar.

De uma perspectiva religiosa ou cultural, o aumento do número de casais que vivem separados mas juntos significa um capítulo novo e comprovadamente preocupante das expectativas em relação aos relacionamentos. Se "amor" e até mesmo "monogamia" não significam mais envolvimento diário com as necessidades, alegrias e interesses da outra pessoa, será que o compromisso realmente pode ser tão profundo? Será que não existem sacrifícios ou ajustes necessários para o amor? Isso, é claro, é o que temiam os oponentes da "coabitação" nas décadas de 1970 e 1980. Se as pessoas simplesmente vivessem juntas sem compromisso, quanto tempo levaria antes que fizessem sexo sem sequer morar juntos? (Ok, seria quase imediatamente.)

Claramente, os casais que vivem separados mas juntos consideram seus relacionamentos de maneira menos rígida que os casados. Em um estudo realizado no Canadá em 2003, somente 53% dos homens e 62% das mulheres pertencentes ao grupo dos casais "solteiros" afirmaram que "relacionamentos duradouros" eram importantes para uma vida feliz, em comparação com 76% dos homens casados e 81% das mulheres casadas que disseram o mesmo.

Qual será o efeito desse estilo de vida nas crianças? Se houver filhos, eles também ficarão pulando de uma casa para outra como os filhos de casais separados? Ou será que esse estilo de vida é parte da tendência européia de não ter ou ter poucos filhos?

Do ponto de vista comercial, os casais solteiros criam novas oportunidades. Como os casais a distância, eles precisam de kits domésticos duplos – roupas, artigos de banho e CDs e DVDs favoritos em dois locais, em vez de um só. Precisam de potes e panelas em dobro. Local de estacionamento para hóspedes em seus prédios e ruas locais. Formas de desligar o aquecimento, recolher o jornal e a correspondência e de colocar o gato para fora quando acabarem não voltando para casa durante vários dias. Essas pessoas merecem atenção – afinal de contas, se podem pagar por dois apartamentos, provavelmente têm renda disponível para aproveitar a vida.

Talvez o mais importante seja o fato de que os casais solteiros representam uma duplicação literal da quantidade de imóveis disponíveis. A população européia está diminuindo como um todo, mas o fato de que metade das pessoas talvez precise de um lugar para morar pode ser um desenvolvimento importante no mercado imobiliário europeu.

Finalmente, de um ponto de vista sociológico mais abrangente, fazemos mau juízo dos solteiros se achamos que estão todos atrás de um companheiro(a); e fazemos mau juízo dos proprietários solteiros se achamos que todos venderão seus imóveis quando se apaixonarem. Todas as expectativas do mercado imobiliário baseadas no ciclo de vida das pessoas podem estar completamente invertidas. Da mesma forma, não podemos entender "unidades familiares" se pensarmos que todas são atômicas e independentes entre si – hoje em dia, na maioria dos países do Ocidente, talvez existam muito mais solteiros vivendo sozinhos, mas eles talvez estejam mais "juntos" do que nunca.

Talvez os casais solteiros tenham descoberto algo importante. Os pesquisadores afirmam que, embora esse grupo seja cauteloso na hora de se entregar, também é prudente e independente, e confiante o suficiente para criar um novo estilo de vida. Eles também podem se sentir muito mais entusiasmados antes de um encontro de sábado à noite do que os casados ou os casais que vivem juntos, porque a ausência os faz sentir saudades e tudo mais. Talvez o encanto dure mais quando há compromisso, mas não incenso ou roupa suja.

Mammonis (Itália)

Homens que não saem da casa da mamãe

Casa, comida e roupa lavada de graça, sem hora para dormir, carro na garagem quando precisar.

Muitos jovens conhecem um bom negócio quando vêem um. Enquanto os jovens norte-americanos mal podem esperar para sair de casa, os adultos em países economicamente menos desenvolvidos estão decidindo ficar, pois, afinal de contas, a comida da mamãe é bem gostosa.

Assim, o modelo tradicional que envolve os filhos crescerem, iniciarem uma família e voltarem para a casa dos pais nos fins de semana para jantar está sendo substituído por um novo modelo: não se case, continue com a vida de solteiro, freqüentando clubes algumas noites por semana, nunca saia de seu quarto e fique na casa de seus pais até ser expulso ou herdar a propriedade.

Em nenhum outro lugar essa realidade é mais gritante do que quando o jantar da mamãe é lasanha, nhoque e ossobuco. Na Itália, 82% dos homens entre 18 e 30 anos ainda vivem em casa com seus pais. Não é à toa que os jovens casais estão sempre se agarrando nas ruas na Itália, pois não têm outro lugar para ir.

Em Hollywood, Ray Romano sugere a influência da mãe italiana no muito popular seriado de tevê *Everybody Loves Raymond*, em que os pais ítalo-americanos Marie e Frank são vizinhos de Ray e sua família, e a comida e as opiniões de Mary estão muito presentes na vida de Ray. Na Itália, Ray e seu irmão Robert estariam vivendo *junto* com os pais Marie e Frank. Sem Debra, sem Amy, sem filhos. Possivelmente, nenhuma coluna de esportes ou trabalho na polícia. Somente Mamma, Papa e os meninos, já que estariam se aproximando da meia-idade.

Os italianos que não saem de casa, chamados de *mammonis* (meninos da mamãe), são o exemplo mais extremo, mas a tendência já foi observada e rotulada também em outros países. São chamados *kippers* na Inglaterra, que é uma abreviação em inglês de *Kids in Parents Pockets Eroding Refirement Savings*, ou literalmente, "filhos à custa dos pais acabando com suas aposentadorias". Na Alemanha, são *nesthockers*, ou literalmente "usurpadores de ninhos". No Japão, são chamados de *parasaito shinguru* (solteiros parasitas), ou *freeters*, que é uma combinação de *free* (livre) e a palavra em alemão para "trabalhador", *arbeiter*. Nos Estados Unidos, são os *boomerangs*, *Peter Pans* ou *kidults*. Mas os *mammonis* italianos ganham o troféu, com um índice de permanência na casa dos pais de quatro em cada cinco.

Percentagem de homens, entre 18 e 30 anos , que vivem com seus pais (1996)

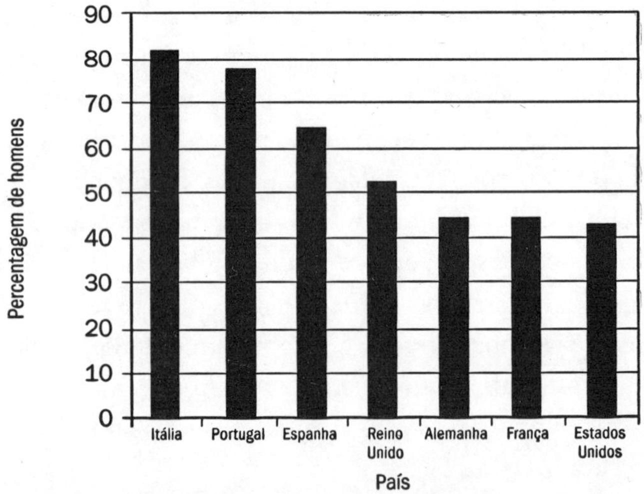

Fonte: Marco Manacorda & Enrico Moretti, *Why Do Most Italian Young Men Live with Their Parents? Intergenerational Transfers and Household Structure, Centre for Economic Policy Research*, 2005.

O que aconteceu?

Muitos observadores afirmam que os *mammonis* são fruto do alto índice de desemprego entre os jovens italianos, dos altos custos de habitação e dos baixos e declinantes índices de fertilidade. Sem emprego, sem filhos, apartamentos caros – por que ter uma casa? Outros pesquisadores argumentam que os pais efetivamente querem companhia e gostam de manter o controle, e estão seduzindo os filhos para que não saiam de casa. Eles sustentam que essa coabitação tardia com os pais causa o desemprego entre os jovens e não o inverso. Talvez o mais interessante seja a idéia de que a necessidade econômica pode causar um estreitamento dos laços familiares, enquanto o sucesso pode destruir a estrutura familiar.

Uma das perspectivas mais importantes da senadora Hillary Clinton, que representa o norte do Estado de Nova York, talvez tenha sido dizer que "nenhum jovem deve sair de sua cidade natal para conseguir um bom emprego". O grande impulso econômico das cidades e dos subúrbios norte-americanos está fazendo com que jovens com melhor nível de instrução saiam de casa para encontrar trabalho. Este tem sido o padrão tradicional desde o início da Revolução Industrial.

O resultado foi a destruição da família, espalhando as pessoas pelos Estados Unidos ou mesmo pelo mundo.

Mas na Itália acontece justamente o contrário. A intensa concorrência da China por seus produtos principais está drenando o país de empregos, e as forças socioeconômicas estão promovendo um estilo de vida mais livre – sem filhos, sem cônjuges, sem responsabilidades. No entanto, por outro lado, os laços familiares estão sendo fortalecidos e a família nuclear torna-se o centro da vida. Quem pode dizer qual dos sistemas gera mais felicidade?

No entanto, existem conseqüências dessa mudança. Os jovens adultos italianos de hoje, segundo os pesquisadores, têm menos independência, menos iniciativa, menos trabalho e experiência de viagem e mais problema para formar as próprias famílias do que as gerações anteriores. Estão tendo filhos em um ritmo seriamente menor (1,2 por mulher em 2006, em comparação com 2,3 em 1970). É verdade que o cuidado com os idosos na Itália pode trazer menos ônus público no futuro próximo, mas a puericultura será relativamente obsoleta. Assim, conseguir trabalho como professora pode ser algo impossível, já que haverá muitas escolas para poucas crianças.

Considerando que os *kidadults* são um fenômeno mundial, existem oportunidades comerciais a serem exploradas. Os pais italianos podem gostar de ter seus filhos permanentemente em casa, mas os pesquisadores afirmam que os pais norte-americanos, britânicos e alemães não gostam. As falsas consultoras na comédia norte-americana de sucesso, lançada em 2006, *Armações do amor* – que fingem ser namoradas para estimular a saída de casa de homens mais velhos –, ainda podem virar realidade. Os programas para recrutar jovens universitários talvez devam anunciar na AARP e em sua contrapartida européia, já que o público-alvo (os jovens) estará encontrando os leitores (seus pais) todas as noites na hora do jantar.

Com relação aos *mammonis* propriamente ditos, e os *kippers*, *nesthoekers*, e *freeters*, eles estão bem satisfeitos com seu arranjo. Pais e filhos não travam mais batalhas culturais como na década de 1960; agora, todos relaxam para assistir a episódios antigos de *Raymond*. Jantar e roupa lavada não são problema. A única necessidade que eles parecem ter é um pouco de privacidade para socializar e, é claro, sexo. Será que o equivalente europeu à cadeia norte-americana de motéis baratos *Motel 6* ganhou mercado para seus quartos pagos por hora?

A maior parte dos norte-americanos ainda considera morar com os pais na fase adulta um sinal de fracasso, particularmente na mídia. Quem são eles? George Costanza em *Seinfeld*. Cliff Claven em *Cheers*. Pelo amor de Deus, Norman Bates em *Psicose*. Não são homens que, para usar termos freudianos, tenham se individualizado de maneira saudável.

Por outro lado, Franklin Delano Roosevelt, um dos mais reverenciados presidentes dos Estados Unidos, quase sempre viveu com sua mãe, Sara.

Talvez os italianos sejam os pioneiros de um novo estilo de vida pós-industrial – uma simples contra-reação ao acelerado mundo moderno sobrecarregado de responsabilidades. Talvez essa geração entre na meia-idade com um senso de relaxamento e gosto pela vida que dará inveja ao Oriente e ao Ocidente. Ou talvez essa mesma tendência coloque a sociedade italiana em profunda depressão ou recessão nos próximos anos, à medida que a China tirar da Itália os empregos no setor industrial e a geração dos filhinhos da mamãe se der conta de que precisará se virar sem algumas das habilidades que deveriam ter aprendido com os pais, incluindo como e quando deixar o ninho.

Eurostars

A maior parte das pessoas já ouviu falar sobre a falta de interesse dos europeus em ter filhos. Enquanto os norte-americanos adoram crianças, muitos europeus decidiram que ter uma família é algo caro e incômodo e, como resultado, estão vendo uma deterioração significativa da tradicional estrutura familiar.

Os norte-americanos mal podem acreditar – os benefícios da licença-maternidade e as creches subsidiadas na Europa parecem bem generosos quando comparados com a realidade de outros países. No entanto, cada vez menos europeus aproveitam esses benefícios. Enquanto nos Estados Unidos a taxa de reprodução é suficiente para manter a população estável – 2,1 filhos por mulher em idade fértil –, os europeus estão a caminho da extinção. A taxa de fertilidade média do continente é 1,5 criança por mulher, o que não se sustenta. Em 1990, nenhum país na Europa tinha uma taxa de fertilidade menor do que 1,3. Agora, 14 países estão abaixo desse índice. Outros seis países europeus têm uma taxa de fertilidade abaixo de 1,4. Somente na Alemanha nasceram tantas crianças em 2005 quanto há quarenta anos, sugerindo que, no final deste século, a população da Alemanha pode ser inferior a um terço do que é hoje.

Os motivos para essa queda da natalidade na Europa são biológicos, culturais, políticos e econômicos. Em primeiro lugar, como acontece nos Estados Unidos, as mulheres na Europa estão começando suas famílias mais tarde – quando o fazem –, o que aumenta o risco de infertilidade e deixa menos tempo para famílias grandes. Entre 1972 e 2004 na Inglaterra, o número de casamentos caiu 36% e a idade média de casamento aumentou de 25 para 31 anos os homens e de 23 para 29 entre as mulheres.

De uma perspectiva cultural, o aumento da ênfase na auto-realização em todo o mundo ocidental fez com que mais europeus desistissem de ter filhos, já que, claramente, as crianças podem causar grande impacto no trabalho, nas viagens e no lazer. Muitos países de esquerda têm sérias preocupações sobre o meio ambiente e o problema do excesso populacional, considerando a procriação um ato egoísta e destruidor. Na Alemanha, reportou-se que 39% das mulheres com bom nível educacional não têm filhos.

Taxa total de fertilidade por países selecionados (2000-2005)

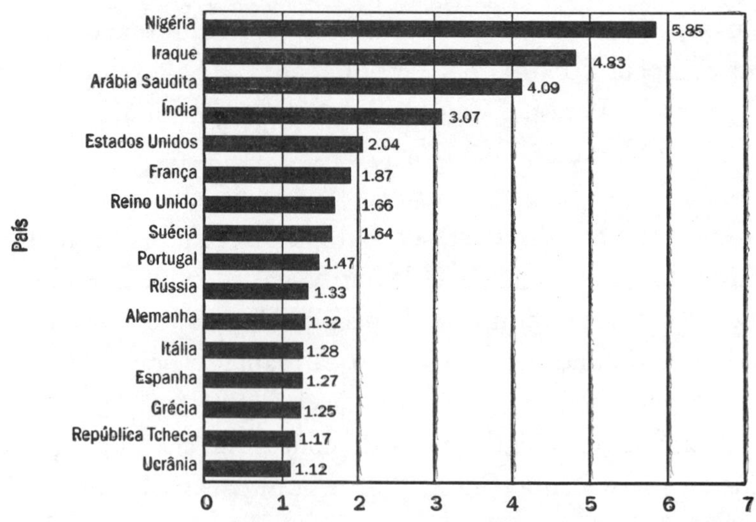

Fonte: United Nations Population Division e OMS, 2005

Em termos políticos, já se disse que, quanto mais liberal você é, menos freqüenta a missa e menos filhos terá. Ninguém questiona que, nos últimos trinta anos, a Europa avançou para a esquerda e se secularizou. A conexão entre procriação e esquerdismo também pode ser evidenciada nos Estados Unidos. De acordo com uma análise do *USA Today*, as taxas de fertilidade nos Estados em que o presidente George W. Bush ganhou em 2004 são 11% mais altas do que nos Estados em que John Kerry ganhou.

Em Utah, onde mais de dois terços dos residentes são mórmons, a taxa de fertilidade é de 92 nascimentos por ano a cada mil mulheres – o índice mais alto do país. No Estado de Vermont, o primeiro a aceitar a união entre homossexuais, a taxa é de 51 nascimentos por mil mulheres – o índice mais baixo do país.

Embora a biologia, a cultura e a política certamente desempenhem o papel real na queda de natalidade no continente, o principal motivo pelo qual há menos crianças na Europa parece ser econômico. De acordo com um estudo realizado pelo Instituto Nacional de Pesquisa em Políticas Públicas do Reino Unido, os britânicos entre 21 e 23 anos *querem* e planejam ter mais de dois filhos. No entanto, quando chegam aos 40, há uma defasagem de 90 mil bebês a menos por ano do que esperavam – e o motivo parece ser a "penalidade da fertilidade" que acomete as mulheres. As políticas européias de maternidade e assistência infantil podem ser generosas em geral, mas na Inglaterra, pelo menos, 28% das mulheres voltam a trabalhar em empregos com salários menores do que ganhavam antes do nascimento do bebê. Entre as secretárias, esse número é de 36% e, entre trabalhadoras com qualificação manual, chega a 50%. Embora alguns países imponham penalidades menores do que as do Reino Unido, o mesmo acontece em todo o continente: assistência infantil cara e hipotecas muito altas tornaram o custo da oportunidade de ter filhos simplesmente alto demais.

O impacto das taxas declinantes de natalidade na Europa tem sido muito estudado. Demógrafos e economistas prevêem que o problema de seguridade social na Europa – o desafio de não contar com um número suficiente de trabalhadores disponíveis para sustentar os aposentados que envelhecem no velho continente – será muito mais drástico no que nos Estados Unidos. Eles avisaram que, nos próximos cinqüenta anos, a razão de beneficiários para trabalhadores na Europa será tão desequilibrada que alguns países poderão não resistir. Os especialistas chegaram a dizer que os maiores índices de imigração da África ou da Ásia – o que, por si só, causa tensão social – não compensam a queda dos índices de natalidade na Europa.

Outros desafios desse baixo número de nascimentos incluem a probabilidade de que a participação de mercado da Europa caia, seu poder militar diminua à medida que uma parcela ainda maior de seus recursos será destinada a sustentar os idosos, e sua influência proporcional nos Estados Unidos cairá também, especialmente à medida que os Estados Unidos forem construindo laços mais fortes com os países de origem de seus novos imigrantes – América Latina e sul e leste da Ásia.

Também se observou que estamos prestes a viver um conflito intercontinental de gerações. No momento, a idade média nos Estados Unidos é 35,5; na Europa, é 37,7. Mas, em 2050, a idade média norte-americana será 36,2 e, na Europa, 52,7. Isso significa que não só a Europa e os Estados Unidos estarão separados pelo Atlântico, mas também que eles terão perspectivas muito diferentes sobre o mundo. A Europa será moldada por eventos que estão acontecendo agora, enquanto os Estados Unidos serão moldados por uma década que hoje ainda não existe.

Porém, apesar de toda essa preocupação legítima, há uma parte dessa história que acho que está sendo subestimada. Sim, as taxas de natalidade estão caindo, e os adultos sem filhos estão em alta. Mas a queda do número geral de crianças que as famílias européias enfrentam também significa um aumento no número de famílias com filhos únicos no continente. Talvez as famílias grandes estejam desaparecendo, mas os filhos únicos estão aumentando.

No Reino Unido, 23% das mulheres têm apenas um filho, porcentagem que subiu em relação a 10%, duas décadas atrás. Em Luxemburgo, entre 1970 e 1991, houve um aumento de 1 a 16% no número de famílias com apenas um filho. Na Finlândia, o número de famílias com filhos únicos cresceu 50% entre 1950 e 1990. Em Portugal, cresceu 134% entre 1950 e 1991. E, em todos esses países, à medida que a taxa de natalidade continuou caindo, o número de filhos únicos continuou aumentando. As famílias com um único filho são o grupo familiar que mais cresce no mundo ocidental.

Esse fenômeno tem sérias implicações. Como os filhos únicos tendem a ser muito mimados, espere ver um novo mercado para artigos de luxo para crianças. Quem pode lhes negar um bichinho de estimação ou dois? Os varejistas que comercializam produtos de massa para crianças vão viver momentos de intensa concorrência, mas as lojas especializadas vão prosperar. (Talvez os comerciantes de massa possam se dar bem atendendo os novos imigrantes que se reproduzem mais rapidamente.)

Como uma questão puramente demográfica, um número menor de adolescentes talvez também implique menos crimes, menos tumultos e menos passeatas nas universidades. Pode haver também uma intensa procura para preencher as vagas nas escolas, o que talvez estimule a entrada de estudantes estrangeiros no sistema de ensino superior. Os professores também estarão em busca de novos empregos, pois a demanda por seus serviços será reduzida.

O que também faz parte dessa microtendência é o vislumbre de esperança de uma renascença européia. Uma geração de filhos únicos representa uma classe de cidadãos confiantes, de altas realizações e imaginativos, prontos para encarar os problemas da Europa, por maiores que sejam.

De acordo com pesquisadores que estudam a ordem de nascimento, as crianças mais velhas são altamente motivadas, responsáveis, perfeccionistas e inclinadas à liderança. Nos Estados Unidos, elas estão super-representadas em Harvard e Yale, e todos os astronautas que já voaram para o espaço eram irmãos mais velhos, ou o filho mais velho da família. Alguns exemplos incluem Clint Eastwood, J. K. Rowling, Winston Churchill e todos os atores que já interpretaram James Bond.

Os filhos do meio são transigentes, adaptáveis e rebeldes – John F. Kennedy era um famoso filho do meio, assim como a princesa Diana. Os filhos caçulas são extrovertidos, manipuladores, impacientes, irresponsáveis e criativos; os exemplos incluem Cameron Diaz, Jim Carrey e Eddie Murphy.

Mas os filhos únicos, assim como o filho mais velho, são confiantes, articulados, ambiciosos, responsáveis e perfeccionistas. Por terem recebido a atenção praticamente total de seus pais, se parecem com eles e não gostam de mudanças radicais. São auto-exigentes e também esperam o mesmo dos outros. Não aceitam bem as críticas e, por terem sido menos expostos a compartilhar quando crianças, podem se mostrar inflexíveis. Mas são estrelas também: filhos únicos famosos (em alguns casos, com algum meio-irmão distante) incluem Tiger Woods, Leonardo da Vinci e Franklin Delano Roosevelt. E Frank Sinatra, que, como todo bom filho único, fazia tudo do "seu jeito".

Assim, é verdade que a Europa enfrenta sérios desafios e terá menos pessoas para resolvê-los. No entanto, boa parte das pessoas que surgirão estarão prontas para assumir seu papel de modo responsável, criativo e vitorioso – graças ao fato de terem sido filhos únicos. Devotados à geração de seus pais, eles enfrentarão o desafio da seguridade social com vigor. Por terem dedicado tantas horas criando os próprios jogos enquanto os adultos conversavam entre si, eles poderão apresentar soluções criativas jamais imaginadas antes. Os problemas de seu continente se avultam, mas esta será uma geração de inovadores de alta capacidade que estará pronta para mostrar seu valor. Desde que consiga se entender bem com os outros, tanto em casa quanto fora, a Europa talvez esteja prestes a conhecer sua maior e, ao mesmo tempo, menor e singular geração – a dos *eurostars*.

Empresários vietnamitas

Nos Estados Unidos, muitas pessoas ainda consideram que o Vietnã é o lugar da guerra sem vencedores, por conta de uma falta de entendimento cultural. Quinze anos de duração, 58 mil preciosas vidas de soldados norte-americanos perdidas; uma fuga humilhante em abril de 1975 do teto da embaixada norte-americana da cidade de Saigon/Ho Chi Minh. O fracasso pelo qual todas as campanhas militares norte-americanas desde então vêm sendo julgadas. A guerra propriamente dita baseou-se na teoria do efeito dominó – a idéia de que, se o Vietnã se tornasse comunista, todos os demais países na Ásia fariam o mesmo e o equilíbrio do poder passaria para as mãos dos comunistas. Nossa, como essa teoria estava equivocada.

Mas a crença de que o comunismo do Vietnã repetiria o estilo da Coréia do Norte estava tão arraigada que o que acabou acontecendo no Vietnã é quase inimaginável para a maioria dos norte-americanos. Embora o governo comunista, nosso ex-inimigo, ainda esteja no poder no país, o Vietnã se tornou um dos lugares mais empreendedores do planeta. No passado, os Estados Unidos enviavam soldados e depois equipes para resgatar prisioneiros de guerra. Hoje, os Estados Unidos mandam dinheiro para o país. Grandes somas avidamente pagas por todos os artigos, de pimenta a café, de arroz a frutos do mar. Em 2006, os norte-americanos gastaram quase dez vezes mais em artigos do Vietnã do que o Vietnã gastou com artigos norte-americanos.

Nos últimos 15 anos, o Vietnã fez mais do que qualquer outro país do mundo para reduzir a pobreza e melhorar as condições de vida da classe média. Em todo o país, o número de miseráveis – que ganham menos de

1 dólar por dia – caiu de 51 para 8%. Nem a China nem a Índia conseguiram um resultado tão bom.

Nas duas maiores cidades do Vietnã, o número de pobres (definidos como aqueles que ganham menos de 250 dólares por mês) diminuiu de 60% em 1999 para apenas 25% em 2006. Ao mesmo tempo, a classe média (que fatura de 251 a 500 dólares por mês) praticamente dobrou para mais da metade da população urbana do Vietnã. A "classe média" no Vietnã significa o mesmo que em outros países atualmente: quase metade dessas pessoas possui celulares e tem computadores, e quase 20% têm e-mail pessoal em casa. As compras dos vietnamitas de produtos de beleza e para bebês aumentaram muito. Os gastos com entretenimento pessoal dobraram somente desde 2003. Desde 2001, o percentual de pessoas que vivem nas cidades do Vietnã com contas de banco praticamente triplicou para mais de um terço da população.

Muitos dos empresários do Vietnã estão em negócios ligados à alimentação, talvez por causa da grande indústria de produção de alimentos daquele país. Desde o muito bem-sucedido dr. Ly Quy Trung, diretor-executivo do restaurante Pho 24, com cinqüenta endereços no Vietnã, na Indonésia e nas Filipinas, até as biroscas com cartazes escritos à mão anunciando massinha caseira (*pho*) ou motores recondicionados de lambretas, os vietnamitas estão mergulhando de cabeça na sanha empreendedora. Outros homens e mulheres de negócios estão à frente do setor de alta tecnologia, e o Vietnã é chamado de "segunda Índia" das exportações de software e considerado uma força ascendente nas telecomunicações.

Todo esse crescimento tende a continuar. Quase três quartos das crianças vietnamitas com idade para freqüentar o ensino médio estão matriculadas, o que representa um aumento em relação ao um terço de 1990. Essa é uma taxa de crescimento maior do que a da China ou da Índia. A mortalidade infantil está caindo. A expectativa de vida está subindo. Há muito dinheiro estrangeiro entrando. Em 2005, a economia cresceu a uma taxa incrível de 8,4%, tornando o país uma das economias de maior crescimento do mundo.

Todos esses ótimos números se refletem ou são gerados pelo extraordinário otimismo do povo vietnamita. De acordo com pesquisas mundiais realizadas pela Gallup International Voice of the People, o Vietnã é regularmente o país mais otimista do planeta – mais de nove em cada dez cidadãos afirmam que 2008 será melhor do que 2007. Na verdade, nesse quesito, o Vietnã vence o segundo território mais otimista do mundo – Hong Kong – com vinte pontos de diferença. (Pergunta-se qual é o país mais pessimista? A Grécia, deixando para trás até mesmo o Iraque.)

De onde vem o fervor capitalista nessa terra que combateu as superpotências capitalistas pelo direito de implantar o comunismo, e venceu? Depois que os norte-americanos deixaram o Vietnã, o partido tentou o comunismo puro, mas colheitas ruins e a má administração econômica causaram um grave escassez de produtos. Assim, nascia a *doi moi*, ou uma série de reformas baseadas na economia de mercado criadas para estimular a economia vietnamita sem sacrificar o poder político do partido. Os Estados Unidos encorajaram essa direção, com o presidente Clinton decretando, em meados da década de 1990, o fim do embargo comercial dos Estados Unidos e a normalização das relações diplomáticas entre os dois países. Em 2002, o Vietnã havia emendado sua Constituição para garantir o tratamento igualitário de empresas estatais e privadas, eliminando vários entraves burocráticos para o registro de empresas privadas. O restante do mundo começou a se preparar para entrar no Vietnã, tanto diplomática quanto economicamente. Em 2001, os Estados Unidos e o Vietnã assinaram um acordo comercial bilateral e, em dezembro de 2006, o Vietnã entrou para a Organização Mundial do Comércio, e o Congresso norte-americano aprovou relações comerciais normais e permanentes. Talvez no que tenha sido o capítulo final da história do conflito militar entre Estados Unidos e Vietnã, em 2006, o presidente George W. Bush acabou com o embargo norte-americano contra a venda de armas para o Vietnã.

É claro que nem tudo são flores. Oficialmente, os Estados Unidos ainda consideram o Vietnã um Estado "autoritário" que abusa dos direitos humanos. Os bancos ainda favorecem muito as empresas estatais e os empresários têm poucas garantias a oferecer, já que o Estado ainda é proprietário de toda a terra. A corrupção é desenfreada; os direitos de propriedade intelectual são pouco respeitados e o sistema judiciário ainda responde ao partido comunista. O imposto de renda é alto e a falta de energia é uma rotina. Nas áreas rurais, onde ainda vive a maior parte da população do Vietnã, a renda não aumentou tão rápido quanto nas cidades.

Mas a taxa de progresso econômico em um lugar tão desolado quanto o Vietnã revela uma força empresarial poderosa, à qual o mundo deveria prestar atenção. Nos próximos anos, assistiremos a investimentos substancialmente maiores no Vietnã. A teoria do efeito dominó estava errada porque o comunismo em sua forma pura não conseguiu gerar um modelo econômico sustentável que fosse superior ao capitalismo. A democracia teve mais dificuldade de se estabelecer do que o capitalismo porque os Estados comunistas esclarecidos (que não incluem a Coréia do Norte, por exemplo) vêm percebendo que conseguirão se manter no poder se soltarem um pouco as rédeas econômicas. Introduzindo modestas liberdades econômicas, eles conseguiram sustentar um domínio político duradouro – vemos isso em ampla escala na China e na Rússia e também no Vietnã, em menor proporção. Esses regimes aprenderam que reconhecer e acomodar o espírito econômico é a única maneira de continuar a deter o poder político e que, desde que as pessoas tenham direitos econômicos, elas talvez não fiquem tão preocupadas assim com os direitos humanos. Os Estados Unidos foram fundados com base no princípio oposto de que os direitos humanos e políticos devem estar em primeiro lugar, mas esses Estados estão virando a teoria de cabeça para baixo e alcançando um sucesso surpreendente.

Veremos também lições a aprender com a estrutura etária do Vietnã. Na maior parte dos países industrializados e em desenvolvimento do mundo, enfrentamos uma crise de idade – certamente nos Estados Unidos, na Europa e no Japão, as populações estão vivendo mais do que nunca e não estão sendo substituídas como no passado. No Vietnã, ao contrário, mais de 60% dos 84 milhões de habitantes têm menos de 27 anos. Embora uma estrutura etária jovem nem sempre seja receita para o sucesso – as nações do mundo com a menor idade média são os países pobres da África –, pode acontecer no Vietnã, em função da excepcional atenção dada à educação e ao otimismo que permeia o país, especialmente entre os mais jovens.

Se você está pensando em abrir um negócio, especialmente na área de venda de produtos para norte-americanos, reserve um lugar no próximo vôo para o Vietnã e veja o que consegue produzir para rápida exportação. A força de trabalho está expandindo.

Trinta anos após os Estados Unidos terem fracassado em sua tentativa de derrotar o comunismo no Vietnã, esse país é um modelo de nação empreendedora, comercializando produtos, armas e idéias com algumas das maiores potências capitalistas do mundo. Em certo sentido, seria o equivalente ao Iraque daqui a trinta anos, tendo rejeitado a democracia formal mas trabalhando com os Estados Unidos para ensinar a outras nações como organizar plebiscitos municipais e bate-papos on-line com o presidente. Certamente, isso não parece possível hoje. Quando assistíamos a Marlon Brando descer no inferno em *Apocalypse Now*, ninguém podia imaginar que um dia seria possível comprar café e arroz vietnamitas pagando dez vezes mais do que eles pagam pelos produtos norte-americanos.

Abstêmios franceses

Não há nada que o francês goste mais de fazer do que beber vinho. Exceto, talvez, não beber vinho. A cultura francesa foi construída em torno do vinho, que está totalmente incorporado ao dia-a-dia – no lanche, no almoço, ou onde quer que exista um grupo de franceses reunidos, em geral, lá também estará o vinho. E pobre queijo, que sabor ele teria sem o acréscimo de um saboroso vinho?

Pois eis um fato que deixa os comerciantes de vinhos franceses boquiabertos. Durante os últimos quarenta anos, nenhum país cortou o consumo de álcool mais do que a França (exceto talvez os Emirados Árabes, onde em pelo menos um emirado as pessoas eram chicoteadas por possuir bebidas alcoólicas). E tudo se deve ao vinho. Embora o consumo de cerveja e de destilados tenha permanecido constante na França, o consumo *per capita* de álcool proveniente do vinho caiu de 20L em 1962 para cerca de 8L em 2001. Em copos de vinho, isso se traduz em cerca de 235 por pessoa ao ano, caindo de cerca de 425. Projeta-se que esse número terá uma redução ainda maior e de forma mais acentuada até 2010.

É verdade também que a França ainda consome mais vinho do que qualquer outra nação do planeta. Mesmo essa queda dramática ainda permite que o adulto francês médio beba 235 copos de vinho ao ano – o equivalente a um copo de vinho por dia útil ou um copo de vinho a cada dia do Ano-Novo até quase o início de setembro. Mas, mesmo assim, isso representa um declínio significativo.

Um motivo para a queda no consumo de vinho é a aceleração das refeições na França. Em 1978, o tempo médio de duração de uma refeição francesa era de 82 minutos. Muito tempo para uma meia garrafa de vinho ou uma garrafa inteira. Hoje, o tempo médio de uma refeição caiu para 38 minutos e tende a incluir hambúrgueres e batatas fritas do McDonald's mais do que qualquer outro país da Europa. O vinho é a vítima do desaparecimento da refeição prazerosa. Não é o alvo da mudança, mas a queda no consumo do vinho deriva, em parte, da emergência de um estilo de vida mais rápido, mais moderno e agitado. Por ter resistido à mudança durante séculos, a França está se modernizando, e os hábitos do Velho Mundo estão dando lugar a uma nova realidade em ritmo acelerado. As crianças francesas de hoje não estão mais protegidas da internet, dos videogames, da televisão e da fast-food. Enquanto o campo permaneceu imune às mudanças da cidade, hoje estamos assistindo a uma diminuição das fronteiras e limites da França, na medida em que trens de alta velocidade estão rompendo as barreiras culturais e ligando todos os cantos do país.

Um segundo motivo pelo qual o consumo de vinho está caindo é uma recente campanha pública pela segurança, principalmente nas estradas. Em 2004, houve cerca de 10 mil mortes por ano causadas por acidentes de trânsito relacionados à embriaguez na União Européia, sendo a França um dos países com os piores índices *per capita*. Nos Estados Unidos, o governo federal respondeu ao aumento das mortes causadas por embriaguez essencialmente forçando todos os Estados a aumentar a idade para o consumo de bebidas alcoólicas para 21 anos, o que, na opinião dos especialistas, salvou dezenas de milhares de vidas. Embora a França não tenha considerado seriamente elevar a idade para o consumo de bebidas alcoólicas, que hoje é de 16 anos, o Ministério dos Transportes francês voltou sua atenção para motoristas bêbados nos últimos anos e também lançou uma campanha de educação pública destinada a alertar as pessoas sobre os efeitos de dirigir embriagado. Os motoristas prestaram atenção. Tanta atenção que os fabricantes de vinho, cujos lucros estão caindo, processaram o governo e lançaram uma contra-ofensiva para que o vinho fosse classificado como alimento. Com isso, não só seriam eliminados os avisos de alerta impressos nos rótulos das garrafas de vinho, mas os anúncios do produto no rádio e na tevê não teriam restrições. Não ache graça. A Espanha classificou o vinho como alimento em 2003.

O terceiro motivo pelo qual os franceses estão bebendo menos vinho é o maior grau de conscientização com a saúde que o povo francês – a exemplo de muitos ocidentais – está vivendo. Aparentemente, *algumas mulheres francesas realmente engordam* e elas estão tentando fazer dieta e exercícios, como todo mundo. E, em 2007, acabando com outro hábito essencialmente francês, fumar passou a ser proibido em lugares públicos na França – e cerca de 70% da população francesa apóia a proibição.

Talvez seja importante o fato de que os imigrantes que chegaram à França nas últimas décadas serem de origem muçulmana, e os muçulmanos religiosos não bebem álcool. Os franceses, portanto, não podem contar com a próxima geração de muçulmanos para salvar a indústria do vinho – na verdade, a crescente população muçulmana poderá exacerbar o problema e a terra hoje usada para os vinhedos poderia ser mais valorizada se utilizada para fins habitacionais.

Em geral, esses problemas com bens de consumo foram resolvidos por meio da exportação – se os próprios cidadãos franceses não bebem vinho francês, vamos exportá-lo. Mas para quem? Produtores de vinho iniciantes em vários países, dos Estados Unidos à Austrália, da China ao Brasil, vêm desenvolvendo os próprios vinhos mais baratos e de boa qualidade.

Os norte-americanos, de sua parte, não estão mais tão interessados em produtos franceses como no passado. Disputas quanto aos direitos sobre a famosa "batata frita" ("*French fries*", em inglês) e sérios desentendimentos em relação à política exterior deixaram muitos norte-americanos com a sensação de que a França não é mais o modelo que foi no passado. Sendo sinônimo de tudo que é luxuoso e fino e desempenhando um papel importantíssimo na história ocidental, a França não é mais um país relevante para a maioria dos norte-americanos, especialmente se comparada com a China, a Índia, a Rússia e o Reino Unido. Os comerciantes norte-americanos aproveitaram-se disso para aumentar a participação de mercado do vinho da Califórnia. Duas décadas atrás, os provadores de vinho desprezavam as provas de vinho da Califórnia. Hoje, eles as elogiam. Embora os consumidores de vinhos nos Estados Unidos tenham sido criados com

Merlots e Cabernets, perderam qualquer senso do que é um Bordeaux ou um Meursault. A indústria norte-americana vem educando seus consumidores enquanto os franceses lhes dão as costas, e os resultados têm sido significativos. Nesse meio-tempo, a Espanha, a Austrália e outros países produtores de vinho entraram no mercado com vinhos populares de menor custo, e os vinhos franceses ficaram isolados, sendo considerados caros, por terem benefícios menores.

Imagine se o povo chinês parasse de beber chá, ou se os japoneses abandonassem o *sushi*. Seria um cataclismo. Estes são os problemas criados pelo fato de que os franceses estão bebendo mais Perrier do que Pomorol. Em primeiro lugar, os vinhedos franceses – uma parte tão rica da identidade cultural francesa quanto a Disney World é para os Estados Unidos – estão em condições desesperadoras. Não tendo conseguido se preparar para a queda na demanda doméstica ou a ascensão dos produtores de vinho em outros países, os produtores franceses se viram diante de um excesso de oferta de Côtes du Rhône e uvas apodrecendo nas vinhas. A crise gerou violência contra a polícia e deflagrou pesados pacotes de assistência do governo. Os comerciantes de vinhos franceses costumavam ser empresários de elite, os guardiões dos padrões gustativos da França. Hoje, eles estão liderando tumultos nas ruas. Em 2006, a Comissão Européia estava considerando novas medidas drásticas para reverter a queda no consumo de vinho.

Em segundo lugar, embora a queda no consumo de vinho traga benefícios em termos de redução de alcoolismo, cirrose e outras doenças relacionadas com o álcool na França, também poderemos ver efeitos adversos na saúde, caso as alegações de que o vinho tinto tem propriedades medicinais sejam verdadeiras. Embora ninguém saiba ao certo se o vinho tinto reduz a incidência de doenças cardíacas, a teoria já sobrevive há décadas, e os baixos índices de doença coronariana na França, apesar de sua dieta com alto consumo de gordura, certamente alimentaram o mito. Hoje em dia, com o consumo de vinho reduzido à metade do que era há quarenta anos, este será o verdadeiro teste da teoria – talvez haja um aumento no número de ataques cardíacos. Se não houver, isso pode reverter um dos grandes motivadores do alto consumo mundial de vinho tinto.

É claro que algumas pessoas podem se beneficiar com isso. Se você for um empresário norte-americano, talvez não seja má idéia comprar alguns vinhos franceses baratos e colocar alguns rótulos anunciando "VINHO FRANCÊS AUTÊNTICO" por menos de 10 dólares a garrafa. Algumas pessoas nos Estados Unidos ainda ficarão muito impressionadas.

Se você for parte de uma família francesa jovem, estará economizando dinheiro – muitos euros por dia – bebendo menos vinho e provavelmente estará colocando esse dinheiro em conveniências modernas, com a conseqüente elevação do padrão de vida. Também estará contribuindo mais para o produto interno bruto do país, com melhores condições de render mais porque terá mais horas por dia com o máximo de atenção disponível.

Se você for um produtor de vinhos franceses, está enfrentando exatamente a situação oposta – muito mais tempo ocioso e menos euros no bolso. Talvez você até beba mais do que deveria simplesmente para chegar ao final do dia e se perguntar: "Afinal, o que aconteceu com o antigo regime?"

Picassos chineses

▲

Existem alguns fatos que todos conhecem sobre a China. Em primeiro lugar, é uma superpotência econômica em desenvolvimento, com 1,3 bilhão de pessoas, das quais 500 milhões deverão fazer parte da classe média em 2010. O próprio tamanho do mercado é assustador.

Em segundo lugar, especialmente nos Estados Unidos, sabe-se que, devido ao intenso foco do governo em ciências e engenharia, o país está formando centenas de milhares de cientistas todos os anos – ganhando dos norte-americanos em termos de diplomas em ciências e engenharia.

Talvez seja surpreendente saber que a China também é cada vez mais uma superpotência nas artes. Entre 1993 a 2005, a principal casa de leilões da China praticamente quadruplicou seu volume de vendas anual, de menos de 2,5 milhões de dólares para 10 milhões de dólares. De acordo com proprietários de galerias de arte na China, a demanda doméstica por arte chinesa cresceu quase dez vezes nos últimos anos e espera-se que continue subindo. Isso é nitidamente reflexo do boom da classe média chinesa, que não só tem paredes brancas para decorar e fortunas para gastar, mas também opção além do volátil mercado de ações chinês para investir seu dinheiro.

No entanto, o crescente interesse chinês pela arte – por maior que seja até para os chineses – não é o fim da história. Essa é uma explosão global. Desde a década de 1980, o preço dos quadros a óleo de artistas chineses contemporâneos no mercado mundial de arte disparou, em alguns casos em até cem vezes. Somente entre 2004 e 2006, a Sotheby's e a Christie's aumentaram suas vendas de arte contemporânea asiática (principalmente chinesa) em todo o mundo de meros 22 milhões de dólares para incríveis 190 milhões de dólares. De repente, a arte chinesa é um dos pontos altos do cenário internacional.

Uma situação nada desfavorável para um país que apenas alguns anos atrás exigia que toda forma de "arte" expressamente glorificasse o partido comunista, certo? O que aconteceu?

Em primeiro lugar, a China *era* líder mundial em muitos tipos de arte, como caligrafia e, é claro, a porcelana que muitos de nós no Ocidente chamamos "porcelana chinesa". Mas o século XX foi um período de baixa produção, com toda a repressão comunista da maior parte das formas de expressão artística. Após a morte de Mao Zedong, em 1976, houve um florescimento temporário da arte, com os artistas se aventurando em um estilo nervoso, *avant-garde* de pintura, mas em 1989 a exposição "China/Avant Garde" na Galeria Nacional de Pequim foi fechada pelo governo após semanas de inauguração. Alguns meses mais tarde, veio o massacre da Praça Tiananmen, e muitos artistas fugiram de seu país natal ou abandonaram inteiramente a arte.

Somente lentamente, ao longo da década de 1990, a arte chinesa retomou seu caminho. Em 1992, as autoridades comunistas legalizaram o mercado de arte privado e começaram a flexibilizar a censura. Em 1995, havia artistas chineses expondo na Bienal de Veneza, a maior exposição mundial de arte contemporânea e, em 1996, os americanos fizeram fila para ver a Exposição de Arte Asiática Internacional de Nova York. Em 2004, como parte de suas obrigações como membro da Organização Mundial do Comércio, a China abriu suas portas para os maiores leiloeiros estrangeiros e, em 2006, a Sotheby's e a Christie's batiam recordes de vendas de arte chinesa (embora ainda fora da China propriamente dita). Hoje em dia, o governo chinês cultiva de modo afirmativo as estrelas de arte internacional.

Quando pensamos em arte chinesa, não devemos imaginar cenas pastorais, com aqueles caracteres exóticos em tinta preta. Os maiores pintores chineses da atualidade apresentam estudos completos de músicos, prostitutas, famílias e acrobatas, assim como quadros abstratos riquíssimos. Alguns dos mais ousados retratam bebês vermelhos flutuando em cenários pós-industriais ou bois tibetanos dando piruetas em linhas de trem. Muitos se tornaram conhecidos no mundo inteiro, assim como artistas ocidentais contemporâneos, como Damien Hirst e Jeff Koons. Liu Xiaodong, de 43 anos, da Província de Liaoning, vendeu seu quadro *A Man with Two Women* (Um homem com duas mulheres) para um empresário chinês por um valor recorde de 2,7 milhões de dólares em novembro de 2006. Na mesma época, Zhang Xiaogang, 48 anos, da Província de Yunnan, conhecido por suas pinturas semelhantes a fotos da Revolução Cultural, vendeu seu quadro *Tiananmen Square* por 2,3 milhões de dólares na Christie's de Londres.

Não é só pintura, não. Cai Guo-Qiang, nascido em 1957 na Província de Fujian, mas baseado em Nova York, é mais conhecido por criar um arco-íris sobre o East River para comemorar a abertura da sede temporária do Museum of Modern Art (MoMa) no Queens, e por explodir um dragão sobre o rio Tâmisa. A pintura, os filmes, os vídeos, a fotografia e os espetáculos artísticos chineses tornaram-se alguns dos mais inovadores do mundo.

Talvez especialmente nos Estados Unidos esse fato não seja surpresa alguma. Um dos fundadores do país, John Adams, uma vez escreveu para sua esposa, Abigail, que ele "precisava estudar a política e a guerra, para que meus filhos possam estudar... comércio e agricultura, para dar a seus filhos o direito de estudar pintura, poesia e porcelana". Assim, talvez seja a progressão natural que a guerra abra caminho para o comércio e que o comércio abra caminho para a arte. Talvez os mercados florescentes da China, seus empresários e cientistas, em vez de se mostrarem inconsistentes com uma forte presença artística, sejam parte natural desse terreno fértil.

As implicações são enormes, assim como tudo na China. A crescente classe de artistas chineses está na casa dos milhões – incluindo aqueles na casa dos 20 anos que vendem suas fotos a ávidos exploradores ocidentais por 10 mil dólares cada; os artistas entre 30 e 40 anos que nasceram durante a Revolução Cultural e agora criam nessa interseção de "regime autoritário e consumismo desenfreado", como disse um observador; e os de 50 e 60 anos que envelheceram durante a Revolução Cultural e agora têm a perspectiva, e alguma liberdade, para criticá-la.

Há um mercado ainda maior para a produção de arte de massa e sua reprodução. Uma cidade chinesa chamada Dafen, nas margens da cidade do sul da China chamada Shenzhen, é o berço de centenas de lojas de pintura a óleo, em que milhares de trabalhadores em linhas de montagem podem recriar para você em minutos qualquer obra de arte que você quiser – seja chinesa ou estrangeira, clássica ou contemporânea. Isso sim é a fundação empresarial da expressão artística.

Haverá certamente uma indústria florescente de mercadores de arte, comerciantes, intermediários e, é claro, falsificadores na China. As autoridades culturais estatais precisaram aprovar uma lei em 2003 exigindo que todos leiloeiros e respectivos funcionários fossem submetidos a provas regulares anuais para evitar fraudes no enorme mas nascente mercado de arte chinês.

O público também está crescendo muito. Os jovens chineses aparentemente adoram as agitadas galerias de arte, tornando as visitas a esses centros uma das diversões que mais cresce na China. Como resultado, os museus Guggenheim, nos Estados Unidos e Pompidou, na França, estão tentando abrir filiais na China.

Sim, parte do mercado ainda precisa amadurecer, tanto em termos da liberdade dos artistas quanto em função do gosto dos compradores. O governo ainda censura algumas obras, especialmente se estiverem ligadas à política contemporânea, e tende a não permitir que a arte nacional deixe o país. Do lado dos compradores e críticos, também há algum refinamento necessário e algumas galerias ainda pagam aos pintores simplesmente conforme o tamanho da tela.

Entretanto, considero que o desenvolvimento de artistas chineses é uma boa notícia para todos. Não apenas para os chineses criativos, que tiveram de volta parte da liberdade perdida para se expressar esteticamente, e não apenas para as infinitas hordas de comerciantes de arte internacionais que desenvolverão seus negócios para atender à demanda.

Apenas para as pessoas de todos os outros países que poderão ter acesso a mais cidadãos chineses de outras formas. A emergência da arte na China é realmente uma boa notícia para a China se a liberação progressiva da expressão artística sinalizar uma expansão de outras liberdades políticas e econômicas também.

Durante a Guerra Fria, o poeta e autor teatral tcheco Václav Havel usou a arte, antes de usar a política, para desafiar o poder do governo comunista em seu país. Em uma série de peças internacionalmente aclamadas, Havel clamou por uma sociedade tcheca livre e aberta. Em 1989, Havel tornou-se presidente da recém-criada Tchecoslováquia democrática (mais tarde, a República Tcheca) – e sem violência. Algum dia, os artistas chineses poderão celebrar um novo capítulo não apenas em reformas artísticas, mas também econômicas e políticas na China.

Por fim, se você estiver interessado em conhecer comunidades artísticas florescentes, procure onde são feitos os negócios – negócios regulares. John Adams pode ter pensado que estava apenas brincando com a esposa sobre o legado de sua família, mas ele também estava fazendo uma observação precisa sobre a sociedade. O tamanho da China e sua rica história de inovação estética podem torná-la um local excepcional para o florescimento das artes hoje. Outros países cujos PIBs também estão crescendo de modo regular incluem o Azerbaijão, a Estônia, Trinidad e Tobago, e Gana. Talvez aquele expressionista estoniano que você está admirando agora também seja um ótimo investimento. E, é claro, o Vietnã.

Pergunte aos Medici – onde existe prosperidade, provavelmente existe arte. Onde existem prosperidade e rápidas mudanças sociais, pode haver arte de peso, pujante e até mesmo transformadora.

Vira-casacas russos

Essa tendência envolve o eleitorado russo. São russos que, na década de 1990, voltaram-se para a democracia e agora estão mudando de idéia. Eles não só estão com o futuro da Rússia em suas mãos, mas trazem uma mensagem bem significativa sobre democracia *vs.* prosperidade que, no Ocidente, costumamos achar que caminham juntas.

O final da década de 1980 foi bastante agitado para os democratas do bloco oriental. O movimento polonês Solidariedade ousou estabelecer conversações bilaterais concretas com o governo comunista; a Hungria instituiu eleições multipartidárias e os alemães orientais estavam marchando nas ruas pelo direito de viajar. Então, o Muro de Berlim caiu, e o partido comunista cedeu o poder na Tchecoslováquia, na Romênia, na Bulgária e na Albânia. Em 1990, as Alemanhas Oriental e Ocidental se reuniram e finalmente a União Soviética foi dissolvida.

Os russos estavam esperançosos. Após 75 anos de domínio comunista, e centenas de tsares autocráticos antes disso, a maioria dos russos disse à pesquisa Pulse of Europe Survey de 1991 que achava que o país deveria ter um governo democrático, em vez de seguir um líder forte para resolver os problemas do país. Entre os jovens com idade entre 18 e 34 anos, quase seis em cada dez afirmaram que favoreciam a democracia em vez de um líder forte. A promessa da liberdade econômica e política era concreta, estimulante e animadora.

Em muitos aspectos, as esperanças dos russos se concretizaram. Após uma depressão inicial na década de 1990, a economia russa vem crescendo há oito anos consecutivos, superando as taxas de crescimento médias de todos os demais países do G8. Graças ao aumento no preço da energia e às enormes reservas russas de petróleo e gás natural, a renda russa está aumentando, há crédito amplo ao consumidor e o mercado de ações está expandindo com o crescimento na demanda de consumo. A classe média russa emergente subiu para 40 e 50 milhões de pessoas. Nesse sentido, a queda do comunismo foi um sucesso pró-democrático e até mesmo pró-capitalista.

No entanto, hoje em dia, os russos estão informando às pesquisas de opinião globais alguns fatos surpreendentes. De acordo com o Pew Global Attitudes Project, sucessor do Pulse of Europe Survey de 1991, somente 28% dos russos são favoráveis a um governo democrático hoje, em vez de um líder forte – uma queda em relação a 51% em 1991. (Em 2002, o percentual favorável à democracia caiu para 21%.) Incríveis 81% da população, incluindo todos os subgrupos demográficos, hoje afirmam que uma economia sólida é mais importante para eles do que uma boa democracia.

Para colocar essa mudança em perspectiva, a Pew compara a mudança de opinião dos russos com tendências no mundo muçulmano, em que os líderes autoritários são comuns. Em cinco dos seis países predominantemente muçulmanos – Marrocos, Líbano, Turquia, Indonésia e Jordânia –, a maioria dos entrevistados afirma que prefeririam que fossem as instituições democráticas a resolver os problemas do país a um líder com pulso forte. Qual deles estaria mais comprometido com a democracia – esses países muçulmanos, que a maioria dos norte-americanos provavelmente não consegue nem encontrar no mapa, ou a Rússia, um aliado europeu, a quem os Estados Unidos ajudaram com quase 2 bilhões de dólares após a queda do comunismo há mais de 15 anos?

Parece estar surgindo um grupo de eleitores vira-casacas na Rússia. O eleitor que costumava defender a democracia, mas agora apóia um líder firme com poder concentrado nas mãos.

Esse eleitor é crucial para o futuro da Rússia. Segundo uma análise da Pew, os homens russos eram os maiores entusiastas da democracia no início da década de 1990, em comparação com o tímido apoio das mulheres: entre os homens, 58% eram favoráveis à democracia *vs.* 35% favoráveis a um líder forte e, entre as mulheres, os números caíram para 46% *vs.* 42%. Hoje em dia, entretanto, cerca de dois terços de todos os russos – homens e mulheres – preferem o líder forte.

Em segundo lugar, os novos eleitores vira-casacas russos são os jovens que estavam à frente do movimento pró-democracia no início da década de 1990. Na época, quase seis em cada dez russos entre 18 e 34 anos eram favoráveis à democracia, em detrimento a um líder forte; hoje, essas mesmas pessoas, com idade entre 30 e 40 anos, mudaram de opinião e estão a favor de um líder forte com uma margem ainda maior (de 66 a 29%).

Além disso, o dinheiro também está envolvido nessa mudança de opinião. O grupo de mais baixa renda na Rússia tem menos confiança nas formas democráticas de governo.

Homem, desiludido e que ainda não faz parte da classe média. O vira-casaca russo assiste à crescente defasagem entre ricos e pobres e sabe que ele está do lado errado. Ele está desapontado com o sistema de ensino russo, o péssimo sistema de segurança pública (menos de três em cada dez russos se sentem seguros nas ruas) e sua corrupção generalizada (em 2006, somente em Moscou, 40% dos entrevistados afirmaram ter subornado alguém nos últimos 12 meses). Esse é o eleitor vira-casaca russo.

É claro que o voto de qualquer tipo está em xeque nesses dias na Rússia. Provavelmente estimulado pelas próprias pesquisas que mostram como os russos gostam de uma liderança forte, o presidente Vladimir Putin substituiu os governadores eleitos regionalmente por políticos nomeados por ele; propôs o fim das eleições para prefeito; dificultou a criação e o registro de novos partidos políticos e fustigou o grupo de oposição, conhecido como "Outra Rússia", liderado pelo grande nome do xadrez Garry Kasparov, levando-o praticamente à extinção. Como afirmou um líder do partido em São Petersburgo ao *The New York Times* no início de 2007: "Eu não chamaria o processo em andamento em nosso país de democracia."

Ainda assim, há respeito pela opinião popular. As análises e pesquisas de opinião ainda são importantes para Putin, que certamente aprecia os próprios índices de aprovação, hoje acima de 70. Putin conduz sessões de perguntas eventuais e respostas ao vivo com o povo russo por e-mail e telefone para ouvir suas preocupações e compartilhar seus planos. Embora entenda-se claramente que Putin escolherá seu sucessor em 2008 (a menos que ele viole a Constituição para ter um terceiro mandato)*, os observadores também afirmam que ele começou a circular propagandas com o nome de alguns candidatos desde 2006, para ter certeza de que sua escolha será bem recebida.

Assim, a Rússia está em uma encruzilhada. Por um lado, o presidente Putin parece inclinado a tornar o país um "Estado petroautocrático", como um observador o chamou, e assumir o manto do movimento de oposição global aos Estados Unidos. Seu discurso em fevereiro de 2007, em Munique, foi descrito como "o discurso mais agressivo de um líder russo desde o final da Guerra Fria".

Entretanto, por outro lado, os eleitores russos – incluindo os vira-casacas que antes apoiavam a democracia – têm o poder de fazer seus líderes se lembrarem da crescente classe média, e atrair, em vez de repelir, mais investimentos estrangeiros e permitir mais liberdade econômica e democrática. Sim, eles ficaram desiludidos com a depressão pós-comunista na década de 1990 e, embora apreciem o crescimento econômico da era Putin e estejam impressionados com sua força, também há um crescente senso de que eles estão preocupados. Desde 2002, o número de eleitores que favorecem a democracia em vez de um líder forte aumentou de 21% para 28%. Na verdade, em uma pesquisa de 2006, quase metade dos russos afirmou que estava pelo menos um pouco preocupada com o fato de o presidente "tentar estabelecer uma ditadura rígida, valendo-se das forças de segurança".

Assim, os vira-casacas russos podem ajudar o país a superar seus problemas. Nos Estados Unidos, esses "vira-casacas" são as mães do futebol que estão envelhecendo e, na Rússia, são homens que jogam rúgbi. Eles não se importam com o fato de que a bola da democracia seja manipulada. Esses eleitores russos reforçam um fenômeno percebido no mundo inteiro – que as pessoas primeiro querem liberdade econômica e depois instituições democráticas, assim que houver um pouco de prosperidade. As

*Em maio de 2008, Putin foi eleito primeiro-ministro da Rússia pela Câmara Baixa do Parlamento. Dmitri Medvedev, seu pupilo, é o novo presidente da Rússia.

novas instituições democráticas podem ficar sem força para agir, enquanto os países que forem corajosos o suficiente para tentar liberalizar suas economias precisam demonstrar resultados rápidos. Então, mesmo em lugares como a Rússia, onde há um histórico de governos tirânicos e brutais, os eleitores estão optando por salvar a economia *vs.* a democracia. Se a democracia prevalecer, também será por causa de um instrumento democrático essencial, o eleitor vira-casaca.

Mulheres indianas em ascensão

Cento e cinqüenta anos atrás, as viúvas na Índia costumavam se jogar nas piras funerárias com seus maridos, em uma tradição chamada *sati*. Hoje em dia, um dos mais poderosos partidos políticos na Índia foi liderado por uma mulher (uma das mais amadas figuras dessa nação de mais de 1 bilhão de habitantes). Sua sogra, Indira Gandhi, foi primeira-ministra da Índia durante mais de 15 anos. Em todo o mundo, as mulheres indianas estão ascendendo a cargos importantes no mundo empresarial, científico, esportivo e artístico. Essa é uma conquista tremenda para um grupo que praticamente não tinha identidade alguma fora dos domínios domésticos.

A própria Índia avançou muito. Em 2007, a taxa de crescimento da economia era superior a 8% ao ano, tornando-a a segunda economia do mundo, perdendo apenas para a China. A classe média indiana está na casa dos 300 milhões, o que corresponde à população dos Estados Unidos. Na última década, a Índia tirou mais pessoas da pobreza do que o número de residentes da Europa Ocidental. Na década de 1990, a Índia elevou seu índice de alfabetização em 13 pontos – alcançando agora quase dois terços da população. No fim da década de 2030, estima-se que a Índia tenha a terceira maior economia do mundo, depois dos Estados Unidos e da China.

As mulheres indianas aproveitaram bastante esse avanço nacional. Nas áreas urbanas da Índia, o emprego para as mulheres cresceu mais de dez vezes em comparação aos homens. A economia cada vez mais baseada em conhecimento abriu mais oportunidades para as mulheres indianas com bom nível de instrução, que não precisam mais viajar para fábricas remotas a fim de fazer parte da força de trabalho. No ápice do sucesso profissional das mulheres indianas, estão superestrelas mundiais que apresentaremos mais adiante.

É claro que o país ainda tem um longo caminho a percorrer em relação à prosperidade nacional e à participação das mulheres. A Índia ainda tem o maior número de pobres do mundo, com quase 600 milhões de pessoas vivendo com 2 dólares por dia e outros 250 milhões vivendo com metade desse valor. Quase 2 milhões de crianças indianas morrem todos os anos antes de seu primeiro aniversário. Dois terços da população ainda vivem sem acesso a serviços básicos, incluindo 450 milhões de pessoas sem eletricidade.

Taxa de crescimento de emprego entre homens e mulheres na Índia urbana (1999-2005) (razão por milhar)

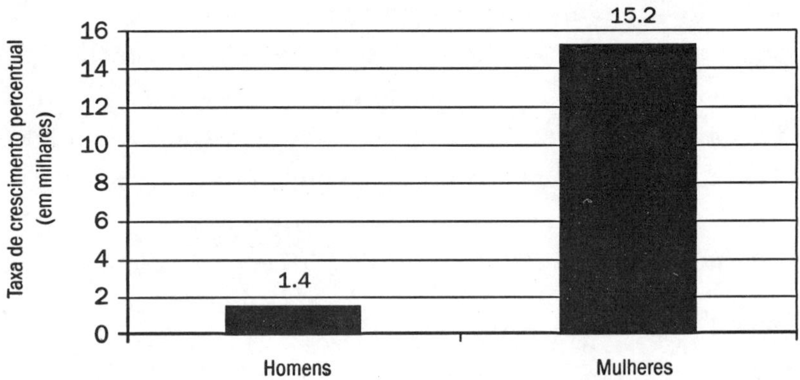

Fonte: Employment and Unemployment Situation in Cities and Towns in India, 2004-2005; National Sample Survey Organization, Ministry of Statistics and Programme Implementation, Governo da Índia, março de 2006.

Os ganhos das mulheres têm suas limitações. Embora o número de empregos para as mulheres nas áreas urbanas tenha aumentado, a maior parte de suas funções continua ligada a trabalho doméstico e agrícola de baixa remuneração. O ensino fundamental para meninas aumentou, mas menos da metade das meninas indianas chegam à escola secundária. O *sati*, mencionado anteriormente, e crimes por causa do dote, ou a prática de matar jovens noivas que não podem pagar o dote esperado pelos noivos, são oficialmente ilegais, mas ainda ocorrem. A violência contra mulheres em toda a Índia é elevada, e o número de abortos de fetos de meninas parece ser generalizado e estar crescendo até mesmo entre as famílias de mais renda. Em termos políticos, embora haja uma determinação em nível local de que um terço das cadeiras legislativas devam ser preenchidas por mulheres, o projeto de lei que disciplina o mesmo em nível parlamentar nunca alcançou consenso.

Entretanto, como parece ser o caso de todas as democracias do planeta atualmente, o aumento da participação feminina na Índia é certo e significativo. Na política, além da estratosférica família Gandhi, o número de mulheres legisladoras está crescendo, embora lentamente. Em vários Estados indianos a representação feminina supera os 33% exigidos, e os acadêmicos agora estão provando como faz diferença a liderança das mulheres. De acordo com um estudo de 2005, realizado por pesquisadores da London School of Economics, a representação política crescente das mulheres na Índia em dez pontos percentuais aumenta em seis pontos percentuais a probabilidade de que uma criança indiana de área urbana tenha acesso ao ensino fundamental.

Também nos negócios, mulheres como Naina Lal Kidwai e Kiran Mazumdar Shaw estão acabando com todos os estereótipos sobre mulheres e finanças. Kidwai, diretora-executiva do banco europeu HSBC na Índia, foi a primeira mulher indiana a se formar na Harvard Business School, e agora gerencia 50% dos investimentos institucionais estrangeiros em seu país. Um ano após se tornar diretora-executiva do HSBC Índia, informou o *India Today*, os lucros antes dos impostos do banco aumentaram 85%.

Shaw, nascida em Bangalore, começou como a primeira mulher a ocupar o cargo de mestre cervejeiro na Índia, e agora é presidente e diretora-executiva da maior empresa biofarmacêutica do país, a Biocon Ltd. Afirma-se que ela seja a mulher mais rica do país, com uma renda líquida de cerca de 500 milhões de dólares.

Nas artes, a diretora, escritora e produtora de cinema Mira Nair alcançou sucesso estrondoso tanto em Bollywood quanto em Hollywood. Desde sua estréia de sucesso *Salaam Bombay*! ao vencedor do prêmio de melhor roteiro *Mississippi Masala*, incluindo o indicado para o Globo de Ouro *Casamento indiano* e o muito aclamado *Nome de família*, de 2007, Nair também derrubou qualquer estereótipo que ainda havia sobre a pouca força das mulheres em Bollywood, dominada por homens, e o conteúdo de seus filmes contribuiu para o entendimento dos aspectos culturais de seu país tanto quanto o de qualquer outro cineasta mundial. A própria Bollywood agora é uma indústria que está tão "na moda" que atores badalados de Hollywood – como George Clooney – estão querendo entrar nela.

Esse tipo de impacto internacional está se espalhando em todos os campos. Os indianos formam o maior grupo de estudantes internacionais nos Estados Unidos, com quase 15%. Muitos deles ficam: depois de terminar a faculdade de administração em Yale, Indra Nooyi tornou-se presidente do Conselho de Administração da PepsiCo e, em 2006, foi nomeada a quarta executiva mais poderosa do mundo. Kalpana Chawla veio para os Estados Unidos para estudar Engenharia aeroespacial na University of Texas; ela foi a primeira mulher nascida na Índia a voar para o espaço e integrava a tripulação do ônibus espacial Columbia que explodiu.

Swati Dandekar, democrata do Estado norte-americano de Iowa, é a primeira mulher nascida na Índia a ser eleita para um cargo legislativo nos Estados Unidos. A tenista Sania Mirza, primeira atleta indiana a ser capa da revista *Time*, criou o próprio *fatwa* porque seus trajes de tenista não combinavam com os códigos de vestuário tradicionais para meninas indianas muçulmanas.

Evidentemente, Kidwai, Shaw e Nair são boas amigas – Shaw e Nair desde a infância –, o que pode explicar o seleto ambiente em que estão sendo criadas as mulheres indianas de prestígio. Sim, em uma nação com 500 milhões de mulheres, certamente haverá mais mulheres com menos oportunidades do que o número de mulheres na maioria dos países. No entanto, não há dúvida de que a ascensão das mulheres indianas é constante e significativa, e que, essa ascensão trará mudanças não só para a segunda maior nação do planeta, mas para o mundo todo.

Terroristas educados

O poder de poucos é enorme quando é destrutivo. Pequenos números de pessoas sempre conseguiram tramar assassinatos que mudaram o curso da história, mas nunca houve tão poucos capazes de causar tanto dano quanto no mundo moderno. Todos sabemos que uma célula terrorista com uma bomba na maleta pode mudar para sempre nossa sociedade.

Foi necessária uma única pessoa enlouquecida para transformar a Virginia Tech em um massacre e deixar uma nação inteira de luto. Foram vinte e poucos seqüestradores que derrubaram as torres do World Trade Center.

Mas há uma grande diferença entre os dois eventos. A matança em Virginia Tech foi produto de uma única mente perturbada cujas idéias morreram com ele, enquanto os ataques de 11 de setembro resultaram de um movimento intelectual e religioso que tem o poder de convencer até mesmo pessoas bem instruídas e aparentemente racionais a abandonar as próprias vidas e cometer suicídio em massa. Se eles estavam dispostos a destruir o World Trade Center, também estariam prontos a explodir a cidade de Nova York inteira se tivessem condições.

O poder de um movimento assim não deve ser questionado. Com mais de 1 bilhão de muçulmanos no mundo, a al-Qaeda pode aumentar seus membros para 10 milhões se conseguir convencer apenas 1% a se unir a seu movimento – uma força maior do que qualquer exército atual, que pode criar uma insurgência global capaz de transformar o mundo em um grande pesadelo.

No século XX, os movimentos de massa, como o fascismo e comunismo, mudaram o mundo e estavam por trás de muitos conflitos globais. Atualmente, os movimentos extremistas talvez sejam pequenos, mas causam destruição semelhante. Eles não precisam de governo, eleições ou apoio estatal (embora estejam procurando), mas podem pôr um fim na sociedade como a conhecemos.

Felizmente, a al-Qaeda ainda tem um longo caminho pela frente para chegar a 1%. De acordo com o Terrorism Knowledge Base, um banco de dados abrangente sobre incidentes e organizações terroristas em nível global, há um total de 1.255 grupos terroristas no mundo. Desses, 42 foram classificados pelo Departamento de Estado norte-americano como Organizações Terroristas Estrangeiras. A maior parte dessas organizações, sem dúvida, é a al-Qaeda, com cerca de 50 e mil membros, e bases em 45 países. Na verdade, todos os membros das 42 organizações envolvem apenas 125 mil terroristas, mostrando como a al-Qaeda é relativamente enorme nesse cenário.

Organizações Terroristas Estrangeiras selecionadas conforme designação do Departamento de Estado norte-americano

Nome da organização	*Base de operações*	*Número estimado de membros*
al-Qaeda	45 países	~50 mil
Autodefesas Unidas da Colômbia (AUC)	Colômbia	>20 mil
Novo Exército do Povo	Filipinas	16 mil
Forças Armadas Revolucionárias da Colômbia (FARC)	Colômbia	12 mil
Os Tigres da Libertação do Tamil Eelam (LTTE)	Sri Lanka	~8 mil
Exército de Libertação Nacional (ELN)	Colômbia	3 mil
Aum Shinrikyo/Aleph	Sete países, incluindo o Japão	>2 mil
Hamas	Israel, Cisjordânia/Gaza	>mil
Hezbollah	Líbano	mil

Organizações Terroristas Estrangeiras selecionadas conforme designação do Departamento de Estado norte-americano		
Partido dos Trabalhadores Curdos(PKK)	Turquia	>mil
DHKP/C	Turquia	<mil
Jihad Islâmica Palestina (PIJ)	Israel, Líbano, Síria Cisjordânia/Gaza	<mil
Frente Popular para a Libertação da Palestina (FPLP)	Israel, West Bank/Gaza	800
Sendero Luminoso	Peru	500
Jihad Islâmica Egípcia (EIJ)	Afeganistão, Egito	>300
Jemaah Islamiya (JI)	Indonésia, Malásia, Filipinas, Cingapura	>300
Organização al-Qaeda no Maghreb Islâmico	Argélia, Mali, Mauritânia, Nigéria	300
Pátrica Basca e Liberdade (ETA)	Espanha	300
Exército Republicano Irlandês de Continuidade (CIRA)	Irlanda, Reino Unido	<200
Jaish-e-Mohammad (JeM)	Caxemira, Paquistão	>100
Grupo Islâmico Armado	Argélia	<100

Fonte: MIPT Terrorism Knowledge Base, 2007.

Percentualmente 125 mil terroristas representam, em termos mundiais, cerca de 0,002%. Se analisarmos apenas os grupos radicais islâmicos da lista de 42 organizações terroristas, cerca de 22 deles se qualificam. Esses 22 grupos, desde a al-Qaeda, com 50 mil, até o Hamas e o Hezbollah, com cerca de mil membros cada, e o Jaish-e-Mohammad no Paquistão e o Grupo Islâmico Armado na Argélia, cada qual com cem, juntos chegam a cerca de 57,5 mil terroristas em todo o mundo. Em termos percentuais, considerando aproximadamente 1 bilhão de muçulmanos do mundo, isso representa 0,004%. Assim, essa é uma microtendência muito inferior a 1%, mas é uma nanotendência muito importante e obviamente perigosa.

Essa tendência não precisa se tornar um movimento de massa para ter sucesso. Em vez disso, demanda de um quadro crescente de membros inteligentes, sofisticados e durões. Hoje, seu crescimento depende não de atrair centenas de milhões de seguidores, mas de criar uma classe de liderança que possa mobilizar dinheiro e recursos e realizar as operações.

Embora a pobreza seja muitas vezes citada como a principal razão do crescimento do fundamentalismo, os fundadores do movimento terrorista têm um histórico de vida surpreendente. Na verdade, pobreza e desespero estão incrivelmente desvinculados da realidade desses ricos e bem instruídos fundadores como Bin Laden ou muitos terroristas de primeira linha, incluindo os seqüestradores dos aviões que se chocaram contra as torres em 11 de setembro, ou os homens-bomba do ataque ao metrô de Londres, em 7 de julho.

Nos dois lados do globo, nos Estados Unidos, na Europa, e no Oriente, em todas as religiões (incluindo no Islã) e no governo, nos negócios e no mundo acadêmico, os líderes vêm estabelecendo elos constantes entre o terrorismo e a pobreza e o desespero. Quando as esperanças e os sonhos dos jovens de alcançar ganhos materiais são frustrados, eles buscam a violência, afirma essa teoria. Quando eles não têm mais nenhum motivo para viver – e se conseguirem ganhar algum dinheiro para suas famílias ou alguma recompensa importante se explodindo, acabam fazendo esse sacrifício final. Por isso, afirmam os esquerdistas norte-americanos, o país "não pode mais permitir que os Estados fracassem". Os presidentes direitistas, como George W. Bush, afirmam: "Lutamos contra a pobreza, porque a esperança é a resposta para o terror."

Parece bem razoável. Embora os estudos sobre terroristas sejam limitados, as evidências empíricas não parecem comprovar que seja a pobreza ou o desespero econômico o motivo que leva as pessoas a se tornarem homens-bomba prontos para atingir alvos ocidentais. Na verdade, ocorre o oposto. Quando Israel estava destruindo as casas desses homens-bomba, ficaram surpresos com o que encontraram. Os pobres e pouco instruídos talvez sejam inteligentes demais para se matar por essa causa.

Em um estudo de 1980 sobre islamistas radicais mantidos em prisões egípcias, o pesquisador Said Eddin Ibrahim descobriu que o criminoso típico era do sexo masculino, na casa dos 20 anos; de família normalmente de origem rural ou de cidades pequenas; formado em ciência ou engenharia; ambicioso e com histórico de conquistas e motivação. Não era pobre nem desesperado, mas com um bom nível de instrução e a possibilidade de ascensão social.

Em 2002, os professores Alan Krueger e Jitka Maleckova compararam 129 combatentes do Hezbollah que haviam morrido na década de 1980 e no início da década de 1990 com a população libanesa de onde foram tirados. Enquanto entre os militantes do Hezbollah a taxa de pobreza era de 28%, a da população em geral era superior a 33%. Enquanto 47% dos militantes freqüentaram o ensino médio, somente 38% da população geral tinha esse nível de instrução.

Da mesma forma, em um estudo de 2003 sobre o suicídio em Israel, concluiu-se que a probabilidade de os suicidas virem de famílias pobres era inferior à metade da população como um todo. Mais da metade dos suicidas tinha instrução superior a nível médio, em comparação com menos de 15% dos palestinos, em geral na mesma faixa etária.

Os seqüestradores dos ataques de 11 de setembro e seus patrocinadores encaixam-se na mesma descrição. Eles são de famílias de classe média e tiveram formação em ciências e engenharia de alto nível. O próprio Osama bin Laden é engenheiro civil e muito rico.

Em um estudo de 2004 com quatrocentos terroristas globais, incluindo os criminosos de 11 de setembro, o psiquiatra forense e ex-agente da CIA Marc Sageman descobriu que três quartos dos terroristas vinham das classes alta ou média. Nove em cada dez vinham de famílias atenciosas e íntegras. Quase dois terços tinham nível superior (em comparação com os 5 ou 6%, porcentagem típica em seus respectivos países). Três quartos eram profissionais ou semiprofissionais, em geral nas áreas de ciências e engenharia. Quase três quartos eram casados, e a grande maioria tinha filhos. Menos de cinco dos quatrocentos tinham distúrbios de personalidade. Esses homens sabiam falar de três a seis idiomas, incluindo vários ocidentais. Como um historiador observou sarcasticamente, a principal causa do terrorismo está justamente no "dinheiro, na educação e no privilégio".

Sageman concluiu que o que levou esses quatrocentos homens, que, de outro modo, seriam inteligentes e privilegiados, para o terrorismo foram suas redes sociais. Como eram tão brilhantes, foram estudar no exterior e, longe de casa, sentiram-se solitários e excluídos. Eles se reuniam para comer e socializar nas mesquitas e arredores e foi ali que os líderes radicais os transformaram em violentos combatentes do *jihad*. Outros acadêmicos afirmaram que, além das redes sociais, os terroristas são motivados por questões essenciais de identidade e orgulho – em nível pessoal ou nacional. Os homens-bomba têm dinheiro e instrução, mas sentem-se pessoalmente excluídos, como novos-ricos desdenhados pela aristocracia. Ou se sentem rechaçados culturalmente, dada a perda de destaque e realizações que o Islã sofreu em nível global. Longe dos mitos convencionais, os terroristas não são desesperados pela subsistência material ou, obviamente, pela sobrevivência. Sua missão é mudar o mundo pela força.

O conselheiro do Departamento de Estado David Kilcullen mapeou uma hierarquia de terroristas islâmicos potenciais. Na base, está a vasta população dos "essencialmente muçulmanos" – aqueles que poderiam ser atraídos ao terrorismo ou se aliar contra ele, cujos principais problemas poderiam ser resolvidos por reformas políticas. Acima deles, está um grupo menor, que ele chama de "muçulmanos alienados". Essas pessoas desistiram das reformas e estão dispostas a se juntar aos radicais. Para dissuadi-las, ele afirma, é preciso empregar conversão ideológica, da mesma forma como os jovens norte-americanos são dissuadidos a entrar em gangues. Além disso, no topo da hierarquia, existem alguns que estão além da persuasão e da coerção. São esses os mais perigosos. Quando investigamos melhor quem são essas pessoas, o quadro é bem surpreendente. Parece que os soldados do terrorismo são os combatentes mais bem-educados e mais auto-suficientes do mundo.

O significado de entender bem quem são os terroristas hoje é enorme. Afinal de contas, a falta de inteligência correta tem sido um dos mais perigosos calcanhares-de-aquiles dos Estados Unidos. Até hoje, não está claro se o que o país fez para derrotar o terrorismo foi eficaz ou os ajudou a recrutar mais adeptos. Exatamente qual é a estratégia certa para derrotar o terrorismo depende muito de quem são realmente os terroristas e de como eles se tornaram assim.

Embora o terrorista típico talvez não seja Patty Hearst, pode ser que ele (ou ela) seja uma pessoa comum, em qualquer biblioteca, lanchonete Starbucks ou alojamento universitário nos Estados Unidos. Os terroristas são dedicados porque acreditam, e suas crenças são elaboradas e sofisticadas.

O movimento terrorista central do século XXI, diferentemente do comunismo, não será derrotado com máquinas de lavar. Além dos esforços militares e sociais, será necessária uma sólida coesão intelectual e religiosa – talvez um movimento entre diferentes crenças para definir o verdadeiro caminho até Deus que reconquiste tantos fiéis intelectualmente quanto os militares conseguem encontrar e destruir militarmente. Os mais ferozes combatentes estão sendo recrutados em boas escolas e na internet, e não nas favelas – veja o caso dos terroristas que atacaram o metrô de Londres em 7 de julho. Eles fazem parte de um movimento romantizado que é justificado pela doutrina religiosa. Serão necessários esforços redobrados para abalar as fundações intelectuais desse movimento e interromper o fluxo desse tipo de recruta. O terrorista de classe A não existe por acaso – a presença consistente de terroristas com boa formação mostra o poder de idéias distorcidas de perverter mentes jovens e impressionáveis, e demonstra como é preciso fortalecer sempre nossos esforços para vencer a batalha no campo das idéias.

Conclusão

Microtendências

Quando os filósofos gregos tentaram explicar pela primeira vez a mudança natural do mundo ficaram confusos. Até que Demócrito, em cerca de 460 a.C., propôs a teoria de que o mundo era feito de átomos – pequenas mas distintas partículas cuja combinação definia o estado e a natureza da matéria. Muitos discordaram; até Aristóteles foi seu principal crítico. Com o tempo, contudo, demonstrou-se que Demócrito tinha razão. Na verdade, até mesmo a massa mais sólida é feita de bilhões de átomos invisíveis que determinam sua natureza.

Como qualquer aluno do ensino médio sabe, apenas uma ligeira mudança nessa combinação de átomos causará efeitos profundos na resistência do aço, no brilho dos diamantes ou na radioatividade do urânio enriquecido. Essa analogia reflete a teoria subjacente das microtendências – a nossa cultura hoje é cada vez mais produto do que identifico como átomos sociais – pequenas tendências que refletem hábitos e escolhas que estão mudando. Em geral, são difíceis de identificar, mas tentei apresentar uma espécie de tabela periódica das tendências nas principais searas da vida diária. Ligeiras mudanças na combinação desses átomos culturais causarão profundas transformações na forma de nosso globo e na natureza de nossa sociedade.

Hoje, a maioria das pessoas faz críticas semelhantes às de Aristóteles – uma visão holística dos eventos a partir do próprio ponto de vista. Entretanto, diferentemente de Aristóteles, elas muitas vezes alegam ter visto a floresta sem realmente terem examinado as árvores. Especialmente nesse mundo atual acelerado, as pessoas estão cada vez mais fazendo seus juízos com base na própria visão de mundo, em vez de construir uma opinião baseada nos fatos, o que consideram difíceis de determinar. A verdade nua e crua é que, na maior parte das vezes, não é possível identificar padrões concretos na vida das pessoas, a não ser por meio de estatísticas. Ainda assim, afirmamos que nosso entendimento se baseia em nossos próprios pontos de vista limitados. A tendência, então, é que a sabedoria convencional seja ao mesmo tempo muito dogmática e muito equivocada.

Ao longo dos anos, descobri que, em geral, existe uma grande lacuna entre crença sobre a economia e o real estado da economia. Até as estatísticas serem efetivamente publicadas, as pessoas tendem a analisar a economia principalmente pelos olhos da mídia nacional. Em 1992, quando Bill Clinton ganhou as eleições com base em preocupações econômicas, as estatísticas publicadas após a votação mostraram que o período anterior ao mês de novembro fora realmente de crescimento recorde. As atitudes haviam sido negativas em uma época em que a economia estava realmente se recuperando.

Em 1995, quando eu trabalhava com o presidente Clinton, Pat Buchanan saiu na capa das revistas *Time* e *Newsweek* alardeando as idéias de que a economia estava indo por água abaixo e de que não havia bons empregos disponíveis. Os Estados Unidos estavam se tornando a nação dos atendentes de lanchonetes, que só sabem virar hambúrgueres, disse ele a jornalistas que demonstravam concordância. Pedi ao chefe do Conselho de Assessores Econômicos da Casa Branca que investigasse o assunto e ele descobriu que as pessoas estavam conseguindo ótimos empregos na nova economia, liderados pelo setor de software. Em seu discurso de posse em 1996, o presidente Clinton disse que os Estados Unidos tinham a melhor economia em trinta anos – uma declaração que fez com que uma horda de repórteres corresse para consultar as estatísticas em vez dos movimentos políticos populares e as afirmações generalizadas e politicamente motivadas. Quanto mais as pessoas analisavam os fatos, mais concordavam, e seis meses mais tarde havia quase uma unanimidade no sentido de que a economia dos Estados Unidos estava melhor do que nunca. Será que a economia mudou? Não, o que mudou foi o conhecimento dos verdadeiros fatos sobre a economia. Quando as pessoas passaram a enxergar as árvores em si, sua visão da floresta mudou.

Aprendi nesse episódio que um cidadão comum não tem como saber a diferença entre 4% e 8% de desemprego. Se você tem cem amigos e uns têm melhores empregos do que outros, não há como saber ao certo se a economia está firme ou não. Se vinte desses amigos estão desempregados, a situação muda; em outras palavras, é fácil identificar os desastres completos e as depressões econômicas. Mas não é possível ver as mudanças nas faixas normais da maior parte das estatísticas. Não sabemos exatamente a diferença entre um boom econômico e uma recessão, que seria a diferença entre 4% e 8% de desemprego.

Para a grande maioria dos assuntos, as pessoas valem-se de uma combinação de informações obtidas de noticiários, sites, revistas, rádio e conversas com amigos e seus próprios instintos. Considerando o fato de que quase todas essas fontes são pouco científicas, a maioria das pessoas acaba sendo enganada em boa parte dos casos sobre o que realmente está acontecendo. As pessoas são influenciadas pelo que *parece* certo ou pelo que desejam ver. Raramente se dão ao trabalho de analisar os fatos concretos.

Convido você a tentar identificar alguma tendência por conta própria no site www.microtrending.com. Eu apresentei 75 tendências para começar e, sem dúvida, você identificou várias das próprias tendências ao ler o livro ou elas fizeram você lembrar de alguma outra ainda não registrada. Neste livro, tentei mostrar como o foco nos fatos e nos números permite ver um universo que é praticamente paralelo – em geral oculto e, ainda assim, bem diante de nossos olhos. Quase todas as informações aqui reunidas foram extraídas de fontes publicamente disponíveis; ou seja, está tudo disponível para quem quiser ver. Uma análise dos dados sugere que mais pessoas devem consultar os números e com mais freqüência. Eles são as folhas de chá para entender as mudanças em nossa sociedade. Talvez Alexis de Tocqueville pudesse entender a sociedade norte-americana a partir da observação direta quando os Estados Unidos ainda eram uma nação pequena e jovem, mas hoje em dia ele provavelmente estaria confuso.

Os Estados Unidos estão passando por mudanças estruturais de maneira contraditória – uma sociedade que está fundamentalmente mais velha, mas que trabalha mais; que está lutando para ficar mais saudável, mas nunca teve maiores índices de obesidade ou consumo de cafeína; que está discutindo cada vez mais o estilo e a personalidade dos políticos, mas está mais bem instruída do que nunca.

O mundo também está mudando de modo bastante contra-intuitivo. À medida que a ciência se torna mais importante, assistimos a uma ascensão da religião; à medida que a liberdade econômica e o capitalismo avançam pelo mundo, a democracia e os direitos humanos perdem terreno; as sociedades que mais apóiam ter e criar filhos estão apresentando as maiores quedas demográficas.

As novas leis das tendências estão entrando em foco. Para cada tendência, há uma contratendência. Para cada passo em direção à modernização, há um impulso de permanecer atrelado aos valores do passado. Para cada acesso à internet, temos pessoas buscando atividades manuais e sossego. Para cada ímpeto pelo acesso rápido à informação, existem pessoas que querem mais tempo, mais detalhe e mais atenção. Para cada aumento no número de lares sem filhos, há um aumento no número de casas com animais de estimação.

Microtendências reflete o impulso humano em direção à individualidade, enquanto a sabedoria convencional em geral busca levar a sociedade em direção ao menor denominador comum. Como eu disse no início, vimos a economia da Ford original literalmente ser substituída pela economia do Starbucks – a multiplicação das escolhas como fator motivador da expressão e da satisfação pessoais.

Algumas tendências são grandiosas e óbvias – e afetam a maioria das pessoas. No entanto, cada vez mais o que está moldando o mundo é uma série de anseios e forças ocultas e poderosas que estão em ação logo abaixo da superfície. Nessas forças, estão as sementes das mudanças inesperadas. Elas explicam por que a tolerância à guerra e ao conflito está em declínio; por que a liberdade econômica parece ser irreprimível; e por que, de repente, há maior aceitação de estilos de vida e casamentos que durante milhares de anos foram condenados e amargamente proibidos.

Os movimentos começam com pequenos grupos de pessoas dedicadas, intensamente interessadas. É por isso que o modelo de organização da al-

Qaeda e o foco no número de convertidos para os movimentos terroristas tornam-se críticos. Os movimentos vitoriosos não são necessariamente os da maioria, mas eles têm força e intensidade próprias. Dez pessoas com bazucas podem vencer mil com cartazes em um piquete, mas não vencem 10 mil pessoas em um piquete. Esta é a mágica do limiar de 1% e o potencial de as microtendências serem o centro desse movimento para mudar o mundo.

Muitas das tendências discutidas neste livro foram divertidas – mas quase todas têm um lado sério. O pró-semitismo pode ter seu lado engraçado, tipo piadas étnicas sobre como encontrar um marido que seja bom em fazer reservas antecipadas, mas também representa a queda de milhares de anos de barreiras. Os animais de estimação que estão ocupando o lugar das crianças nas casas podem impulsionar a venda de caminhas de cachorro forradas de seda, mas também mudarão de modo crítico a atitude das pessoas em relação aos animais e como nós os tratamos. Os avessos ao sol podem parecer tolos com suas mangas compridas na praia, mas reorientar a maneira como encaramos a vida ao ar livre, as atividades de recreação e a política ambiental. Se as pessoas estão se automedicando, terão problemas quando encontrarem os médicos de verdade, e pode haver mortes causadas por esses médicos sem diploma em caso de "negligência".

Será que o interesse dos jovens por atividades como tricô indica um retorno ao básico – a chance de fazer algo com as mãos? Ou será que seu interesse em se tornarem atiradores de elite levará a mais atos criminosos de covardia? Ou será que isso pode mudar a forma como encaramos todos os tipos de combate?

Claramente, com os jovens magnatas de um lado e os aposentados na ativa do outro, as pessoas estão trabalhando mais no início e no fim de sua vida – apesar de toda a conversa de valorizar o tempo com os filhos e a família, os norte-americanos estão buscando cada vez mais as recompensas do trabalho e menos as recompensas da vida em família. Daí a explosão no número de unidades familiares compostas por um só membro.

Embora exista uma onda de interesse pela religião, as pessoas em todo o mundo estão girando em torno de cultos menores e novas seitas religiosas. Algumas religiões mais antigas estão tentando se modernizar, reformando suas doutrinas e abrindo o púlpito para as mulheres. Outras seguem o caminho mais tradicional. Talvez em nenhum outro movimento seja possível ver microtendências mais contraditórias e contrastantes do que na religião hoje em dia. Mas isso sugere que o que estamos vendo agora tende a crescer – cada vez mais as pessoas terão elos frouxos com a religião e, ao mesmo tempo, os seguidores mais fanáticos aumentarão sua devoção e influência. Temos de ser vigilantes e observar o crescimento de cultos fora do padrão, e também tentar proteger a separação existente entre a igreja e o Estado.

Na política, vemos que cada vez mais os partidos democrático e republicano são formados por frágeis coalizões cujos membros estão se tornando mais conservadores e rigorosos em suas perspectivas. No lado dos republicanos, a direita cristã, os executivos que querem cortar impostos, os independentes antigoverno e os durões patrióticos estão mostrando a tensão existente à medida que a frouxa coalizão de seu partido começa a se esvair. No lado dos democratas, a coalizão histórica dos sindicalistas, das minorias, das mulheres e dos moderados está tendo de integrar prioridades e técnicas inteiramente novas de ativismo político, como o movimento Net Roots e os blogs.

Assim, existem boatos sobre um terceiro, quarto e quinto candidatos de cada partido se apresentando. O padrão atual sugere que é apenas uma questão de tempo antes que um partido ou outro entrem em colapso, trazendo consigo uma mudança profunda na estrutura política norte-americana. Em meados de 2007, o partido democrata estava energizado e demonstrava grande união. O partido republicano, por outro lado, perdia membros e a própria identidade, pronto para uma ruptura.

Em uma área crítica após a outra, vemos o potencial de maior fragmentação, e o impacto das microtendências em acelerar essa fragmentação. Estamos vendo grupos expressarem sua individualidade de novas formas, exercendo mais pressão na religião, política, cultura popular e estrutura familiar.

O outro lado da moeda dessa desagregação da sociedade é que continuará a haver mais apoio para a tolerância. Se as escolhas individuais se tornarem cada vez mais importantes para as pessoas, então os direitos da minoria também se tornarão igualmente importantes para a expressão dessas diferenças. Acredito que já estejamos vendo exemplos dessa nova onda de tolerância diante de estilos de vida diferentes, incluindo uma aceitação generalizada dos homossexuais. Embora o casamento entre indivíduos do mesmo sexo tenha fracassado na política de muitos Estados norte-americanos, o grau de tolerância aumentou consideravelmente em relação a homossexuais, negros, hispânicos e mulheres, bastando um único comentário insultante, como os feitos pelo ex-senador da Virgínia, George Allen; o ex-ator do seriado *Seinfeld* Michael Richards, ou o ex-radialista Don Imus, para acabar com uma carreira.

Se o casamento via internet se tornar regra, então, por definição, as antigas formas de união estabelecidas por causa de religião, proximidade, etnicidade e clube social ficarão obsoletas. Esse fim das barreiras e a maior liberdade de escolha agora estão passando a integrar todas as decisões importantes das pessoas.

A tese que norteia este livro é a de que a sociedade está mudando de uma maneira que poucas pessoas são capazes de identificar e compreender. Concentrando-se apenas nas principais tendências que atingem a "massa crítica", a maioria dos observadores deixa escapar o fato de que não é mais preciso esperar chegar a esse ponto para que determinada tendência vingue e cause um potencial impacto na sociedade.

A libertação de mais 600 mil presidiários por ano significa o triplo do número de ex-delinqüentes nas ruas em comparação com vinte anos atrás. A menos que algo completamente diferente seja feito com esses recém-libertados delinqüentes, o crime aumentará e a sociedade norte-americana sofrerá as conseqüências.

Os imigrantes, que costumavam se esconder nas sombras, estão trabalhando a força política e levando os milhões de imigrantes legais para as urnas em Estados norte-americanos que podem fazer a diferença na hora de decidir as eleições. A menos que a imigração e suas outras importantes prioridades domésticas sejam atendidas, eles desempenharão um papel significativo – e talvez decisivo – na política, quem sabe, literalmente determinando quem será o próximo presidente norte-americano.

Se vários milhões de americanos entrarem para o setor sem fins lucrativos, declarando que para eles mais importante que o dinheiro que ganham é o bem que podem fazer, isso certamente terá um impacto significativo na mudança do paradigma de sucesso dos Estados Unidos.

Muitas das tendências internacionais assinaladas aqui mostram que nenhuma sociedade ficará imune a essa onda de novas escolhas que as pessoas estão fazendo. Os empresários no Vietnã e os artistas na China estão mudando a natureza e a imagem desses países. Quer seja por meio de uma renovada expressão econômica ou artística, as microtendências em ação nesses países causam um impacto profundo nessas sociedades, na medida em que mais e mais pessoas buscam maior expressão nessas formas de expressão ou de outras maneiras inovadoras.

Alguns argumentaram que a explosão de opções tanto em produtos quanto em identidades é confusa, paralisante e até mesmo deprimente. Como escreveu Malcolm Gladwell em *Blink – a decisão num piscar de olhos* e Barry Schwartz descreveu em *O paradoxo da escolha*, 24 opções de geléia atraem consumidores, mas seis opções de geléia impulsionam as vendas. Opções demais dão origem a sentimentos de pressão, sobrecarga e arrependimento. É melhor ficar sem geléia do que olhar para trás e pensar que a escolha foi errada. Preferimos não nos transformar em seres independentes a viver a frustração de sermos (inevitavelmente) imperfeitos.

Talvez. Mas, francamente, esse trem já partiu da estação. A Starbucks não vai deixar de oferecer seus 42 sabores de café, cinco marcas de leite e 16 opções de aromatizantes, ou nove tipos de adoçante – e o mundo não vai forçar as pessoas a aceitar papéis fixos em termos de gênero, vida espiritual ou profissional. Assim, embora seja prudente aprender a administrar as escolhas, caso elas se tornem exasperadoras, o importante é que, no mundo de hoje, o potencial para a satisfação pessoal relativo à escolha ou à liberdade individual está em seu maior nível.

Outros observadores da ascensão da escolha e da especialização argumentaram que o boom ameaça a coesão social. Se tudo for favorável à autodeterminação – do gênero à religião, passando pelas expectativas sobre casamento –, então não pode haver unidade ou comunidade, um único país, uma consciência universal.

Bem, provavelmente nunca houve tanta unidade nacional nos Estados Unidos do que agora. Trata-se de uma nação que sempre falou centenas de idiomas. É uma nação que travou uma guerra civil por causa da escravidão de um terço de seus habitantes. Na verdade, o mais famoso e celebrado dos *The Federalist Papers*, o alicerce intelectual da própria fundação dos Estados Unidos, é o tratado de James Madison sobre "facções", que descreve a inevitabilidade (e produtividade) dos grupos de interesse especial altamente competitivos dos Estados Unidos.

O que é diferente agora não é o fato de que as facções da sociedade são muito mais numerosas, mas sim que estão se dividindo em nível de escolha pessoal, em vez de circunstâncias, como raça – ou fortuna, como ser proprietário de terras. Os Estados Unidos estão pelo menos tão intensamente divididos quanto qualquer democracia saudável já foi, mas ao longo de novas linhas, relacionadas às escolhas. Ainda assim, como resultado, o país agora tem mais comunidades. Hoje, 1 milhão de famílias que desejam educar em casa seus filhos podem encontrar aliados que compartilham suas idéias e trocam recursos na internet, em vez de se sentir isoladas, despreparadas ou frustradas em suas preferências. Agora, 2 milhões de pessoas que percebem mais tarde na vida que são homossexuais podem viver abertamente com esse fato – eles e suas famílias estão encontrando apoio de comunidades on-line em todo o país e no mundo.

Então, embora alguns possam considerar com pessimismo o fato de as sociedades do século XXI estarem igualmente ou mais divididas do que as anteriores, acredito que, no geral, trata-se de uma boa notícia.

É claro que, em uma terra de escolhas pessoais altamente variáveis que são expressas com firmeza, será mais difícil para as democracias, tanto as emergentes quanto as mais antigas, como a dos Estados Unidos, administrarem todas as vicissitudes dos valores privados e dos recursos públicos. Não haverá soluções nacionais simples, e os políticos que tentarem convencê-lo do contrário estarão enganando você e/ou a si mesmos. O mundo de fato está se tornando mais complexo e mais diferenciado, na forma como as pessoas dedicam seus recursos arbitrários – como dinheiro, tempo, energia, votos e amor.

Mas a explosão da expressão individual também dificultará o florescimento das autocracias, antigas e novas. A China está se abrindo aos mercados de capitais e aos artistas porque, assim que for exposta às informações disponíveis ao restante do mundo, sua população de 1 bilhão não suportará ficar de fora. A Índia está se rendendo ao poder das mulheres porque, assim que ficar exposta à força de suas contribuições, não vai querer voltar atrás. Talvez o Islã extremamente fundamentalista seja um paradoxo no futuro, dependendo de como se desenvolverá durante os próximos anos. De algumas maneiras, ele é vítima de seus muitos grupos divididos que buscam dominar a religião com líderes autoproclamados e suas *fatwas*. De outro modo, parece estar tentando restabelecer o ritual e a submissão da escolha pessoal como a maneira superior de viver. É a mãe das tendências contraintuitivas e sua ascensão talvez vá contra todas as demais tendências da modernidade. Os fundamentalistas sabem disso, e é por esse motivo que se colocaram contra essas tendências, mesmo sendo consideradas ruins. O mundo, reiteradas vezes, passou por períodos de escuridão após alguns de seus maiores avanços, desde a queda do Império Romano até o início da Idade das Trevas, porque não conseguiu se preparar bem para a contratendência que surgiu de pequenos núcleos. O ponto fraco de um mundo impulsionado pela escolha pessoal é que uma ação coletiva em massa torna-se mais difícil de organizar e sustentar por causa de grupos ativos que se opõem à ação e que podem ficar mais poderosos. Por um lado, esse efeito pode diminuir a probabilidade de guerras; por outro, também dificulta uma ação coletiva sustentada e ampla contra adversários obstinados.

Assim, as democracias do futuro podem ter dificuldades em manter coalizões estáveis e vão descobrir que coalizões formadas em função de determinados temas ou estilos de vida (por exemplo, ativistas antiguerra ou mães solteiras) tenderão a substituir a política de identidade do passado. Mais e mais ações serão baseadas em coalizões formadas com 51%, em vez de um público amplamente unificado, porque a escolha pessoal tende a atrair as pessoas em direções opostas e dificulta sua união. No entanto, isso também significa que será mais difícil unificar as pessoas em torno de novos regimes ditatoriais. Quanto mais um tipo ou outro de regime ignorar o poder da microtendência, mais enfrentará problemas com seus cidadãos.

A forma dominante de publicidade e marketing no futuro será o *microtargeting*, ou seja, "criar mensagens personalizadas, fatos e ofertas, prever com precisão seu impacto e fazer chegar a mensagem diretamente aos indivíduos". Ela substituirá a antiga comunicação única via tevê e rádio. É por isso que as empresas de publicidade na internet estão tão valorizadas – a propaganda e o marketing serão cada vez mais personalizados. Toda comunicação que puder ser personalizada será e isso levará a uma enorme expansão do setor de comunicações pessoais, cuja função consistirá em anunciar os produtos certos aos nichos certos de pessoas. As grandes empresas on-line estão rapidamente se tornando repositórios de informações pessoais que podem ser usadas para criar as campanhas de marketing do futuro.

A escolha pessoal também está alcançando seu nível mais alto na vida social à medida que mais escolhas significam mais encontros e uma gama altamente expandida de potenciais companheiros. Nunca na história houve tanta possibilidade de um indivíduo sair do próprio círculo social para encontrar eventuais parceiros. A combinação de romance no trabalho e on-line tem a chance de acabar com qualquer sistema de castas existente e de criar uma nova forma de mobilidade matrimonial.

Os amplos padrões de escolha estão claros: mais trabalho; mais realização individual; novas unidades familiares; maior mobilidade social, econômica e física; círculos ampliados de amigos e conhecidos; maior envolvimento na sociedade.

A próxima geração de trabalhadores terá maior nível de instrução e mais conforto tecnológico, mas eles serão mais difíceis de satisfazer, a menos que sejam tratados de outra forma, atendendo a suas expectativas de escolhas ilimitadas. Os empregados essencialmente terão de ser acompanhados desde o início, trabalhando com mentores, mensagens de motivação e programas de fidelidade personalizados.

Também está claro que, em muitas áreas, tendências contraditórias continuarão a criar bons mercados nas duas extremidades do espectro. Opções de alimentação saudável continuarão a coexistir com opções saborosas mas pouco saudáveis. A maior ênfase nas crianças como o centro da vida conviverá com a tendência de algumas famílias para a auto-realização. A tensão entre religião e secularismo crescerá, com grandes segmentos adotando uma ou outra perspectiva. Embora as mães continuem a ser a parte central da vida familiar, os novos relacionamentos que as crianças estabeleceram com os pais, incluindo os mais velhos e divorciados, poderão finalmente ser reconhecidos no mercado.

Quando paramos para analisar a cultura nos Estados Unidos e em todo o mundo, os átomos sociais que chamei de microtendências parecem estar impulsionando a mudança em quase todas as áreas da vida diária. Talvez ainda não haja tantos casamentos realizados pela internet, mas eles estão mudando nossa estrutura social. A proporção entre homens e mulheres heterossexuais pode estar ligeiramente desigual, mas isso está afetando a todos nós. As elites satisfeitas nos Estados Unidos, afastadas de qualquer esforço econômico concreto, estão influenciando boa parte da perspectiva da mídia sobre o mundo. O número de artistas na China pode ser pequeno em relação ao de engenheiros, mas eles estão começando a levar o maior país do mundo a explorar novos rumos.

Por trás de cada uma dessas tendências, acredito que exista um nível de racionalidade que impulsiona as mudanças. As pessoas estão dormindo menos porque estão fazendo mais coisas. Os casais cujos filhos saíram de casa para levar as próprias vidas estão tratando os animais de estimação como crianças porque sentem falta dos filhos. Os pais estão se tornando mais permissivos porque acreditam que as palavras sejam mais eficazes do que a palma de suas mãos. Subjacente à idéia das microtendências está o fato de que raramente existe uma única maneira certa de fazer as coisas – e que pessoas semelhantes podem fazer opções diferentes e dar origem a duas tendências totalmente contraditórias. Ainda assim, essas duas decisões podem ser inteiramente racionais. Mesmo aqueles que escolhem o caminho mais irracional de todos, o terrorismo, parecem estar tomando as próprias decisões com base em estudos cuidadosos e crenças profundamente enraizadas. Os adeptos aos longos períodos de atenção representam um movimento que está se afastando das decisões tomadas irrefletidamente e busca uma forma de pensar mais profunda e deliberada.

Claramente, as 75 microtendências retratadas neste livro são simplesmente representativas das novas tendências existentes e novas tendências surgem a cada dia. O grande receio do futuro sempre foi que as sociedades de massa se tornassem sociedades sem rosto, com as pessoas forçadas a se conformar – todas parecidas, com o mesmo tipo de roupa e pensando da mesma maneira. Isso era visto quase como um sacrifício necessário para alimentar e vestir populações crescentes com recursos escassos. Entretanto, sugiro que estamos em direção completamente oposta – um futuro em que a escolha, movida por gostos individuais, torna-se o fator dominante e em que essas escolhas são reforçadas pela capacidade de conexão e comunicação com comunidades até mesmo dos menores nichos possíveis.

O futuro raramente é como previsto. Isso ocorre porque a maioria das previsões é motivada pela mesma sabedoria convencional que leva ao consenso à nossa volta e, em geral, baseia-se em observações de movimentos grandes e facilmente identificáveis, como o avanço da economia global. No entanto, ao analisarmos com mais cuidado, vemos um mundo transbordando de eventos menos conhecidos e mais difíceis de identificar, que realmente são as pequenas forças que geram as grandes transformações de amanhã.

Fontes

1. Amor, sexo e relacionamentos

Solteiras demais

O estudo da Social Organization of Sexuality foi reportado pela primeira vez em Edward O. Laumann, John H. Gagnon, Robert T. Michael e Stuart Michaels, *The Social Organization of Sexuality: Sexual Practices in the United States* (University of Chicago Press, 1994). O terceiro estudo citado é de Samuel S. Janus e Cynthia L. Janus, *The Janus Report on Sexual Behavior* (Wiley, 1994). Todos os três estudos estão indicados em Paul Varnell, "More Gays than Lesbians", no site Independent Gay Forum, de 30 de novembro de 1999; acesso em junho de 2006, em http://www.indegayforum.org/news/show/26996.html.

Os dados do gráfico sobre o número de mulheres solteiras nos Estados Unidos são do censo norte-americano, "Marital Status of the Population 15 Years Old and Over, by Sex and Race: 1950 to Present"; acesso em junho de 2006, em http://www.census.gov/population/socdemo/hh-fam/msl.csv.

Para obter mais informações sobre a razão entre os sexos nos Estados Unidos, ver T. J. Mathews e B. F. Hamilton, "Trend Analysis of the Sex Ratio at Birth in the United States", *National Vital Statistics Reports*, V. 53, nº 20, Hyattsville, MD: National Center for Health Statistics, 2005; acesso em http://www.cdc.gov/nchs/data/nvsr/nvsr53/nvsr53 20.pdf.

É difícil medir o percentual de homossexuais nos Estados Unidos. A discussão está em "Demographics", http://www.glbtq.com/social-sciences/demographics.html. Muitos estudos indicam cerca de 5% no geral, e as pesquisas da Penn, Schoen & Berland Associates (PSB) conduzidas nos últimos anos regularmente informam essa percentagem.

Os dados sobre a razão entre os sexos na comunidade negra dos Estados Unidos provêm do censo norte-americano, "Population by Sex and Age, for Black Alone and White Alone, Not Hispanic: March 2004", U.S. Census Bureau, Current Population Survey, Annual Social and Economic Supplement, 2004, Racial Statistics Branch, Population Division; acesso em http://www.census.gov/population/socdemo/race/black/ppl-186/tabla.pdf e http://www.census.gov/population/socdemo/race/black/ppl-186/tablb.pdf.

Os dados sobre os índices de encarceramento de homens e mulheres negros são de Paige M. Harrison e Allen J. Beck, PhD, "Prison and Jail Inmates at Midyear 2005", *Bureau of Justice Statistics Bulletin*, maio de 2006, NCJ 213133; acesso em http://www.ojp.usdoj.gov/bjs/pub/pdf/pjim05.pdf.

Para obter mais informações sobre a expectativa de vida, ver E. Arias, "United Stales Life Tables, 2003", *National Vital Statistics Reports*, v. 54, Nº 14, Hyattsville, MD: National Center for Health Statistics, 2006; acesso em http://www.cdc.gov/nchs/data/nvsr/nvsr54/nvsr54 14.pdf.

Os dados da associação norte-americana dos corretores de imóveis sobre mulheres solteiras que compram casas foram citados em David Calvert, "Dream House, Sans Spouse: More Women Buy Homes", *USA Today*, 14 de fevereiro de 2006.

Os dados sobre o aumento no número de mães solteiras por opção são de Amy Harmon, "More Single Women Become Mothers by Choice", *New York Times*, 29 de dezembro de 2005.

Para obter informações sobre os diplomas conferidos por sexo, ver "Bachelor's, Master's, and Doctor's Degrees Conferred by Degree-Granting Institutions, by Sex of Student and Field of Study: 2002-03", National Center for Education Statistics; acesso em http://necs.ed.gov/programs digcst/d04/lt3.asp.

Tigresas

Os dados sobre os hábitos das mulheres entre 40 e 69 anos foram extraídos de um estudo conduzido pela Knowledge Networks, Inc., para a revista *AARP*. Xenia P. Montenegro, PhD, "Lifestyles, Dating and Romance: A Study of Midlife Singles", *AARP The Magazine*, setembro de 2003; acesso em agosto de 2006 em http://www.aarp.org/research/family/lifestyles/aresearch-import-522.html.

As comparações baseadas no censo são de L. A. Johnson, "Love for All", *Pittsburgh Post-Gazette*, de 9 outubro de 2005. Esse artigo também resumiu as mudanças nas preferências românticas no site Match.com.

Valerie Gibson foi citada no site da ABC News, "Are More Older Women with Younger Men?", 5 de maio de 2005, http://abcnews.go.com/Primetime/print?id=731599; acesso em agosto de 2006.

Os dados sobre partos de mulheres entre 40 e 44 anos e 45 e 49 anos são do National Center for Health Statistics, Vital Statistics of the United States, 1994, v. 1, "Natality, Table 1-13", Live Births by Age, Race and Hispanic Origin of Mother: United States and Each State, 1994; acesso em março de 2007; e National Vital Statistics Reports, Vol. 55, No. 1, Table 2, "Live Births by Age of Mother, Live-Birth Order, and Race of Mother. United States, 2004", de 29 de setembro de 2006; acesso em março de 2007.

Romances no trabalho

A "Office Romance Survey", da Vault Survey, realizada em janeiro de 2006, contém 693 respostas de empregados que representam vários setores nos Estados Unidos; acesso em abril de 2007, em http://www.vault.com/nr/newsmain.jsp?nr page:=3&ch id=420&article id=26126479.

A pesquisa Hotjobs foi acessada em abril de 2007, em http://hotjobs.yahoo.com/jobseeker/about/press releases/021103.html.

Os dados sobre a aprovação de relacionamento entre colegas de trabalhos provêm de uma pesquisa de 2005 do site CareerBuilder.com, "Office Romance", realizada em janeiro de 2005, com mais de 1,3 mil trabalhadores; acesso em abril de 2007, em http://www.careerbuilder.com/share/aboutus/pressreleasesdetail.aspx?id=pr160&sd=2/7/2005&ed=12/31/2005&cbRecursionCnt=l&cbsid=lda66156dedf4c9e 83ee497e5c8abb8d-230303910 -J5-5.

Os dados sobre os solteiros na força de trabalho são de Marshall Loeb,"5 Tips to Consider When You Fall in Love on the Job", www.careerjournal.com, 22 de setembro de 2005; e Ellen R. McGrattan e Richard Rogerson, "Changes in Hours Worked, 1950-2000"; Federal Reserve Bank of Mirnneapolis, *Quarterly Review*, v. 28, nº 1, julho de 2004.

Os dados sobre o comportamento masculino *vs.* feminino são da "Interoffice Romance Survey", uma pesquisa conjunta patrocinada pela LexisNexis Martindale-Hubbell's Lawyers.com e a revista *Glamour*, 12 de agosto de 2004.

O estudo de SHRM é de Michael Parks, "2006 Workplace Romance: Poll Findings", um estudo realizado pela Society for Human Resource Management e Careerjournal.com, em janeiro de 2006.

Os dados sobre Ph.D. vêm do U.S. Department of Education, National Center for Education Statistics, Higher Education General Information Survey (HEGIS), pesquisas "Degrees and Other Formal Awards Conferred", de 1976-77 a 1984-85, e Integrated Postsecondary Education Data System (IPEDS), pesquisas "Completions", de 1986-87 a 1998-99, e pesquisas Fall 2000 a Fall 2002, tabela, preparada em agosto de 2003, acessível em http://nces.ed.gov/programs/digest/c103/tables/pdf/table270.pdf.

Casais a distância

A história do *Times* sobre os Clinton é de Patrick Nealy, "For Clintons, Delicate Dance of Married and Public Lives", *The New York Times*, 23 de maio de 2006.

Os dados de 2005 sobre os casais que vivem longe de seus parceiros por outros motivos que não a separação são do censo norte-americano, acessado em junho de 2006, em http://www.census.gov/population/socdemo/hh-fam/cps2005/tabAl-all.csv. Os dados de 1990 são de http://factfinder.census.gov/servlet/DTTable?bm=y&-dsname=DFC1990STF3&CONTEXT=dt&-mtname=DEC1990STF3 P027&-mt name=DEC 1990 STF3 P038&-redoLog=false&-caller=geoselect&geoid=01000US&-geoid=NPBSP&-format=&-lang= en&-SubjectID=11745086.

Os dados da AARP são uma transcrição de um programa da rádio, KECT.org, de 11 de janeiro de 2005, acessado em junho de 2006, em http://www.kcet.org/lifeandtimes/archives/200501/20050111.php, citando Nancy Griffin da *AARP The Magazine*.

Para obter mais informações do Center for the Study of Long-Distance Relationships, e sobre o Dr. Gregory Goldner, ver http://www.longdistancerelationships.net/.

Na seção de Cenário Internacional, a Global Relocation Survey pode ser encontrada em http://www.iht.com/articles/2004/03/27/rspousc ed3 l.php#. Os dados do Kuwait são de "Foreign Workers in the Middle Fast", *Migration News*, v. 3, nº 4, dezembro de 1996. Os dados sobre o Egito e a Arábia Saudita são de http://www.migrationdrc.org/research/regions/egypt themiddleeast.html, e os dados sobre os ganhos sauditas são de http://www.enews.ma/foreign-workers 1398340.html. Os dados sobre Dubai são de Eric Wiener, "Thanks for Your Hard Work. Now Get Out!", *Slate*, 15 de agosto de 2005; acesso em janeiro de 2007, em http://www.slate.com/id/2124497/fr/rss/.

Casados pela internet

O estudo da Pew utilizado neste capítulo é de Mary Aladden e Amanda Lennart, "Online Dating", Pew Internet e American Life Project, 5 de março de 2006.

O site sobre encontros on-line foi acessado em março de 2007, em www.onlinedatingmagazine.com.

Os dados sobre casamento são do National Vital Statistics Report, v. 4, nº 8, "Births, Marriages, Divorces, and Deaths, Provisional Data for June 2006".

A pesquisa de opinião da PSB sobre os casados pela internet foi conduzida on-line em 27 e 28 de março de 2007.

II. Vida no trabalho

Aposentados na ativa

Os dados sobre a presença dos idosos na força de trabalho provêm de "Labor Force Participation of Persons Ages 62 and Over, 1982-2005", Current Population Survey (CPS), Bureau of Labor Statistics.

As informações sobre as férias em nível mundial são da Organização Mundial do Turismo, cujo site é http://www.world-tourism.org/. Para obter mais informações sobre férias não tiradas e trabalho durante as férias, veja Stephanie Armour, "U.S. Workers feel Burn of Long Hours, Less Leisure", *USA Today*, 18 de dezembro de 2003; e "Annual Expedia.com Survey Reveals 51.2 Million American Workers Are Vacation Deprived", 25 de abril de 2007; acesso em maio de 2007, em http://press.expedia.com/index.php?s=press releases&item=372.

O relatório sobre a pesquisa da Merrill Lynch é de "Merrill Lynch *New Retirement Survey: A Perspective from the Baby Boomer Generation*", de 23 de fevereiro de 2005. A pesquisa foi conduzida com 3.448 *baby boomers* americanos por telefone e on-line em fevereiro de 2004.

Para obter mais informações sobre as ocupações preferidas da terceira idade, ver "Old, Smart. Productive: Surprise! The Graying of the Workforce Is Better News than You Think", *BusinessWeek*, 27 de junho de 2005.

Os dados sobre o acidente de trânsito vieram da National Highway Traffic Safety Administration, Table 63, "Driver Involvement Rates per 100,000 Licensed Drivers, by Age,

Sex, and Crash Severity"; acesso de fevereiro de 2007, em http://www-nrd.nhtsa.dot.gov/pdf/nrd-30/NCSA/TSFAnn/2004HTML/TSF2004.htm#chap2m.

C. Eugene Steuerle, "Working to Fix Our Fiscal Woes", *Washington Post*, 14 de abril de 2006. Obrigado ao dr. Steuerle por apresentar pessoalmente parte de sua análise por telefone.

Deslocamentos radicais

Alguns artigos importantes sobre os deslocamentos radicais, de onde alguns dos dados citados foram retirados, incluem Keith Naughton, "The Long and Grinding Road", *Newsweek*, 1º de maio de 2006; "Extreme Commuting", *BusinessWeek Online*, 21 de fevereiro de 2005; e Debbie Howlett e Paul Overberg, "Think Your Commute Is Tough?", *USA Today*, 29 de novembro de 2004.

Em março de 2007, a força de trabalho norte-americana estava na casa de 146,3 milhões de pessoas. Ver Bureau of Labor Statistics, "Employment Situation Summary"; acesso em abril de 2007, em http://www.bls.gov/news.release/empsit.nr0.htm.

Os dados sobre o tempo médio que os americanos gastam no trânsito do trabalho até em casa provêm do censo norte-americano, American Community Survey, *release* de 25 de fevereiro de 2004; acesso em junho de 2006, em http://www.census.gov/Press-Release/www/releases/archives/american community survey acs/001695.html.

Os dados nacionais são de Clara Reschovsky, "Journey to Work: 2000", *brief* do censo norte-americano, publicado em março de 2004.

O concurso Midas Muffler foi reportado por Gary Richards, "Your Commute Is Bad? Try 186 Miles Each Way", *Knight Ridder Newspapers*, 4 de maio de 2006.

Os dados sobre os preços médios de venda de 2005 das novas casas são do censo norte-americano, "Median and Average Sales Prices of New One-Family Houses Sold"; acesso em junho de 2006, em http://www.census.gov/const/C25Ann/soldnuclavgprice.pdf.

Os dados da "WorstCommute" foram reportados em D'Vera Cohn e Robert Samuels, "Daily Misery Has a Number: Commute 2nd Longest in U.S.", *Washington Post*, 30 de agosto de 2006.

As perspectivas do dr. Casada e dos pesquisadores da Georgia Tech são cortesia da "The Long and Grinding Road", citados acima.

Os dados da pesquisa ABC/Washington Post são de Gary Langer, "Poll: Traffic in the United States", 13 de fevereiro de 2005; acesso em junho de 2006, em http://abcnews.go.com/Technology/print?id=445098.

Robert Putnam, *Bowling Alone: The Collapse and Revival of American Community* (Simon & Schuster, 2000).

Para artigos sobre o cenário internacional, consulte Vernon Silver, "Cheap European Flights Cater to Both Commuting Doctors and Drunken Revelers", *Bloomberg News*, 23 de fevereiro de 2007; "UK Commute Longest in Europe", *BBC News Magazine*, 22 de julho de 2003; Sean Coughlan. "The New Commuter Belt", *BBC News Magazine*, 18 de julho de 2006; Matt Welch, "Fly the Frugal Skies", www.reasononline.com, janeiro de 2005; "The

Rise of the Super-Commuter"; www.cann.com, 12 de abril de 2005; Vernon Silver, "Ryanair Sparks Surgeon Commutes, European Vacation Home Frenzy", www.Bloomberg.com, 22 de fevereiro de 2007; e Keith Naughton, "Tailing the X-Commuter", *Newsweek International*, 3-10 de julho de 2006.

Trabalhando em casa

Os dados de tendência sobre pessoas que trabalham em casa provêm do censo norte-americano de 2000: "Class of Worker for Workers Who Worked at Home for the United States: 1980 to 2000"; acesso em setembro de 2006, em http://www.census.gov/population/ ccn2000 /phc t35/ tab01 -2.xls.

Os dados demográficos sobre pessoas que trabalham em casa vieram de "Selected Characteristics of Workers Who Worked at Home and Workers Who Did Not Work at Home for the United States: 2000"; acesso em setembro de 2006, em http:/www.census.gov/population /cen2000/phc-t35/tab01-2.pdf.

Sobre o tópico das mães empreendedoras em geral, ver Mary-Beth McLaughlin, "MOMS Spur Growth in Home Businesses", Scripps Howard News Service, 14 de novembro de 2006; e Jasmine D. Adkins, "For Women Consultants, Business Is Booming", Inc. com, 19 de julho de 2006.

O estudo American Business Collaboration foi citado em Eileen Gunn, "Working from Home Is Losing Its Stigma", *Wall Street Journal Online*; acesso em abril de 2007, em http:// www.I.startupjournal.com/howtoworkhome/20041014-gunn.html.

Outros artigos úteis para este capítulo incluem "Getting a Home Office to Work for You", *Associated Press*, 3 de setembro de 2004; Eleena De Lisser e Dan Morse, "More Men than Women Working from Home", *Wall Street Journal Online*; acesso em abril de 2007, em http://wwwstartupjournal.com/howto/workhome/199906211437-lisser.html; Hugo Martin, "Touting a Telecommunications Trade-Off", *Los Angeles Times*, 22 de agosto de 2001; e Jaimee Rose, "The Safety Zone: As Workplace, Home Has Hazards", *Los Angeles Times*, 14 de agosto de 2000.

Mulheres prolixas

Para obter mais informações sobre Larry Summers e o tema das mulheres nas ciências, consulte James Traub, "Lawrence Summers, Provocateur", *The New York Times*, 23 de janeiro de 2005; e Cornelia Dean, "Bias is Hurting Women in Science, Panel Reports", *The New York Times*, 19 de setembro de 2006.

Os dados de 2005 sobre mulheres no jornalismo provêm do Bureau of Labor Statistics, Table 11, "Employed Persons by Detailed Occupation, Sex, Race, and Hispanic or Latino Ethnicity"; e Paul Farhi, "Men, Signing Off: As More Women Become TV Anchors and Reporters, Males Exit the Newsroom", *Washington Post*, 23 de julho de 2006. Outros artigos úteis sobre esse tema incluem Suzanne C. Ryan, "The Vanishing Anchorman: The Number of Male Newscasters on TV Has Reached an All Time Low.

What's the Story?", *Boston Globe*, 15 de janeiro de 2006 e Vicky Lovell, PhD, Heidi Hartmann, PhD, e Jessica Koski, "Making the Right Call: Jobs and Diversity in the Communications and Media Sector", Institute for Women's Policy Research, 2006; acesso em 4 de maio de 2006, em http://www.iwpr.org/pdf/C364.pdf.

Os dados de 70% de mulheres no setor de relações públicas são de Rick Hampson, "Women Dominate PR... Is That Good?", *USA Today*, 25 de abril de 2001. Em 2007, esse número pode ter caído para 65%.

Em 1971, havia 9.947 mulheres advogadas. Em 2000, eram 288.060. Ver American Bar Foundation, *Researching Law*, V. 16, nº 1, inverno de 2005, p. 7. Para o restante dos dados sobre mulheres e a lei, consulte "Legal Education Statistics", Fall Enrollment 2004, American Bar Association Section of Legal Education and Admissions to the Bar, 25 de janeiro de 2005; acesso em maio de 2007, em http://www.abanet.org/legaled/statistics/fall-2004enrollinent.pdf, National Association for Law Placement, novembro de 2004; acesso em maio de 2007, em http://www.nalp.org/press/details.plip?id=53.

Para dados sobre mulheres na ciência, ver a fonte BLS citada acima; e James Dean, "Gender Gap Attracts Scrutiny: Women Remain Outnumbered at Science Schools", *Florida Today*, 5 de fevereiro de 2005. Para obter mais informações sobre mulheres nos negócios, ver Carol Hymowitz, "Women Swell Ranks As Middle Managers"; *Associated Press Financial Wire*, 24 de julho de 2006.

Os comentários sobre as questões femininas que aparecem nos noticiários de tevê vêm do artigo de Farhi, citado acima.

Para obter mais informações sobre as mulheres no ensino, consulte Chris Kenning; "Shortage of Male Teachers Worsens in Elementarics; Stereotypes Add to the Imbalance", *Courier-Journal* (Louisville, KY), 22 de novembro de 2004.

Amazonas ardentes

Para obter mais informações sobre as ligas femininas de futebol, ver http://www.womensfootballcentral.com/teams.html; http://www.iwflsportcann/teams.php; e http://www.womensprofootball.com/teams.php.

Mais detalhes sobre mulheres trabalhando no corpo de bombeiros e combatendo a discriminação podem ser encontrados em Rick Barrett, "Firefighting Still Seen by Some as Last Male Bastion", *Milwaukee Journal Sentinel*, 19 de setembro de 2006; e no site Women in the Fire Service, Inc., http://www.wfsi.org/women and firefighting/faq.php.

Os dados sobre mulheres policiais são de "Crime in the United States 2004"; acesso em abril de 2007, em http://www.fbi.gov/ucr/cius 04/law enforcement personnel/table 74.html.

As informações sobre as mulheres na construção civil são do site National Association of Women in Construction; acesso em fevereiro de 2007, em http://www.nawic.org/.

Os dados sobre as mulheres no serviço militar são do Department of Defense Personnel, 1960-2005; acesso em fevereiro de 2007, em http://www.census.gov/prod/2006pubs/07statab/defense.pdf. A pesquisa da PSB foi conduzida *on-line* em 2-3 de abril de 2007.

O estudo sobre gênero e força excessiva é do National Center for Women and Policing, "Men, Women and Police Excessive Force: A Tale of Two Genders", abril de 2002; acesso em fevereiro de 2007, em http://www.womenandpolicing.org/PDF/2002 Excessive Force.pdf.

Os dados sobre os tempos de maratona de homens e mulheres são de Laura Pappano, "Gender Games", *Boston Globe*, 28 de setembro de 2003; acesso em abril de 2007, em http://www.boston.com/news/globe/magazine/articles/2003/09/28/gender games/.

III. Raça e religião

Rompendo barreiras

Os dados sobre o crescimento do número de mulheres no clero são do Bureau of Labor Statistics, "Employed Persons by Detailed Occupation and Sex, 1983-2002 Annual Averages". Os dados sobre o número de mulheres nas escolas de teologia são de Neela Banerjee, "Clergywomern Find Hard Path to Bigger Pulpit", *The New York Times*, 26 de agosto de 2006. Os dados sobre os temas de religiosos são do National Center on Education Statistics; acesso em setembro de 2006, em http://nces.ed.gov/programs/digest/d05/tables/xis/tabn262.xls e http://nces.ed.gov/programs/digest/d95/dtab242.asp.

A pesquisa sobre mulheres no clero foi conduzida por Laura S. Olson, Sue E. S. Crawford e Janus L. Guth, "Changing Issue Agendas of Women Clergy", *Journal for the Scientific Study of Religion*, junho de 2000, e reportado em Martin E. Marty, "Women Clergy: The Numbers"; acesso em março de 2007, em http://www.beliefnet.com/story/3?/story 3340 l.html; e "Women Clergy: More Liberal, More Political?", *Religion Link*; acesso em março de 2007, em http://www.religionlink.org/tip 0401206.php.

A pesquisa sobre o fato de as mulheres sacerdotes demonstrarem mais atenção foi realizada e reportada por Barbara Brown Zikmund, Adair T. Lummi e Patricia M. Y. Chang, *Christian Century*, 6 de maio de 1998; acesso em março de 2007, em http://www.hartsem.edu/bookshelf/clergywomen summnary.html.

O estudo sobre as mulheres sacerdotes da Igreja Metodista Unida foi conduzido por Jesse Snultz *et al.*, e resumido em "UF Study: Female Ministers Face Pettiness, Patriarchy and Pressures", 9 de junho de 1999; acesso em março de 2007, em http://news.ufl.edu/1999/06/09/clergy/.

Usar o exemplo de Adão e Eva para proibir o sacerdócio das mulheres foi reportado em Marc Schogol, "Black Women's Struggle to Serve from the Pulpit as Well as in the Pews", *Philadelphia Inquirer*, 26 de outubro de 1997.

Os dados de tendência sobre a participação em várias religiões são provenientes de http://www.demographia.com/db-religusa2002.htm; censo norte-americano, Table 73, "Self-Described Religious Identification of Adult Population: 1990 and 2001"; acesso em setembro de 2006, em http://www.census.gov/compendia/statab/tables/07s0073.xls; e Cathy Lynn Grossman, "Code' and the Sacred Feminine", *USA Today*, 23 de maio de 2006; acesso em setembro de 2006, em http://www.usatoday.com/news/religion/2006-05-23-code-women x.htm.

Os dados sobre corações e mentes são de uma pesquisa realizada pela PSB em setembro de 2006.

Pró-semitas

Os dados relativos às conquistas educacionais de mulheres de várias religiões foram extraídos do estudo conduzido para o Brooklyn College, CUNY, por Barry Kosmin e Ariela Keysar, "The Impact of Religious Identification on Differences in Educational Attainment Among American Women 2001", *Religion in a Free Market*, Paramount Market Publishing, 2005.

Os resultados da pesquisa Roper citados foram tirados de pesquisas do iPOLL Databank e outros recursos disponibilizados pelo Roper Center for Public Opinion Research, Universidade de Connecticut, *Survey by Fortune and Roper Organization, July 1939*, feita em 16 de março de 2007, do iPOLL Databank, Roper Center for Public Opinion Research, Universidade de Connecticut, http://www.roperecenter.uconn.edu/ipoll.html.

A pesquisa Gallup sobre as atitudes em relação a religiões diferentes pode ser encontrada em Gallup Poll News Service, "August Panel Survey", 28-31 de agosto de 2006.

O número surpreendente de não-judeus no JDate foi reportado por Sarah E. Richards, "You Don't Have to Be Jewish to Love JDate", *The New York Times*, 5 de dezembro de 2004. A pesquisa da PSB foi conduzida em setembro de 2006.

Famílias inter-raciais

Os dados sobre o número de casais inter-raciais nos Estados Unidos são de Sharon M. Lee e Barry Edmonston, "New Marriages, New Families, U.S. Racial and Hispanic Intermarriage", *Population Bulletin*, uma publicação da Population Reference Bureau, V. 60, nº 2, junho de 2005, p. 11. Obrigado ao sr. Edmonston por nos ajudar a navegar pelos dados.

Os dados sobre as atitudes dos norte-americanos em relação aos casamentos inter-raciais são de Allison Stein Wellner, "U.S. Attitudes Toward Inter-racial Dating Are Liberalizing", www.prb.com, junho de 2005, citando RoperASW, *Roper Reports 03-3* (estudo não-publicado). O estudo da Pew citado é um relatório do Pew Research Center Social Trends, "Guess Who's Coming to Dinner", lançado em 14 de março de 2006. Esse estudo também contém visões sobre namoros inter-raciais por idade. O estudo Gallup é do Gallup Poll News Service, "Acceptance of Inter-racial Marriage at Record High", 1º de junho de 2004.

Boa parte dos dados sobre adoção inter-racial veio de Lynette Clemetson e Ron Nixon, "Breaking Through Adoption's Racial Barriers", *The New York Times*, 16 de agosto de 2006. Para obter mais informações sobre adoções internacionais, consulte Sharon Jayson, "New Generation Doesn't Blink at Inter-racial Relationships", *USA Today*, 7 de fevereiro de 2006.

Os dados sobre namoros entre jovens de raças diferentes são de Ely Portillo and Frank Greve, "Social Integration in the U.S., Including Cohabiting and Marriage, Is Surging", McClatchy Newspapers, 20 de julho de 2006; os dados relativos aos membros do site match.com são de http://www.miami.com/mld/miamiherald/15044469.htm?template=contentModules/printstory.jsp; acesso em outubro de 2006.

A pesquisa sobre casais inter-raciais foi conduzida entre 29 de março e 20 de maio de 2001 pelo ICR/International Communications Research para o *Washington Post*, e reportado em "Race, Dating, and Marriage", 5 de julho de 2001; acesso em outubro de 2006, em http://www.washingtonpost.com/wp-srv/nation/sidebars/polls/couples.htm.

Outro artigo útil para este capítulo foi o de Steve Sailer, "2000 Census Shows Inter-racial Marriage Gender Gaps Remain Large", UPI, 14 de março de 2003.

Os dados do cenário internacional são de Norimitsu Onishi, "Betrothed at First Sight: A Korean-Vietnamese Courtship", *The New York Times*, 22 de fevereiro de 2007; "The Family – International Marriages More Common", *Daily Yomiuri* (Tóquio), 3 de dezembro de 2005; "Vietnamese Decree to Tighten Foreign Marriage", Deutxhe Presse-Agentur, 26 de julho de 2006; e "More Russian Women Marry Foreigners", TASS, 15 de janeiro de 2007.

Hispânicos protestantes

Obrigado a meu amigo e colega Sergio Bendixen por suas reflexões e análise cuidadosa deste capítulo.

Os dados sobre a população de latinos nos Estados Unidos são do censo norte-americano, "Nation's Population One-Third Minority"; acesso em abril de 2007, em http://www.census.gov/Press-Release/www/releases/archives/population/006808.html.

Os dados sobre latinos e catolicismo, incluindo as informações sobre padres latinos, são de Bruce Murray, "Latino Religion in the U.S.: Demographic Shifts and Trends"; acesso em agosto de 2006, em http://www.facsnet.org/issues/faith/espinosa.php.

O livro citado é de Gaston Espinosa, Virgilio Elizondo e Jesse Miranda, editores, *Latino Religions and Civic Activism in the United States* (Oxford University Press, 2005). O estudo de 2003 sobre as igrejas hispânicas na vida pública americana é uma análise preliminar feita pelos mesmos autores.

Um artigo útil sobre o motivo pelo qual os hispânicos sentem-se atraídos ao Pentecostalismo, assim como as táticas assertivas de alcance dos Pentescostais, está em Arian Campo-Flores, "The Battle for Latino Souls", *Newsweek*, 21 de março de 2005.

Os dados sobre a votação dos latinos em 2004 são de Roberto Sure, Richard Fry e Jeffrey Passel, "Hispanics and the 2004 Election: Population, Electorate, and the Voters", Pew Hispanic Center, 27 de junho de 2005. Os dados sobre a votação dos latinos em 2006 também são provenientes do Pew Hispanic Center, "Latinos and the 2006 Mid-Term Election", lançados em 27 de novembro de 2006; acesso em dezembro de 2006, em http://pewhispanic.org/files/factsheets/26.pdf.

A pesquisa da PSB sobre os latinos foi realizada por telefone em 5 de março de 2006.

Muçulmanos moderados

Os dados sobre as atitudes norte-americanas em relação ao Islã são de uma pesquisa de opinião da CBS News, "Sinking Perceptions of Islam", conduzida em 6-9 de abril de 2006; acesso em setembro de 2006, em http://www.cbsnews.com/stories/2006/04/12/national/main1494697.shtml; e Lydia Saad, "Anti-Muslim Sentiments Fairly Commonplace", pesquisa USA Today/Gallup conduzida em 28-30 de julho de 2006. Outros artigos úteis sobre as atitudes dos muçulmanos incluem o de Claudia Deane e Darryl Fears, "Negative Perception of Islam Increasing", *Washington Post*, 9 de março de 2006.

A maior parte dos dados sobre as atitudes e a demografia dos muçulmanos vem de "Muslims in the American Public Square", uma pesquisa realizada pelo ProjectMAPS e Zogby International, 5 de agosto a 15 de setembro de 2004 (doravante, "Pesquisa MAPS"). Os dados comparativos com os americanos em geral são de Darren K. Carlson, "Americans Softening on Tougher Gun Laws?", *Gallup Polls*, 30 de novembro de 2004; e Harris Interactive Poll nº 80, 31 de outubro de 2006 (sobre a participação em cultos religiosos), e Harris Interactive Poll nº 19, 9 de março de 2005 (sobre afiliação política).

Para obter mais informações sobre a recente imigração muçulmana, ver Andrea Elliott, "More Muslims Arrive in US, After 9/11 Dip", *The New York Times*, 10 de setembro de 2006.

Os dados sobre o aumento do número de mesquitas são de www.usinfo.state.gov, "Demographic Facts"; acesso em dezembro de 2006, em http://usinfo.state.gov/products/pubs/muslimlife/demograp.htm.

Para obter mais informações sobre a American Muslim Alliance, consulte o site em http://www.amaweb.org/, e Lee Hudson Teslik, "A Muslim for the Hill?", *Newsweek*, 13 de setembro de 2006.

Os dados sobre a mudança do eleitorado muçulmano em 2004 são provenientes da Pesquisa MAPS, citada anteriormente.

A pesquisa Social Policy and Understanding foi realizada por Ihsan Bagby e reportada em "A Portrait of Detroit Mosques: Muslim Views on Policy, Politics, and Religion", Institute for Social Policy and Understanding, 2004; acesso em dezembro de 2006, em http://www.ispu.us/go/images/F000196/Detroit Mosque Exec Summary.pdf. O relatório tem críticos que afirmam que o autor exagera a moderação dos muçulmanos americanos. A parte sobre Khan é de M. A. Muqtedar Kahn, "The Remarkable Moderation of Detroit Muslims", *Detroit News*, 4 de julho de 2004; acesso em dezembro de 2006, em http://www.ijtihad.org/Moderation%20of%20American%20Muslims.htm.

Para obter mais informações sobre o American Islamic Congress, consulte o site em http://www.aicongress.org/. Para obter mais informações sobre a Free Muslims Coalition e Kamal Nawash, consulte http://www.freemuslims.org/ e Don Oldenburg, "Muslims' Unheralded Messenger", *Washington Post*, 13 de maio de 2005.

Os recursos úteis para a seção internacional incluem o artigo "An Uncertain Road: Muslims and the Future of Europe", Pew Forum on Religion and Public Life, outubro de 2005; acesso em dezembro de 2006, em http://pewforum.org/publications/reports/muslims-europe-2005.pdf; e Omar Taspinar, "Europe's Muslim Street", Foreign Policy, março de 2003. O Pew Global Attitudes Project foi reportado em "Muslims in Europe: Economic Worries Top Concerns About Religious and Cultural Identity", Pew Global Attitudes Project, publicado em 6 de julho de 2006; acesso em dezembro de 2006, em http://pewglobal.org/reports/display.php?ReportID=254.

IV. Saúde e bem-estar

Avessos ao sol

A comparação entre o número de salões de bronzeamento artificial e lojas Starbucks é de Julie Rawe, "Why Teens Are Obsessed with Tanning", *TIME*, 7 de agosto de 2006, pp. 54-56.

A pesquisa de 2002 sobre as atitudes em relação ao bronzeamento foi divulgada pela Academia Americana de Dermatologia em 24 de abril de 2002.

Os dados sobre o setor de bronzeamento são de Helene Blatter, "The Tanning Dilemma Sun-Bathers: Sun-Bathers Know Risks, but Seek Bronzed Skin Anyway", *Riverside Press Enterprise*, 23 de julho de 2006; Jacob F. Osterhout, "Know It All", *New York Daily News*, 20 de julho de 2005; Valerie Nienberg, "Shedding Lights on Sunless Tans", *Jupiter Courier* (Flórida), 17 de novembro de 2004.

Para obter mais informações sobre os hábitos de bronzeamento dos adolescentes, consulte Paul Vitello, "Skin Cancer Up Among Young; Tanning Salons Become Target", *The New York Times*, 14 de agosto de 2006, http://www.nytimes.com/2006/08/14/nvregion/14tanning.htm l?ex=1168491600&en=4e9087ae8e8b00ff&ei=50 70; acesso em agosto de 2006; e Alan C. Cellar *et al.*, "Use of Sunscreen, Sunburning Rates and Tanning Bed Use Among More than 10000 U.S. Children and Adolescents", *Pediatrics*, Vol. 109, No. 6, junho de 2002, http://pediatrics.aappublications.org/cgi/reprint/109/6/1009; acesso em 8 de janeiro de 2007.

A menos que indicado de outro modo, os dados sobre danos causados à pele e câncer de pele são da American Cancer Society, "Estimated New Cancer Cases and Deaths by Sex for All Sites, United States, 1997 to 2006", Cancer Facts and Figures, http://www.cancer.org/downloads/STT/CAFF2007PWSecured.pdf.

Alguns artigos úteis sobre o setor de produtos de proteção e trajes seguros incluem Business Wire, "SunGuard™ Laundry Aid Helps Clothing Block More than 96 Percent of Harmful UV Rays; This Next Generation in Sun Protection Washes-In a UPF of 30", 27 de julho de 2005; Richard A. Marini, "Shan the Sun; Clothing Protects Against Harmful Rays", *San Antonio Express-News*, 13 de maio de 2004; SunGuard™, http://www.sunguard-sunprotection.com; acesso em janeiro de 2007.

Notívagos

Os dados sobre os hábitos de sono dos norte-americanos são de "2005 Sleep in America Poll", National Sleep Foundation, divulgados em 29 de março de 2005; acesso em outubro de 2006, em http://www.sleepfoundation.org/site/c.hulXKjM0lxF/b.2417141/k.C60C/Welcome.htm. Outros recursos *on-line* úteis incluem www.sleep-deprivation.com e www.sleepapneainfo.com.

Alguns artigos úteis para este capítulo incluem "New Study Shows People Sleep Even Less Than They Think", *Science Daily*, 3 de julho de 2006; acesso em outubro de 2006, em http://www.sciencedaily.com/releases//2006/07/060703162945.htm; e Stefan Lovgren, "US Racking Up Huge Sleep Debt", National Geographic News, 24 de fevereiro de 2005.

Os dados sobre acidentes de trânsito são de "Drowsy Driving and Automobile Crashes", publicado em www.nhtsa.dot.gov; acesso em outubro de 2006, em http://www.nhtsa.dot.gov/people/injury/drowsy diving/Drowsy.html.

Para obter mais informações sobre a indústria da pílula de dormir, consulte http://www.livescience.com/humanbiology/060323 sleep deprivation.html. Para obter mais informações sobre a indústria da cafeína, consulte Melanie Warner, "A Jolt of Caffeine, by the Can", *The New York Times*, 23 de novembro de 2005.

O site da Metronaps é http://www.metronaps.com.

Os dados internacionais provêm de um estudo de 2005 da ACNielson; acesso em janeiro de 2007, em http://asiapacific.acnielson.com/news/20050228.shtml.

Canhotos à solta

Os dados sobre os homens das cavernas canhotos foram reportados em Alexandra Witze, "Study Takes Left-Hands-On Approach", *Dallas Morning News*, 12 de outubro de 2003.

Para obter mais informações sobre as causas do uso de uma das mãos, em vez da outra, consulte David E. Rosenbaum, "On Left-Handedness, Its Causes and Costs", *The New York Times*, 16 de maio de 2000.

Para obter mais informações sobre os efeitos questionáveis do uso da mão esquerda na saúde humana, consulte Nicole Frehsee, "All Is Not Right in the World of the Lefty", *Fort Lauderdale Sun Sentinel*, 29 de outubro de 2005. Para obter mais informações sobre os ganhos dos canhotos, consulte Joel Waldfogel, "Sinister and Rich", *Slate*, 16 de agosto de 2006.

A discussão sobre a lateralização do cérebro entre os animais é de Amanda Onion, "The Left-Handed Advantage", *ABC News*, 17 de fevereiro de 2005.

Para obter mais informações sobre a herança religiosa do uso da mão esquerda como pecado, incluindo a referência do Aiatolá Khomeini, consulte "All Is Not Right in the World of the Lefty", citado acima, e Kathleen Laufenberg, "For Centuries, Being Left-Handed Was More than Just Inconvenient", *Tallahassee Democrat*, 29 de janeiro de 2002.

O estudo da UCLA é de K. Hugdahl *et al.*, "Left-Handedness and Old Age: Do Left-Handers Die Earlier?", *Neuropsychologia*, V. 4, 1993, pp. 325-33, citado em Thomas H. Maugh II, "Lefties Don't Die Young After All, Study Reports", *Los Angeles Times*, 4 de abril de 1993.

A maior incidência de canhotos em gêmeos é observada em "On Left-Handedness, Its Causes and Costs", citado acima. Os dados sobre a maior probabilidade dos canhotos nascerem de mães mais velhas é de Stanley Coren, psicólogo da University of British Columbia, e reportado em "The Left-Handed Advantage", citado acima.

O estudo sobre a prevalência dos canhotos entre os homossexuais é citado em "All Is Not Right in the World of the Lefty", citado acima.

Canhotos famosos são tema de vários artigos, incluindo o site Famous Left-Handers, http://www.Indiana.edu/primate/left.html.

Para obter mais informações sobre as vantagens dos canhotos nos esportes, consulte Childs Walker, "Some Lefties Do All Right", *Baltimore Sun*, 16 de novembro de 2006; e Alan Blondin, "No Longer Taboo, Golf Is Seeing the Emergence of the... Lefties", *Myrtle Beach Sun-News*, 8 de setembro de 2006.

A história da BlackBerry/Research in Motion é de Tyler Hamilton, "Business Tries to Right Wrongs for Lefties", *Toronto Star*, 13 de agosto de 2004.

Automedicação

Os dados sobre a venda de remédios sem receita médica são da pesquisa ACNielson publicada no site Consumer Healthcare Products Association, "OTC Retail Sales- 1964-2005", http://www.chpa-info.org/ChpaPortal/PressRoom/Statistics/OTCRetailSales.html; acesso em março de 2007.

As informações sobre medicação complementar e alternativa podem ser encontradas em "CAM Links-Williamson Street Co-op" http://www.livingnalurally.com/common/adam/CAM_Links.asp?storeID=3ED1FF6A18BD42979FFF73C8E8CD4512; acesso em agosto de 2006.

Os números sobre o uso da internet para encontrar informações médicas são de "Number of 'Cyberchondriacs' – Adults Who Have Ever Gone Online for Health Information – Increases to an Estimated 136 Million Nationwide", Harris Interactive, 1º de agosto de 2006, http://www.harrisinteractive.com/harris-poll/index.asp?PID=686; acesso em agosto de 2006.

As tendências relativas aos custos de assistência médica são de "Health Insurance Cost", National Coalition on Health Care, http://www.nchc.org/facts/cost.shtml; acesso em agosto de 2006.

As tendêncais relativas à confiança dos norte-americanos nos médicos estão descritas em "Americans Are Concerned About Hospital Based Medical and Surgical Errors", Harris Interactive, http://www.harrisinteractive.com/news/allnewsbydate.asp?NewsID=825; acesso em agosto de 2006.

As infecções hospitalares matam entre 44 mil e 98 mil americanos por ano; ver "To Err Is Human: Building a Safer Health System", Institute of Medicine of the National Academies, http://www.iom.edul/id=12735; acesso em agosto de 2006. O câncer de mama deverá matar cerca de 40 mil norte-americanas em 2007; ver o site da American Cancer Society em http://www.cancer.org/docroot/stt/stt 0.asp; acesso em abril de 2007. Os acidentes de carro matam aproximadamente 42 mil norte-americanos por ano; ver dados da National Highway Traffic Safety Administration, reportados em http://money.cnn.com/2005/08/01/Autos/nhtsa death stats/; acesso em abril de 2007. A AIDS mata aproximadamente 17 mil norte-americanos por ano; ver dados de 2005 reportados em http://www.cdc.gov/hiv/topics/surveillance/basic.htm#hivest; acesso em abril de 2007.

O gráfico sobre a confiança pública nas instituições médicas foi fornecido por Robert Blendon na Harvard Public Health Review, e publicado pela primeira vez em Cathryn Delude, "Crisis of Confidence", *Harvard Public Health Review*, outono de 2004, http://www.hsph.harvard.edu/review/review_fall_04/rvw_tmst.html; acesso em agosto de 2006.

Os dados sobre mulheres e decisões sobre assistência médica são extraídos de "Women, OTCs and Health in the United States", Consumer Health Education Center, http://www.checforbetterhealth.org/Chec/Media/Facts_Stats/Women_OTCs_PastFacts.aspx; acesso em agosto de 2006.

Os dados sobre o aumento dos gastos com anúncios diretos ao consumidor são de Milt Freudenheim, "Showdown Looms in Congress over Drug Advertising on TV", *The New York Times*, 22 de janeiro de 2007.

Os dados sobre o interesse dos pacientes em enviar e-mails a seus médicos são de "New Poll Shows US Adults Strongly Favor and Value New Medical Technologies in Their Doctor's Office", Harris Interactive, http://www.harrisinteractive.com/news/allnewsbydate.asp?NewsID=980; acesso em agosto de 2006.

Deficientes auditivos

A pesquisa relativa aos presidentes Clinton e Reagan é do Gallup Poll News Service, "Americans' Retrospective Approval of Clinton Improving", conduzida em 1 a 4 de junho de 2006; acesso em setembro de 2006, http://www.galluppoll.com/content/?ci=23362.

Os dados sobre a perda auditiva dos norte-americanos são do site da American Speech-Language-Hearing Association; acesso em setembro de 2006, em http://www.asha.org/public/hearing/disorders/prevalence adults.htm.

Os desafios da Marinha com a cirurgia oftalmológica estão descritos em David Cloud, "Perfect Vision Is Helping and Hurting Navy", *The New York Times*, 20 de junho de 2006.

Os dados sobre os idosos e a perda auditiva são de http://www.census.gov/cgi-bin/ipc/idbagg e http://www.asha.org/public hearing/disorders/prevalence adults.html.

Os dados da Deafness Research Foundation, incluindo os decibéis dos ruídos domésticos, estão em http://www.drf.orghearingbalanceresearch.htm.

Os dados demográficos sobre deficientes auditivos provêm do National Institute on Deafness and Other Communication Disorders, "Statistics About Hearing Disorders, Far Infections, and Deafness"; acesso em setembro de 2006, em http://www.nidcd.nih.gov/health/statistics/hearing.asp; e "Non-Hispanic Blacks May Have Best Hearing in U.S.", 12 de junho de 2006; acesso em setembro de 2006, http://www.insidescience.org/reports/2006/010.html.

Alguns artigos úteis sobre o futuro dos tratamentos para deficientes auditivos incluem o de Linda Marsa, "Auditory Achilles' Heel", *Los Angeles Times*, 16 de janeiro de 2006; "Antioxidants May Sound Hope for Hearing Loss", *Associated Press*, 12 de outubro de 2003; "UB, Military Collaborate on Design, Testing of First Drug to Prevent Noise-induced Hearing Loss", dezembro de 2003; acesso em abril de 2007, em http://www.medicalnewstoday.com/medicalnews.php?newsid=4915; e "Stem Cells May Be Key to Deafness Cure", *CBS News*, 7 de agosto de 2006.

Para obter mais informações sobre o mosquitotone, consulte Paul Vitello, "A Ring Tone Meant to Fall on Deaf Ears", *The New York Times*, 12 de junho de 2006.

V. Vida em família

Novos pais coroas

Os dados sobre a taxa de natalidade deste capítulo são do National Center for Health Statistics, Centers for Disease Control, U.S. Department of Health and Human Services; Mark O'Keefe, "The Joys and Pitfalls of Late-Life Fatherhood", New House News Service, http://www.newhousenews.com/archive/okeefe061504.html; acesso em setembro de 2006; e Joyce A. Martin, M.P.H. *et al.*, "Births: Final Data for 2004", National Vital Statistics Reports, Vol. 55, nº 1, 29 de setembro de 2006. Os dados internacionais são do *United Nations Demographic Yearbook: Focusing on Natality,* "Live-Birth Rates Specific for Age of Father: 1990-1998".

A expressão "Do-Over Dads" foi cunhada, pelo que sei, por Carlene Hempel, "Do-Over Dads", *Boston Globe*, 6 de novembro de 2005. As estatísticas sobre vasectomia também foram tiradas de seu artigo.

Pais de estimação

As estatísticas sobre a propriedade de animais de estimação, assim como os dados sobre o tamanho da indústria de produtos para animais de estimação, são do site da American Pet Products Manufacturers Association, Inc.; acesso em outubro de 2006, em http://www.appma.org/press industrytrends.asp.

Os dados sobre casas com crianças são do censo norte-americano; acesso em outubro de 2006, em http://www.census.gov/population/socdemo/hh-fam/hh1.xls.

Os números sobre os proprietários de animais de estimação que pagam qualquer valor para salvar a vida de seus bichinhos são de http://www.emaxhealth.com/116/6885.html, que reporta um estudo de 2005, realizado pelos titulares de apólices do seguro-saúde para animais, o Veterinary Pet Insurance.

Outros artigos úteis para este capítulo, a partir dos quais vários fatos e histórias foram extraídos, incluem Janis Fontaine, "Pet Ownership, Related Spending on the Rise", *Palm Beach Post*, 26 de maio de 2005; "Pet Spending at All Time High", *Business Wire*, 5 de abril de 2006; Sandy Robins, "New Products Pamper Pet from Head to Tail", 27 de abril de 2005; acesso em outubro de 2006, em http://www.msnbc.msn.com/id/6142671/; Joan Verdon, "Pets Rock! Human Companies Going to the Dogs (and Other Beasts)", The Record (Bergen County, NJ), 7 de abril de 2006; e Larisa Brass e Carly Harrington, "Por Pet's Sake: More Owners Going All Out for Their Little Charges", *Knoxville News-Sentinel*, 18 de dezembro de 2005.

Para obter mais informações sobre o carro Wow da Honda, consulte Will Iredale, "Dog-Friendly Car Takes a Bow-Wow", *The Sunday Times* (Londres), 9 de outubro de 2005; acesso em outubro de 2006, em http://www.timesonline.co.uk/article/0,,2087-1817415,00.html.

Pais tolerantes

Benjamin Spock, Meu filho, meu tesouro (Record, 1968). Os dados sobre o aumento do consumo de livros sobre pais e filhos são de Neil Swidey, "All Talked Out", *Boston Globe*, 7 de novembro de 2004.

Os dados sobre o tamanho da indústria de produtos para bebês são de Matthew Boyle, "The $5 Million Diaper Bag", *Fortune*, 19 de abril de 2006.

As pesquisas da PSB foram conduzidas on-line em 27 a 29 de outubro de 2006 e 13 de dezembro de 2006. Adultos com filhos menores de 18 anos vivendo com eles eram os possíveis entrevistados.

Para obter mais informações sobre "ferberização", consulte Richard Ferber, M.D., Bom sono (editora Celebris, 2008).

Os dados sobre as atitudes em relação a bater nos filhos são de Murray A. Strauss e Anita K. Mathur, "Social Change and Trends in Approval of Punição corporal by Parents from 1968 to 1994"; acesso em julho de 2006, em http://www.dadsnow.org/studies/straussl.htm; e Julie Crandall, "Support for Spanking: Most Americans Think Punição corporal Is OK", ABCNEWS.com, 8 de novembro de 2004. Os dados sobre a pena de morte são de uma pesquisa Gallup de 2006; acesso em dezembro de 2006, em http://www.galluppoll.cont/content/?ci=1606&pg=1. Para obter mais informações sobre a queda nos índices de crime rural em comparação com outros centros urbanos ou subúrbios na década de 1990, consulte "Rural Crime Facts; National Center on Rural Justice and Crime Prevention"; acesso em fevereiro de 2007, em http://virtual.clemson.edu/groups/ncrj/rural crime facts.htm.

Os dados sobre o uso do V-chip são de um release de 24 de julho de 2001, da Kaiser Family Foundation; acesso em dezembro de 2006, em http://www.kff.org/entmedia/3158-V-Chip-release.cfn.

No cenário internacional, os dados sobre os Estados e os países que aprovam a punição corporal são de http://www.stophitting.com/disatscliool/statesBanning.php.

Para obter mais informações sobre the U.K.'s Children are Unbeatable! Alliance, consulte http://www.childrenareunbeatable.org.uk/. Os dados dessa pesquisa são citados em "Majority 'Support' Smacking Ban", BBC News, 19 de maio de 2004; acesso em dezembro de 2006, em http://news.bbc.co.uk/l/hi/uk/3727295.stm.

O estudo sobre as atitudes globais em relação à pressão sobre as crianças é de Richard Wike e Juliana Menasce Horowitz, "Parental Pressure on Students: Not Enough in America; Too Much in Asia", Pew Global Attitudes Project, 24 de agosto de 2006; acesso em janeiro de 2007, em http://pewresearch.org/pubs /55/parental-pressure-on -students-nut-enough-in-america -too- much -in-asia.

Os dados sobre a colocação dos Estados Unidos no teste global de conhecimentos matemáticos são de M. Lemke *et al.*, "International Outcomes of Learning in Mathematics Literacy and Problem Solving", National Center for Education Statistics, 2004; acesso em dezembro de 2006, em http://nces.ed.gov/pubs2005/2005003.pdf.

Homossexuais assumidos

As informações biográficas sobre o ex-governador Jim McGreevey são de James E. McGreevey e David France, *The Confession* (HarperCollins, 2006).

Alguns artigos úteis sobre essa tendência incluem o de Melissa Fletcher Stoeltje, "Spouses Feel Pushed Aside When Mate Reveals Homosexuality", *San Antonio Express News*, 3 de julho de 2005; Katy Butler, "Many Couples Must Negotiate Terms of Brokcback' Marriages", *The New York Times*, 7 de julho de 2006; Jane Cross, "Windows to the Closet", *The New York Times*, 1° de novembro de 2004.

Os dados da National Survey of Family Growth podem ser encontrados em William D. Mosher, PhD, Anjani Chandra, PhD, e Jo Jones, PhD, Division of Vital Statistics, "Sexual Behavior and Selected Health Measures: Men and Women 15-44 Years of Age, United States, 2002", Table 7; acesso em fevereiro de 2007, em http://www.cdc.gov/nchs/data/ad/ad362.pdf.

Os dados sobre as atitudes norte-americanas em relação ao homossexualismo citados neste capítulo estão resumidos na Pesquisas Gallup; acesso em janeiro de 2007, em http://www.galluppoll.com/content/Default.aspx?ci=1651&pg=1&VERSION=p.

O blog www.comingoutat48.blogspot.com foi citado em Jane Cross, "When the Beard Is Too Painful to Remove", *New York Times*, 3 de agosto de 2006.

Os dados sobre casais e filhos são do artigo de Katy Butler, citado acima.

As estatísticas de casamento são de http://www.cdc.gov/nchs/data/mvsr/supe/mv43 12s.pdf (o número 1980); National Vital Statistics Report, v. 54, nº 8, "Births, Marriages, Divorces, and Deaths; Provisional Data for June 2006".

Pela piada sobre Jason Stuart, agradeço a Joe Kort, "The New Mixed Marriage: When One Partner is Gay", originalmente publicado em *Psychotherapy Networker*, setembro de 2005; acesso em janeiro de 2007, em http://www.joekort.com/joekort the new mixed marriage.htm.

Filhos zelosos

O principal estudo que serviu de base para este capítulo foi "Caregiving in the U.S.", National Alliance for Caregiving and AARP, lançado em abril de 2004.

Os dados sobre expectativa de vida são do Center for Disease Control: Table 27, "Life Expectancy at Birth, at 65 Years of Age, and at 75 Years of Age, by Race and Sex: United States, Selected Years 1900-2004"; acesso em abril de 2007, em http://www.cdc.gov/nchs/data/hus/hus06.pdf#027.

A história de Napolitano é de Peter Napolitano, "Modern Love; Close Enough for Momma, Too Close for Me", *The New York Times*, 24 de dezembro de 2006.

Os dados sobre os valores que as empresas perdem devido ao absenteísmo são de Jane Gross, "As Parents Age, Baby Boomers and Businesses Struggle to Cope", *The New York Times*, 25 de março de 2006.

VI. Política

Elites impressionáveis

O livro de Friedman é, evidentemente, de Thomas L. Friedman, *O mundo é plano* (editora Objetiva, 2007).

Os dados relativos à renda são de David Cay Johnston, "Income Gap Is Widening, Data Shows", *The New York Times*, 29 de março de 2007.

A pesquisa da PSB consistiu em 806 entrevistas por telefone entre prováveis eleitores nas eleições presidenciais de 2008, incluindo uma amostra de quatrocentos prováveis eleitores do candidato democrata à presidência da república.

Os jornalistas e os artigos citados incluem o de Mark Leibovich, "Listening and Nodding, Clinton Shapes '08 Image", *The New York Times*, 6 de março de 2007; e Christopher Cooper e Rav A. Smith, "Style Oil the Stump", *Wall Street Journal*, 31 de março de 2007.

Alguns artigos úteis sobre 527 e seu recorde de captação de recursos incluem o de Chris Suellentrop, "Follow the Money", *Boston Globe*, 26 de junho de 2001; e John Broder, "Campaign 2006: 527 Groups Set to Spend Big on Negative Political TV Ads", *The New York Times*, 11 de outubro de 2006.

Os indecisos no comando

Uma versão anterior deste capítulo foi publicada no *Washington Post* por Mark J. Penn, "Swing Is Still King at the Polls", de 21 de março de 2006.

Os dados sobre o número crescente de independentes são da Gallup: em janeiro de 1966, 23% dos eleitores se autodenominavam independentes (ver Q98 em http://brain.gallup.com/documents/questionnaire.aspx?STUDY=AIPO0723); em abril de 2007, esse número era de 36% (ver http://www.galluppoll.com/content/default.aspx?ci=15370).

Os dados da Califórnia são de Report of Registration, Historical Registration Statistics, 10 de fevereiro de 2003, e 10 de fevereiro de 2005; acesso em fevereiro de 2006, em http://www.ss.ca.gov/elections/ror/reg stats 02 10 05.pdf e http://www.ss.ca.gov/elections/ror/regstats 02-10-03.pdf.

As informações sobre eleitores indecisos são do American National Election Studies Guide to Public Opinion and Electoral Behavior, "Split-Ticket Voting Presidential/Congressional, 1952-2004"; acesso em fevereiro de 2006, em http://www.umich.edu/~nes/nesguide/toptable/tab9b2.htm.

Os dados sobre as eleições para o Congresso norte-americano são da Gallup, "Election 2006", acessíveis em http://brain.gallup.com/content/?ci=4534.

Os dados de boca-de-urna da CNN para os anos de 2004, 2000 e 1996, respectivamente, foram acessados em http://www.cnn.comELECTION/2004/pages/results/states/US/P/00/epolls.0.html,http://www.cnn.com/ELECTION/2000/results/index.epolls.html, http://www.cnn.com/ALLPOLITICS/1996/elections/natl.exit_poll/index1.html.

Imigrantes ilegais militantes

Obrigado a meu amigo e colega Sergio Bendixen, por sua revisão e pelos cuidadosos comentários sobre este capítulo.

Dirigido por Fred W. Friendly e estrelando Edward R. Murrow, "Harvest of Shame" foi um documentário exibido pela *CBS News* na Ação de Graças de 1960.

O projeto de lei de Sensenbrenner foi H.R. 4437, a lei de controle da imigração ilegal, proteção de fronteiras e antiterrorismo de 2005, aprovada pelo 109º Congresso em 16 de dezembro de 2005. O projeto não foi aprovado no Senado.

Os dados sobre o eleitorado hispânico são de Roberto Sure, Richard Fry e Jeffrey Passell, "Hispanics and the 2004 Election: Population, Electorate, and Voters", Pew Hispanic Center, 27 de junho de 2005. Para obter dados de boca-de-urna de 2004, consulte http://us.cnn.com/ELECTION/2004/pages/results/states/US/P/00/epolls.0.html.

Os dados por Estado sobre o eleitorado hispânico do gráfico são do censo norte-americano, http://www.census.gov/population/socdemo/voting/cps2004/tab04a.xls (de 2004) e http://www.censns.gov/population/socdemo/voting/p20-466/tab04.pdf (de 1992).

O Pew Study de 2006 foi de Roberto Suro e Gabriel Escobar, "2006 National Survey of Latinos", Pew Hispanic Center, 13 de julho de 2006. Os dados sobre o desempenho dos latinos nas eleições para o Congresso norte-americano de 2006 são de "Latinos and the 2006 Mid-term Election", Pew Hispanic Center, 27 de novembro de 2006.

Os dados da Gallup de 2006 sobre a identificação do partido latino são da pesquisa anual da Gallup sobre direitos e as relações das minorias, reportados em 6 de julho de 2006.

A pesquisa New Democrat Network é "Inside the Mind of Hispanic Voters", conduzida entre 24 de junho e 1º de julho de 2006, pela LatinInsights, e divulgada em 19 de julho de 2006.

Os dados de seguro-saúde e educação dos imigrantes latinos são de Steven A. Camarota, "Immigrants at Mid-Decade: A Snapshot of America's Foreign-Born Population in 2005", Center for Immigration Studies, dezembro de 2005.

Cristãos sionistas

Os dados sobre o apoio dado pelos americanos a Israel podem ser encontrados na pesquisa da Gallup, "Perceptions of Foreign Countries", 1-4 de fevereiro de 2007; acesso em abril de 2007, em http://www.galluppoll.com/content/default.aspx?ci=1624&pg=2.

Alguns artigos úteis para este capítulo incluem o de Jane Lampman, "Mixing Prophecy and Politics", *Christian Science Monitor*, 7 de julho de 2004; Bill Broadway, "The Evangelical-Israeli Connection"; *Washington Post*, 27 de março de 2004; David D. Kirkpatrick, "For Evangelicals, Supporting Israel Is 'God's Foreign Policy'", *The New York Times*, 14 de novembro de 2006; Richard Allen Greene, "Evangelical Christians Plead for Israel", *BBC News*, 19 de julho de 2006; e Max Blumenthal, "Birth Pangs of a New Christian Zionism", publicado em 8 de agosto de 2006; acesso em outubro de 2006, em http://www.thenation.com/doc/ 20060814/newchristianzionism.

A pesquisa da Pew com relação às visões sobre Deus doar o Estado de Israel aos judeus é do Pew Research Center for the People e do Press and the Pew Forum on Religion and Public Life, "Many Americans Uneasy with Mix of Religion and Politics", p. 20, lançada em 24 de agosto de 2006.

As citações de David Brog são de "Righteous Gentiles at the Right Time", *Religion News Service*, 5 de junho de 2006, entre outras fontes. Obrigado a Jonathan Kessler por informar sobre a discussão do livro do ex-presidente Jimmy Carter *Palestine: Peace, not Apartheid* (Simon & Schuster, 2006).

Ex-presidiários recém-libertados

Os dados de tendência sobre ex-presidiários são de Paige M. Harrison e Allen J. Beck, Bureau of Justice Statistics Bulletin, *Prison and Jail Inmates of Midyear 2005* (maio de 2006) e versões anteriores. Os dados demográficos são do U.S. Department of Justice, Office of Justice Programs, Bureau of Justice Statistics, "Reentry Trends in the U.S., Characteristics of Releases"; acesso em janeiro de 2007, em http://www.ojp.usdoj.gov/bjs/reentry/characteristics.htm. Obrigado a Amy Solomon por nos ajudar a navegar pelos dados e a Jeremy Travis, o verdadeiro pioneiro no tema.

Os dados de tendência sobre a população carcerária em geral são de Table 335, "Adults on Probation, in jail or Prison, or on Parole: 1980-2004", Censo norte-americano Bureau, Statistical Abstract of the United States: 2007.

Os dados do International Centre for Prison Studies podem ser encontrados em http://www.prisonstudies.org/.

Os dados sobre o transporte de presidiários para a Austrália podem ser encontrados no site "Convicts to Australia: A Guide to Researching Your Convict Ancestors"; acesso em http://membersiinet.com.au/~perthdps/convicts/res-02.html.

Os dados sobre reincidência são do U.S. Departament of Justice, Office of Justice Programs, Bureau of Justice Statistics, "Reentry Trends in the U.S., Recidivism"; acesso em janeiro de 2007, em http://www.ojp.usdoj.gov/bjs/reentry/recidivisnn.htm.

Os dados sobre crianças com pais na prisão são de Julie Delcour, "Second Chance", *Tulsa World*, 10 de dezembro de 2006.

Outros artigos úteis para este capítulo incluem "A Stigma That Never Fades", *The Economist*, 8 de agosto de 2002, que cita a pesquisa com empregadores em grandes cidades e o estudo de Cleveland; Eric Eckholm, "Time Served: The Revolving Door", *The New York Times*, 12 de agosto de 2006; e Rex W. Huppke, "Rehabilitation or Recycling?", *Chicago Tribune*, 12 de março de 2006.

VII. Adolescentes

Ligeiramente desorientados

As estatísticas sobre o autismo são de http://www.fightingantism.org/idea/autism.php?s= US&z=s. Os dados sobre crianças tratadas com antipsicóticos são de Joan Lowry "US Families Face Learning Disabilities", *Ventura County Star*, 21 de dezembro de 2003.

Os dados sobre a lei para o ensino de crianças com dificuldades de aprendizagem são do U.S. Department of Education, National Center for Education Statistics, 2006, "The Condition of Education 2006", NCFS 2006-071, Washington, D.C.: U.S. Government Printing Office.

A pesquisa sobre o número crescente de estudantes que obtêm tempo extra para a realização dos exames de admissão na universidade são de Mark Franck, "Time to Think", *The New York Times*, 29 de março de 2006.

Os dados sobre a indústria de aulas extras são de Diane Heldt, "Tutors Aid More than Rich or Kids with Learning Woes", Associated Press State and Local Wire, 17 de outubro de 2005.

Os dados sobre a saúde mental dos alunos universitários são de Robert P. Gallagher, "National Survey of Counseling Center Directors, 2005", publicado pela International Association of Counseling Services, Inc. – Monograph Series No. 80; acesso em dezembro de 2006, em http://www.education.pitt.edu/survey/nsccd/archive/2005.monograph.pdf.

Para obter mais informações sobre distúrbios infantis, consulte Elizabeth Bernstein, "Sending Baby to the Shrink", Associated Press Financial Wire, 24 de outubro de 2006.

Jovens tricoteiras

A maior parte das informações sobre tricô e crochê são do estudo Craft Yarn Council of America, que pode ser encontrado no site, CYCA News, http://www.craftyarncouncil.com/know.html; acesso em outubro de 2006.

Para obter mais informações sobre os grupos de tricô para homens e seu histórico, ver Men's Knitting Site for Men Who Knit, http://www.menknitnet/; acesso em outubro de 2006.

Outros artigos úteis sobre o tema incluem o de Kate Stone Lombardi, "The Cool World of Knitting (Really)", *The New York Times*, 13 de fevereiro de 2005; Nancy Carollo, "Everything Old Is New Again", *New Orleans Times-Picayune*, 23 de março de 2006; e Denise DiFulco, "Sewing, So Pashionable; Projects Once Humbly 'homemade' Are Now Touted as 'Handmade'", *Washington Post*, 21 de setembro de 2006.

Ídolos adolescentes negros

O estudo Casey está em "Coverage in Contest: How Thoroughly the News Media Report Five Key Children's Issues", fevereiro de 2002; acesso em abril de 2007, em http://cjc.umd.edu/about/ContentStudyExecSummary.htm.

Os dados sobre o comparecimento à igreja de jovens adolescentes são do Child Trends Databank, "Religious Services Attendance"; acesso em abril de 2007, em http://www.childrensdatabank.org/pdf/32 PDF.pdf.

Os dados sobre voluntariado e o comportamento eleitoral são de Karlo Barrios Marcelo, Mark Hugo Lopez, e Emily Hoban Kirby, "Civic Engagement Among Minority Youth", janeiro de 2007; acesso em abril de 2007, em http://www.civicyouth.org/PopUps/FactSheets/FS 07 minority ce.pdf, analisando dados de "Monitoring the Future, High School Senior Survey, 1983-2005" e sua versão anterior, Mark Hugo Lopez, "Civic Engagement Among Minority Youth", setembro de 2002. Os dois documentos foram produzidos pelo CIRCLE, o Center for Information and Research on Civic Learning and Engagement, com base na University of Maryland's School of Public Affairs.

Os dados sobre o City Year foram fornecidos por Alison Franklin, co-diretor, Strategic Conutunications, City Year, via e-mail de 18 de abril de 2007. Para obter mais informações sobre o programa City Year e seu processo de seleção, consulte www.cityyear.org.

Os dados sobre o voluntariado de jovens negros são de "Volunteering in America: State Trends and Rankings, 2005 Key Volunteer Statistics"; acesso em abril de 2007, em http://nces.ed.gov/programs/digest/d03/tables/dt107.asp.

As informações sobre a preferência dos voluntários por raça são de "College Students Helping America", Corporation for National and Community Service, outubro de 2006; acesso em abril de 2007, em http://www.nationalservice.gov/pdf/06 1016 RPD college full.pdf.

O estudo de 2002 sobre a identificação partidária dos negros é de David A. Bositis, "2002 National Opinion Poll", Joint Center for Political and Economic Studies, conduzida entre 17 de setembro e 21 de outubro de 2001.

Todos os números relativos a abandono escolar, inscrições em cursos universitários, formaturas e mestrados são do the National Center for Education Statistics. As tabelas específicas são as seguintes: Table 107, "Percent of High School Dropouts (Status Dropouts) Among Persons 16 to 24 Years Old, by Sex and Race/Ethnicity: Selected Years: April 1960 to October 2001", http://nces.ed.gov/programs/digest/d03/tables/dt107.asp; Table 181, "College Enrollment and Enrollment Rates of Recent High School Completers, by Race/Ethnicity: 1960 Through 2004", http://nces.ed.gov/programs/digest/d05/tables/dt05 181.asp: Table 261, "Bachelor's Degrees Conferred by Degree-Granting Institutions, by Racial/Ethnic Group and Sex of Student: Selected Years, 1976-77 Through 2003-04", http://nces.ed.gov/programs/digest/d05/tables/dt05 26l.asp; Table 264, "Master's Degrees Conferred by Degrec-Granting Institutions, by Racial/Ethnic Group and Sex of Student: Selected Years, 1976-77 Through 2003-04", http://nces.ed.gov/programs/digest/d05/tables/dt05 264.asp.

Alguns dados sobre a classe média negra são de Robert L. Harris, Jr., "The Rise of the Black Middle Class", The Word and I, fevereiro de 999, Vol. 14, No. 2. Os dados sobre empresas de propriedade de negros são de Elvin Green, "Black Business Owners on Rise", Pittsburgh Post-Gazette, 18 de abril de 2006.

Jovens magnatas

O muito útil artigo da *BusinessWeek* é de Rochelle Sharpe *et al.*, "Teen Moguls", *BusinessWeek*, 29 de maio de 2000; acesso em janeiro de 2007. Outros artigos úteis incluem o de Penelope Green, "Barons Before Bedtime", *The New York Times*, 25 de janeiro de 2007.

Para mais informações sobre a Chocolate Farm e seu fundador, consulte www.chocolatefarm.com; http://www.mary-kateandashley.com/mind body soul/article.php?88.

Para obter mais informações sobre AnadTech e seu fundador, consulte www.anandtech.com; http://www.rediff.com/us/2000/mar/24us3.htm.

O estudo YoungBiz pode ser encontrado em Party Mayeux, "Report on America's Top Treps", *The 2001 YoungBiz 100;* acesso em http://www.youngbiz.com/aspindex.asp?fileName=ybmagnews/2001youngbiz100/main.htm.

O estudo Junior Achievement sobre as atitudes de adolescentes em relação ao empreendedorismo é o "2006 Enterprise Poll on Teens and Entrepreneurship", conduzido pela Junior Achievement Worldwide, 28 de agosto de 2006.

Aspirantes a franco-atiradores

A pesquisa New America com os adolescentes californianos foi realizada em novembro de 2006 pela Bendixen and Associates.

O poema citado é de www.snipersparadise.com; acesso em janeiro de 2007.

Alguns artigos úteis para este capítulo incluem o de Matthew Cox, "Time to Go SNIPER!", *Army Times*, 6 de março de 2006; John C. K. Daly, "UPI Terrorism Watch", UPI, 27 de julho de 2005; e Richard Whittle, "Fatal from Afar", *Dallas Morning News*, 7 de julho de 2005.

Os dados de 2007 sobre as atitudes dos norte-americanos em relação à Guerra do Iraque e o envio de tropas são de Jodie T. Allen, Nilanthi Samaranayake, e James Albrittain, Jr., "Iraq and Vietnam: A Crucial Difference in Opinion", Pew Research Center for the People and the Press, 22 de março de 2007, http://pewresearch.org/pubs/432/iraq-and-vietnam-a-crucial-difference-in-opinion?; acesso em março de 2007.

VIII. Comida, bebida e dieta

Crianças vegetarianas

Boa parte dos dados sobre crianças vegetarianas provêm de uma pesquisa de 2005 conduzida pela Harris Interactive em nome do Vegetarian Resource Group, entre 14 e 18 de abril de 2005, de uma amostra nacional de 1.264 jovens americanos com idade entre 8 e 18 anos; acesso em fevereiro de 2007, em http://www.vrg.org/journal/vj2005issue4/vj2005issue4youth.htm.

A campanha da National Beef Council foi reportada em Kate Kompas, "1 in 4 Teens Say Vegetarianism Is Cool", *St. Cloud Times*, 17 de fevereiro de 2003.

Os estudos que demonstram os efeitos na saúde do vegetarianismo foram realizados com adventistas do sétimo dia e reportados em Sharon Bloyd-Peshkin, "Meatless Wonders", *Chicago Tribune*, 5 de outubro de 2003, entre outros.

Outros artigos úteis sobre o tema são o de Jennifer Nelson, "Don't Have a Cow, Mom", *Washington Post*, 31 de outubro de 2006; e Virginia Rohan, "Veggie Vanguard", *The Record* (Bergen County, NJ), 13 de abril de 2003.

Peso desproporcional

Os dados sobre o ganho de peso nos Estados Unidos são de Cynthia L. Ogden, PhD, *et al.*, "Mean Body Weight, Height, and Body Mass Index, United States, 1960-2002", 27 de outubro de 2004; acesso em agosto de 2006, em http://www.cdc.gov/nchs/data/ad/ad347.pdf.

Alguns artigos úteis para este capítulo incluem o de Christine Gorman, "More than just a Little Chunky", *TIME*, 9 de julho de 2006; e John Stneke, "Weighty Issues", *Spokesman Review*, 26 de março de 2006.

Os números sobre o custo da obesidade são de "Companies Fight Employee Fat, Hoping to Trim the Bottom Line", *Associated Press*, 3 de fevereiro de 2003.

Para obter mais informações sobre o plano da Food and Drug Administration para lidar com obesidade, consulte http://www.fda.gov/loseweight/obesityplan.htm.

O primeiro estudo da JAMA é de Katherine M. Flegal, PhD, *et al.*, "Prevalence and Trends in Obesity Among US Adults, 1999-2000", *JAMA*, v. 288, nº 14, 9 de outubro de 2002.

Os índices de obesidade ao longo do tempo são do National Center for Health Statistics, *Health, United States, 2006, with Chartbook on Trends in the Health of Americans*, Hyattsville, MD: 2006, Table 73, "Overweight, Obesity, and Healthy Weight Among Persons 20 Years of Age and Over, by Sex, Age, Race, and Hispanic Origin, and Poverty Level: United States, 1960-1962 Through 2001-2004"; acesso em agosto de 2006, em http://www.cdc.gov/nchs/data/hus/hus06.pdf#073.

O segundo estudo da JAMA é de Kathleen McTigue, MD, MS, MPH, *et al.*, "Mortality and Cardiac and Vascular Outcomes in Extremely Obese Women", *JAMA*, v. 296, nº 1, 5 de julho de 2006.

Os dados sobre a participação de mulheres negras na força de trabalho são do Bureau of Labor Statistics, Household Data Annual Averages, Table 10, "Employed Persons by Occupation, Race, Hispanic, or Latino Ethnicity, and Sex"; acesso em janeiro de 2007 em http://www.bls.gov/cps.cpsaatl0.pdf.

Os dados sobre mulheres negras que criam filhos são do censo norte-americano, Table 3, "Children Living with Relatives by Type of Relative, Presence of Parents, by Race and Hispanic Origin and Whether Below Poverty Level: 2001"; acesso em janeiro de 2007, em http://www.census.gov/population/socdemo/child/sipp2001/tab03-03.pdf.

O estudo sobre a cidade de Nova York é "Women at Risk: The Health of Women in New York City", um relatório do New York City Department of Health and Mental Hygiene, março de 2005; acesso em janeiro de 2007, em http://www.cmwf.org/usr doc/FinalWomenAtRisk.pdf e reportado em Marc Santora, "Study Finds More Obesity and Less Exercising", *The New York Times*, 8 de março de 2005.

No cenário internacional, os números globais sobre obesidade e má nutrição, além de parte dos dados sobre os países específicos são de Claire Nullis, "Africa Faces Growing Obesity Problem", Associated Press, 29 de novembro de 2006; acesso em janeiro de 2007, em http://www.breitbart.com/article.php?id=D8LNOP6GI&showarticle=1.

Os números mundiais da obesidade são de http://www.who.int/nutrition/topics/obesity/en/index.html. Um artigo muito útil sobre o tema foi o de Jane E. Brody, "As America Gets Bigger, the World Does, Too", *New York Times*, 19 de abril de 2005.

Os dados mexicanos são de "Obesity on the Rise in Mexico". *The Economist*, 18 de dezembro de 2004.

Famintos por vida

A pesquisa Cornell e a subseqüente sobre o prolongamento da vida por meio de restrição calórica, assim como os efeitos dessas dietas, estão resumidas em Michael Mason, "One for the Ages: A Prescription That May Extend Life", *The New York Times*, 31 de outubro de 2006; e David Schardt, "Eat Less Live Longer?", *Nutrition Action Healthletter*, Center for Science in the Public Interest, 1º de setembro de 2003.

A história da biosfera é contada por Julian Dibbell, "Super Skinny Me", *The Observer* (Londres), 3 de dezembro de 2006.

As evidências dos efeitos na saúde da restrição calórica são citadas em Jack Cox, "Low-Cal Movement", *Houston Chronicle*, 2 de maio de 2004.

Para obter mais informações sobre os centenários Okinawans, consulte Nicole Piscopo Neal, "Meet the 120-Year-Old Man", *Palm Beach Post*, 17 de janeiro de 2004; e Richard Corliss e Michael D. Lemonick, "How to Live to Be 100", *TIME*, 30 de agosto de 2004.

Para saber mais sobre a Caloric Restriction Society, e seu fundador, Roy Watford, consulte o site www.calorierestriction.org.

Loucos por cafeína

Todas as estatísticas sobre água engarrafada, refrigerantes, álcool e consumo geral de bebidas são do U.S. Census Bureau, Statistical Abstract of the US: 2007, Table 201, "Per Capita Consumption of Selected Beverages by Type: 1900-2004".

As informações sobre as vendas de Dasani e Aquafina, bebidas com "benefícios funcionais" e bebidas energéticas são do release de 8 de março de 2007, da Beverage Marketing Corporation; acesso em abril de 2007, em http://www.beveragemarketing.com/news2.htm.

As estatísticas sobre consumo de café são da Reuters, "More Adults Prefer Daily Cup of Coffee", citando o relatório "2006 National Coffee Drinking Trends", 3 de março de 2007, e Tammy Joyner, "Innovators Come Up with Ways to Get Daily Jolt", Cox News Service, 16 de fevereiro de 2007. O último artigo também apresentou informações sobre alimentos que contêm cafeína.

As estatísticas de crescimento da Starbucks foram citadas em "Gourmet Coffee Popping Up in Unexpected Places", Associated Press, 2 de maio de 2005.

O estudo sobre o fato de que os refrigerantes são a principal fonte de consumo de calorias dos americanos foi reportado em Shari Roan, "Less than Zero", *Los Angeles Times*, 27 de novembro de 2006.

Os dados de vendas são de "Steaming Ahead, America's Tea Boom", *The Economist*, 8 de julho de 2006.

Mais informações sobre bebidas energéticas podem ser encontradas em Michael Mason, "The Energy Drink Buzz Is Unmistakable", *The New York Times*, 12 de dezembro de 2006.

O estudo sobre o centro de envenenamento de Chicago foi reportado por um release de 16 de outubro de 2006, do American College of Emergency Physicians, "Caffeine Abuse Among Young People Discovered in Examination of Poison Center Calls"; acesso em abril de 2007, em http://www.acep.org/webporta/Newsroom/NR/general/2006/101606b.htm.

Para obter mais informações sobre os hábitos de sono dos americanos, consulte a pesquisa "2002 Sleep in America", conduzida pela National Sleep Foundation; acesso em abril de 2007, em http://www.sleep-deprivation.com/.

Os dados sobre o Viagra são de "Younger Men Lead Surge in Viagra Use, Study Reveals", *Medical News Today*, 6 de agosto de 2004.

IX. Estilo de vida

Adeptos aos longos períodos de atenção

Os dados sobre as vendas anuais de infomerciais são de John Larson, "From the Inside Out", *NBC News*, 15 de setembro de 2006; acesso em outubro de 2006, em http://www.msnbc.msn.com/id/14856571/.

Os dados sobre maratonas e triatlos são do site Running USA, em http://www.runningusa.org/cgi/mar repts.pl; e Michael McCarthy, "Ford Joins Forces with Ironman for Tough Sell", *USA Today*, 19 de maio de 2005.

O número de participantes no tênis caiu de 12,6 milhões para 11,1 milhões entre 1995 e 2005; consulte o estudo da National Sporting Goods Association em http://www.nsga.org/public/pages/index.cfin?pageid=153.

Os dados de circulação da *Atlantic Monthly* estão em http://www.theatlantic.com./about/atlfaqf.htm#circulation, assim como os dados sobre a *Foreign Affairs* em http://www.foreignaffairs.org/advertising/circ.

Os dados sobre palavras cruzadas são de Leslie Mann, "Not Your Father's Crossword", *Chicago Tribune*, 25 de junho de 2006.

Os dados sobre a indústria do Sudoku são de Martin Fackler, "Inside Japan's Puzzle Palace", *The New York Times*, 20 de março de 2007.

As perspectivas sobre romances e séries de ficção mais longas são de "Span of Attention", HypertextNOW; acesso em abril de 2006, em http://www.eastgate.com/HypertextNow/archives/Attention.html.

Nos últimos anos, o discurso de posse do presidente tem sido visto por cerca de 42 milhões de pessoas; ver http://www.nielsonmedia.com/nc/portal/site/Public/menuitem.

55dc65b4a7d5adff3f65936147a062a0/?vgnextoid=a61ff63a16729010VgnVCM 100000 ac0a260aRCRD. O último jogo da World Series raramente tem menos de 20 milhões de espectadores; ver http://www.baseball-almanac.com/ws/wstv.shtml.

Pais negligenciados

Os dados sobre o poder de compra de crianças e mulheres podem ser encontrados no site Free Press Web site, "Children's Programming," Free Press, http://www.freepress.net/issueskidstv; acesso em janeiro de 2007, e no site Girlpower Marketing, http://www.girlpowermarketing.com/files/GPWEBFinal.pdf; acesso em janeiro de 2007, entre outras fontes.

O estudo da Universidade de Michigan é de W. Jean Young et al., "Children's Time with Fathers in Intact Families", *Journal of Marriage and Family*, v. 63, fevereiro de 2001, 136-54.

O estudo da Universidade da Califórnia Riverside dos sociólogos Scott Coltrane e Michele Adams baseia-se em dados do Child Development Supplement, Panel Study of Income Dynamics (PSID), conduzido no Survey Research Center, Institute for Social Research, University of Michigan. Foi divulgado em junho de 2003; o relatório pode ser acessado em http://www.eurekalert.org/pubreleases/2003-06/uoc-\wdc061003.php#.

O estudo da University of Washington do Dr. John Gothman, com ampla cobertura da imprensa, foi publicado pela primeira vez em John Gottman, *Why Marriages Succeed or Fail* (Fireside, 1994).

Falantes nativos

Mais uma vez, obrigado a Sergio Bendixen por revisar este capítulo também.

Os dados sobre as famílias lingüisticamente isoladas são de Hyon B. Shin com Rosalind Bruno, "Language Use and English-Speaking Ability: 2000"; U.S. Census Bureau, lançado em outubro de 2003; acesso em novembro de 2006, em http://www.census.gov/prod/2003pubs/c2k br-29.pdf.

Os números relativos aos residentes que simplesmente não falam inglês ou têm proficiência limitada, e as implicações do conhecimento limitado de inglês, são de http://www.us-english.org/inc/official/factsfigs.asp.

Os dados de imigração são em geral do Center for Immigration Studies, cujo site foi acessado em novembro de 2006, em http://www.cis.org/articles/2001/backl0l.html.

Os dados sobre aulas ministradas em inglês para falantes de outros idiomas são de Eunice Moscoso, "Despite Concerns About Assimilation, Immigrants Learning English", Cox News Service, 24 de agosto de 2006.

Os dados de tendência sobre a proficiência em inglês dos imigrantes são do U.S. Census, Census 2000, "Profile of Selected Demographic and Social Characteristics for the Foreign Born Population Who Entered the United States Before 1970" e "Profile of Selected Demographic and Social Characteristics for the Foreign Born Population Who Entered the United States 1990 to 2000".

Os dados sobre os chefes de famílias lingüisticamente isolados, incluindo natividade e renda, são do U.S. Census Bureau, Census 2000, "America Speaks: Selected Characteristics of Households by Linguistic Isolation for the United States"; acesso em novembro de 2006, em http://0-www.census.gov.mill1.sjlibrary.org/population/www/socdemo/hh-fam/AmSpks.html.

Os dados sobre as atitudes dos latino-americanos em relação ao inglês são do Pew Hispanic Center, "Hispanic Attitudes Towards Learning English", folha de dados publicada em 7 de junho de 2006.

Os desafios dos hospitais são descritos em Olga Pierce, "Hospitals Lack Language Plans", UPI, 13 de outubro de 2006.

O sucesso do espanhol no rádio e os dados sobre o poder de compra dos latinos estão descritos em Hiram Soto, "Spanish-Language Radio Stations Are Rising to the Top", Copley News Service, 23 de outubro de 2005.

As informações sobre a oferta de aulas de inglês são de Fernanda Santos, "Demand for English Lessons Outstrips Supply", *The New York Times*, 27 de fevereiro de 2007.

Unissexuais

Alguns artigos úteis para este capítulo incluem o de Paula Dohnal, "Floating Between Two Genders", *Wisconsin State Journal*, 10 de outubro de 2005; Elizabeth Weil, "What If It's (Sort of) a Boy and (Sort of) a Girl?", *The New York Times*, 24 de setembro de 2006; Patricia Leigh Brown, "Supporting Boys or Girls When the Line Isn't Clear", *The New York Times*, 2 de dezembro de 2006; Jenna Russell, "Finding a Gender Blind Dorm", *Boston Globe*, 27 de julho de 2003; Alyson Ward, "Transcending Gender", *Fort Worth Star-Telegram*, 24 de agosto de 2005; Kelly Pate Dwyer, "An Employee, Hired as a Man, Becomes a Woman. Now What?", *The New York Times*, 31 de julho de 2005; Bonnie Miller Rubin, "Transgender Movement Emerging from the Shadows", *Chicago Tribune*, 3 de abril de 2006; e Chris Rovzar, "Dude Looks Like a Lady", *New York Daily News*, 23 de julho de 2006.

O romance ganhador do prêmio Pulitzer é de Jeffrey Eugenides, *Middlesex*.

Para obter mais informações sobre a World Professional Association for Transgender Health, consulte o site da associação em http://www.wpath.org/.

Os dados sobre as políticas universitárias são da Gender Public Advocacy Coalition, "2006 Genius Index: Gender Equality National Index for Universities and Schools", 2006.

Os dados sobre a política estatal são do Transgender Law and Policy Institute, cujo site é http://www.transgenderlaw.org. A situação na cidade de Nova York foi reportada por Damien Cave, "City Drops Plan to Change Definition of Gender", *The New York Times*, 6 de dezembro de 2006.

X. Dinheiro e classe

Compradores de segundas casas

O termo "*splitters*", pelo que sabemos, foi cunhado pela WCI Communities, Inc., uma construtora que atua em comunidades dos Estados da Flórida, Connecticut, Maryland, New Jersey, Nova York e Virgínia.

Os dados relativos às compras de segundas casas próprias e seus compradores são de Paul C. Bishop, Ph.D., Shonda D. Hightower e Harika Bickicioglu, "2006 National Association of Realtors® Profile of Second-Home Owners" e "National Association of Realtors' Profile of Second-Home Buyers" de 2005.

A pesquisa de 2005 sobre proprietários de duas residências foi conduzida on-line pela Analytical One Research Services for WCI, Inc. De acordo com o resumo de sua metodologia, foram incluídos 408 entrevistados que se qualificaram como "*splitters*", de um total de 1.743 participantes.

Mary Poppins modernas

Alguns artigos úteis para essa tendência incluem o de Heidi Knapp Rinella, "Minding the Children: Like One of the Family—Demand for Nannies in American Homes Has Sharply Increased", *Las Vegas Review-Journal*, 15 de março de 2005; Davis Bushnell, "Demand for Nannies on Upswing in Greater Boston", *Boston Globe*, 13 de março de 2005; e Tracey Middlekauff, "Nannies", *Gotham Gazette*, 27 de outubro de 2003.

Os dados sobre as mães na força de trabalho são de "Employment Status of Women by Presence of Child and Age of Youngest Child, March 1975-2005"; *Annual Social and Economic Supplement*, Current Population Survey, Bureau of Lahor Statistics.

Os dados salariais comparativos são do site da International Nanny Association, acessíveis em http://www.nanny.org/images/2006SalarySurvey/index 2.htm e a Annual Demographic Survey, um projeto conjunto entre o Bureau of Labor Statistics e o Bureau of the Census; acesso em abril de 2007, em http://pubdb3.census.gov/macro/032006/perinc/new04 019.htm.

Para obter mais informações sobre o desenvolvimento da carreira no trabalho como babá, consulte Ralph Gardner, Jr., "Taking Superparents in Hand", *The New York Times*, 16 de junho de 2005.

O livro citado é de Emma McLaughlin e Nicola Kraus, (O Diário de uma babá).

Para obter mais informações sobre a necessidade de babás, consulte 2005 White Honse Conference on Aging "Annotated Agenda, Final-November 3, 2005"; acesso em setembro de 2006, em http://www.whcoa.gov/about/policy/meetings.annotated agenda.pdf.

Milionários tímidos

Os dados sobre as percepções tendenciosas dos milionários são de um estudo conduzido por Catherine Montalto, patrocinado pela Consumer Federation of America and Providian Financial; ver release de 2001, em http://www.americasaves.org/downloads/www.americasaves.org/Press Releases/07.16.01.pdf.

O livro de Thomas J. Stanley e William D. Danko, *The Millionaire Next Door: The Surprising Secrets of America's Wealthy* (Longstreet, 1996), foi muito útil para este capítulo.

A pesquisa anual Phoenix/Harris Interactive Wealth Survey consistiu em 1.496 entrevistas realizadas on-line pela Harris Interactive entre 25 de março e 9 de abril de 2003, com adultos norte-americanos com 18 anos ou mais que eram responsáveis pelas decisões financeiras das famílias com valor líquido de 1 milhão de dólares ou mais, menos quaisquer dívidas e excluindo a principal residência.

Para obter mais informações sobre o imposto predial, consulte Stephen Moore e Arthur B. Laffer, "The American Dream Tax", 14 de junho de 2006.

Burgueses e falidos

Os dados de tendência sobre falências são, em grande parte, provenientes de Thomas A. Garrett, "The Rise in Personal Bankruptcies", Federal Reserve Bank of St. Louis, Review, v. 89, nº 1, janeiro de 2007/fevereiro de 2007; e o American Bankruptcy Institute, cujo site foi acessado em janeiro de 2007, em http://www.abiworld.org/AM/AMTemplate.cfm?Section=Home& CONTENTID=35631&TEMPLATE=/CM/CorntentDisplay.cfm.

O livro da professora Warren é *The Two-Income Trap: Why Middle-Class Parents Are Going Broke* (Basic Books, 2003), de Elizabeth Warren e Amelia Warren Tyagi. Boa parte dos dados e das histórias do capítulo é extraída deste livro e de outros artigos da professora Warren, incluindo David U. Himmelstein, Elizabeth Warren, Deborah Thorne e Steffie Woolhandler, "MarketWatch: Illness and Injury as Contributors to Bankruptcy", *Health Affairs*, 2 de fevereiro de 2005.

Outros artigos úteis para este capítulo incluem o de Christine Dugas, "American Seniors Rack Up Debt like Never Before", *USA Today*, 24 de abril de 2002; e Mindy Fetterman e Barbara Hansen, "Young People Struggle to Deal with Kiss of Debt", *USA Today*, 22 de novembro de 2006.

Para obter mais informações sobre o estigma da falência, consulte Kartik Athreya, "Shame As It Ever Was: Stigma and Personal Bankruptcy", *Federal Reserve Bank of Richmond, Economic Quarterly*, v. 90, nº 2, primavera de 2004. As informações sobre a depressão dos falidos são extraídas de http://www.bankruptcylawinformation.com/index.cfm?event=dspStats.

A citação "capitalismo sem falência", atribuída a Frank Borman, ex-CFO da Eastern Air Lines, foi citado em Liz Pulliam Weston, "Why Going Broke Is a Fact of Life in America"; acesso em janeiro de 2007, em http://moneycentral.msn.com/content/specials/P87467.asp?special/bankrupt.

Sem fins lucrativos

As estatísticas de crescimento sobre os setores sem fins lucrativos, privado e governamental são do Independent Sector, *Nonprofit Almanac: Facts and Findings*, "Employment in the Nonprofit Sector" 2001, acesso em http://www.independentsector.org/PDFs/npemployment.pdf.

Os dados sobre os super-ricos são de "The Business of Giving", *The Economist*, 26 de fevereiro de 2006.

Os dados sobre o crescimento de fundações são do United States Nonprofit Sector, National Council of Nonprofit Associations, 2006; acesso em janeiro de 2007, em http://www.nonprofitcongress.org/sites/nonprofitcongress.org/files/themeeditor/npcongress/ussectorreport.pdf. Os dados sobre o crescimento de organizações sem fins lucrativos são de Thomas H. Pollak e Amy Blackwood, "The Nonprofit Sector in Brief: Facts and Figures from the Nonprofit Almanac 2007"; Urban Institute, 2006; acesso em janeiro de 2007, em http://www.urban.org/publications/311373.html.

Os dados sobre os salários iniciais no setor sem fins lucrativos são de R. Patrick Halpern, "Workforce Issues in the Nonprofit Sector: Generational Leadership Change and Diversity", American Humanics: Initiative for Nonprofit Sector Careers, maio de 2006 (doravante "Humanics Study"; acesso em janeiro de 2007, em http://www.humanics.org/atf/cf/%7BE02C99B2-B9B8-4887-9A15-C9E973FD5616%7D/American%20Humanics%20Workforce%20Literature%20Review%20and%20Bibliography%204-26-06.pdf.) O estudo da Pensilvânia foi citado em Bob Fernandez e Patricia Horn, "Nonprofits' Job Engine Transforms PA Economy"; *Philadelphia Inquirer*, 28 de agosto de 2005.

Os dados sobre os salários dos executivos no setor sem fins lucrativos são de Noelle Barton, Maria Di Mento e Alvin P. Sanoff, "Top Nonprofit Executives See Healthy Pay Raises", *Philanthropy.com*, 28 de setembro de 2006; acesso em janeiro de 2007, em http://www.philanthropy.com/free/articles/v18/i24/24003901.htm.

Os dados da pesquisa sobre a necessidade de controle das empresas são de David W. Moore, "Little Political Fallout from Business Scandals", *Gallup News Service*, 8 de julho de 2002; acesso em janeiro de 2007, em http://www.galluppoll. com/ content/?cl= 6340&pg=1.

Os dados da pesquisa sobre a confiança dos norte-americanos no governo são de Jeffrey Jones, "Trust in Government Declining, Near Lows for the Past Decade", *Gallup News Service*, 26 de setembro de 2006; acesso em janeiro de 2007; em http://www.galluppoll.com/content/ ?ci= 24706&pg =1.

Alguns artigos úteis sobre empreendedorismo social incluem o de Emily Faking "How to Save the World? Treat It like a Business", *The New York Times*, 20 de dezembro de 2003; e Nicholas Kristof, "Do-Gooders With Spreadsheets", *The New York Times*, 30 de janeiro de 2007. Ver também: David Bornstein, *How to Change the World: Social Entrepreneurship and the Power of New Ideas* (Oxford University Press, 2004).

Os dados sobre a opinião das diferentes gerações sobre entidades sem fins lucrativos são da Harris Poll nº 33, 27 de abril de 2006, http://www.harrisintcractive.com/harrispoll/index.asp?PID=657.

Os dados sobre mulheres nas instituições sem fins lucrativos e sobre a rotatividade dos empregados no setor são do Humanics Study, citado acima.

Jim Collins, *Good to Great and the Social Sectors: A Monograph to Accompany Good to Great* (HarperCollins, 2005).

XI. Aparência e moda

Tatuado chique

A pesquisa da Harris 2003 é resumida por Joy Sever, PhD, em "A Third of Americans with Tatuagens Say They Make Them Feel More Sexy", 8 de outubro de 2003; acesso em outubro de 2006, em http://www.Harrisinteractive.com/news/allnewsbydate.asp?NewslD=691. A pesquisa pode ser acessada em http://www.harrisinteraetive.com/harrispoll/index.asp?PID=407.

O estudo AAD foi reportado por Andrew Bridges, "Survey: 24 Percent Between 18-50 Tattooed", Associated Press, 10 de junho de 2006.

O estudo canadense é o Health Canada, "Special Report on Youth, Piercing, Tattooing and Hepatitis C Trendscan Findings", março de 2001.

Para obter mais informações sobre tatuagens dos famosos, consulte http://www.vanishingitattoo.com/celebrity tatuagens.htm ou http://www.celebritytatuagens.org/.

A história de George Shultz foi citada em uma entrevista no Hoover Institute com o ex-secretário de Estado em http://www.hoover.org/publications/digest/5956876.html, entre outros locais.

Para obter mais informações sobre a política militar relativa a tatuagens, consulte Katie Zezima, "Yes, the Military Needs Bodies, but Hold the Bodywork", *The New York Times*, 3 de dezembro de 2005; e J. D. Leipold, "Army Changes "Tattoo Policy", *Army News Service*, 18 de março de 2006.

Para obter mais informações sobre o corpo como forma de propaganda, consulte Frank Litman, "Your Ad Permanently Tattooed Here, There, and Everywhere on New York Man's Body", Associated Press, 29 de janeiro de 2005; e Melanie Wells, "Hey, Is That an Advertisement on Your Arm?", *USA Today*, 23 de julho de 1999.

Outro artigo útil foi o de David Brooks, "Nonconformity Is Skin Deep", *The New York Times*, 27 de agosto de 2006.

Desleixados e atolados

Quanto os norte-americanos gastam para se organizar é relatado por Penelope Green, "Saying Yes to Mess", *The New York Times*, 21 de dezembro de 2006.

A pesquisa da PSB com os desleixados foi conduzida on-line entre 5 e 6 de abril de 2007.

O livro é de Eric Abrahamson e David H. Freedman, Uma bagunça perfeita (Editora Rocco, 2008).

Amantes das cirurgias

Todas as citações na pesquisa com os cirurgiões plásticos referem-se à pesquisa "American Academy of Facial Plastic and Reconstructive Surgery 2005 Membership Survey: Trends in Plastic Surgery", divulgada em fevereiro de 2006. A pesquisa incluiu 233 questionários preenchidos, com dados tabulados pela ICR em Media, Pennsylvania.

Os dados sobre renda foram citados em Paige Berman & Marie Kuechel, "Cosmetic Surgery Has Gone Mainstream", *Ventura County Star*, 8 de janeiro de 2006.

Os dados sobre as cirurgias masculinas e sobre a indústria da cirurgia plástica em geral são da "Cosmetic Plastic Surgery Research Statistics and Trends for 2001-2005", Plastic Surgery Research, http://www.cosmeticplasticsurgerystatistics.com/statistics.html; acesso em agosto de 2006.

Os "escravos do bisturi" foram identificados há muito tempo, em Paddy Calistro, "Looks: Slaves to the Scalpel", *Los Angeles Times*, 19 de julho de 1987; e Jennet Conant *et al.*, "Scalpel Slaves Just Can't Quit", *Newsweek*, 11 de janeiro de 1988.

A referência de Dowd vem de Maureen Dowd, *Are Men Necessary?: When Sexes Collide* (G.P. Putnam's Sons, 2005), pp. 247-48, citando Alex Kuczynski.

Mais informações sobre a indústria da beleza médica estão disponíveis em Natasha Singer, "More Doctors Turning to the Business of Beauty", *The New York Times*, 30 de novembro de 2006.

A maior parte dos dados no cenário internacional são de "Consumer Attitudes Towards Aging: A Global ACNielsen Report", novembro de 2006, http://www2.acnielsen.com/reports/documents/globalagingattitudesnov06.pdf; acesso em janeiro de 2007. Outras fontes incluem um estudo pela AGB Nielsen Media Research and Men's Health on South Korean Men and Plastic Surgery, citado em Burt Herman, "S. Korea Sees Boom in Male Plastic Surgery", Associated Press, 16 de abril de 2006; Frances Harrison, "Wealthy Iranians Embrace Plastic Surgery", ABC News, 1° de outubro de 2006; "Bargain Basement Plastic Surgery in Kurdistan", *Iraq Slogger*, 6 de março de 2007; e Sergio DeLeon, "Tourists Heading to Colombia for Plastic Surgery", *USA Today*, 14 de março de 2006.

Pequenas notáveis

A canção de Peter Gabriel é "Big Time", do álbum *So*, da Geffen Records, 1986.

O artigo do *The New York Times* que deu início à onda das *mignon* foi de Michael Barbaro, "Where's the Petite Department? Going the Way of the Petticoat", *The New York Times*, 28 de maio de 2006, seguido de Michael Barbaro, "By Demand, Saks Revives Petite Department", *The New York Times*, 20 de junho de 2006.

Outros artigos importantes sobre o tema incluem o de Joy Sewing e Mary Vuong, "A Tall Order", *Houston Chronicle*, 8 de junho de 2006; Jean Patteson, "For Petites, a Shrinking Debate Grows", *Orlando Sentinel*, 23 de junho de 2006; Tanya Barrientos, "Petites Are Becoming the Odd-Woman-Out in Stores", *Philadelphia Inquirer*, 26 de junho de 2006; e Anne Bratskeir, "No Small Fuss", *Newsday*, 10 de julho de 2006.

Os dados sobre expectativa de vida são do National Center for Health Statistics, United States, 2005, Chartbook on Trends in the Health of Americans, Hyattsville, MD, 2005, Table 27, "Life Expectancy at Birth, at 65 Years of Age, and at 75 Years of Age, According to Race and Sex: United States, Selected Years 1900-2003"; acesso em outubro de 2006, em http://www.cdc.gov/nchs/datn/hus/hus05.pdf#027.

Para obter mais informações sobre a situação dos tamanhos de roupa nos Estados Unidos, consulte Leslie Earnest, "What's with Women's Clothing Sizes?", *Los Angeles Times*, 1º de maio de 2005.

Para obter mais informações sobre as novas medidas dos norte-americanos, consulte Michael D. Sorkin, "Survey Sizes Up America for the Perfect Fit", *St. Louis Post-Dispatch*, 7 de março de 2004.

Os dados da pesquisa sobre o desconforto da mulher norte-americana média com os estilos e os tamanhos atuais são de um estudo feito pelo Lifestyle Monitor, reportado no site da Cotton Incorporated e acessado em janeiro de 2007, em http://www.cottoninc.coni/lsmarticles/?article ID=356.

XII. Tecnologia

Geeks sociais

Os dados citados neste capítulo são de uma pesquisa que a PSB realizou em conjunto com o Microsoft Market Research Group em setembro de 2005. Obrigado à Microsoft pela permissão dada para usar o estudo.

Para obter mais informações sobre Tila Tequila, consulte Lev Grossman, "Tila Tequila", *Time*, 16 de dezembro de 2006.

Os dados sobre os graus conferidos pelos campos específicos de estudo foram tirados de Table 252, "Bachelor's, Master's and Doctor's Degrees Conferred by Degree-Granting Institution, by Sex of Student and Field of Study: 2003-04", *Digest of Education Statistics. 2005*, National Center for Education Statistics, http://necs.ed.gov/programs/digest/d05/tables/dt05-252.asp; acesso em março de 2007.

Novos "ludistas"

O estudo do Pew Center de 2003 é de Amanda Lenhart, "The Ever-Shifting Internet Population", Pew Internet and American Life Project, 16 de abril de 2003. A descrição desse estudo sobre os Net Dropouts, pp. 21-23, foi particularmente útil.

Outros artigos úteis para descrever as atitudes dos Novos "ludistas" incluem o de Kevin Cowherd, "Teen's Missionary Zeal for Technology Can't Convert Luddite Dad", *St. Paul Pioneer Press*, 12 de março de 2006; Ken Spencer Brown, "Wi-Fis, PDAs, Blogs, Smart Phones, PVRs, Hmm... Overload?", *Investor's Business Daily*, 7 de novembro de 2005; e Richard Seven, "Life Interrupted", *Seattle Times*, 28 de novembro de 2004.

Para obter mais informações sobre o plano hesitante de permitir o uso de celulares a bordo de aeronaves, consulte Paul Davidson, "Jet Passengers May Not Get to Chat on Cell Phones After All", *USA Today*, 22 de março de 2007.

Tecfatais

Os dados da Consumer Electronics Association sobre as mulheres gastando mais do que os homens em tecnologia foram citados em Yuki Noguchi, "On Cellphones, Girl Talk Comes with Bring Tone", *Washington Post*, 6 de dezembro de 2006. Esse artigo também descreve o sucesso dos telefones adornados com jóias entre as jovens compradoras.

Os dados sobre a influência das mulheres no mercado atacadista foram fornecidos pela Consumer Electronics Association (CEA).

A pesquisa de mercado da CEA sobre as preferências de artigos tecnológicos de adolescentes do sexo masculino e feminino foi reportada em Jack Schofield, "Toys for Boys and Girls: Technology Companies Must Come to Grips with the Fact That More Women than Men Now Buy Gadgets", *The Guardian* (Londres), 10 de fevereiro de 2006.

Os esforços da Best Buy são reportados por Mindy Fetterman, "Best Buy Gets in Touch with Its Feminine Side", *USA Today*, 20 de dezembro de 2006. O status da Radio Shack foi reportado em "Study: Women Buy More Tech than Men", www.cnn.com, 16 de janeiro de 2004.

Os dados da pesquisa sobre as experiências das mulheres em lojas de produtos tecnológicos foram reportados em May Wong, "Consumer Electronics Has Challenge: Wooing Women", *Ventura County Star*, 14 de janeiro de 2004.

O que as mulheres querem da eletrônica é resultado de uma pesquisa realizada pela Motorola, conforme registrado em "On Cellphones, Girl Talk Comes with a Bling Tone", citado acima.

Os esforços da Sharp foram reportados em "Shopping for Electronics: Isn't Just a Guy Thing", Associated Press, 22 de janeiro de 2004.

Mães que compram carros e que gostam de futebol

Para ver os comerciais que passam no Super Bowl, confira o site http://www.ifilm.com/superbowl/2005.

Os dados sobre a experiência das mulheres nos salões de automóveis são provenientes de várias fontes, incluindo "Survey Finds 77 Percent of Women Car Buyers Continue to Bring flan Along to Dealership"; acesso em junho de 2006, em http://www.theautochannel.com/news/ 2006/06/01/009311/ html.

Para obter mais informações sobre La Femme, consulte Edmunds.com, "Winning Women Over in the Car-Buying Process"; acesso em junho de 2006, em http://www.autotrader.com/research/shared.article/jsp?articleid=3883&rcfpage=buyingtip...

Os dados do Kelley Blue Book sobre compradores de carros do sexo masculino *vs.* feminino foram reportados em Dan Lienert, "The Best-Selling Cars by Gender", *Forbes*, 24 de maio de 2005.

Para obter mais informações sobre o Volvo Concept Car projetado por mulheres, consulte "Women Design Concept Car for Volvo", *USA Today*, 2 de março de 2004; acesso em junho de 2006, em http://www.usatoday.com/money/autos/2004-03-02-yec x.hhri.

Os dados sobre preferências de homens e mulheres por carros e marcas são de Dan Lienart, "Most Popular Cars for Men and Women", *Forbes*, 27 de junho de 2006; e Auto Channel; acesso em junho de 2006, em http://www.theautochannel.com/news/2005/07/11/137213.html.

A citação de Marc Graham, presidente da Juffy Lube, foi reportada pela primeira vez em Leslie Toussaint, "No Longer an Afterthought: Women and the Aftermarket", *Aftermarket Insider*, Vol. 9, 2001; acesso em junho de 2006, em http://4wheeldrive.about.com/gi/dynamic/offsite.htm?zi=1/XJ&sdn=4wheeldrive&cdn=autos&tm=19&gps=4069841020580&f=10&su=p284.7.420.ipp706.3.420.ip&tt=2&bt=0&bts=1&zu=http%3A//www.aftermarket.org/Information/Aftermarketlnsider/women.asp.

XIII. Lazer e entretenimento

Mães arqueiras?

Todos os dados sobre participação nos esportes deste capítulo são do estudo da National Sporting Goods Association, "2005 Youth Participation in Selected Sports with Comparisons to 1995"; acesso em janeiro de 2007, em http://www.nsga.org/public/pages/index.cfm?pageid=158. Os dados incluem, mas não estão limitados a participação dos jovens.

Os dados sobre beisebol são de Joseph Carroll, "Football Reaches Historic Popularity Levels in Gallup Poll", 19 de janeiro de 2007. Os dados sobre o hóquei são de Tim Lemke, "Power Play", *Washington Times*, 4 de outubro de 2006.

Para obter mais informações sobre o aumento da prática de snowboarding, consulte Anne E. Wright, "It's All Downhill", *Albuquerque Journal*, 15 de fevereiro de 2004.

Para obter mais informações sobre os hábitos esportivos dos adolescentes, consulte David Wharton, "Generation Gap: Traditional Sports Don't Have Same Pull with Today's Teens"; *Los Angeles Times*, 7 de maio de 2002.

Os dados de Lacrosse são de Pete Thamel, "Lacrosse Is Coming into New Territory"; *The New York Times*, 30 de maio de 2005. Os dados sobre esgrima são de Jacqueline L. Salmon, "Exploring New Fields: Other Sports Gain Popularity as Kids Discover Life Beyond Soccer", *Washington Post*, 15 de agosto de 2001. Para mais informações sobre USA Dance, consulte http://www.usabda.org/.

Para obter mais informações sobre Fantasy Fishing, consulte Kevin J. Delaney, "Fantasy Fishing Leagues Hook Interested Parties", Associated Press Financial Wire, 20 de julho de 2006.

Os dados sobre os Jogos Olímpicos são de http://www.olympic.org/uk/games/past/indexuk.asp?OLGT=2&OLGY=2006.

"Most Popular Male Athlete" é uma pesquisa on-line da Harris Interactive, reportada em "Tiger Takes No. 1 Spot in Harris Poll of Fans", Associated Press, 9 de junho de 2006; acesso em janeiro de 2007, em http: //sports.espn.go.com/espn/news /story?id =24 76502.

Impróprio para menores

Os dados sobre os fãs da pornografia são de "Pornography Statistics 2007"; acesso em http://internetfilter-review.toptenreviews.com/internetpornography-statistics.html e "Internet Pornography Statistics"; acesso em http://www.mykidsbrowser.com/pornography stats. php.

Desde meados de 2007, um jogo médio da Liga Principal de Beisebol vem obtendo classificação Nielsen de cerca de 2,4, o que se traduz em menos de 3 milhões de espectadores.

Os artigos úteis para o tema do consumo de pornografia incluem o de Eric Retzlaff, "Pornography's Grip Tightened by Way of Internet", *National Catholic Register*, 13 de junho de 2000; e Dennah Gresh, "A Decent Proposal: How to Fake the High Road in a Low-Rise, Skin-Is-in-Society", *Today's Christian Woman*, maio/junho de 2003.

Os dados sobre o tamanho da indústria da pornografia e sua parcela no ciberespaço são de sites de estatísticas sobre pornografia citados acima.

O artigo do *Investor's Business Daily* sobre pornografia e tecnologia é de Patrick Seitz, "High Def's Adult Situation Favors Toshiba", *Investor's Business Daily*, 2 de março de 2006. Obrigado a Milo Jones, University of Kent, por nos orientar nesse sentido.

As informações sobre a idade cada vez menor da primeira relação sexual dos norte-americanos vêm da *2004 Sex Survey* da Durex; acesso em http://www.durex.com/cm/GSS 2004Results.asp. Essa pesquisa também foi usada como fonte de dados globais relativos à pornografia.

Para o cenário internacional da pornografia, alguns artigos úteis incluem o de Michael Field, "The Pacific Porn Paradise", *Dominion Post* (Wellington, Nova Zelândia), 17 de dezembro de 2005; "Italy Probes Porn on a Mobile Network", *Global News Wire – Asia Africa Intelligence Wire*, 6 de maio de 2006; Matt Richtel e Michael Marriott, "Ring Tones, Cameras, Now This: Sex Is Latest Cellphone Feature", *The New York Times*, 17 de setembro de 2005; Phermsak Lilakul, "Survey: Youth Well Versed in Internet Porn", *The Nation* (Tailândia), 10 de outubro de 2002; "Porn a Major Presence in Lives of Youth", UPI, 26 de fevereiro de 2007; e "African's Porn Centre' Seeks Cash", *BBC News*, 14 de dezembro de 2004.

Jogadores crescidinhos

A maior parte dos dados deste capítulo provêm da Entertainment Software Association, "2006 Sales, Demographic and Usage Data: Essential Facts About the Computer and Video Game Industry".

Outros recursos úteis incluem Mike Johansson, "Game On!", *Lochester Democrat and Chronicle*, 21 de maio de 2004; Roy Rivenburg, "Plan Your Funeral or Play Nintendo", *Los Angeles Times*, 26 de outubro de 2006; e Mike Sneider, "These Mind Games Do You Good", *USA Today*, 15 de abril de 2006; e Paige Craig.

Para obter mais informações sobre jogos sérios, consulte Josh Schollmeyer, "Games Get Serious", *Bulletin of the Atomic Scientists*, v. 62, nº 4, julho/agosto de 2006.

Neoclássicos

Alguns artigos úteis para essa tendência que serviram de base para as estatísticas reportadas no capítulo incluem o de Allan Kozinn, "Cheek the Numbers: Rumors of Classical Music's Demise Arc Dead Wrong", *The New York Times*, 28 de maio de 2006; Ken Schwartz, "Classical Music Comes off Life Support", www.businesstoday.com, 14 de março de 2006; Barbara Jepson, "Classical, Now Without the 300-Year Delay", *The New York Times*, 26 de março de 2006; Patrick Kavanaugh, "Rumors Greatly Exaggerated", *National Review*, 30 de junho de 2003; e Robin Pogrebin, "Uncertain Times: Impulse Buyers Replace Ticket Subscriptions", *The New York Times*, 16 de outubro de 2002.

Os dados da pesquisa sobre instrumentos musicais em casa são da Gallup Organization, "American Attitudes Towards Music", conduzida para a National Association of Music Merchants, março de 2003; acesso em janeiro de 2007, em http://www.amc-music.com/news/pressreleases/images/gallup/Gal1up2003.ppt#281.6.

Os dados do pianista mais velho são de Robin Schatz, "Your Inner Musician Is Just Waiting to Be Found", *BusinessWeek Lifestyle*, 13 de maio de 2002; acesso em janeiro de 2007, em http://www.businessweek.com/magazine/content/02 19/b3782107.htm.

A pesquisa classicalarchives.com foi acessada em janeiro de 2007, em http://www.classicalarchives.com/demographics.html.

XIV. Educação

Crianças espertas que ficam para trás

Alguns artigos úteis neste capítulo incluem o de Elissa Gootman, "Preschoolers Grow Older as Parents Seek an Edge", *The New York Times*, 19 de outubro de 2006; "Parents Delay Kindergarten to Give Children an Edge", *The New York Times*, 27 de abril de 2004; "Postponing Kindergarten", *Chicago Tribune*, 26 de abril de 2006; e Nara Schoenberg, "More Boys Finding They're Ahead of the Game Where They're Held Behind", *Chicago Tribune*, 25 de abril de 2006.

A expressão "Kindergarten Arms Race" foi cunhada por Steve Sailer, "Redshirting: A Kindergarten Arms Race", UPI, 25 de julho de 2002; acesso em julho de 2006, http://www.isteve.com/2002Redshirting-A Kindergarten Arms Race.htm.

Para qualquer dúvida sobre a eficácia da prática de "red-shirting", consulte Michelle Keller, "Academic Red-Shirting Is Getting a Mixed Report Card", *Los Angeles Times*, 5 de julho de 2006; Elaine Lapriore, "Delaying Kindergarten Has No Benefits", http://www.tisc.edu/esenews/stories/12716.html, 7 de setembro de 2006; Hermine H. Marshall, "Opportunity Deferred or Opportunity Taken?: An Updated Look at Delaying Kindergarten Entry", *Beyond the Journal*, setembro de 2003. Consulte também "Delaying Kindergarten: Effects on Test Scores and Child Care Costs", Pardee Rand Graduate School Research Brief, 2004.

Pelos dados do gráfico, obrigado a Chris Chapman, diretor do programa, Early Childhood and Liouschold Studies, National Center for Education Statistics, U.S. Department of Education, fornecidos em 7 de novembro de 2006.

Estudantes que aprendem em casa

O estudo do departamento norte-americano de Educação é de D. Princiotta e S. Bielick, *Homeschooling in the United States: 2003* (NCES 2006-042), U.S. Department of Education. National Center for Education Statistics, Washington, D.C., 2006; acessado em http://nces.ecl.gov/pubs2006/homeschnol/. As contagens da população em idade escolar em 1999 e 2003 são de http://www.census.gov/prod/2001pubs/p20-533.pdf e http://www.census.gov/prod/2005pubs/p20-554.pdf.

Os dados sobre estudantes nas escolas especiais são do U.S. Department of Education, National Center for Education Statistics, Schools and Staffing Survey (SASS), Public School Questionnaire;' 1999-2000, e "Charter School Questionnaire", 1999-2000, preparado em dezembro de 2002.

Os dados sobre o tamanho do setor de educação em casa são de "George Bush's Secret Army", *The Economist*, 26 de fevereiro de 2004.

As informações sobre a política universitária são de Tania Dehizuriaga, "Home School Phenomenon", *Orlando Sentinel*, 12 de junho de 2005. Os dados sobre o exame para admissão na universidade são da Home School Legal Defense Association e baseiam-se em informações que a HSLDA adquiriu do College Board; acesso em http://www.hslda.org/docs/news/hslda/200105070.asp.

Os dados sobre o programa de soletração são do site National Spelling Bee, acessível em http://www.spellingbee.com/statistics.asp. Os dados sobre geografia são do site HSLDA em http://www.hslda.org/docs/news/hslda/200305/200305300.asp.

Os dados da opinião pública sobre educação em casa são de Linda Lyons e Gary Gordon, "Homeschooling: Expanding Its Ranks and Reputation", reportando sobre um estudo da Phi Delta Kappa/ Gallup Poll conduzido em maio e junho de 2001.

Todos os dados demográficos sobre os estudantes que aprendem em casa são do estudo do Departamento Norte-americano de Educação, citado acima.

Os dados sobre os regulamentos da educação em casa são do site HSLDA, em http://www.hslda.org/laws/.

Os dados sobre a proposição de projetos de lei por parte de diferentes estados norte-americanos para permitir que os estudantes que aprendem em casa utilizem recursos públicos são de James Dao, "Schooled at Home, They Want to Play at School", *The New York Times*, 22 de junho de 2005.

Os dados internacionais são dos seguintes recursos: *The Home School Court Report*, uma publicação da Home School Legal Defense Association, v. 19, nº 5, setembro/outubro de 2003; Tim Large, "Stay-at-Home Kids Shunning the System", *Daily Yomiuri* (Tóquio), 2 de setembro de 2000; Nechama Veeder, "Learning Without Lessons", *Jerusalem Post*, 1 de setembro de 2006; e Paul Belien, "2007 German Horror Talc; Nazi-Era Law Prosecutes Today's Homc-Schoolers", *Washington Times*, 28 de fevereiro de 2007.

Estudantes que largaram a faculdade

Todos os estudantes famosos que largaram a faculdade estão listados no site College Dropouts Alumni Association; acesso em agosto de 2006, em http://www.geocities.com/ College-Park/7734/cdoaa.html;e/ouhttp://www.answers.com/topic/college- dropout.

Os dados de tendência sobre as matrículas na universidade são do Bureau of Labor Statistics, "College Enrollment and Work Activity of 2005 High School Graduates", divulgado em 24 de março de 2006; acesso em julho de 2006, em http://www.bls.gov.news/release/hsgec.nr0.htm; e National Center for Education Statistics, Digest of Education Statistics, 2005; acesso em julho de 2006, em http://nces.ed.gov/programs/digest/d05/tables/dt05 182.asp.

Os dados sobre o número de formaturas universitárias são de Laura Horn e Rachael Berger, "College Persistence on the Rise?", NCES 2005-156, U.S. Department of Education, citado em "Convergence: Trends Threatening to Narrow College Opportunity in America", um projeto do Institute for Higher Education Policy, abril de 2006 ("Convergence"), Figura 6, p. 11.

O artigo do *The New York Times* é de David Leonhardt, "The College Dropout Boom", *The New York Times*, 24 de maio de 2005.

O número crescente de estudantes universitários que não se formam foi calculado multiplicando-se o maior número de matrículas na universidade, reportado pelo NCES em http://nces.ed.gov/programs/coe/2006/section1/table.asp?tableID=443, pela taxa constante de não-formatura (34%), reportada no estudo de Horn e Berger indicado acima.

Os dados sobre os custos de não se formar são do estudo "Convergence", pp. i, 2.

O estudo sobre a dívida dos estudantes é de Lawrence Gladieux e Laura Perna, "Borrowers Who Drop Out: A Neglected Aspect of the College Student Loan Trend", National Center for Public Policy and Higher Education, maio de 2005. O artigo do *New York Post* citado é de Daphne Landau, "College Dropouts Costing the State $300 Million", *New York Post*, 20 de abril de 2004.

As projeções relativas aos estudantes universitários são do estudo "Convergence", pp. 11-14.

Os dados sobre as atitudes dos estudantes que abandonam a faculdade são de uma pesquisa da PSB conduzida em 5 e 6 de outubro de 2006.

Viciados em números

O discurso do ex-presidente de Harvard Larry Summers foi citado em Peter Dizikes, "Civic Science", *Boston Globe*, 3 de abril de 2006.

Os dados de Harvard e de Yale são do *Handbook for Students*; acesso em http://webdocs.registrar.fas.harvard.edu/ugrad handbook.pdf e *Yale College Undergraduate Junior and Sênior Majors*, 1989-99 a 2005-06.

Os dados sobre os diplomas em ciências, tecnologia, engenharia e matemática ("STEM") são da declaração de Cornelia M. Ashby, diretora, sobre questões ligadas a educação, força de trabalho e segurança salarial em "Higher Education: Science, Technology, and Mathematics Trends and the Role of Federal Programs", publicado pelo the U.S. Government Accountability Office, 3 de maio de 006.

Os principais artigos para o desenvolvimento deste capítulo, de onde foram extraídas algumas das histórias, incluem o de Speed Weed, "POPSCI Goes to Hollywood", *Popular Science*, janeiro de 2007; e Jackie Burrell, "Number Marnia TV Shows Go on Integer Alert", *Contra Costa Times* (CA), 31 de maio de 2006.

O famoso e muito rico estudante de matemática é James Simons, ex-estudante e professor de matemática que, desde 2007, é o chefe do próprio fundo de *hedge*, Renaissance Technologies Corporation.

XV. Internacional

Novos religiosos

A capa da revista *New Yorker* é de Said Steinberg, *A View of New York from 9th Avenue*, que apareceu originalmente em 29 de março de 1976.

Os dados sobre o número de pessoas que freqüentam a igreja na França e na Alemanha são de Robert Manchin, "Religion in Europe: Trust Not Filling the Pews", pesquisa Gallup Poll for European Commission's Eurobarometer, 21 de setembro de 2004.

A primeira referência de Peter Berger pode ser encontrada em um artigo que foi muito útil para a elaboração deste capítulo: Toby Lester, "Oh, Gods!", *Atlantic Monthly*, fevereiro de 2002. A segunda vem de um trecho tirado do Pew Forum's biennial Faith Angle Conference on Religion, Politics, and Public Life, "Religion in a Globalizing World", 4 de dezembro de 2006, acessível em http:/ pewresearch.org/pubs / 404/religion -in-a-ºglobalizing-world.

David Barrett, George Kurian e Todd Johnson, World Christian Encyclopedia, 2nd ed. (Oxford University Press, 2001), 2 vs. Todas as referências, incluindo as descrições de algumas das religiões, são de "Oh, Gods!", citado acima.

Os dados históricos sobre quem entra para novos movimentos religiosos são da Vatican Sectarian for Promoting Christian Unity, "Sects or New Religions Movements: A Pastoral Challenge", Vatican, 3 de maio de 1956; acesso em http://www.catholicculture.org/docs/docview.cfm?recnum=1313.

Para obter mais informações sobre o Islã militante como exemplo de rápidas mudanças e o papel dos novos movimentos religiosos no cumprimento da lei, veja "Oh, Gods!", citado acima.

Compradores de casas internacionais

A pesquisa do Florida Realtor é da National Association of Realtors, "The 2005 National Association of Realtors Profile of International Iconic Buyers in Florida"; acessível em http://www.realtor.org/Researh.nsf/files/2005%20Profile%20of%of20International%20Buyers.pdf/$FILE/2005%20Profile%20of%20lnternational%20Buyers.pdf. Esta também é a fonte dos preços médios das casas e dos dados sobre a motivação dos compradores apresentados neste capítulo.

Alguns artigos úteis para os dados sobre a Flórida incluem o de Dick Hogan, "Euro, Low Airfares Boost Investments", *News-Press*, 20 de março de 2005; Ron Scherer, "House Not Home: foreigners Buy Up American Real Estate", *Christian Science Monitor*, 15 de julho de 2005; e June Fletcher, "As US Buyer Pool Shrinks, US Sellers Look Abroad", *Wall Street Journal*; acesso em abril de 2007, em http://www.realestatejournal.com/buysell/markettrends/20050407-fletcher.html.

Os dados comparativos de moedas foram reportados em "Euro, Low Airfares Boost Investments", citado acima.

Para obter mais informações sobre hipotecas em várias moedas, consulte Kelly Griffith, "Foreign Banks Can Choose Mortgages in Their Currencies", *Orlando Sentinel*, 7 de junho de 2006.

As preferências do Oriente Médio e da América Latina em termos de projeto de casa foram sugeridas em Judy Stark, "Home Away from Home", *St. Petersburg Times*, 19 de fevereiro de 1994.

Para obter mais informações sobre o projeto de lei na Califórnia, consulte "Stirring It Up: Doolittle Wants Loan Barriers for Foreigners", *Sacramento Bee*, 6 de março de 2007 (editorial).

Com relação às pesquisas sobre isolacionismo, consulte Andrew Kohut, "Tracking American Isolationism: Speak Softly and Carry a Smaller Stick", *The New York Times*, 25 de março de 2006; e "America's Place in the World 2005: Opinion Leaders Turn Cautious, Public Looks Homeward", Pew Research Center and the Council on Foreign Relations, lançado em 17 de novembro de 2005.

Casais solteiros (Reino Unido)

Os dados sobre os casais solteiros no Reino Unido foram obtidos em uma notícia da National Statistics, "First Estimates of the Number of People Living Apart Together in Britain, Population Trends 122-Winter 2005"; acesso em dezembro de 2006, http://www.statistics.gov.uk/pdfdir/poptrends1205.pdf.

As estatísticas sobre os índices de casamentos na Inglaterra são do Office for National Statistics FM2, Table 2.2; acesso em dezembro de 2006, em http://www.statistics.gov.uk/downloads/theme population/Table 2a Marriage rates.xls.

Alguns artigos úteis para essa tendência incluem o de Katy Guest, "The Love Issue", *Independent on Sunday* (Londres), 12 de fevereiro de 2006; Celia Brayfield, "One Heart, Two Homes", *The Times* (Londres), 21 de setembro de 2004; e Jasper Gerard, "Semi-Attached Couple", *The Sunday Times* (Londres), 23 de fevereiro de 1992.

Os dados sobre os casais solteiros na América do Norte são de Anne Milan e Alice Peters, "Couples Living Apart", *Canadian Social Trends*, Summer 2003, Statistics Canada, Catalogue nº 11-008.

A pesquisa "The National Association of Home Builders Survey" foi citada em Tracie Rozhon, "To Have, Hold, and Cherish, Until Bedtime", *The New York Times*, 11 de março de 2007.

Mammonis (Itália)

Os dados sobre homens italianos que moram com os pais foram extraídos em grande parte de Marco Manacorda e Enrico Moretti, "Why Do Most Italian Young Mcn Live with Their Parents? Intergenerational Transfers and Household Structure", Centre for Economic Policy Research, junho de 2005, http://www.eepr.org/pubs/dps/DP5116.asp; acesso em novembro de 2006.

Outros artigos úteis incluem "Italian Parents Under Accusation", *La Repubblica*, 3 de fevereiro de 2006 (obrigado a Elmo Caiazzo, CEO da Alenia, Inc., e Kristin Uzun, pela ajuda com a tradução); Gary Picariello, "In Italy—Living at Home Well into Your 30s Is Perfectly Normal", *Associated Content*, 2006; Donald MacLeod, "Italian Mammas Making Offers Their Sons Can't Refuse", *Guardian Unlimited*, 3 de fevereiro de 2006; e Deidre Van Dyke, "Parlez-Vous Twixter", *Time*, 16 de janeiro de 2004.

Os dados sobre a taxa de natalidade são de "The World Factbook, Rank Order – Total Fertility Rate", 15 de março de 2007, https://www.cia.gov/cia/publications/factbook/rankorder/2127rank.html; acesso em março de 2007.

Eurostars

Todos os dados sobre as taxas totais de fertilidade são da United Nations Statistics Division, Social Indicators, Indicators on Child-Bearing; acesso em janeiro de 2007, em http://unstats.un.org/unsd/demographic/prodnets/socind/childbr.htm.

Alguns artigos úteis para este capítulo incluem o de Elizabeth Rosenthal, "European Union's Plunging Birthrates Spread Eastward", *The New York Times*, 4 de setembro de 2006; Jeffrey Fleishman, "No Dearth of Births in This Town", *Los Angeles Times*, 14 de setembro de 2006; e Frank Bruni, "Persistent Drop in Fertility Reshapes Europe's Future", *The New York Times*, 26 de dezembro de 2002.

As estatísticas sobre casamentos britânicos e todos os dados sobre a criação de filhos na Grã-Bretanha citados são de Mike Dixon e Julia Margo, "Population Politics", Institute of Public Policy Research, 19 de fevereiro de 2006, pp. 80-85; acesso em setembro de 2006, em http://www.ippr.org.uk/publicationsandreports/publication.asp?id=341.

Os dados sobre criação de filhos por mulheres alemãs bem instruídas são de Lionel Shriver, "No Kids Please, We're Selfish", *The Guardian* (Londres), 17 de setembro de 2005.

A análise do índice de fertilidade nos Estados Unidos conforme os Estados vermelhos e azuis em 2004 é de Phillip Longman, "The Liberal Baby Bust", *USA Today*, 13 de março de 2006.

A análise do conflito de gerações foi citada em "Half a Billion Americans?", *The Economist*, 22 de agosto de 2002.

Os dados sobre o crescimento do número de filhos únicos são de "Female Population by Age and Total Number of Children Born Alive and Urban/Rural Residence, Each Census: 1948-1997; United Nations Demographic Yearbook, Historical Supplement; acesso em janeiro de 2007, em http://unstats.un.org/unsd/demographic/sconcerns/natality/nat2.htm.

Os artigos úteis sobre a ordem de nascimento incluem o de Kate Lorenz, "Oldest, Middle, Youngest: Who's More Successful?"; acesso em janeiro de 2007, em http://www.careerbuilder.ca/CA/JobSeeker/CareerAdvice/ViewArticle.aspx?articleid=126&cbRecursionCnt=2&cbsicl=41106e22d7764f2d82054e70adfd763c-231267953-JJ-5; e "Birth Order", Child Development Institute; acesso em outubro de 2006, em http://www.childdevelopmentinfo.cone/development/birth order.htm.

Empresários vietnamitas

Os artigos úteis sobre esta tendência, dos quais alguns dados são citados, incluem o de Keith Bradsher, "Vietnam's Roaring Economy Is Set for World Stage", *The New York Times*, 25 de outubro de 2006; "The Middle Class Has Landed", *Vietnam Investment Review*, 2006; acesso em http://www.vir.com.vn/Client/VIR/index.asp?url-content.asp&doc=11907; "Good Morning at Last", *The Economist*, 5 de agosto de 2006; e The Good Pupil: Vietnam's Economy", *The Economist*, 8 de maio de 2004.

Os dados da Gallup sobre otimismo são da Gallup International Voice of the People Survey, press release, 18 de dezembro de 2006.

Abstêmios franceses

Os dados sobre o consumo internacional de álcool são do Global Status Report on Alcohol 2004, World Health Organization, Department of Mental Health and Substance Abuse (Geneva, 2004). Os dados franceses em particular podem ser acessados em http://www.who.int/substance abuse/publications/en/france.pdf.

Outros dados sobre a redução no consumo de vinho na França são de "Lawmakers Say French Youth Needs to Learn More Details About Wine Appreciation", Associated Press, 6 de dezembro de 2006.

As informações sobre os hábitos de alimentação dos franceses são de "French Eating Habits", em www.EnjoyFrance.com, 6 de setembro de 2005; acesso em abril de 2007.

A discussão sobre a experiência da França e dos Estados Unidos no combate à embriaguez no trânsito foi informada por Keith B. Richburg, "Europcan Laws Place Emphasis on the Driving, Not the Drinking", *Washington Post*, 30 de dezembro de 2004.

Para obter mais informações sobre a classificação do vinho como alimento, consulte Elaine Sciolino, "A Campaign to Drink Another Glass of Wine for France", *The New York Times*, 23 de julho de 2004.

O livro é de Mireille Guiliano, *Mulheres francesas não engordam*. Os dados sobre o fumo na França são de Caroline Wyatt, "Bidding Goodbye to the Gauloises", *BBC News*, 1 de fevereiro de 2007; acesso em abril de 2007.

Os problemas da indústria do vinho na França estão bem documentados em Peter Gumbel, "Too Much of a Good Thing", *Time*, 19 de outubro de 2006.

Picassos chineses

Os principais artigos sobre a arte chinesa que foram úteis na elaboração deste capítulo incluem "Chinese Paintings Enjoy Increasing Popularity", www.china.org, 30 de junho de 2005; acesso em fevereiro de 2007, em http://www.china.org.cn/english/culture/133552.htm; "China Industry: Chinese Contemporary Art Catches On in a Big Way, *EIU Views Wire*, 29 de agosto de 2005; David Barboza, "China's Boom Industry?", *International Herald Tribune*, 5 de janeiro de 2007; Julie Mehta, "Contemporary Chinese Art Finds a Place in Art History", *Art Business News*, 1º de novembro de 2003; Will Bennett, "China's New Millionaires See Capital Gain in Art", *Financial Times* (Londres), 30 de setembro de 2006; Will Bennett, "China Opens Up to Art Auctions", *The Telegraph* (Londres), 1º de janeiro de 2005; e "Appreciating Oils: China's Art Market", *The Economist*, 9 de abril de 2005.

A citação de John Adams é de John Adams para Abigail Adams, [12 de maio de 1780], *Adams Family Correspondence*, 3:342; acesso em fevereiro de 2007, http://www.masshist.org/adams/quotes.cfm.

A história de Dafen é contada em "Painting by Numbers: China's Art Business", *The Economist*, 10 de junho de 2006.

Para obter mais informações sobre os planos de expansão dos museus ocidentais, consulte Alan Riding, "France Frets as Louvre Looks Overseas", *The New York Times*, 1º de janeiro de 2007.

As informações sobre o crescente PIB de outros países são do Fundo Monetário Internacional, World Economic and Financial Surveys, World Economic Outlook Database, edição de setembro de 2006; acesso em março de 2007, em http://www.imf. org / external/pubs/ft/weo/2006/02/data/index.aspx.

Vira-casacas russos

A pesquisa 1991 Pulse of Europe, assim como todos os dados subseqüentes de 2006 sobre a visão russa em relação à democracia, estão reportados no Pew Global Attitudes Project, "Russia's Weakened Democratic Embrace", 5 de janeiro de 2006; acesso em fevereiro de 2006, em http://pewglobal.org/reports/display.php?ReportID=250.

A história de sucesso russa da última década é contada em Jason Bush, "Russia: How Long Can the Fum Last?", *BusinessWeek*, 18 de dezembro de 2006; acesso em fevereiro de 2006, em http://ww.businessweek.com/magazine/content/06 51/b4014056.htm.

Os dados sobre segurança e corrupção na Rússia são de Sergei Gradirovski e Neli Esipova, "Security in Russia: The Hoodlum Must Pay!", Gallup News Service, 4 de janeiro de 2007; e Sergei Gradirovski e Neli Esipova, "Corruption in Russia: Is Bribery Always Wrong?", Gallup News Service, 15 de outubro de 2006.

Alguns artigos úteis sobre o desenvolvimento político na Rússia em 2006 e 2007 incluem "Richer, Bolder—and Sliding Back—Russia", *The Economist*, 15 de julho de 2006; Fred Hiatt, "Kasparov's Gambit", *Washington Post*, 12 de fevereiro de 2007; Steven Lee Myers, "Russians to Vote, but Some Parties Lose in Advance", *The New York Times*, 15 de fevereiro de 2007; e Thorn Shanker e Mark Landler, "Putin Says U.S. Is Undermining Global Stability", *The New York Times*, 11 de fevereiro de 2007.

A pesquisa de 2006 sobre a cautela dos russos quanto à tática do presidente Putin chama-se "The Putin Popularity Score: Increasingly Reviled in the West, Russia's Leader Enjoys Broad Support at Home", de Richard Morin, Pew Global Attitudes Project, e Nilanthi Samaranayake, Pew Research Center for the People and the Press, 6 de dezembro de 2006.

Mulheres indianas em ascensão

A história do sucesso econômico da Índia, combinada com seus desafios, é contada em Haroon Siddiqui, "India: Misery and Magic", *Toronto Star*, 8 de fevereiro de 2007.

Para obter mais informações sobre os índices de alfabetização na Índia, consulte O.P. Shauna, "2001 Census Results Mixed for India's Women and Girls", *Population Today*, maio/junho de 2001; acesso em março de 2007, em http://www.prb.org/Articles/2001/2001CensusResultsMixedforIndiasWomenandGirls.aspx.

Os números sobre o crescimento do emprego nas áreas urbanas são do NSS Report No. 520: "Employment and Unemployment Situations in Cities and Towns in India, 2004-2005", National Sample Survey Organization, Ministry of Statistics and Programme Implementation, Government of India, março de 2006. Uma análise útil pode ser encontrada em C. P. Chandrasekhar e Jayati Ghosh, "Women Workers in Urban India", 6 de fevereiro de 2007; acesso em março de 2007, em http://www.macroscan.org/fet/feb07/fet060207Women Workers.htm.

Para obter mais informações sobre as altas taxas de aborto de fetos do sexo feminino, consulte Scott Baldauf, "India's Girl Deficit Deepest Among Educated", *Christian Science Monitor*, 13 de janeiro de 2006.

Para obter mais informações sobre as cotas parlamentares para mulheres, consulte P. Jayamin, "Bill to Reserve MP Seats for Indian Women in Limbo", *Straits Times*, 9 de dezembro de 2006; e "MP Reserves 50% for Women in Local Bodies", *Indian Express Online Media Ltd Source: Financial Times*, 31 de março de 2007.

A pesquisa sobre o impacto das mulheres legisladoras foi conduzida por Irma Clots-Figueras, "Women in Politics: Evidence from the Indian States", 24 de janeiro de 2005; acesso em março de 2007, em http://sticerd.lse.uk/dps/pepp/PEPP%2014.pdf.

Para obter mais informações sobre Naina Lal Kidrai, consulte S. Prasannarajan "Power Pyramid", *India Today*, 26 de março de 2007. Para obter mais informações sobre Kiran Mazumdar Shaw, consulte Sudip Mazumdar, "First Lady", *Newsweek*, 18 de outubro de 2006. Para obter mais informações sobre Mira Nair, ver http://www.mirabaiflms.com/home.html.

Os dados sobre estudantes indianas nos Estados Unidos são de "Open Doors 2006, Report on International Educational Exchange, Leading 20 Places of Origin 2004/5 and 2005/6"; acesso em abril de 2007, em http://opendoors.iienetwork.org/?p=89189.

Para obter mais informações sobre Indra Nooyi, consulte "Indra Nooyi Is India Abroad Person of the Year", Rediff India Abroad, 24 de março de 2007; acesso em abril de 2007, em http://www.rediff.com/news/2007/mar/24iapoy.htm. Para obter mais informações sobre Kalpana Chawla, consulte o site da NASA em http://www.jsc.nasa.gov/Bios/htmlbios/chawla.html. Para obter mais informações sobre Swati Dandekar, consulte http://www.swatidandekar.com/. Para obter mais informações sobre Sania Mirza, consulte Randeep Ramesh, "Fatwa Orders Indian Tennis Star to Cover Up", *The Guardian* (Londres), 10 de setembro de 2005.

Terroristas educados

A Terrorism Knowledge Base, acessível em http://www.tkb.org, se autodescreve como "o recurso único para pesquisas e análises abrangentes sobre incidentes terroristas globais, casos judiciais relacionados com terrorismo e grupos terroristas e seus líderes". Integra dados dos bancos de dados RAND Terrorism Chronology e RAND-MIP Terrorism Incident, do banco de dados Terrorism Indictment, e a pesquisa da DFI International sobre organizações terroristas é financiada pelo U.S. Department of Homeland Security Office of Grants and Training.

Os principais artigos para a elaboração deste capítulo incluem o de Bruce Hoffman, "We Can't Win if We Don't Know the Enemy", *Washington Post*, 25 de março de 2007; George Packer, "Knowing the Enemy", *New Yorker*, 18 de dezembro de 2006; Daniel Pipes, "God and Mammon: Does Poverty Cause Militant Islam?", *National Interest*, inverno de 2002; e Alan B. Krueger e Jitka Maleckova, "Seeking the Roots of Terrorism", *Chronicle of Higher Education*, 6 de junho de 2003. Particularmente, os estudos sobre terroristas no Egito, Líbano e Israel estão resumidos no último artigo.

O livro de Marc Sageman, *Understanding Terror Networks* (University of Pennsylvania Press, 2004), foi citado em seu e-note do Foreign Policy Research Institute, 1º de novembro de 2004; acesso em março de 2007, em http://www.fpri.org/enotes/20041101.middleeast.sageman.understandingterrornetworks.html.

Índice remissivo

Abrahamson, Eric, 345
academias de ginástica, 277
Adams, John, 481, 483
adolescentes: afro-americanos, 241-45; aspirações profissionais, 251-56; cirurgia plástica e 349; magnatas na escola, 247-50, 507; tricô e, 235-39; dificuldades de aprendizagem, 230; especialistas em aprendizagem e, 231; doença mental e, 229; geração mais medicada, 148, 232-33; ativismo político, 243; pornografia e, 394; tatuagens e, 338; adolescentes que vão à igreja, 242; índices de voluntariado, 243
Afeganistão: terroristas no, 496-97; guerra no, 253
África do Sul: pornografia, 394-95; população carcerária, 222
África: estrutura etária na, 470; punição corporal, 178; sem fins lucrativos, 333; obesidade, 268; pornografia, 395; filantropia de risco, 332
afro-americanos, 188; razão entre homens e mulheres, 31; negócios de propriedade dos negros, 244; adolescentes negros, 241-45, 242; cirurgia cosmética e, 349; avós cuidando dos netos, 266; acuidade auditiva, 153; propriedade de imóveis, 244; taxa de encarceramento, 31; famílias inter-raciais, 107-12, 108; famílias de classe média, 244; franco-atiradores militares, 253; mulheres com obesidade mórbida, 264-65; ex-presidiários recém-libertados, 221; regra da "gota de sangue única", 110; câncer de pele, 128; privação de sono, 135; superados pelos hispânicos, 113; unissexuais, 300; mulheres eleitoras, 266
água: engarrafada, 275; limpa, pura, 15
Alemanha: punição corporal, 178; madrugadores, 138; Deslocamentos radicais e, 74; educação em casa, 423; baixa taxa de natalidade, 461, 462; nesthockers, 458; pornografia, 395; casamentos transnacionais, 112; comunidade turca, 123-24
Allen, George, 309
Allen, Woody, 101, 426, 453
Amazonas ardentes, 87-92, 89 ; impacto nos profissionais, 90; satisfação no tra-

balho, 88, 92; estado civil, 90; política, 89; perfil, 88 ; profissões, 88, 90; esportes, 87;
AnandTech.com, 248
aparência e moda: piecing, 338, 341; tamanho das rouptas, 357; lixo e desorganização doméstica, 343, 47; cirurgia plástica, 349-54; tricô, 238; cirurgia de miopia, 152; faça seus próprios tênis, 239; mignons, 355-58; roupas tamanho grande, 263-64; autobronzeamento, 129; roupas à prova do sol, 129; salões de bronzeamento, 127, 130; tatuagens, 337-41
aposentadoria: Novos pais coroas e, 162; poupança para autônomos, 81; Aposentados na ativa / Trabalho dos idosos, 61-67
Aposentados na ativa / Trabalho de idosos, 61-67, 189, 507
Arábia Saudita: casais à distância, 51
Argélia, grupo(s) terrorista(s) na, 497
asiáticos-americanos: adoção de crianças, 109; Filhos zelosos, 188; famílias inter-raciais, 107-12, 108; mulheres mignons e, 357
aspiradores de pó Dyson, 287
Atlantic Monthly, 285
Austrália: fundação, 223; educação em casa, 423; câncer de pele, 130; hábitos de sono, 138; tatuagens, 338; valor do dólar, 446
Áustria: punição corporal, 178; madrugadores, 138
Automedicação,145-50, 507; anúncios de remédios diretos ao consumidor, 148; impacto da, 149; Internet e, 146, 149, 150; mulheres, 148
Avessos ao so 127-31, 507
Azerbaijão, florescımento das artes, 483
babás com nível superior, 311-16
Baby Boomers: cirurgia plástica, 352; perda auditiva, 154; Aposentados na ativa/ Trabalho de idosos, 63
Barrymore, Drew, 341
bebidas alcoólicas: queda no consumo, 279; consumo de vinho na França, 473-77
Beckham, David, 339
Bélgica: punição corporal, 178
Bell, Alexander Graham, 155
Bendixen, Sergio, 251, 253
Bennett, Bob, 103
Berger, Peter, 440
Berry, Halle, 110
bilionários, 330
bin Laden, Osama, 499
BlackBerry, 144
Blair, Tony, 23
Blink (Gladwell), 510
bombeiros, 88, 255, 401
Bonds, Barry, 143
Bowling Alone (Putnam), 72
Brog, David, 215, 218
Buchanan, Pat, 504
Burroughs, Augusten, 183
Burson Maisteller, 62, 84
Burson, Harold, 62
Bush, George H. W., 144
Bush, George W, 72, 103, 115, 121, 144, 206, 211, 213, 214, 224, 462, 469, 498;

café. Ver cafeína; Starbucks
cafeína, 505; crianças que consomem, 278; bebidas, 275-78; alimentos, 276; efeitos na saúde, 276, 277-79; motivos para o consumo, 277
Cai Cuo-Qiang, 481

Canadá: educação em casa, 423; Casais solteiros, 452; pornografia, 395; tatuagens, 338; valor do dólar, 446
canhotos à solta, 139-44
Carro conceitual da Volvo, 380, 381
Carter, Jimmy, 144, 217, 392, 394
cartões de crédito, 324, 325
Casada, John H., 72
Casais à distância, Casados pela Internet e, 47, 57
Casais solteiros, 451-55
casas de férias. Ver compradores de segundas casas
casas: de propriedade de afro-americanos, 244; mudanças no projeto, proprietários estrangeiros, 447; Casais solteiros e, 452; para animais domésticos, 168; compradores de segundas casas, 307-10; Solteiras demais, 31-2; de propriedade de estrangeiros nos EUA, 445-50
Casey, Jim, 249
Cerf, Vinton, 155
chá, 20, 276
Chaplin, Charlie, 159
Chawla, Kalpana, 494
China: adoção na, 109; popularidade das galerias de arte, 481-82; como superpotência das artes, 279-83, 510; comunismo e capitalismo na, 469, 511; punição corporal, 179; crescimento econômico, 479; poder econômico, 491; educação, 179, 429, 432; Deslocamentos radicais, 75; educação em casa, 423; fabricação na Itália, 459, 460; Canhotos à solta, 141; ensino de matemática e ciências, 514; obesidade, 268; pornografia, 395; padrão de vida, 367-68; casamentos transnacionais,112
Chipre: punição corporal, 178
ChocolateFarm.com, 248
Churchill, Winston, 137
Cientologia, 119
Cingapura: hábitos de sono, 137; terroristas em, 497
cirurgia plástica, 349-54; grupos étnicos e, 349; cenário internacional, 354; homens, 349-50, 354; múltiplos procedimentos, 351 ; adolescentes, 349
Cleveland Plain Dealer, 198
Clinton, Bill,16, 23, 47, 109, 137, 144, 214, 225, 286, 469, 504; deficiência auditiva, 151. 153; discursos, 286, 504; eleitores indecisos e, 204
Clinton, Hillary, 23, 47, 86, 196, 204, 214, 286, 459;
Clooney, George, 494
clubes de almoço, 81
Coca-Cola, 275, 276
Collins, Jim, 333
Colômbia, 24, 206; terroristas na, 496
comida, bebida e dieta: consumo de bebidas nos EUA, 278-79; receitas das empresas de bebidas, 276; bebidas com "benefícios funcionais", 275; água engarrafada, 275; cafeína na, 136, 275-79; Restrição Calórica (RC), 272-74; bebidas energéticas, 136, 162; cadeias de fast food, 15, 264, 289-90, 474; alimentos engordativos, 266-67, 268-69; indústria alimentícia, 264; hara hachi bu, 272; Kosher, 104-05; matzoh, 104; indústria da carne, 261; obesidade e, 263-69; para animais domésticos, 167-68; redução no consumo de vinho na França, 473-77; restaurantes, opções vegetarianas, 261, 262; refrigerantes, 276; chá, 20, 276; crianças vegetarianas, 259-62

Common Sense Book of Child and Baby Care (Spook), 171
compradores de casa internacionais, 445-50
compradores de segundas casas, 307-10
Connell, Richard, 255
consultoria: romances no trabalho, 43; empresas pertencentes a mulheres, 79; Aposentados na ativa / Trabalho de idosos, 63
Coréia do Sul: adoção da, 109; casamentos transnacionais, 112
Coréia: comunismo e capitalismo, 469
Cortesio, Ria, 87
Coubar (Gibson), 37
Coughlin, Jack, 253
Courie, Katie, 83
Craig, Larry, 420
Cramer, Jim, 134
criação de filhos, 141-42, 161, 171-79, 173, 174, 175, 176; negócio de produtos de bebê, 171; babás com nível superior, 311-16; punição corporal, 174, 175, 176-77, 178; criminalidade na vida adulta, 176; ferberização, 173; por gays e lésbicas, 184; esportes menos violentos e, 388; guias para, 171; cenário internacional, 178-79; por homens, 289-92, 513; "Efeito Mozart", 406; permissividade na, 172-78; de animais domésticos, 165-70; políticos e, 176-77
crianças vegetarianas, 259-62
crime: violência doméstica, 91; queda na década de 1990, 224-25; criminosos canhotos, 143 ; ter filhos e, 176; crescimento da população carcerária, 222; níveis crescentes, 224; oficiais da polícia feminina e, 90. Ver também Ex-presidiários recém-libertados
CUFI (Christians United for Israel), 215, 217, 218

Dandekar, Swati, 494
Danko, William D., 320
Daughter Track, 187
DeGeneres, Ellen, 425
democracia, 506, 511; em países muçulmanos, 486; na Rússia, 485-89
Democratas: 200; eleitorado anterior, 16; coalizões frágeis, 508; hispânicos, 115, 213; como Casados pela Internet, 55; Judeus, 217-18; eleições para o Congresso norte-americano, 2006, 205; Muçulmanos moderados, 121-22; novas tendências, 16; tatuados, 340; mulheres sacerdotes, 95; jovens negros, 242;
Demócrito, 503
Deslocamentos radicais, 69-75, 70; internacional, 74 ; Mega Deslocamentos, 74; política e, 72; maiores deslocamentos, 71
Diaz, Cameron, 236
dificuldades de aprendizagem e distúrbios neurológicos, 229-33
Dinamarca: punição corporal, 178; madrugadores na, 138
dinheiro e classe: milionários dos EUA, 319; falência, 323-27; bilionários, 331; babás com nível superior, 311-16; cartões de crédito, 325; redução de renda arbitrária, 326; organizações sem fins lucrativos, 329-34; taxas de economia, 325; compradores de segundas casas, 307-10; milionários tímidos, 317-21
divórcio: pais solteiros e, 290; homossexualidade e,182-85; divórcios na vida madura, 37; estadias mais longas nos hotéis e, 80; Novos pais coroas e, 160

Dobson, James, 171
Dodge La Femme, 380
Dowd, Maureen, 198, 352
Dubai: casais à distância, 51
Dylan, Bob, 104

Easy Jet, 74
eBay, adolescentes e, 247
economia global, 17; tentativa de compra dos portos e empresa de petróleo dos EUA por estrangeiros, 449; compradores estrangeiros de casas nos EUA, 445-50; propriedade de títulos norte-americanos por estrangeiros, 445, 449; interdependência das economias, 448; pornografia, 394-95; empresários adolescentes 169; mulheres, 85-86. Ver também China; Índia
Edison, Thomas, 133, 431
educação em casa, 417-23, 511; cenário internacional, 423
educação: casais acadêmicos, 46; estudantes universitários negros, 241, 244; escola de negócios, 249; música clássica e, 405; universidade, necessidade de, 249; educação universitária: diplomas em ciências, tecnologia, engenharia e matemática ("STEM"), 432; estudantes que largaram a faculdade, 425-29; babás com nível superior, 311-16; número de formaturas nas universidades, 429; universidades e identidade de gênero, 301; conseqüências dos estudantes mais velhos, 414; punição corporal, 178; ônus econômico da, 326-27; aulas de inglês como segunda língua, 294; estudantes estrangeiros, 432; aprendizado lúdico, 401; desempenho das meninas vs. meninos, 414; índices de abandono escolar no ensino médio, 244; Home College, 422; educação em casa, 417-23, 511; Elites impressionáveis, 195-201; estudantes indianos nos EUA, 494; mulheres indianas, 491; jardim de infância, 411-15; cursos de tricô, 238; aulas de apoio para não-falantes de inglês, 297; dificuldades de aprendizagem, 229-33; matemática e ciências, 431-36; novos estudantes universitários de cor, 428; organizações sem fins lucrativos e, 333; Onlies, 464; pais permissivos e, 178-79; escola particular, 320-21; admissão nas escolas particulares, 313; "red-shirting" (segurando as crianças na escola), 411-22; na Rússia, 487; pressão estudantil, 277; ensino, 84-5; carreiras tecnológicas, 364, 429; dos terroristas, 498-501; eleitores e, 196; maioria de mulheres estudantes nas universidades, 382; resultados dos testes mundiais, 179
Edwards, John, 198
Egito: terroristas no, 497
eHarmony, 54
Einstein, Albert, 143, 431
eleições políticas e eleitores: mulheres afro-americanas, 266; Al Gore, 2000, 320; leis de financiamento de campanha, história, 199-200; discursos de campanha, 286; fanáticos cristãos, 215-19; pais negligenciados pelas, 17; doadores de elite, 200; Deslocamentos radicais e eleições, 72; organizações de defesa 199-200; levantamento de fundos, 199-200; voto genérico no Congresso, 205; eleitores jovens; Hillary Clinton, 23; protestantes hispânicos e, 114, 115; hispânicos, 114-15, 212; imi-

grantes ilegais e parentes com direito a voto, 209-14; Doadores importantes, 199-200; Elites impressionáveis, 195-201; Independentes, 203, 204; adeptos a longos períodos de atenção, 286; cobertura na mídia dos candidatos, 198; Mega-doadores, 200; microtargeting e, 15; eleitores de meia-idade, 203; má-orientação aos candidatos, 14; muçulmanos moderados e, 120, 121, 123-24; ex-presidiários recém-libertados, 221-25; Novos pais coroas como eleitores, 162; eleitor comum, educação de, 196; pesquisa sobre a importância do voto, 197; eleições presidenciais, 205, 211, 214, 224, 286, 320, 504; eleitores indecisos russos, 485-89; Mães do Futebol, 16, 23, 206, 291; vira-casacas, 204-05; eleitores indecisos, 121, 123-24, 203,07, 211, 212, 213, 286, 291; movimento da Terceira Via, 207; Eleitores dos Valores, 65; mulheres eleitoras, 382; comparecimento dos jovens às urnas, 205

Eleitores dos Valores, 65

Ellison, Keith, 121

empreendedorismo: falência e, 326; adolescente global, 250; movimento das Mãempresárias, 79; social (sem fins lucrativos), 331; adolescentes, 247–50; "treps" ou "eTreps", 248; Vietnã, 467-71, 510

emprego: casais acadêmicos, 46; idade da força de trabalho, 61; trabalhadores que envelhecem, 64; americanos, horas trabalhadas no início da vida, 62; necessidades variáveis de RH, 45, 64; mudança na estrutura do poder, 46; estudantes que largaram a faculdade, 401; babás com nível superior, 311-16; Casais à distância, 47-51; Casais que trabalham juntos, 43-4; discriminação no, 89, 97; cuidado dos idosos no local de trabalho, 190, 191; Deslocamentos radicais, 69-75, 70; mulheres sacerdotes, 95-99; pena da fertilidade, 463; campos dominados por homens, 84-5; campos dominados por mulheres, 32, 83-6; gays no local de trabalho, 183; conflito de gerações, 249; Índia, 492; mudança de emprego, 50; homens vs. mulheres, 42; Cônjuge móvel, 49; Trabalhador móvel, 48; nepotismo ou nupcialismo, 45; no setor sem fins lucrativos, 329-34, 330; romances no trabalho, 41-6, 42; pornografia vista no local de trabalho, 391; produtividade e privação do sono, 135; crianças que ficam em casa e, 459; Trabalhadores que trabalham em casa, 77, 77-81; empregados tatuados, 340-41; aspirações de carreiras para jovens, 251-56, 252; transporte entre o trabalho e a casa, 48; casais com duas casas, 308; unissexuais, 299, 302; mulheres em profissões antes dominadas pelos homens, 87-92; trabalhadores que se casam, 43; Aposentados na ativa/ Trabalho de idosos, 61, 61-7

empresas aéreas: proibição do uso do celular, 370; baixo custo, 74; tarifas aéreas cada vez mais baratas, 447

empresas domésticas, 80; home office, 77, 80; Trabalhando em casa, 77-81

encontros e casamentos on-line, 53-8, 364; Deslocamentos radicais e, 57; pares diversificados, 57, 109; judeus, 102; relacionamentos longos ou casamento

e, 54; sites de encontros de nicho, 54; perfil dos Casados pela Internet, 55
envelhecimento, 15: falência, 324; música clássica e, 405; cuidados no fim da vida, 187; idade média dos europeus, 464; membros de academias, 277; perda auditiva, 152; Lifespan Respite Care Act, 190; idosos com idade avançada, 406; cuidadores nos EUA, 188; Novos pais coroas; 159-63; mulheres mignons, 356; video games, 398-99; Aposentados na ativa/Trabalho de idosos, 61-7
Eragon (Paolini), 419
escolha individual, 14, 17, 506, 510; cirurgia plástica e, 352; explosão da, 19-20; Internet e, 19; canhotos e criação de filhos, 141-42; relacionamentos, 513; economia da Starbucks, 20, 376, 443, 506
Espanha: hábitos de sono, 137; terroristas na, 497
esportes: beisebol, 87, 143, 385; quatro grandes, hiperconglomerados de, 387-88; mudanças na participação nos esportes, 386; declínio nos quatro grandes, 385, 386; golfe, 284, 389-90; jogadores com deficiências auditivas ou surdos, 154; mulheres indianas, 493; de prática individual, 386, 389; caiaque/rafting, 386, 388; maratonas, 284; mountain-biking, 386; esportes de nicho, 385-90; Olimpíadas, nichos nas, 389; skate, 386, 388; snowboarding, 386, 388; tênis, 143, 284; triatlos, 284; unissexuais, 299; mulheres em esportes masculinos, 87, 299
estilo de vida, 506; férias na praia, 127; cafeína e estado de alerta 278; mudanças na França, 474; lixo e desorganização doméstica, 343-47; Pais como grupo-alvo, 290; crianças atrasadas, mais animais de estimação, 166-67; Deslocamentos radicais e, 70; escolha individual e, 17; Mammonis italianos e, 460; canhotos, 139-44; pessoas adeptas a longos períodos de atenção, 283-87; sonecas, 137; falantes nativos nos EUA, 293-97; sem-fins lucrativos, 333; proprietários de animais de estimação, 165-70; compradores de segundas casas, 307-10; sedentários, 269; milionários tímidos, 317-21; privação do sono, 133-38; Avessos ao sol, 127-31, 507; salões de bronzeamento, 127, 130; unissexuais, 299-303
Estônia: florescimento dos anúncios, 483
etanol, 262
e-terapeutas; 57
Eugenides, Jeffrey, 300
experimento Biosfera 2, 272
Ex-presidiários recém-libertados, 221-25

falência, 323-27; pessoal, 324
família e relacionamentos, 507; adoção, 32, 109, 110; avós afro-americanas, 266; pais que envelhecem, 187-91; EUA como país que gosta de crianças, 189; ordem de nascimento, 465; babás com nível superior, 311-16; Casais à distância, 47-51; conseqüências do "kidults", 459; cirurgia plástica na, 350; Tigresas, 35-9; Pais como grupo-alvo, 289-92; demanda por esposos judeus, 103; pares diversos, 19-20, 57, 509; divórcio, 37, 160, 290; políticas de educação infantil na Europa, 461; baixa taxa de natalidade e filhos únicos na

Europa, 461-66; na Índia, 492; casamentos internacionais inter-raciais, 111-12; famílias inter-raciais, 107-12; Casais solteiros (Reino Unido), 451-55; Gays assumidos, 181-85 ; cuidadores, 187-91; Mammonis, 457-60; ex-presidiários recém-libertados, 224; romances no escritório, 41-6; mães mais velhas, 38, 142, 160, 162; Novos pais coroas, 159-63; Onlies, 463-66; criar filhos, 142, 162, 165-70, 171-79, 173, 174, 175, 176, 289-92; animal de estimação como substituto para filhos, 165, 166, 170, 507, 514; perfil dos Casados pela Internet, 55; Pró-semitas e, 101-05; compradores de segundas casas e, 309; quartos separados, 453; Solteiras demais, 29-33, 507, 512; Trabalhando em casa, 78; gêmeos, 142; unissexuais e, 299-303; mulheres sacerdotes, 96; regras da força de trabalho, 44; Aposentados na ativa/ Trabalho de idosos e, 65; mulheres que trabalham e educação infantil, 290

Ferber, Richard, 173

50 Cent, 339

filantropia de risco, 332

Filhos zelosos, 187-91; asiáticos-americanos, 188; gays como, 189; Lifespan Respite Care Act, 190; necessidades, 189-90

Filipinas: madrugadores, 138; terroristas nas, 497

Finlândia: punição corporal, 178; madrugadores, 138

Fleming, Alexander, 345

Forbes, Steve, 143-44

forças armadas: casais à distância, 48; aprendizagem baseada em jogos, 401-02; líderes canhotos, 143; recrutamento de muçulmanos, 122; atiradores, 251-56; tatuagens, 340; mulheres nas, 88

Ford, Bill, 382

Ford, Gerald, 143-44

França: aceleração das refeições, 474; falência, 323; punição corporal, 178; Casais solteiros, 452; mudanças no estilo de vida, 474; MP3 players, abafador de ruído, 153; imigrantes muçulmanos, 475; comunidade norte-africana, 124; proibição de fumar em locais públicos, 475; eleitores indecisos, 204; consumo de vinho, 473-77

Franklin, Ben, 47, 143, 436

Freedman, David FI., 345

Gana: florescimento das artes, 483

Gandhi, Indira, 491

Gates, Bill, 23, 425

Gays assumidos, 181-85

geeks, tecnológicos, 361-65, 363, 373

Gehrig, Lou, 141

Gerstner, Lou, 143

Gibson, Valerie, 37

Giuliani, Rudy, 198

Given, David, 70

Gladwell, Malcolm, 510

Goldner, Gregory, 49

golfe, 284

Good to Great and the Social Sectors (Collins), 333

Gore, Al, 224

Gothnan, John, 292

Grã-Bretanha: falência 323; punição corporal, 178; "freio de mão", 289; pena da fertilidade, 463; educação em casa, 422; "kippers" 458; Casais solteiros, 451-55; Novos pais coroas, 159, 162;

Onlies, 464; população nas prisões, 222-23; eleitores indecisos, 203-06; tatuagem, 338; ataques terroristas, 501; terroristas na, 497; casamentos transnacionais, 111-12; valor da libra, 446
Grécia: punição corporal, 178; pessimismo na, 469; eleitores indecisos, 206
Greer, Rosic, 236
Grogan, John, 168
Guatemala: adoção de crianças da, 109
Guerra do Iraque, 254

Hagee, John, 217
Haggard, Ted, 182
Hall, Jerry, 37
Harry Potter (Rowling), 285
Havel, Václac, 482
Hilton, Paris, 392
Hispânicos: Católicos, 113, 114, 116-17; cirurgia plástica e, 349; Filhos zelosos, 188; perda auditiva, 153; famílias interraciais, 107-12; como maior grupo minoritário dos EUA, 113; lingüisticamente isolados, 294; atiradores de elite, 254; ex-presidiários recém-libertados, 221; Pentecostais, 114; mulheres mignons, 357; pesquisas de opinião, 251; protestantes, 113-117: poder de compra, 296-97; câncer de pele, 129; entretenimento em espanhol, 295, 296; eleitores indecisos, 211, 212-13; tendências nas urnas, 211; mulheres eleitoras, 266
Holanda: punição corporal, 178, Casais solteiros, 451; Canhotos à solta, 141; Novos pais coroas, 159
homens: escolha abundante de mulheres, 32; afro-americanos, 31, 241-45; compradores de carros, 379-80; cirurgia plástica, 349, 354; Pais como grupo-alvo, 17, 290; queda da população de heterossexuais, 29-33; empregados, 42; campos em que dominam, 84; perda auditiva, 153; homossexualidade, 30, 181-85; tricoteiros, 236; longevidade, 31; à procura de mulheres judias, 103; cuidadores, 187-91; babás do sexo masculino, 315; Mammonis, 457-60; metrossexuais, 299; ex-presidiários recém-libertados, 223; Novos pais coroas, 159-63; criação de filhos, 173, 289-92; meninos deixados para trás nas escolas, 412, 414; eleitores russos, 486-89; privação do sono, 134; como desleixados, 344; Trabalhando em casa, 79; professores, 84; unissexuais, 299-303; disparidade salarial, 332
homossexualidade: AIDs e HIV, 184; Amazonas ardentes e, 90; Filhos zelosos gays, 189; casamentos entre gays, 509; gays vs. lésbicas, 30; gays no trabalho, 183; número crescente de gays, 38; Gays assumidos, 181-85, 511; canhotos e, 142; Solteiras demais e, 30, 184; tolerância nos EUA, 184; lei de Vermont e, 463
Hong Kong: hábitos de sono, 137
Hoy, William "Dummy", 154

identificação de tendências, 17, 25; instinto vs. números, 22; personalização e, 20; rótulos, 25; site, 505
idioma: "lingüisticamente isolados" (não-falantes de inglês nos EUA), 293-97
imigração, 509; ilegais, 17-8, 209-14, 312; aumento nos EUA, 293; lingüisticamente isolados, 293-97; muçulmanos moderados, 120; mulheres mignons e,

357; política republicana, 117; estados com eleitores indecisos, 211-12, 213
impostos: "imposto da morte", 320; deduções para doações, 330; dedução da hipoteca da segunda casa, 307, 310
Imus, Don, 509
Independentes, 205; hispânicos, 213; jovens afro-americanos como, 244
Índia; aborto de fetos do sexo feminino, 493; madrugadores, 138; como poder econômico, 491; educação, 179, 429, 432; aumento do emprego, 492; microfinanças, 332; produção de filmes 493; pornografia, 394; pobreza, 492; padrões de vida, 468; estudantes nos EUA, 493; violência contra mulheres, 492; avanço social e econômico das mulheres, 491-94, 511-12
índios americanos, 111, 300
Indonésia: madrugadores, 138; terroristas na, 497; casamentos trasnacionais, 112
indústria automotiva, 13; inovação recomendada, 381-82; Volkswagen, 13; mulheres que compram carros e caminhões, 377, 379-82; revendedoras de carros, 382
indústria da perda de peso, 264
internet, 18; propaganda, 18, 512; AOL's IM, 363; música clássica 405; sites de Tigresas, 37; Pais como grupo-alvo, 292; automedicação e, 145, 146, 149, 150; e-consultores, 149; e-terapeutas, 57; facebook.com, 363; educação em casa e, 511; grupos de tricô, 236; número de visitas, 276; microtending.com, 505; MMOGs, 399; MySpace, 363-64; como fonte de notícias, 206; cartões on-line, 399; encontros e casamentos on-line, 36, 38, 53-8, 102, 509, 514; Scrabble on-line, 399; pessoas que param de usar, 368, 369; pornografia, 391-95; aumento da individualidade , 19, 206; sites de atiradores de elite, 252; splitters.com, 309; Straight Spouse Network, 184; empresários adolescentes e, 247-50; personalidade do usuário, 370
iPods, 153, 405
Irlanda: punição corporal, 178; terroristas na, 497
Islândia: punição corporal, 178
isolacionismo, 448
Israel: apoio americano a, 214; fanáticos cristãos e, 215-19; educação em casa, 423; terroristas em, 497, 498-99
Itália: punição corporal, 178; Deslocamentos radicais e, 137; Mammonis, 457-60; hábitos enraizados, 137

Jagger, Mick, 159
Japão: falência, 326; pornografia infantil, 395; punição corporal, 179; madrugadores, 138; educação, 179; fadiga, 138; hara hachi hu, 272; educação em casa, 423; parasaito shinguru ou freeters, 458; população presidiária, 222; hábitos de sono, 137-8; tatuagens, 338; casamentos transnacionais, 112
jardim da infância, 411-15
Jefferson, Thomas, 436
Jiffy Lube, 382
Joel, Billy, 291
John, Elton, 184
Johnson, Lyndon. 73
Jolie, Angelina, 110, 339-40
Jones, Mike, 182

jornalismo, 32, 83, 84
judaísmo, 114, 441; evangélicos americanos e, 215, 19; anti-semitismo, 102; casamentos inter-raciais, 219; judeus como democratas, 217; encontros on-line, 102; Pró-semitas, 101-05, 507; apoio para Israel, 216

Kansas City Star, 198
Kasparov, Garry, 487
Kennedy, John F., 254
Kerry, Jonh, 121, 206, 211, 224, 286, 462
Key, V.O, Jr., 14, 22, 286
Khan, M. A. Muqtedar, 122
Khomeini, Aiatolá, 141
Kidwai, Naim Lal, 493
Kilcullen, David, 500
Kinko's, 249
Kraus, Nicole, 314
Krueger, Alan, 499
Kuwait: casais à distância, 51

Lawrence, Martin, 265
lazer e entretenimento, 382; tema animal, 168; tamanho dos livros, 284, 285; livros em fitas, 73; boliche, 19; desenhos animados, 401; crianças, animais e, 260; China como superpotência das artes, 479-83; música clássica, 403-07; cirurgia plástica na indústria, 352-53; Tigresas na, 35-38; atores com deficiência auditiva/surdos, 154; caçada humana como tema, 255; artistas judeus, 104; tricô, 235-39, 507; Gays assumidos, 182-85; comediantes canhotos, 143; canhotos na arte e na música, 143; tamanho dos artigos de revistas, 284; filmes, 19, 35, 36, 38, 101, 110, 154, 168, 183, 255, 285, 301, 311, 389, 419, 427, 433, 493-94; obesidade em filmes, 265; romances no trabalho, 42; cartões on-line, 399; tocando um instrumento, 404; pôquer, 389; pornografia, 391-95; quebra-cabeças, 285; video games violentos, 255; idioma espanhol, 294, 296; revistas de tecnologia, 364; televisão, 370; televisão com programas de matemática e ciências, 432; programas de jogos na TV, 317; noticiários na TV, 15, 84-5; séries sobre babás na TV, 312, 315; video games para adultos, 397-402; população voltada para jovens vs. idosos, 15. Ver também esportes
Líbano: terroristas no, 497
Lieberman, Joseph L., 103, 191
Liebovich, Mark, 198
Limbaugh, Rush, 154
Lincoln, Abraham, 285-86
língua de sinais, 154-55
Liu Xiaodong, 481
livros infantis, 261
lixo e desorganização doméstica, 343-47; pesquisa sobre motivos para, 286
Luddistas, 367
Luxemburgo: punição corporal, 178; Onlies, 464

MacMillan, Elise e Evan, 248
Madonna, 36, 104, 110, 133
Mães do futebol, 16, 17, 23, 291, 387
Magnatas da escola, 247-50, 507
Malásia: hábitos de sono, 137; terroristas na, 497; casamentos transnacionais, 112
Maleckova, Jitka, 499
Marley and Me (Grogan), 168
Marley, Bob, 128

Match.com, 36, 38, 54, 109
matemática e ciências, 431-36; principal fascinação nos EUA, 433; educação, 433; forenses, 432; falta de diplomas em cursos de matemática e ciências, 432; pesquisas de opinião, interesse em, 434; programas de TV e, 432, 433
Matisyahu, 104
Matlin, Marley, 154
McCain, John, 254
McDonald's, 289, 290, 341
McGreevey, James, 181, 182
Mclaughlin, Emma, 314
McMillan, Terry, 35
Medicare, 264
Megatrends (Naisbitt), 24
Mencia, Carlos, 210
Met Life Insurance Company, 274
Metronaps, 136
México: obesidade no, 268. Ver também hispânicos; imigração
microtargeting, 14, 512
microtendências, 503,15; definição, 25; como emergente e contra-intuitivo, 13; medição, 15; mini-igrejas como ilustrativas, 441; 1 por cento da população e, 15, 17, 18, 39, 252
Middlesex (Eugenides), 300
mignons, 355-58
milionários: 317-21
Miller, Zell, 406
Millionaire Next Door, The (Stanley e Danko), 318, 320
"Mind Your Own Business", 248
Mirza, Sams, 494
mito da mistura racial, 293
Monnet, Jean, 74
Monster, 276, 279
movimento das Mãempresárias, 79
Mozart, Wolfgang Amadeus, 407
Muçulmanos moderados, 119-24; imigração para os EUA, 120; cenário internacional, 123-24; nas forças armadas, 122; mesquitas nos EUA, 120; política dos, 121; como eleitores indecisos, 122, 124
Mulheres verbosas, 31-32, 83-86
mulheres: propaganda e marketing para, 290; afro-americanas, 31, 264-67; mulheres negras universitárias, 244; compradoras de carros, 377, 379-82; revendedoras de carros, 382; domínio profissional, 32; cuidadoras, 187, 188, 189; modelos de carros preferidos por, 381; celulares e, 376; com formação universitária, 382; babás com nível superior, 311-16; Tigresas, 35-9; discriminação no trabalho, 89, 97; automedicação e, 148, casais com duas carreiras, 48; empregadas, 42; mulheres no clero, 95-9; "freio de mão", 289; campos dominados por, 32, 83-6; em profissões antes masculinas, 87-92; gays e, 30, 183-84; chefes de família, 166; perda auditiva, 153; negócios domésticos, 79; como professoras, 422; homossexualidade, 90, 183; impacto na sociedade, 33; na Índia, 491-94; judias, 102; falta de homens e, 29-33, 38; divórcios na maturidade, 37; longevidade, 37; ex-presidiárias recém-libertadas e, 221; no terceiro setor, 332; mães mais velhas, 38, 142, 160, 162; capacidade de criar filhos, 173; proprietárias de animais domésticas, 166; na política, 86; assistir pornografia e, 394; solteiras, 29-33, 166, 184; como desleixadas, 344; nos esportes, 87; trabalhando em casa, 78; professo-

ras, 84; como consumidoras de tecnologia, 373-77; tendências relacionadas com as mulheres independentes, 32-3; formas típicas das americanas (pera), 358; unissexuais, 299-303; meninas vegetarianas, 259; video games para adultos, 398; violência contra indianas, 492-93; eleitoras, 266; que trabalham, e assistência infantil, 290, 311
Murdoch, Rupert, 159
Murphy, Eddie, 265
Murrow, Edward R., 209
música, clássica, 403-07; quarteto Bond, 406; "Efeito Mozart", 406; tocando um instrumento e, 406

Nair, Alira, 493
Naisbitt, John, 24
namoros, 15; Tigresas, 35-9; Internet, 53-8; inter-raciais, 109; romances no trabalho, 41-6, 54; mulheres sacerdotes, 96. Ver também Solteiras demais
Nanny Diaries, The (Mclaughlin e Kraus), 314, 316
Napolitano, Peter, 189
Nawash, Kamal, 122
New York Times, 198
Newton, Sir Isaac, 143
Nintendo, 398, 400
Nixon, Richard, 286
Noctívagos, 133-38. Ver também Sono
No-Doz, 277
Nooyi, Indra, 494
Noruega: punição corporal, 178; madrugadores, 138
Nova Zelândia: educação em casa, 423; hábitos de sono, 138
Novos pais coroas, 159-63, 189, 513; Pais de novo, 160, 513

Obama, Barack, 110, 198
obesidade, 263-69, 271, 506; mulheres afro-americanas, 264-66; em crianças, 192781; Globesidade, 267, 268; cenário internacional, 267, 69; longos deslocamentos e, 71; privação do sono e, 135; refrigerantes e, 276
Ono, Yoko, 425
Oprah (programa de TV), 37, 182
Orfalea, Paul, 249
organizações beneficentes e voluntariado: milionários tímidos, 321; adolescentes, 243

Pais de animais de estimação, 165-70, 507, 514; lares americanos com animais de estimação, 165, 166
Paolini, Christopher, 419
Paquistão: terroristas no, 497
Paradox of Change, The (Schwartz), 510
Parker, Sarah Jessica, 236
Parks, Rosa, 211
Patton, General George S., 254
Pavarotti, Luciano, 159
Pentecostais, 114
PepsiCo, 275, 494
pequenas empresas, 13; negócios de propriedade de negros, 244; casais que administram, 43
perda auditiva, 151-55
Perfect Mess, A (Abrahamson and Freedmen), 345
Perot, Ross, 143
Peru: terroristas no, 497
pessoas adeptas a longos períodos de atenção, 283-87
policiais, 86, 89, 225, 255, 341
política: Amazonas ardentes, 89; fanáticos cristãos e política exterior, 215-19; taxa

de mortalidade, 320; primeira mulher nascida na Índia no Congresso americano, 494; primeiro muçulmano no Congresso, 121; "Lei de não-discriminação aos estudantes que aprendem em casa", 420-21; projeto de lei da imigração, 209, 210, 214; de Casados pela Internet, 55; senadores judeus, 103; líderes canhotos, 143-44; compradores de segundas casas e, 309; conservadores sociais e pais, 177; discurso de posse, 285-86; ativismo político dos adolescentes, 243, mulheres sacerdotes, 95; mulheres na, 86; mulheres na Índia, 492-93

Polônia: punição corporal, 178

pornografia, 391-95

Portugal: punição corporal, 178; Onlies, 464; hábitos de sono, 137

preocupações ambientais: crianças e, 260; aquecimento global, 130-31; pesticidas, 345; vegetarianos e, 261

prisão: reforma das correções, 225; custos, 223; iniciativas federais para os recém-libertados, 223; crise humanitária da, 223; ex-presidiários recém-libertados, 221-25, 509; população, 22

profissão jurídica e a lei, 32, 83, 84; direito de família, 85; classificação de gênero e, 302; litígio contra fabricantes de filtros solares, 130; litígios envolvendo animais domésticos, 169-70

propaganda e marketing, 14-5; jogadores crescidinhos, 400; linha tênue entre adultos e crianças, 401; para crianças, 289; pais como alvo, 17, 290; anúncios de remédios diretos ao consumidor, 148; perda auditiva e, 153-54; influência das mulheres na, 84-5; Internet, 512; mercado judeu, 105; McDonald's, 289-90; homens compradores de carros, 379, 380; microtargeting, 14; romances no trabalho, 43; para idosos, 23; anúncios sem sentido, 14; anúncios de TV, 283; infomerciais de TV, 283; produtos unissexuais, 303; desconcertante, 287; Volkswagen, 13; mulheres como alvo, 289, 292, 377, 379-82; mulheres empregadas em, 83-4; usuárias de tecnologia ignoradas, 373-6, 377; homens jovens e famintos, 290

Pró-semitas, 101-05, 218-19, 507

Putin, Vladimir, 487

Putnam, Robert, 72

raça: pares diversificados, 19, 57, 309; famílias inter-raciais, 107-12. Ver também afro-americanos; hispânicos

Radio Shack, 375

Reagan, Ronald, 137, 141, 151, 329, 418

Red Bull, 276, 278

relações públicas, 32; romances no trabalho; mulheres nas, 83, 84, 85

religião, 506; padres católicos americanos, 114-15; católicos americanos, 98, 103, 113, 117; muçulmanos americanos, 98, 114, 119-24; evangélicos cristãos, apoio a Israel, 103; Cristãos e pornografia, 391-92; fanáticos cristãos, 215-19; mulheres sacerdotes, 95-99; fundamentalistas, 512; maiores desafios do clero, 96; crescimento / declínio nos EUA, 97-98; cenário internacional, 439-43; judaísmo, 101-05; Kabbalah, 104; Casais solteiros e, 453-4; mega-igrejas, 439; mini-igrejas, 14, 440-43, 507-8; conflito entre muçulmanos e cristãos, 441-42; No-

vos religiosos, 440-43; Pentecostais, 114; grupos protestantes, 97; protestantes hispânicos, 113-17; secularização e baixa taxa de natalidade, 463; queda dos liberais, 97, 98; igrejas de língua espanhola, 117; rompendo barreiras 97; adolescentes que vão à igreja, 245; violenta, 441-42
remédios: anúncios de remédios diretos ao consumidor, 148; aumento do uso da medicação sem prescrição médica, 148; venda de medicamentos sem prescrição médica, 145, 146-47; para animais de estimação, 167, 168; medicação psiquiátrica, 148, 229, 233; indústria da pílula de dormir, 136
Reno, Janet, 91, 370
republicanos: negócios e, 329; evangélicos cristãos, 392; coalizões frágeis de, 508; protestantes hispânicos e, 115; hispânicos e, 213; política de imigração, 117; eleições para o Congresso 2006, 205; muçulmanos moderados e, 121; tatuados, 339
Research in Motion, 144
Residence Inn, 81
Restrição Calórica (RC), 271-74
Rice, Condoleezza, 91
Rich Dad, Poor Dad for Teens, 249
Richards, Michael, 509
Ritchie, Guy, 36
Robbins, Tim, 36
Roberts, Julia, 236
romances no trabalho, 41-6, 54
Romano, Lois, 198
Rompendo barreiras, 97, 99
Roosevelt, Franklin Delano, 460, 465
Roosevelt, Teddy, 191
Rote, Karl, 206, 425
Rowling, J. K., 86, 285, 465
Running with Scissors (Burroughs), 183
Rússia: punição corporal, 178; democracia na, 485-89; crescimento econômico, 485; população presidiária, 222; escolas públicas, 487; eleitores indecisos, 485-89; casamentos transnacionais, 112
Ruth, Babe, 141, 143

Sageman, Marc, 499
São Paulo, 98
Sarandon, Susan, 36
saúde e bem-estar: autismo, 229; falência e contas médicas, 325, 327: Restrição Calórica. 271-74; CAM, 146; cirurgia plástica, 349-54; custos, 62, diabetes, 268; relacionamento entre médicos e pacientes, 148; prática médica, cirurgia plástica, 353; automedicação, 145-50; anúncios de remédios diretos ao consumidor, 148; consultas eletrônicas, 149; acuidade visual, 151; queda de confiança nas instituições de saúde, 147; na França, 474; riscos à saúde causados pela água sanitária, 345; perda auditiva, 151-55; erros médicos, fatalidades, 146; hipótese da higiene, 345; segurança para o autônomo, 80-1; tricô, 237; Lasik, 152, 349; canhotos à solta, 139-44; longevidade, 139-42; doenças mentais em bebês, 233; doenças mentais em crianças, 229; não-falantes de inglês e, 296; obesidade, 72, 136, 263-69, 271; medicamentos psiquiátricos, 148, 229 ; campanha de saúde pública contra ruído, 154; câncer de pele, 128, 129, 130; privação do sono, 134-38; Avessos ao sol, 127-31; reversão da vasectomia,

160; vegetarianos e, 261; medicina veterinária, 169, 170; Aposentados na ativa/Trabalho de idosos e, 62, 63
Schwartz, Barry, 510
SCORE! Educatiomal Centers, 232
Sears, William, 171
Seguridade Social, 62, 66
sem fins lucrativos, 239-34
Sensenbrenner, James, 209, 210
sexo e sexualidade: Tigresas, 37-38; casos extraconjugais no trabalho, 42; na escola, 414; estupro estatutário, 414; unissexuais, 299-303. Ver também homossexualidade
Shaw, Kiran Mazumdar, 493
Shimpi, Anand, 248
Shooter (Coughlin), 253
Shultz, George, 339
sistemas GPS, 49, 73
Solteiras demais, 29-99, 34; compradores de carros, 380; gays e, 30, 184
Solve Your Child's Sleep Problems (Ferber), 173
sono, 133-38, 277, 514; cenário internacional, 137-38; menos de seis horas por noite, 133; sonecas, 69, 137
Sony, 376
Spears, Britney, 315, 339
Speck, Benjamin, 171, 173
splitters, 309
Stanley, Thomas J., 318
Starbucks, 136, 275-79, 341, 510
Steuerle, Eugene, 66
Stich 'n Bitch Crochet (Stoller), 236
Stich 'n Bitch: The Knitters Handbook (Stoller), 236
Stoller, Debbie, 236
Stuart, Jason, 185
Sudoku, 284
Suécia: punição corporal, 178
Suíça: punição corporal, 178
Summers, Larry, 83, 85, 86, 431
Sun-Guard, 129
Sylvan Learning Centers, 232

Tailândia: punição corporal, 179; pornografia, 395; eleitores indecisos, 205, 206; casamentos transnacionais, 112
Taiwan: punição corporal, 179; hábitos de sono, 137; casamentos transnacionais, 112
tatuagens, 337-41
Tchecoslováquia, 483
Tech-Nos, 368
tecnologia, 363; proibição do uso de celular nos aviões, 370; celulares, 155, 376; foco nas escolas, 364, 429; geeks, 373; geeks e, 361-65; meninas vs. meninos como usuários de gadgets, 374-75; produtos eletrônicos domésticos, 376; revistas, 364; marketing, 361, 364, 370, 373-76; novos luddistas, 367-71; pessoas que pararam de usar a Internet, 368, 369; usos sociais da, 361; personalidade do usuário, 361-64; no Vietnã, 468; mulheres consumidoras de, 373-74; mulheres ignoradas no marketing e P&D de produtos, 373-76. Ver também Internet
Tequila, Tila (Nguyen), 364
terrorismo, 494-501; inteligência americana e, 499; relações entre EUA e Israel e, 216; terroristas bens instruídos e afluentes, 14; radicais educados, 498-501; muçulmanos europeus e, 123; Foreign Terrorist Organizations

(FTOs), 496; mudanças no estilo de vida depois do 11 de setembro e, 308; ensino de matemática e ciências e ameaça à segurança nacional, 431-32; muçulmanos moderados e, 122; tendência de criar raízes depois do 11 de setembro, 237; 11 de setembro, 495, 498; número de grupos, 496; percentagem de muçulmanos, 98; cultura após o 11 de setembro, 255; poder do percentual e, 18; al Qaeda, 495, 496, 497, 506-7
Thatcher, Margaret, 91, 133
Thurmond, Strom, 159
Tigresas, 35-9, 36
Titanic (filme), 285
Tocqueville, Alexis de, 505
Toffler, Alvin, 24
Trabalhando em casa, 77-81
transexuais, 300
transportes: Eurostar (trem do Canal da Mancha), 74; Deslocamentos radicais, 69-75; preços da gasolina, 71; linhas aéreas de baixo custo, 75
tricô, 235-39, 507
Trinidad e Tobago: florescimento das artes, 483
Trump, Donald, 447
Turner, Ted, 426
Turquia: terroristas na, 497; casamentos transnacionais, 112

Umbandistas, 441
União Européia: falência, 326; Mega Deslocamentos, 74; política dos muçulmanos na, 123; pornografia pelo celular, 394-95; fatalidades no trânsito, 474; valor do euro, 446
unissexuais, 299-03
Universidade de Harvard, cursos de matemática na, 431
universidades. Ver educação
UPS, 249

Vargas, Elizabeth, 84-5
vegetarianos, 259-62
Viagra, 148, 277
video games para adultos, 397-402; Brain Age, 400: Dance Revolution, 398; aprendizagem baseada em jogos e simulações, 401-02; Guitar Hero, 398; MMOGs, 399; Scrabble on-line, 399; Second Life, 399; idosos e, 400; The Sims, 398; Teen Second Life, 399; mercado não merecido, 400; estratégia de guerra, 399
Vietnã: estrutura etária, 470; comunismo e capitalismo no, 469; economia de consumo, 468; doi moi, 469; madrugadores na, 138; educação, 468; empreendedorismo, 467-71, 510; florescimento das artes, 483; indústria alimentícia, 468; mortalidade infantil / expectativa de vida, 468; otimismo, 469; padrão de vida, 468; tecnologia no, 468; casamentos transnacionais, 112; relações dos EUA com, 469
vinho, 473-77
Von Braun, Wernher, 431

Waldorf Schools, 238
Walford, Roy, 272
Walker, Kenny, 154
Wall Street Journal, 198
Wal-Mart, 44
Warren, Elizabeth, 323, 324, 325
Washington Post, 198

Weatherman, The (filme), 389
Whitestone, Heather, 154
Wilde, Oscar, 184
Williams, Robin, 314
Williams, Ted, 143
Wilson, Pete, 214
Wilson, Woodrow, 198
Winfrey, Oprah, 265
Wired.Net, 364
Woods, Tiger, 110, 389-90, 465
World Christian Encyclopedia, 440
World Is Flat, The (Friedman), 196

Zhang Xiaogaug, 481

Este livro foi composto na tipologia Adobe Garamond Pro,
em corpo 12/15.5 e impresso em papel off-white 80g/m²
no Sistema Cameron da Divisão Gráfica da Distribuidora Record.